경영학

CPA

객관식 문제집 회계사 1차

시대에듀

2025 시대에듀 공인회계사 1차 객관식 경영학

Always with you

사람의 인연은 길에서 우연하게 만나거나 함께 살아가는 것만을 의미하지는 않습니다.
책을 펴내는 출판사와 그 책을 읽는 독자의 만남도 소중한 인연입니다.
시대에듀는 항상 독자의 마음을 헤아리기 위해 노력하고 있습니다. 늘 독자와 함께하겠습니다.

머리말

이론을 통해 학습한 내용을 문제를 통해 확인하는 것은 수험 공부를 함에 있어 반드시 거쳐야 하는 과정입니다. 이에 국가자격 전문출판사인 시대에듀가 수험생의 입장에서 효율적인 공인회계사 1차 시험 대비를 위한 수험서로서 본서를 출간하게 되었습니다.

외견상 경영학이 차지하는 비중은 크다고 볼 수는 없습니다. 하지만, 역설적으로 경영학에서 고득점을 하지 못한다면 회계, 세법과 같은 기본과목에서의 점수를 보완할 수 없다는 점에서 그 중요성은 어느 과목 못지않다고 할 수 있습니다.

이 책에 수록된 문제들은 공인회계사 시험뿐만 아니라 경영학을 시험 과목으로 가지고 있는 여타 시험의 문제들 중에서 선별된 것이며, 이를 통해 광범위한 경영학의 내용들을 정리할 수 있도록 구성되었습니다. 따라서 기본 이론서와 함께 복습용도로 활용하거나 시험에 임박하여 최종 정리용으로 활용하면 좋을 것입니다.

도서의 특징

❶ 가장 쉬운 난이도의 문제부터 실제 출제 가능한 난이도의 문제들까지를 골고루 수록하여 경영학의 전체 내용을 개관할 수 있게 하였습니다.

❷ 기본서의 내용을 단순히 옮겨놓는 비효율적인 해설을 최대한 지양하고, 해당 문제를 풀이하는데 꼭 필요한 내용과 실전에서 바로 사용할 수 있는 풀이법을 위주로 해설하였습니다.

❸ 빈출되는 주제들에 대한 내용들을 해당 문제의 해설 하단에 '더 살펴보기'로 추가하여 학습에 도움이 될 수 있도록 하였습니다.

아무쪼록 이 책으로 공부하는 수험생들에게 조금이나마 도움이 되었으면 합니다.

합격과 건승을 기원합니다.

대표 편저자 씀

이 책의 구성 및 특징

상세한 해설로 혼자서 학습할 수 있도록 공인회계사 및 타 직렬 기출문제 단원별 수록

CHAPTER 05 | 리더십

---

01   공인회계사 2024   ☑ 확인Check! ○ △ ✕

리더십에 관한 설명으로 가장 적절하지 않은 것은?

① 전문적 권력(expert power)과 준거적 권력(referent power)은 공식적 지위가 아닌 개인적 특성에 기인한 권력이다.

② 피들러(Fiedler)는 리더십 상황이 리더에게 불리한 경우에는 과업지향적 리더보다 관계지향적 리더가 더 효과적이라고 주장하였다.

③ 미시간대학교(University of Michigan)의 리더십 모델에서는 리더십 유형을 생산중심형(production-oriented)과 종업원중심형(employee-oriented)의 두 가지로 구분한다.

④ 사회화된 카리스마적 리더(socialized charismatic leader)는 조직의 비전 및 사명과 일치하는 행동을 강화하기 위해 보상을 사용한다.

⑤ 서번트 리더(servant leader)는 자신의 이해관계를 넘어 구성원의 성장과 계발에 초점을 맞춘다.

┃ 해설 ┃

피들러는 상황이 유리하거나 불리한 경우에는 과업지향적 리더가 효과적이고, 유리하지도 불리하지도 않은 경우에는 관계지향형 리더가 효과적이라고 하였다.

① 준거적 권력과 전문적 권력은 개인적 특성에 기인한 권력이고, 강압적 권력, 보상적 권력, 합법적 권력은 사회지위와 관련된 공식적 권력이다.

③ 미시간 대학의 리커트는 리더십 스타일을 직무 중심형과 종업원 중심형으로 나누었다.

④ 사회화된 카리스마적 리더는 조직의 비전 및 사명과 일치하는 행동을 강화하기 위해 보상을 사용한다.

⑤ 서번트 리더십이란 조직의 변화나 성장에 적극적으로 대응하는 구성원들의 주인의식과 참여를 고취하여 구성원의 성장과 계발에 초점을 두는 리더십이다.

답 ②

STEP 2 │ 더 살펴보기 & 이해도 Check 박스

심화내용을 쉽게 이해하고 정리할 수 있는 더 살펴보기 & 문제 이해도를 확인하는 이해도 Check 박스

---

07 공인회계사 2021

조직구조와 조직문화에 관한 설명으로 가장 적절하지 않은 것은?

① 조직문화에 영향을 미치는 중요한 요소로 조직체 환경, 기본가치, 중심인물, 의례와 예식, 문화망 등을 들 수 있다.
② 조직사회화는 조직문화를 정착시키기 위해 조직에서 활용되는 핵심 매커니즘으로 새로운 구성원을 내부 구성원으로 변화시키는 활동을 말한다.
③ 유기적 조직에서는 실력과 능력이 존중되고 조직체에 대한 자발적 몰입이 중요시된다.
④ 조직이 강한 조직문화를 가지고 있으면 높은 조직몰입으로 이직률이 낮아질 것이며, 구성원들은 조직의 정책과 비전실현에 더욱 동조하게 될 것이다.
⑤ 분권적 조직은 기능중심의 전문성 확대와 일관성있는 통제를 통하여 조직의 능률과 합리성을 증대시킬 수 있다.

┃해설┃

기능중심의 전문성 확대와 일관성 있는 통제는 테일러의 집권형 조직에 어울리는 설명이다.
① 조직체 환경, 기본가치, 중심인물, 의례와 예식, 문화망 등은 조직문화에 영향을 미치는 중요한 요소이다.
② 조직사회화는 개인이 조직에 소속되기 전의 시점부터 조직에 입사하여 그 조직의 문화 등을 습득함으로써 조직의 구성원으로 변화해가는 과정을 의미한다.
③ 유기적 조직에서는 높은 수준의 자발적 조직몰입 즉, 조직에 대한 일체감이 중요시 된다.
④ 강한 문화란 구성원들 간에 공통된 의사결정기준이 존재하여 결속력이 강한 문화를 뜻한다. 이 경우 조직에 대한 충성과 몰입도가 향상되어 이직률이 낮아진다.

> **더 살펴보기** 집권적 조직과 분권적 조직
>
> 조직은 조직구조의 구성요소인 집권화의 정도에 따라서 집권화된 조직과 분권화된 조직으로 구분할 수 있는데, 집권화된 조직은 의사결정의 권한이 최고경영자 또는 상위의 관리계층에 대부분 집중되어 있는 조직이며, 분권화된 조직은 의사결정 권한이 각 계층에 위임된 조직을 말한다.
>
> | 구 분 | 집권화된 조직 | 분권화된 조직 |
> |---|---|---|
> | 장 점 | • 경영자의 리더십 행사가 용이
• 경영활동의 집중과 통합이 용이
• 긴급사태에 대응하는 조직으로서 유효
• 단순, 반복적이고 획일적 업무에 유리 | • 환경변화에 신속하게 대응
• 제품다양화 및 경영다각화로 위험분산, 경영합리화 도모 가능
• 권한을 위임받은 자는 전문적 지식을 바탕으로 합리적 의사결정가능 |
> | 단 점 | • 비대조직으로 관료화
• 과중한 업무량으로 의사결정 지연
• 획일적 관리로 조직원의 창의성 저해 | • 전체적 계획 및 조정의 어려움
• 유사 중복 부문이 존재하여 비용증가
• 부서 간 대립, 통제력 약화 가능성 존재 |

답 ⑤

공인회계사 1차 시험 소개

◆ 공인회계사 시험제도 개편

	현 행		개 선	
사전학점 이수제도	과목별 최소 이수학점(총 24학점) ❶ 회계학 : 12학점　❷ 경영학 : 9학점 ❸ 경제학 : 3학점		과목별 최소 이수학점(총 24학점) ❶ 회계학 : 12학점　❷ 경영학 : 6학점 ❸ 정보기술(IT) : 3학점　❹ 경제학 : 3학점	
출제범위 사전 예고	별도의 사전안내 없음		시험 공고시 과목별 시험 출제범위 사전 안내	
1차 시험	❶ 회계학 : 150점(시험시간 : 80분) ❷ 경영학 : 100점 ❸ 경제원론 : 100점 ❹ 상법 : 100점 ❺ 세법개론 : 100점	5개 과목(상대평가)	5개 과목(상대평가) ❶ 회계학 : 150점(시험시간 : 90분) ❷ 경영학 : 80점(생산관리, 마케팅 제외) ❸ 경제원론 : 80점 ❹ 기업법 : 100점(상법에서 어음수표법 제외, 　　　　　　공인회계사법, 외부감사법 포함) ❺ 세법개론 : 100점	

◆ 1차 시험 경영학 출제범위 사전 예고

구 분	내 용		비 중
분야 1	**재무관리의 기초 및 자본예산**		15%～25%
	1. 재무비율 분석 3. 투자안의 평가방법	2. 화폐의 시간가치 4. 불확실성하의 자본예산	
분야 2	**포트폴리오 이론**		15%～25%
	1. 기대효용이론 3. 자산가격결정모형 5. 효율적 시장과 행동재무	2. 포트폴리오와 위험분산 4. 주식의 가치평가	
분야 3	**기업재무**		10%～20%
	1. 자본구조와 배당정책 3. 인수 및 합병(M&A) 5. 리스, 운전자본관리	2. 부채 및 자기자본 조달 4. 기업가치 평가	
분야 4	**채권투자**		10%～20%
	1. 이자율의 기간구조 3. 채권 포트폴리오 관리 5. 특수채권	2. 채권의 가치평가 4. 이자율 위험관리와 면역전략	
분야 5	**파생상품과 위험관리**		5%～15%
	1. 선물, 옵션, 스왑거래 3. 위험의 측정과 관리	2. 선물, 옵션, 스왑의 가격결정 및 투자전략 4. 외환시장과 환위험관리	
분야 6	**인사 · 조직**		15%～25%
	1. 인적자원관리	2. 조직행동	

⬠ IT 출제(회계감사) 비중 확대

❶ 출제비중

제도 도입 초기 2년간(2025년, 2026년)은 데이터 분석을 포함한 IT 문제 비중을 15%를 상회(최대 25%)하는 수준으로 유지할 예정

❷ 데이터 분석 출제분야

회계정보시스템, 데이터베이스 등에 대한 이해를 바탕으로, 회계감사 중 필요한 데이터 분석 능력을 평가
- 데이터 형성에 대한 이해를 기반으로 한 데이터 준비와 데이터 구조 이해
- 데이터와 정보의 신뢰도 분석
- 데이터 분석의 활용

❸ DB 용어

회계감사 문제에 포함(2025년, 2026년)될 수 있는 데이터베이스(DB) 기본 용어(14개)를 안내

❹ 모의문제

회계감사 중 필요한 데이터 분석 능력에 대한 모의문제(4개)를 안내

⬠ 공인회계사 1차 시험 통계자료

1차 시험 과목별 평균점수

구 분		경영학	경제원론	상 법	세법개론	회계학	전과목	최저 합격점수
2024년	전 체	54.10	45.60	56.60	42.60	50.60	49.90	384.5
	합격자	78.20	64.90	85.50	68.00	79.00	75.50	
2023년	전 체	47.90	42.50	54.90	46.50	38.90	45.50	351.0
	합격자	73.50	60.90	83.60	75.50	59.80	69.70	
2022년	전 체	62.00	47.30	57.90	46.20	48.10	51.90	396.0
	합격자	85.70	69.40	80.90	76.00	75.10	77.20	
2021년	전 체	51.37	41.15	60.86	44.06	47.13	48.75	368.5
	합격자	71.95	58.09	88.85	71.08	73.23	72.69	
2020년	전 체	58.50	46.30	62.52	50.89	50.16	53.35	383.5
	합격자	79.35	61.16	86.70	77.55	74.39	75.69	
2019년	전 체	55.63	53.40	58.83	46.93	47.23	81.93	368.5
	합격자	75.07	72.95	81.85	70.80	67.20	73.00	

※ 회계학(150점 만점)은 100점 만점으로 환산한 점수

연도별 합격자 현황

연 도	2024년	2023년	2022년	2021년	2020년	2019년
접 수	16,910	15,940	15,413	13,458	10,874	9,677
응 시	14,472	13,733	13,123	11,654	9,054	8,512
합 격	3,022	2,624	2,217	2,213	2,201	2,008

이 책의 차례

공인회계사 1차 객관식

경영학

PART 1
조직행동론

합격의 공식 **시대에듀** www.sdedu.co.kr

CHAPTER
01 | 개인수준의 행동

01 공인회계사 2024 　　　　　　　　　　　　　　　　　☑ 확인Check! ○ △ ✕

감정, 지각 및 가치관에 관한 설명으로 가장 적절하지 않은 것은?

① 감성지능(emotional intelligence)이 낮은 개인보다 높은 개인이 타인과의 갈등을 건설적으로 더 잘 해결하는 경향이 있다.

② 스트레스는 구성원의 직무수행에 있어서 역기능적 역할뿐만 아니라 순기능적 역할도 한다.

③ 궁극적 가치관(terminal values)은 개인이 어떤 목표나 최종상태를 달성하기 위해 사용될 수 있는 수용 가능한 행동을 형성하는 가치관을 말한다.

④ 자존적 편견(self-serving bias)은 자신의 성공에 대해서는 내재적 요인에 원인을 귀속시키고 실패에 대해서는 외재적 요인에 원인을 귀속시키는 경향을 말한다.

⑤ 인상관리(impression management)는 다른 사람들이 자신에 대해 형성하게 되는 지각을 개인이 관리하거나 통제하려고 시도하는 과정을 말한다.

┃ 해설 ┃

선지의 내용은 수단적 가치관에 대한 것이다. 궁극적 가치관은 개인이 궁극적으로 달성하고자 하는 최종적인 목표를 말한다.

① 감성지능이란 감정적 단서나 정보를 파악, 관리하는 개인의 능력을 말하며 감성지능이 높은 사람이라면 타인의 정서를 보다 잘 이해할 수 있고, 외부의 정서를 보다 잘 관리할 수 있다.

② 스트레스는 구성원의 직무수행에 있어서 역기능과 순기능을 모두 가지고 있다.

④ 자존적 편견은 성공하면 내부로 귀인하고, 실패하면 외부로 귀인하는 것을 말한다.

⑤ 인상관리는 다른 사람들이 자신에 대해 형성하게 되는 이미지를 관리하는 일련의 과정들을 말한다.

답 ③

02 공인노무사 2023 ☑ 확인 Check! ○ △ ✕

성격의 Big 5 모형에 해당하지 않는 것은?

① 정서적 안정성
② 성실성
③ 친화성
④ 모험선호성
⑤ 개방성

┃해설┃

Big 5 성격 유형 : 정서적 안정성, 성실성, 외향성, 개방성, 친화성

더 살펴보기	Big 5 모델

Big 5 모델은 우수한 직무성과를 내는 사람들의 특징을 분석하여 직무성과를 예측할 수 있는 성격 유형 모델로 우수한 직무성과를 내는 5가지의 성격 요인은 아래와 같다.

외향성(Extroversion)	• 다른 사람과의 사교, 자극과 활력을 추구하는 성향 • 사회적 관계 속에서 편안함을 느끼는 정도
친화성(Agreeableness)	타인에게 반항적이지 않고 협조적이며 존중하는 개인의 성향
성실성(Conscientiousness)	• 목표를 성취하기 위해 꾸준히 노력하는 성향 • 사람의 신뢰성 정도, 성과와 관련
정서적 안정성(Emotional Stability)	• 스트레스에 대처하는 개인의 능력 • 감정의 양 극단을 오가는 정도
개방성(Openness to Experience)	새로운 것에 호기심을 갖고 매료되는 정도

답 ④

---

03 국가직 7급 2023 ☑ 확인 Check! ○ △ ✕

귀인이론(attribution theory)에 대한 설명으로 옳은 것은?

① 자존적 귀인오류(self-serving bias)는 타인의 행동을 평가할 때 외재적 요인에 대해서 과소평가하고 내재적 요인에 대해서 과대평가하는 것이다.

② 행위자-관찰자 편견(actor-observer bias)은 어떤 행동에 대해 자기가 행한 행동에 대해서는 외재적 귀인을 하고 타인이 행한 행동에 대해서는 내재적 귀인을 하는 것이다.

③ 근본적 귀인오류(fundamental attribution error)는 자신의 성공에 대해서는 내재적 귀인을 하고 실패에 대해서는 외재적 귀인을 하는 것이다.

④ 관찰한 행동의 원인은 그 행동의 합의성(consensus)과 특이성(distinctiveness)이 높을 때 내재적 요인에 의해 귀인된다.

① 자기 자신에 대한 지각과정에서 발생하는 오류를 말하며, 잘한 일에 대해서는 내적 귀인을, 잘못한 일에 대해서는 외적 귀인을 하는 경향을 말한다.
③ 상대방에 대한 지각과정에서 발생하는 오류를 말하며, 상대방의 업무수행에 대해서 내적 귀인을 주로 하는 경향을 말한다.
④ 행동의 합의성과 특이성이 높으면 외적 귀인을, 일관성이 높으면 내적 귀인을 한다고 본다.

답 ②

---

04 공인노무사 2023   ☑ 확인Check! ○ △ ✕

켈리(H. Kelley)의 귀인이론에서 행동의 원인을 내적 또는 외적으로 판단하는데 활용하는 것을 모두 고른 것은?

ㄱ. 특이성(distinctiveness)	ㄴ. 형평성(equity)
ㄷ. 일관성(consistency)	ㄹ. 합의성(consensus)
ㅁ. 관계성(relationship)	

① ㄱ, ㄴ, ㄷ
② ㄱ, ㄷ, ㄹ
③ ㄱ, ㄹ, ㅁ
④ ㄴ, ㄷ, ㅁ
⑤ ㄴ, ㄹ, ㅁ

┃ 해설 ┃

켈리의 귀인이론에서는 행동의 원인을 특이성, 일관성, 합의성으로 판단한다.

더 살펴보기	귀인이론의 3요소

① 특이성 : 특정 상황에서만 다르게 행동하는 것을 말한다. 어떤 사람이 평소에 보이는 행동방식과 다르게 행동하였다면 이는 외적 상황 때문에 발생한 것으로 판단할 수 있다.
② 일관성 : 지속적으로 동일하거나 비슷하게 행동하는 것을 말한다. 일관성이 높다면 이는 행위자의 내적인 요인이 원인일 것이다.
③ 합의성 : 다른 사람들이 같은 상황에서 비슷하게 행동하는 것을 말한다. 특정한 행동의 합의성이 높다면 이의 원인은 행위자에게 있다기보다는 상황요인 때문일 것이다.

답 ②

05 국가직 7급 2022 ☑ 확인 Check! ○ △ ✕

감정노동(emotional labor)에 대한 설명으로 옳지 않은 것은?

① 감정노동이란 업무현장에서 근로자가 느끼는 감정에 맞추어 조직의 노동문화를 바꿔야 하는 노동을 의미한다.

② 감정부조화(emotional dissonance)는 근로자들이 조직에서 느끼는 감정과 조직에서 요구하는 감정이 다를 때 나타나는 내적 갈등 현상이다.

③ 감정부조화 발생 시, 근로자들은 표면연기(surfaceacting)와 심층연기(deep acting) 두 가지 전략으로 대응할 수 있다.

④ 표면연기는 실제 느끼는 감정과 상관없이 조직에서 요구하는 적합한 감정을 겉으로 표현하는 것이다.

─────────────────────────

┃해설┃

감정노동은 직무상 발생하는 대인간의 상호작용에서 자신의 감정이 아닌 조직차원에서 바람직하게 여겨지는 감정을 표현하는 것을 말한다.

> **더 살펴보기 감정노동**
>
> ① 표면적 연기 : 종업원이 감지하는 감정과 해당 상황에서 드러내어야 하는 감정간에 불일치, 즉 감정부조화가 발생하게 되면 실제 발생한 내면의 감정을 감추고 대외적으로 권장되는 감정을 표현하게 된다. 이를 표면적 연기라 한다. 그럴 생각이 전혀 없음에도 불구하고 고객을 위하여 웃음을 보이는 직원이 있다면 그는 표면적 연기를 하는 것이다.
> ② 심층적 연기 : 한편 자신의 내면까지도 대외적으로 권장되는 방향으로 바꿀 수 있는 사람들이 종종 있는데, 이들은 심층적 연기를 하고 있다고 표현된다. 이는 조직에서 요구하는 감정을 진심으로 느끼고자 노력하는 것이다.
> ③ 진정한 연기 : 조직이 원하는 감정에 대해 스스로 공감하고 그에 맞는 표현을 하는 경우도 있는데 이를 진정한 연기라 한다. 이 경우 직무수행시 자신이 느끼는 감정을 표현하기 때문에 스트레스가 크게 유발되지 않으며 감정노동의 강도 역시 가장 낮다고 볼 수 있다.

탑 ①

06 공인노무사 2022 ☑ 확인 Check! ○ △ ✕

직무스트레스에 관한 설명으로 옳지 않은 것은?

① 직무스트레스의 잠재적 원인으로는 환경요인, 조직적 요인, 개인적 요인이 존재한다.

② 직무스트레스 원인과 경험된 스트레스 간에 조정변수가 존재한다.

③ 사회적 지지는 직무스트레스의 조정변수이다.

④ 직무스트레스 결과로는 생리적 증상, 심리적 증상, 행동적 증상이 있다.

⑤ 직무스트레스와 직무성과간의 관계는 U자형으로 나타난다.

일반적으로 스트레스와 업무성과간에는 역U자형의 관계가 성립한다.

더 살펴보기	조직차원의 스트레스 대처방안
과업 재설계(Task Redesign)	조직원의 적성과 능력을 고려하여 주어진 업무를 재설계
참여관리	권한을 이양, 의사결정 참여 확대
역할 분석(Role Analysis)	개인의 역할을 명확히 정의
경력 개발	경력개발과정을 통해 조직원이 느끼는 불안감 경감
융통성 있는 작업계획	개인의 재량권과 자율권 확대
목표 설정(Goal Setting)	직무에 대한 구체적인 목표 설정

 ⑤

07 경영지도사 2022   ☑확인 Check! ○ △ ✕

다음 설명 중 적절한 항목만을 모두 선택한 것은?

a. 태도(attitude)는 정서적(affective), 인지적(cognitive), 행동적(behavioral) 요소로 구성된다.
b. 직무만족은 직무를 활용한 전문가로서의 체계적인 경력개발을 의미한다.
c. 마키아벨리즘 성격 특성은 대인관계에 있어 속임수와 조작을 사용하는 성향을 의미한다.
d. 켈리(Kelly)가 제시한 귀인의 결정요인은 합의성(consensus), 특이성(distinctiveness), 책무성(accountability)이다.
e. 피그말리온 효과(pygmalion effect)는 특정인에 대한 기대가 실제 행동 결과로 나타나게 되는 현상을 의미한다.

① a, d
② b, e
③ c, d
④ a, c, e
⑤ b, c, e

┃해설┃
a. (○) 태도는 정서, 인지, 행위의도라는 세 가지 구성 요소로 이루어진다.
b. (✕) 전문가로서의 체계적인 경력개발은 승진보다는 전문분야에서의 지식과 기술습득에 중점을 두는 전문가로서의 경력경로에 관한 설명이다.
c. (○) 마키아벨리즘은 속임수와 조작을 사용하는 성향, 인간본성을 나약하고 믿을 수 없다고 보는 냉소적 관점, 전통적인 도덕과 윤리를 무시하는 성향 등으로 구성된다.
d. (✕) 켈리는 내적, 외적귀인은 행동의 특이성, 합의성, 일관성의 3가지 차원에 의하여 결정된다고 하였다.
e. (○) 피그말리온 효과는 기대가 그들의 행위를 결정한다는 것이다.

답 ④

08 가맹거래사 2022
☑ 확인 Check! ○ △ ✕

조직시민행동에서 조직생활에 관심을 가지고 적극적으로 참여하는 행동은?

① 예의행동(courtesy)

② 이타적 행동(altruism)

③ 공익적 행동(civic virtue)

④ 양심적 행동(conscientiousness)

⑤ 혁신적 행동(innovative behavior)

┃ 해설 ┃

공익적 행동은 조직이나 집단 또는 팀을 위한 행동을 말하며, 조직이 후원하는 자선행사에 참여하는 행동 등이 대표적인 예이다.

① 예의행동은 다른 사람에 대해 기본적인 배려심을 베푸는 행동을 말한다.

② 이타적 행동은 친사회적 행동으로서, 조직의 여러 상황에서 도움을 필요로 하는 다른 사람을 자발적으로 도와주는 각종 행위를 말한다.

④ 조직이 요구하는 바를 이행하는 것과 관련이 깊은 행동을 말하며, 약속시간을 지키는 것 등이 대표적인 예이다.

⑤ 혁신적 행동은 조직시민행동과 무관하다.

답 ③

PART 1

09 가맹거래사 2022
☑ 확인 Check! ○ △ ✕

스키너(B. Skinner)의 작동적 조건화 이론(operant conditioning theory)에 포함되지 않는 것은?

① 소거(extinction)

② 처벌(punishment)

③ 대리적 강화(vicarious reinforcement)

④ 긍정적 강화(positive reinforcement)

⑤ 부정적 강화(negative reinforcement)

┃ 해설 ┃

작동적 조건화는 스키너에 의해 제시된 이론으로서 반응의 결과에 대한 환류과정에서 원하는 보상이 주어지는지의 여부에 따라 반응이 강화된다고 보는 관점이다. 강화는 원하는 행동을 유도하기 위해 적절한 피드백을 제공하는 행동변화의 메커니즘으로서, 개인에게 유리한 보상과 불리한 내용을 각각 부여하거나 제거하는 방식인 긍정적 강화, 부정적 강화, 처벌, 소거 등으로 구성된다.

답 ③

10 공인노무사 2021

확인Check! ○ △ ✕

마키아벨리즘(machiavellism)에 관한 설명으로 옳지 않은 것은?

① 마키아벨리즘은 자신의 이익을 위해 타인을 이용하고 조작하려는 성향이다.
② 마키아벨리즘이 높은 사람은 감정적 거리를 잘 유지한다.
③ 마키아벨리즘이 높은 사람은 남을 잘 설득하며 자신도 잘 설득된다.
④ 마키아벨리즘이 높은 사람은 최소한의 규정과 재량권이 있을 때 높은 성과를 보이는 경향이 있다.
⑤ 마키아벨리즘이 높은 사람은 목적이 수단을 정당화시킬 수 있다고 믿는 경향이 있다.

━━━

┃ 해설 ┃

마키아벨리즘이 높은 사람은 인간을 신뢰하지 않는다. 따라서 남의 말을 듣거나 설득되기보다는 자기 자신의 주장대로 남을 이끄는 것을 선호한다.

답 ③

11 가맹거래사 2021

확인Check! ○ △ ✕

성격에 관한 설명으로 옳지 않은 것은?

① 자신에게 일어나는 일을 통제할 수 있다고 믿으면 내재론자(internal locus of control)라고 한다.
② 자기효능감(self-efficacy)은 특정 과업을 얼마나 잘 수행할 수 있는가에 대한 믿음이다.
③ 나르시시즘(narcissism)은 위험을 감수하는 성향이다.
④ 자기관찰(self-monitoring)은 환경의 신호를 읽고 해석하여 자신의 행위를 환경요구에 맞춰 조절해가는 성향이다.
⑤ 마키아벨리즘(machiavellism)은 자신의 목적을 위해 다른 사람을 이용하고 통제하려는 성향이다.

━━━

┃ 해설 ┃

나르시시즘은 스스로 존경받을 가치가 있고 특권적 자격을 누리는 것처럼 여기는 성향을 뜻하는데 위험감수는 위험을 받아들이는 성향을 의미하므로 나르시시즘과는 의미가 다르다.

답 ③

12 가맹거래사 2021

☑ 확인Check! ○ △ ✕

어떤 대상의 한 특성을 중심으로 다른 것까지 평가하는 현상은?

① 유사효과(similar-to-me effect)
② 후광효과(halo effect)
③ 관대화 경향(leniency tendency)
④ 투영효과(projection)
⑤ 중심화 경향(central tendency)

┃ 해설 ┃

후광효과란 개인의 일부 특성을 통해 전체를 판단하는 것을 말한다.
① 유사효과란 자신과 비슷한 측면을 가진 상대방을 호의적으로 평가하는 것을 말한다.
③ 관대화 경향이란 모든 평가대상자들에게 좋은 점수를 부여하는 것을 말한다.
④ 투영효과란 평가자 자신이 가진 속성을 피평가자도 가지고 있다고 가정하고 판단하는 것을 말한다.
⑤ 중심화 경향이란 평가대상자들의 점수가 중간점수에 몰리게 되는 것을 말한다.

| 더 살펴보기 | 지각오류 |

인간의 지각은 불완전하기에 수많은 오류들이 발생하게 되는데 주요한 지각 오류를 정리하면 다음의 표와 같다.

항 목	내 용
상동적 태도	상대방을 소속집단으로써 평가하는 오류(고정관념) 예 지역, 출신학교, 성별
현혹효과	하나의 특징적 부분의 인상이 전체를 좌우(후광효과) 예 얼굴이 예쁘니 마음도 고울거야.
상관적 편견	인간의 특질 간에 연관성이 있다는 가정하에 타인을 평가하는 오류 예 국어와 영어, 성적과 리더십
선택적 지각	외부상황이 모호할 경우 원하는 정보만을 선택하여 판단하는 오류 → 확증편향으로 발전
대비효과	한 사람에 대한 평가가 다른 사람의 평가에 영향 예 주관식 채점 시 우수답안 다음에 채점하는 답안
유사효과	지각자가 자신과 비슷한 사람을 후하게 평가하는 오류
주관의 객관화	자신과 비슷한 기질을 잘 지적하는 오류(Projection)
기 대	자기실현적 예언(Expectation)
지각적 방어	상황이나 사실을 객관적으로 지각하지 못하는 오류
관대화 경향	평가함에 있어 가능한 높은 점수를 주려는 오류
가혹화 경향	평가함에 있어 가능한 낮은 점수를 주려는 오류
중심화 경향	평가함에 있어 중간 정도의 점수를 주려는 오류

답 ②

PART 1

☑ 확인 Check! ○ △ ✕

성격 및 지각에 관한 설명으로 가장 적절하지 않은 것은?

① 외재론자(externalizer)는 내재론자(internalizer)에 비해 자기 자신을 자율적인 인간으로 보고 자기의 운명과 일상생활에서 당면하는 상황을 자기 자신이 통제할 수 있다고 믿는 경향이 있다.

② 프리드만과 로즈만(Friedman & Roseman)에 의하면 A형 성격의 사람은 B형 성격의 사람에 비해 참을성이 없고 과업성취를 서두르는 경향이 있다.

③ 지각과정에 영향을 미치는 요인에는 지각대상, 지각자, 지각이 일어나는 상황 등이 있다.

④ 외향적인 성향의 사람은 내향적인 성향의 사람보다 말이 많고 활동적인 경향이 있다.

⑤ 많은 자극 가운데 자신에게 필요한 자극에만 관심을 기울이고 이해하려 하는 현상을 선택적 지각(selective perception)이라고 한다.

┃해설┃

상황을 스스로 통제할 수 있다고 보는 것은 내재론자이다.

② A형 성격의 사람은 적은 시간에 많은 것을 성취하기 위해 끊임없이 노력하고, 여가시간에 대해 죄책감을 느끼며 조급하고, 성과와 타인의 업적에 예민하게 반응한다.

③ 지각은 지각의 주체(지각자)가 누구인지에 따라, 그리고 파악하는 대상(지각대상)이 무엇인지에 따라, 또한 지각이 발생하는 상황요인에 따라 영향을 받을 수 있다.

④ 외향적인 성향의 사람은 사교적이며 활동적이다.

⑤ 선택적 지각은 환경으로부터 받아들이는 정보 가운데 자신의 관심 등에 기반하여 대상을 선택적으로 해석함으로써 발생하는 지각오류의 한 유형이다.

답 ①

14 공인노무사 2019

상사 A에 대한 나의 태도를 기술한 것이다. 다음에 해당하는 태도의 구성요소를 옳게 연결한 것은?

> ㄱ. 나의 상사 A는 권위적이다.
> ㄴ. 나는 상사 A가 권위적이어서 좋아하지 않는다.
> ㄷ. 나는 권위적인 상사 A의 지시를 따르지 않겠다.

	ㄱ	ㄴ	ㄷ
①	감정적 요소	인지적 요소	행동적 요소
②	감정적 요소	행동적 요소	인지적 요소
③	인지적 요소	행동적 요소	감정적 요소
④	인지적 요소	감정적 요소	행동적 요소
⑤	행동적 요소	감정적 요소	인지적 요소

┃해설┃

태도란 대상에 대한 평가와 판단을 의미하며, 대상에 대한 지식이나 정보의 판단을 나타내는 '인지', 대상에 대한 감정과 느낌의 판단을 나타내는 '정서', 대상에 대해 특정한 행동을 취하려는 자세인 '행동'의 세 가지 요소로 이루어진다. (ㄱ)은 권위적이라는 판단이므로 인지적 요소에 속하고, (ㄴ)은 좋아하지 않는다는 감정적 요소, (ㄷ)은 지시를 따르지 않겠다는 행동적 요소에 해당한다.

더 살펴보기	태도의 구성요소
인지적 요소 (Cognitive Component)	특정 대상에 대해 인간이 가지고 있는 지식, 지각, 아이디어 및 신념 등을 말함
정서(감정)적 요소 (Affective Component)	개인이 특정 대상에 대해 가지는 주관적 감정과 관련된 요소 → '좋고 나쁨' 등
행동(행위)적 요소 (Behavioral Component)	태도와 일치하도록 행동하려고 하는 경향, 개인이 대상에 대해 특정 방식으로 행동하려는 경향과 그에 관련된 요소를 말함

답 ④

☑ 확인 Check! ○ △ ✕

조직에서 개인의 태도와 행동에 관한 설명으로 가장 적절한 것은?

① 조직몰입(organizational commitment)에서 지속적 몰입(continuance commitment)은 조직구성원으로서 가져야 할 의무감에 기반한 몰입이다.

② 정적 강화(positive reinforcement)에서 강화가 중단될 때, 변동비율법에 따라 강화된 행동이 고정비율법에 따라 강화된 행동보다 빨리 사라진다.

③ 감정지능(emotional intelligence)이 높을수록 조직몰입은 증가하고 감정노동(emotional labor)과 감정소진(emotional burnout)은 줄어든다.

④ 직무만족(job satisfaction)이 높을수록 이직의도는 낮아지고 직무관련 스트레스는 줄어든다.

⑤ 조직시민행동(organizational citizenship behavior)은 신사적 행동(sportsmanship), 예의바른 행동(courtesy), 이타적 행동(altruism), 전문가적 행동(professionalism)의 네 요소로 구성된다.

┃해설┃

직무만족은 자신이 수행하는 일에 대한 긍정적 태도를 말하며 직무만족이 증가할수록 회사를 떠나려는 의도가 감소하여 직무관련 스트레스도 줄어든다.

① 조직구성원으로서 가져야 할 의무감에 기반한 몰입은 규범적 몰입에 해당한다.

② 변동비율법은 강화를 제공하는 기준량을 변화시키는 방식으로서 효과가 가장 강력하고 오래 지속된다.

③ 감정지능이 감정노동과 감정소진을 줄여준다기보다는 감정지능이 뛰어난 사람은 감정노동을 잘 할 수 있고, 그 결과로 야기되는 감정소진의 부정적 효과를 줄일 수 있다.

⑤ 조직시민행동은 이타적 행동, 예의행동, 신사적 행동, 성실행동, 시민덕목행동의 다섯 변수로 구성된다.

답 ④

강화계획(schedules of reinforcement)**에서 불규칙한 횟수의 바람직한 행동 후 강화요인을 제공하는 기법은?**

① 고정간격법
② 변동간격법
③ 고정비율법
④ 변동비율법
⑤ 연속강화법

❚ 해설 ❚

변동비율법은 불규칙적 횟수의 업무 내지는 매번 변경되는 업무량을 달성한 뒤 강화요인을 제공하는 기법이다.
① 고정간격법은 규칙적 시간간격 후 강화요인을 제공하는 기법이다.
② 변동간격법은 불규칙한 시간간격 후 강화요인을 제공하는 기법이다.
③ 고정비율법은 규칙적 횟수의 업무 내지는 정해진 업무량을 달성한 뒤 강화요인을 제공하는 기법이다.
⑤ 연속강화법은 종업원들이 바람직한 행동을 할 때마다 강화요인을 제공하는 방법을 말한다. 실제로 이 방법을 적용할 경우 성과는 매우 빠른 속도로 향상되지만, 강화요인이 항상 준비되어야 하므로 현실에서 적용되는 빈도가 크지는 않다.

더 살펴보기	강화계획

① 강화계획이란 강화요인을 어떻게 부여할 것인가에 대한 것으로, 올바른 반응이 나타날 때마다 강화요인을 부여하는 연속 강화법과 바람직한 행위에 대해 간헐적으로 강화요인을 제공하는 단속(부분) 강화법이 있다.
② 가장 이상적이고 효과적인 방법은 연속 강화법이지만 강화요인의 제공 횟수가 많아서 비경제적인 단점을 가지고 있다.
③ 단속 강화법은 다시 고정된 간격이나 비율로 강화요인을 제공하는 고정법과 간격이나 비율을 변동하는 변동법이 있다.

구 분	강화계획 주기	강화계획 방법	행동에 의한 영향
연속적 강화	연속적	목표로 한 바람직한 행동을 할 때마다 보상을 제공하는 방법	새로운 행동을 신속하게 학습하게 만들지만 강화가 중단되면 급속하게 사라짐
단속적 강화	고정 간격법	규칙적 시간차로 강화요인을 제공	강화가 중단되면 급속하게 사라짐
	변동 간격법	불규칙적 시간차로 강화요인을 제공	서서히 사라짐
	고정 비율법	일정 비율/빈도로 강화요인을 제공	조속히 사라짐
	변동 비율법	불규칙적 비율/빈도로 강화요인을 제공	서서히 사라짐

답 ④

17 경영지도사 2018
☑ 확인Check! ○ △ ✕

타인에 대한 평가에 평가자 자신의 감정이나 특성을 귀속 또는 전가시키는데서 발생하는 오류는?

① 후광효과
② 상동적 태도
③ 주관의 객관화
④ 선택적 지각
⑤ 관대화 경향

| 해설 |

주관의 객관화란 평가자 자신이 가진 속성을 피평가자도 가지고 있다고 가정하고 판단하는 것을 말한다.
① 후광효과란 개인의 일부 특성을 통해 전체를 판단하는 것을 말한다.
② 상동적 태도란 자신이나 타인이 속한 집단의 특성에 기초하여 판단하는 오류를 말한다.
④ 선택적 지각이란 받아들이고 싶은 정보만 받아들이는 것을 말한다.
⑤ 관대화 경향이란 평가대상자들에게 좋은 점수를 부여하는 것을 말한다.

답 ③

18 가맹거래사 2017
☑ 확인Check! ○ △ ✕

조직에서 공식적으로 주어진 임무 이외의 일을 자발적으로 수행하는 것은?

① 집단사고(groupthink)
② 직무만족(job satisfaction)
③ 직무몰입(job involvement)
④ 감정노동(emotional labor)
⑤ 조직시민행동(organizational citizenship behavior)

| 해설 |

조직시민행동이란 조직구성원들이 조직의 원활한 운영을 위해서 공식적으로 주어진 임무나 역할이 아니더라도 조직을 위해 자발적으로 희생하고 노력하며 동료를 돕는 행동을 의미한다.
① 집단사고란 집단구성원간에 형성되는 동조압력으로 인하여 주류적 의견에 비판적이거나 대안적 아이디어를 받아들이지 못하는 현상이다.
② 직무만족이란 자신이 수행하는 일에 대한 호의적 태도를 말한다.
③ 직무몰입이란 자신이 수행하는 일과 자기 자신을 동일시하는 태도나 감정상태를 말한다.
④ 감정노동이란 자신이 느끼는 감정과 다른 감정을 조직을 위해 나타내야 하는 상황을 말한다.

답 ⑤

19 국가직 7급 2016

☑ 확인Check! ○ △ ✕

직무만족 및 불만족에 대한 설명으로 옳은 것은?

① 직무불만족을 증가시키는 개인적 성향은 긍정적 정서와 긍정적 자기평가이다.

② 역할 모호성, 역할 갈등, 역할 과다를 경험한 사람들의 직무만족이 높다.

③ 직무만족이란 직무를 통해 그 가치를 느끼고 업무성취감을 느끼는 긍정적 감정 상태를 말한다.

④ 종업원과 상사 사이의 공유된 가치관은 직무만족을 감소시킨다.

┃해설┃

직무를 통해 가치를 느끼고 업무성취감을 느끼는 긍정적 감정 상태를 직무만족이라 한다.

① 직무불만족은 부정적 정서와 부정적 자기평가에 의해 발생한다.

② 자신의 역할이 모호하거나 갈등을 겪으면 직무만족도가 낮아진다.

④ 타인과 가치관을 공유하는 것은 직무만족도를 높아지게 한다.

답 ③

PART 1

20 공인노무사 2016

☑ 확인Check! ○ △ ✕

다음 설명에 해당하는 지각 오류는?

어떤 대상(개인)으로부터 얻은 일부 정보가 다른 부분의 여러 정보들을 해석할 때 영향을 미치는 것

① 자존적 편견   ② 후광효과

③ 투 사   ④ 통제의 환상

⑤ 대조효과

┃해설┃

후광효과란 개인의 일부 특성을 통해 전체를 판단하는 것을 말한다.

① 자존적 편견이란 잘 되면 내 탓이고 잘못되면 남 탓이라는 것을 말한다.

③ 투사란 자신의 생각이나 특성을 다른 사람에게 투영시키는 것을 말한다.

④ 통제의 환상이란 통제할 수 없는 것을 통제할 수 있다고 믿는 것을 말한다.

⑤ 대조효과란 자신 또는 평가대상의 주변과 견주어 특정한 대상을 판단하는 것을 말한다.

답 ②

21 공인회계사 2015

태도와 성격에 관한 설명으로 가장 적절하지 않은 것은?

① 켈리(Kelly)의 귀인이론에서는 행동의 원인을 특이성, 합의성, 일관성으로 구분하여 파악한다.

② 자존적 편견(self-serving bias)은 평가자가 자신의 자존심을 지키기 위하여, 자신이 실패했을 때는 자신의 내부적 요인에서 원인을 찾고, 자신의 성공에 대해서는 외부적 요인에서 원인을 찾으려는 경향을 의미한다.

③ 성격유형을 A형과 B형으로 구분할 때, A형은 B형보다 업무처리 속도가 빠르고, 인내심이 부족한 편이다.

④ 조직시민행동(organizational citizenship behavior)이란 조직에서의 공식적인 역할이 아니더라도, 조직을 위해 자발적으로 희생하고 노력하며 동료를 돕는 행동을 의미한다.

⑤ 마이어(Meyer)와 알렌(Allen)이 주장하는 조직몰입 중 지속적(continuance) 몰입은 조직을 떠나면 경제적 비용이 많이 발생하기 때문에 조직에 머물러 있으려는 태도를 의미한다.

──────────────────

┃해설┃

자존적 편견은 자신이 실패했을 때는 외부요인에서 원인을 찾고, 성공에 대해서는 내부적 요인에서 원인을 찾는 현상을 말한다.

① 켈리의 귀인이론에서 내적, 외적귀인은 특정 상황에서만 다르게 행동하는 정도인 특이성, 주변인들과 행동이 일치되는 정도인 합의성, 행동이 꾸준히 유지되는 정도인 일관성에 의하여 결정된다.

③ A형의 성격을 가진 사람은 끊임없는 노력을 하고, 필요하다면 다른 사람의 반대 속에서도 그 노력을 계속한다. 그리고 여가시간에 대해 죄의식을 느끼며, 다른 사람의 성과에 예민하게 반응한다.

④ 조직시민행동은 조직원들이 조직의 원활한 운영을 위해서 공식적으로 주어진 임무 이외의 일을 자발적으로 수행하는 것을 의미한다.

⑤ 지속적 몰입은 조직에 남아있는 것과 떠나는 것 사이의 경제적 비교를 통해 형성되는 몰입을 말한다.

답 ②

22 가맹거래사 2012

조직내 규율확립과 관련하여 '뜨거운 난로의 원칙(hotstove principles)'에 해당되지 않는 것은?

① 유연성 ② 일관성
③ 즉각성 ④ 사전경고
⑤ 사적인 것의 비개입

──────────────────

┃해설┃

뜨거운 난로의 원칙은 업무와 관련하여 규칙을 어기면 그가 누구이든 원칙에 따라 징계를 받아야 한다는 것을 의미하며 처벌내용의 일관성과 즉각성, 사전경고, 사적인 것의 비개입으로 구성된다.

답 ①

23 공인노무사 2013

☑ 확인 Check! ○ △ ✕

기존에 제공해 주던 긍정적 보상을 제공해 주지 않음으로써 어떤 행동을 줄이거나 중지하도록 하기 위한 강화(reinforcement) 방법은?

① 긍정적 강화
② 소 거
③ 벌
④ 부정적 강화
⑤ 적극적 강화

─────────────────────────────

┃해설┃

긍정적 보상을 제거하는 것은 소거이며, 부정적 보상을 제거하는 것은 부정적(소극적) 강화이다.

답 ②

24 공인회계사 2011

☑ 확인 Check! ○ △ ✕

조직에서 개인의 행동에 관한 설명으로 가장 적절하지 않은 것은?

① 특정 직무 또는 과업에 대한 일련의 성공경험은 그 과업에 대한 자기효능감(self-efficacy)에 긍정적 영향을 미칠 수 있다.
② 자기감시성향(self-monitoring)이 높은 사람은 자기감시성향이 낮은 사람보다 외부환경과 상황에 잘 대처하는 경향이 있다.
③ 타인을 존중하는 개인의 성향은 빅5(Big Five) 성격유형에서 성실성(conscientiousness)에 속하며 성실성은 개인의 직무성과와 관련성이 없다.
④ 성격유형에서 A타입(Type A)은 B타입(Type B)보다 인내심이 적고 조급한 편이다.
⑤ 통제의 위치(locus of control)가 내부에 있는 사람(internals)은 외부에 있는 사람(externals)보다 자신에게 일어나는 일을 스스로 통제할 수 있다는 믿음이 높다.

─────────────────────────────

┃해설┃

성실성은 빅5 성격유형 중 직무성과와 강한 관련성을 가진다.
① 자기효능감은 자신이 수행하고 있는 특정 업무를 잘 해낼 수 있을 것으로 믿는 개인의 성향을 의미하는데 과거의 성공경험, 타인의 성공에 대한 관찰 등은 이를 증진시킨다.
② 자기관찰을 잘하는 사람들은 자아와 상당한 차이가 있는 모습을 표현할 수 있는 능력이 있다. 따라서 자기관찰에 능한 사람은 그렇지 못한 사람보다 나은 성과 평가를 받으며 리더가 될 가능성이 높다.
④ A타입의 성격을 가진 사람은 적은 시간에 많은 것을 성취하기 위해 끊임없는 노력을 하고, 여가시간에 대해 죄의식을 느끼고 조급하며, 수치로 표현되는 성과나 타인의 업적, 성취에 예민하게 반응하는 경쟁적 특징을 가진다.
⑤ 내재론자는 자신의 노력이 성과를 결정짓는 것이라고 생각하는 사람이며, 외재론자는 외부 영향력이 운명을 결정한다고 믿는 사람이다. 내재론자가 외재론자보다 동기의 수준이 높고 업무와 관련한 문제해결이나 학습에서의 성과가 높다.

답 ③

25 가맹거래사 2011

확인Check! ○ △ ✕

피그말리온 효과(Pygmalion effect)와 동일한 의미를 나타내는 것은?

① 감정적 몰입
② 자기실현적 예언
③ 후광효과
④ 자존적 편견
⑤ 스테레오타이핑

┃해설┃

피그말리온 효과는 대상에 대한 기대가 대상의 행위를 결정한다는 것으로서, 자기실현적 예언과 같은 의미이다.

답 ②

26 국가직 7급 2010

확인Check! ○ △ ✕

행위강화전략 중 소거(extinction)에 해당하는 것은?

① 품행이 좋은 학생에게 칭찬과 격려를 아끼지 않는다.
② 성적이 기준에 미달한 학생에게 장학금의 지급을 일시적으로 중지한다.
③ 수형생활을 모범적으로 하는 죄수에게 감형이나 가석방의 기회를 부여한다.
④ 업무수행 실적이 계속해서 좋지 않은 직원을 징계한다.

┃해설┃

소거는 바람직하거나 좋은 것을 빼앗아 구성원들의 행동을 줄이는 강화수단이다.
① 긍정적(적극적) 강화에 해당한다.
③ 부정적(소극적) 강화에 해당한다.
④ 벌에 해당한다.

답 ②

27 공인노무사 2010

☑ 확인 Check! ○ △ ✕

개인의 일부 특성을 기반으로 그 개인 전체를 평가하는 지각경향은?

① 스테레오타입

② 최근효과

③ 자존적 편견

④ 후광효과

⑤ 대조효과

┃해설┃

후광효과란 개인의 일부 특성을 통해 전체를 판단하는 것을 말한다.

① 스테레오타입이란 소속집단의 특성으로 개인을 평가하는 것을 말한다.

② 최근효과란 최근에 주어진 정보의 특성으로 전체 평가결과를 내리는 것을 말한다.

③ 자존적 편견이란 잘 되면 내 탓이고 잘못되면 남 탓이라는 것을 말한다.

⑤ 대조효과란 자신 또는 평가대상의 주변과 비교하여 특정한 대상을 판단하는 것을 말한다.

답 ④

PART 1

28 가맹거래사 2010

☑ 확인 Check! ○ △ ✕

자신이 속한 집단의 지각에 기초하여 타인을 평가하는 지각적 오류는?

① 스테레오타입

② 후광효과

③ 대조효과

④ 최근효과

⑤ 자존적 편견

┃해설┃

스테레오타입이란 자신이나 타인이 속한 집단의 특성에 기초하여 판단하는 오류를 말한다.

② 후광효과란 개인의 일부 특성을 통해 전체를 판단하는 것을 말한다.

③ 대조효과란 자신 또는 평가대상의 주변과 비교하여 특정한 대상을 판단하는 것을 말한다.

④ 최근효과란 가장 최근에 주어진 정보가 이전 정보에 비해 더 많은 영향을 미치는 것을 말한다.

⑤ 자존적 편견이란 잘 되면 내 탓이고 잘못되면 남 탓이라는 것을 말한다.

답 ①

29 공인회계사 2008

☑ 확인Check! ○ △ ✕

사람의 행동이나 태도(attitude)를 이해하기 위해 그 사람의 가치관(values)을 이해하는 것이 중요하다. 가치관과 태도에 관한 다음 설명 중 가장 적절하지 않은 것은?

① 태도가 구체적인 개념이라면 가치관은 보다 광범위하고 포괄적인 개념이다.
② 어떤 두 사람의 태도가 같다고 해도 그것은 각각 다른 가치관에서 비롯될 수 있다.
③ 태도와 가치관은 모두 장기적이며 고정적인 특성을 갖지만 태도보다는 가치관이 더 안정적이다.
④ "내 상사가 이런 태도를 보이는 것은 이러이러한 가치관을 가졌기 때문이야"라고 말할 수 있으며, 이것은 역으로도 성립된다.
⑤ 어떤 가치관이 조직구성원들 사이에 지속적으로 존재하게 될 때 그것은 하나의 문화적 요소가 될 수 있다.

▌해설▌

가치는 태도에 영향을 미치지만 태도가 가치에 영향을 미치지는 않는다.
①·③ 가치관은 안정적이고 개인의 행동 및 성향을 형성하는 근간이 되는 것으로 포괄적이고 광범위한 특성을 가진다. 이러한 가치관이 구체적인 사물이나 대상에 대한 호불호의 느낌으로 나타나는 것이 태도이다. 태도는 쉽게 바뀌지 않지만, 학습이나 경험에 의해 변화 가능하다.
② 가치관이 다르더라도 어떠한 대상에 대한 태도가 같을 수 있다.
⑤ 개인가치가 통합되어 문화적 가치를 형성할 수 있다.

답 ④

30 공인회계사 2001

☑ 확인Check! ○ △ ✕

강화이론(reinforcement theory)에 관한 다음 설명 중 가장 옳지 않은 것은?

① 적극적 강화는 보상을 이용한다.
② 소극적 강화는 불편한 자극을 이용한다.
③ 적극적 강화에는 도피학습과 회피학습이 있다.
④ 연속강화법은 매우 효과적이나 적용이 어렵다.
⑤ 부분강화법 중 비율법이 간격법보다 더 효과적이다.

▌해설▌

도피학습과 회피학습은 부정적 강화의 예이다. 도피학습은 특정한 행동을 하자마자 부정적 결과를 제거함으로써 특정한 행동을 더욱 더 자주 반복하게끔 하는 것이고, 회피학습은 특정한 자극에 적절히 반응하지 않으면 혐오자극이 온다는 것을 미리 알려줌으로써 원하는 행동을 하게끔 학습시키는 것이다.

답 ③

02 | 내용이론

01 서울시 7급 2023 ☑ 확인 Check! ○ △ ✕

동기부여의 내용이론이 아닌 것은?

① 성취동기이론
② 2요인이론
③ 기대이론
④ ERG 이론

┃해설┃

동기부여의 내용이론에는 매슬로우의 욕구단계설, 앨더퍼의 ERG 이론❹, 맥클랜드의 성취동기이론❶, 맥그리거의 X·Y이론, 허즈버그의 2요인 이론❷, 해크만과 올드햄의 직무특성모형 등이 있으며, 동기부여의 과정이론에는 브룸의 기대이론❸, 아담스의 공정성이론, 로크의 목표설정이론, 데시의 인지평가이론 등이 있다.

답 ③

02 경영지도사 2023 ☑ 확인 Check! ○ △ ✕

경영이론에 관한 연구자와 그 이론의 연결이 옳지 않은 것은?

① 메이요(E. Mayo)−ERG이론
② 맥그리거(D. McGregor)−X·Y이론
③ 아지리스(C. Argyris)−미성숙 성숙이론
④ 매슬로우(A. Maslow)−욕구단계론
⑤ 허즈버그(F. Herzberg)−2요인이론

┃해설┃

메이요는 호손실험을 주도한 학자이며, ERG 이론과는 무관하다. ERG 이론은 앨더퍼가 주창한 동기부여 이론이다.

답 ①

제2장 | 내용이론 23

맥그리거(D. McGregor)의 X·Y이론 중 Y이론에 관한 설명으로 옳은 것을 모두 고른 것은?

> ㄱ. 동기부여는 생리적 욕구나 안전욕구 단계에서만 가능하다.
> ㄴ. 작업조건이 잘 갖추어지면 일은 놀이와 같이 자연스러운 것이다.
> ㄷ. 대부분의 사람들은 엄격하게 통제되어야 하고 조직목표를 달성하기 위해서는 강제되어야 한다.
> ㄹ. 사람은 적절하게 동기부여가 되면 자율적이고 창의적으로 업무를 수행한다.

① ㄱ, ㄴ   ② ㄱ, ㄷ
③ ㄴ, ㄷ   ④ ㄴ, ㄹ
⑤ ㄷ, ㄹ

▌해설▌

X이론에 의하면 인간은 본래 태만하고 일하기를 싫어하며 이기적이고 창의력이 부족한 동시에 저차원적 욕구(생리적 욕구나 안전욕구)에 의해서 동기부여되는 존재이다. ❶ 이러한 관점 하에서 관리자는 종업원의 업무를 구조화하고 철저히 통제·감독하는데 집중하게 된다. ❸

한편 Y이론에 의하면 인간은 자율적으로 업무를 수행하며 ❷ 책임을 질 줄 알고 조직이 처한 문제를 해결하는데 필요한 창의력을 가지고 있으며 저차원적 욕구뿐만 아니라 고차원적 욕구(사회적 욕구나 존경욕구 및 자아실현욕구)에 의해서 동기부여되는 존재이다. 이러한 관점 하에서 관리자는 일을 놀이처럼 즐길 줄 아는 인간의 자율성에 입각하여 보다 자아실현에 초점을 둔 관리에 집중하게 된다. ❹

답 ④

04 국가직 7급 2021

☑ 확인 Check! ○ △ ✕

허즈버그(F. Herzberg)의 동기-위생이론(two-factortheory : 2요인 이론)에 대한 설명으로 옳지 않은 것은?

① 동기요인은 직무만족 요인이며, 위생요인은 직무불만족 요인이다.

② 작업조건, 고용안정, 회사정책은 위생요인이다.

③ 직무의 불만족요인을 제거하고, 만족요인으로 동기를 유발해야 성과를 높일 수 있다.

④ 만족요인인 종업원의 임금 인상으로 성과를 높일 수 있다.

┃해설┃

임금은 대표적인 위생요인으로서 임금이 인상되더라도 불만족 감소에만 기여할 뿐, 만족도 증진에는 도움이 되지 못한다.

① · ③ 동기요인은 충족 시 만족에 기여하는 요인이고, 위생요인은 미충족 시 불만족이 증가하게 되는 요인이다. 따라서 불만족 요인은 제거하는 동시에, 만족요인은 증진시켜야 한다.

② 위생요인에는 작업조건, 상사 및 동료와의 인간관계, 회사의 각종 정책들, 보상제도 등이 포함된다.

답 ④

05 서울시 7급 2020

☑ 확인 Check! ○ △ ✕

동기 부여를 강조하는 직무 설계에 대한 설명으로 가장 옳지 않은 것은?

① 직무 수행에 많은 기술이 필요할수록 높은 동기부여가 된다.

② 자신의 직무가 조직 내에서 중요할수록 높은 동기부여가 된다.

③ 업무 수행 방법에 대해 자율적으로 의사결정을 내릴 수 있는 권한이 많을수록 높은 동기부여가 된다.

④ 직무 성과에 대한 피드백이 불명확할수록 높은 동기 부여가 된다.

┃해설┃

직무 성과에 대한 피드백은 분명하고 명확해야만 동기부여에 도움이 된다.

① · ② · ③ 직무 수행에 많은 기술이 필요할수록, 자신의 직무가 조직 내에서 중요할수록, 업무 수행 방법에 대해 자율적으로 의사결정을 내릴 수 있는 권한이 많을수록 높은 동기부여가 된다.

답 ④

허즈버그(F. Herzberg)의 2요인이론에서 위생요인에 해당하는 것은?

① 성취감   ② 도전감

③ 임 금   ④ 성장가능성

⑤ 직무내용

▎해설▎

위생요인에 해당하는 것에는 상사, 감독, 동료, 보상(임금), 휴가, 환경 등이 있다.

답 ③

매슬로우(A. Maslow)의 욕구단계이론에 관한 설명으로 옳지 않은 것은?

① 상위단계의 욕구 충족이 좌절되면 그 보다 하위단계의 욕구를 충족시키려 한다.

② 하위단계욕구가 충족되었을 때, 상위단계욕구가 발생하게 된다.

③ 욕구결핍상태가 발생하게 되면 그 욕구를 충족시키기 위해 노력하게 된다.

④ 인간의 욕구는 일련의 단계 내지 중요성에 따라 계층별로 배열할 수 있다.

⑤ 계층상 가장 상위단계의 욕구는 자아실현의 욕구이다.

▎해설▎

상위욕구 충족이 좌절될 경우 하위욕구로의 퇴행이 일어나는 것은 앨더퍼의 ERG 이론이다.

답 ①

08 경영지도사 2020

☑ 확인Check! ○ △ ✕

허즈버그(F. Herzberg)의 2요인이론에서 위생요인에 해당하는 것은?

① 성 취
② 인 정
③ 책임감
④ 성장과 발전
⑤ 감독자

┃해설┃

감독자, 동료, 보상, 근무조건 등은 위생요인에 해당한다.

🔏 ⑤

09 공인노무사 2019

☑ 확인Check! ○ △ ✕

매슬로우(A. H. Maslow)의 욕구단계이론에 관한 설명으로 옳지 않은 것은?

① 최하위 단계의 욕구는 생리적 욕구이다.
② 최상위 단계의 욕구는 자아실현 욕구이다.
③ 욕구계층을 5단계로 설명하고 있다.
④ 다른 사람으로부터 인정과 존경을 받고자 하는 욕구는 성장욕구에 속한다.
⑤ 하위단계의 욕구가 충족되어야 상위단계의 욕구를 충족시키기 위한 동기부여가 된다.

┃해설┃

매슬로우가 아니라 앨더퍼에 관한 설명이다. 앨더퍼는 인간의 욕구를 크게 존재욕구, 관계욕구, 성장욕구의 세 유형으로 구분하였다. 그중 성장욕구는 매슬로우의 존경 욕구와 자아실현 욕구의 일부를 통합한 개념으로서, 개인의 잠재력과 능력의 성장과 관련된 욕구이다.
① 생리적 욕구는 욕구단계이론에서 최하위 단계에 위치한다.
② 자아실현 욕구는 욕구단계이론에서 최상위 단계에 위치한다.
③ 매슬로우는 욕구계층을 5단계로 설명하고 있다.
⑤ 상위단계의 욕구를 충족시키기 위한 동기부여를 위해서는 하위단계의 욕구가 충족되어야 한다.

🔏 ④

매슬로우(A. Maslow)의 욕구단계이론과 알더퍼(C. Alderfer)의 ERG이론에 관한 설명으로 옳지 않은 것은?

① 욕구단계이론과 ERG 이론은 하위욕구가 충족되면 상위욕구를 추구한다고 보는 공통점이 있다.

② ERG 이론에서는 욕구의 좌절-퇴행 과정도 일어난다.

③ 욕구단계이론에서 자아실현의 욕구는 ERG 이론에서 성장욕구에 해당한다.

④ 욕구단계이론에서는 한 시점에 낮은 단계와 높은 단계의 욕구가 동시에 발생한다.

⑤ 욕구단계이론에서 생리적 욕구는 ERG 이론에서 존재욕구에 해당한다.

──────────────────────────

┃해설┃

ERG 이론에 따르면 하위욕구에서 상위욕구로의 '충족-진행'과 상위욕구에서 하위욕구로의 '좌절-퇴행'이 동시에 발생할 수 있기 때문에, 반드시 상위나 하위 욕구 하나만이 존재하는 것이 아닌 둘 이상의 욕구가 동시에 공존할 수 있다.

① 욕구단계이론과 ERG 이론은 하위욕구가 충족되면 상위욕구를 추구한다고 본다.

② ERG 이론에서는 욕구의 좌절-퇴행 과정이 일어난다.

③ 매슬로우의 존경 욕구와 자아실현 욕구의 일부를 합한 것이 앨더퍼의 성장욕구이다.

⑤ ERG 이론의 존재욕구에는 매슬로우의 생리적 욕구와 안전 욕구의 일부가 포함된다.

더 살펴보기	엘더퍼의 ERG이론

(1) ERG이론의 내용 : 엘더퍼는 인간의 욕구를 존재욕구, 관계욕구, 성장욕구의 3가지로 구분하였다.

   ① 존재욕구(Existence) : 인간이 존재하기 위한 생리적, 물질적, 안전욕구

   ② 관계욕구(Relatedness) : 타인과의 관계, 소속감, 외적 존경

   ③ 성장욕구(Growth) : 자아성장, 자기실현, 내적 존경

(2) ERG이론의 특징

   ① 엘더퍼는 매슬로우와 달리 욕구단계는 미리 정해진 것이 아니라 다른 욕구의 충족 정도에 따라 증감될 수 있어 한 가지의 욕구가 만족되면 다음 욕구로 진행되기도 하고, 다음 욕구가 충족되지 않는 좌절로 인하여 퇴행하기도 한다고 판단하였으며, 상위욕구가 충족되지 않으면 하위욕구에 대한 욕망이 더욱 커진다고 주장하였다.

   ② 또한 두 가지 이상의 욕구가 동시에 작용할 수도 있으며 욕구도 환경이나 문화 등에 따라서 다양하게 나타날 수 있다고 판단하였다.

(3) 욕구단계이론과의 비교

매슬로우의 욕구단계설	엘더퍼의 ERG이론
• 동시에 여러 욕구 충족 불가	• 동시에 여러 욕구 충족 가능
• 만족-진행	• 만족-진행 및 좌절-퇴행
• 욕구를 무의식 수준에서 취급	• 욕구를 의식 수준에서 취급
• 5단계(생리, 안전, 사회, 존경, 자아실현)의 욕구	• 3단계(존재, 관계, 성장)의 욕구

답 ④

11 공인회계사 2018

확인Check! ○ △ ✕

직무설계에서 핵크만(Hackman)과 올드햄(Oldham)의 직무특성이론에 관한 설명으로 가장 적절하지 않은 것은?

① 다양한 기술이 필요하도록 직무를 설계함으로써, 직무수행자가 해당 직무에서 의미감을 경험하게 한다.
② 자율성을 부여함으로써, 직무수행자가 해당 직무에서 책임감을 경험하게 한다.
③ 도전적인 목표를 제시함으로써, 직무수행자가 해당 직무에서 성장욕구와 성취감을 경험하게 한다.
④ 직무수행과정에서 피드백을 제공함으로써, 직무수행자가 해당 직무에서 직무수행 결과에 대한 지식을 가지게 한다.
⑤ 과업의 중요성을 높여줌으로써, 직무수행자가 해당 직무에서 의미감을 경험하게 한다.

▮해설▮

도전적 목표 제시를 통한 성장욕구 및 성취감의 경험은 로크의 목표설정이론과 관련된다.
① 직무특성이론에서는 다양한 기술을 사용하는 것을 통해 직무수행의 의미감을 느낄 수 있다.
② 직무특성이론에서는 자율성을 부여하여 업무수행을 통한 책임감을 경험하게 한다.
④ 직무수행에 대해 피드백을 제공하는 경우 업무를 제대로 수행했는지 확인할 수 있다.
⑤ 직무특성이론에서는 나의 직무수행이 다른 사람의 삶에 영향을 미치는 정도를 과업중요성이라 부르며, 이 정도가 높은 직무를 수행할수록 자신의 직무가 가지는 의미를 깨닫게 된다.

답 ③

12 공인노무사 2018

확인Check! ○ △ ✕

맥그리거(D. McGregor)의 X·Y이론은 인간에 대한 기본 가정에 따라 동기 부여방식이 달라진다는 것이다. Y이론에 해당하는 가정 또는 동기부여방식이 아닌 것은?

① 문제해결을 위한 창조적 능력 보유
② 직무수행에 대한 분명한 지시
③ 조직목표 달성을 위한 자기 통제
④ 성취감과 자아실현 추구
⑤ 노동에 대한 자연스러운 수용

▮해설▮

Y이론은 자율적인 인간을 가정하며, 업무에 대한 지시를 중시하는 것은 X이론에 해당한다.

답 ②

제2장 | 내용이론 29

13 경영지도사 2018

☑ 확인 Check! ○ △ ✕

허즈버그(F. Herzberg)의 2요인이론에서 동기요인에 해당하지 않는 것은?

① 직무에 대한 성취

② 직무에 대한 인정

③ 직무 자체

④ 능력의 신장

⑤ 감 독

┃해설┃

동기요인에 해당하는 것으로는 성취, 인정, 일 자체, 능력증진 등이 있으며, 위생요인에 해당하는 것으로는 상사, 감독, 동료, 보상, 휴가, 환경 등이 있다.

답 ⑤

14 경영지도사 2017

☑ 확인 Check! ○ △ ✕

맥그리거(D. McGreger)의 X이론에서 인간에 대한 가정에 해당하는 것은?

① 대다수 사람들은 조직문제를 해결할 만한 능력이나 창의성이 없다.

② 일은 고통의 원천이 되기도 하지만 조건여하에 따라 만족의 근원이 된다.

③ 인간은 외적 강제나 처벌의 위협이 없더라도 조직 목표를 위하여 자기관리와 자기통제를 행한다.

④ 현대조직에 있어 인간의 지적 능력은 그 일부분밖에 활용되지 못하고 있다.

⑤ 일정 조건하에서 인간은 스스로 책임질 뿐만 아니라 오히려 그것을 추구한다.

┃해설┃

맥그리거의 X이론에 의하면 인간은 능력이 약하고 창의성이 부족하다.

② 일을 통해 만족을 느낄 수 있다는 관점은 Y이론에 해당한다.

③ 인간이 스스로를 관리하고 통제할 수 있다는 관점은 Y이론에 해당한다.

④ Y이론에 따르면 인간은 능력이 매우 탁월하고 다양하지만, 조직에서의 제약 때문에 그중 일부만 활용하게 된다고 한다.

⑤ Y이론에 따르면 인간은 스스로 업무에 대한 책임을 질 수 있다.

답 ①

30 공인회계사 1차 객관식 경영학

허즈버그(F. Herzberg)의 2요인 이론(dual factortheory)에 관한 설명으로 옳지 않은 것은?

① 만족에 영향을 미치는 요인과 불만족에 영향을 미치는 요인은 별도로 존재한다.

② 위생요인은 만족을 증가시킬지의 여부에 영향을 미치며, 불만족해소 여부에는 영향을 미치지 못한다.

③ 동기요인은 개인으로 하여금 열심히 일하게 하며 이에 따라 성과도 높여주는 요인이다.

④ 구성원의 만족도를 높이기 위해서는 위생요인보다 동기요인을 사용해야 한다.

⑤ 2요인 이론에 의하면 불만족요인을 제거한다고 해서 반드시 만족수준이 높아지는 것은 아니다.

∥해설∥

①·② 허즈버그의 2요인 이론에서는 만족에 영향을 미치는 동기요인과 불만족에 영향을 미치는 위생요인을 구분한다. 동기요인이 증가하면 만족이 증가하고 동기요인이 감소하면 만족이 감소한다. 반대로 위생요인이 충족되면 불만족이 줄어들고 위생요인이 미충족되면 불만족이 증가한다.

③ 동기요인이 충족되면 만족도가 높아져 더욱 열심히 일하게 되고 성과도 향상된다.

④ 만족의 원인으로 작용하는 것은 위생요인이 아니라 동기요인이다.

⑤ 불만족의 원인이 되는 요인을 제거하면 불만족이 감소할 뿐이며 만족수준이 높아지지는 않는다.

답 ②

PART 1

동기부여의 내용이론에 해당하는 것을 모두 고른 것은?

ㄱ. A. Maslow의 욕구단계이론
ㄴ. C. Alderfer의 ERG 이론
ㄷ. V. Vroom의 기대이론
ㄹ. J. Adams의 공정성이론
ㅁ. F. Herzberg의 2요인이론

① ㄱ, ㄷ　　　　　　　　　　　　② ㄱ, ㄹ

③ ㄱ, ㄴ, ㅁ　　　　　　　　　　④ ㄴ, ㄷ, ㄹ

⑤ ㄴ, ㄷ, ㅁ

∥해설∥

동기부여의 내용이론에는 욕구단계이론❶, ERG 이론❷, X·Y이론, 2요인이론❸, 직무특성이론 등이 있으며, 나머지 이론들은 모두 과정이론에 해당한다.

답 ③

17 공인노무사 2016

매슬로우(A. H. Maslow)가 제시한 욕구단계이론의 내용이 아닌 것은?

① 권한위임에 대한 욕구

② 신체적 안전에 대한 욕구

③ 소속감이나 애정에 대한 욕구

④ 의식주에 대한 욕구

⑤ 존경받고 싶은 욕구

∥해설∥

매슬로우의 5대 욕구 : 생리적 욕구-안전 욕구-사회적 욕구-존경 욕구-자아실현 욕구

답 ①

18 공인노무사 2016

허즈버그(F. Herzberg)의 2요인이론에서 동기요인을 모두 고른 것은?

> ㄱ. 상사와의 관계
> ㄴ. 성 취
> ㄷ. 회사 정책 및 관리방침
> ㄹ. 작업 조건
> ㅁ. 인 정

① ㄱ, ㄴ   ② ㄱ, ㅁ

③ ㄴ, ㄷ   ④ ㄴ, ㅁ

⑤ ㄹ, ㅁ

∥해설∥

동기요인은 만족을 유발하는 요인으로서 성취감ⓛ, 상사나 동료로부터의 인정ⓜ, 일 그 자체, 책임감, 성장과 발전 등이 이에 해당한다. 반면 위생요인은 미충족시 불만을 유발하는 요인으로서 회사의 정책, 관리규정, 감독행위, 임금, 작업조건, 인간관계, 지위 등이 이에 해당한다.

답 ④

19 경영지도사 2016

☑ 확인Check! ○ △ ✕

해크먼(R. Hackman)과 올드햄(G. Oldham)의 직무특성모형에서 직무가 다른 사람의 작업이나 생활에 실질적인 영향을 미칠 수 있는 정도를 의미하는 것은?

① 기술다양성　　　　　　　　　　② 과업정체성
③ 과업중요성　　　　　　　　　　④ 자율성
⑤ 피드백

┃해설┃

과업중요성이란 조직과 타인에 미치는 영향력을 의미한다.
① 기술다양성이란 직무가 요구하는 활동의 폭을 의미한다.
② 과업정체성이란 업무 전체를 조망할 수 있는 정도를 의미한다.
④ 자율성이란 독립적인 재량권을 의미한다.
⑤ 피드백이란 업무의 수행에 대한 정보가 주어지는 정도를 의미한다.

답 ③

20 가맹거래사 2016

☑ 확인Check! ○ △ ✕

허즈버그(F. Hertzberg)가 제시한 2요인(two-factor)이론을 따르는 경영자가 종업원들의 동기를 유발시키기 위한 방안으로 옳지 않은 것은?

① 좋은 결과를 낸 종업원을 표창한다.
② 종업원이 하고 있는 업무가 매우 중요함을 강조한다.
③ 좋은 성과를 낸 종업원에게 더 많은 급여를 지급한다.
④ 좋은 성과를 낸 종업원을 승진시킨다.
⑤ 좋은 성과를 낸 종업원에게 자기 개발의 기회를 제공한다.

┃해설┃

동기요인은 성취감, 인정과 칭찬, 권한과 책임 등과 관련이 있다. 급여와 같은 보상요인은 동기요인이 아니라 위생요인에 해당한다.

답 ③

21 경영지도사 2015

☑ 확인 Check! ○ △ ✕

매슬로우(A. Maslow)의 욕구단계설에 포함되는 욕구가 아닌 것은?

① 생리적 욕구(Psychological needs)
② 자아존중의 욕구(Self-esteem needs)
③ 안전의 욕구(Safety needs)
④ 자아실현의 욕구(Self-actualization needs)
⑤ 행복의 욕구(Happiness needs)

▌해설▐

매슬로우의 5대 욕구 : 생리적 욕구-안전 욕구-사회적 욕구-존경 욕구-자아실현 욕구

답 ⑤

22 경영지도사 2015

☑ 확인 Check! ○ △ ✕

허즈버그(F. Herzberg)는 직무만족-생산성의 관련성을 연구한 결과, 2요인 이론을 주장하였다. 허즈버그가 제시한 동기요인으로 옳은 것을 모두 고른 것은?

ㄱ. 책임감	ㄴ. 인 정
ㄷ. 급 여	ㄹ. 성 장
ㅁ. 일 자체	

① ㄱ, ㄴ, ㄷ, ㄹ
② ㄱ, ㄴ, ㄷ, ㅁ
③ ㄱ, ㄴ, ㄹ, ㅁ
④ ㄱ, ㄷ, ㄹ, ㅁ
⑤ ㄴ, ㄷ, ㄹ, ㅁ

▌해설▐

동기요인은 만족을 유발하는 요인성취감을 의미하며 책임감❶, 상사나 동료로부터의 인정❷, 성장과 발전❸, 일 그자체❹ 등이 대표적인 예이다. 그리고 위생요인은 미충족시 불만을 유발하는 요인을 의미하며 회사의 정책, 관리규정, 감독행위, 임금, 작업조건, 인간관계, 지위 등이 대표적인 예이다.

답 ③

23 경영지도사 2014

☑ 확인 Check! ○ △ ×

경영학의 역사적 전개과정상에서 나타난 이론들 중 성격이 다른 것은?

① 매슬로우(A. Maslow)의 욕구단계론
② 허즈버그(F. Herzberg)의 2요인이론
③ 맥그리거(D. McGregor)의 X · Y이론
④ 베버(M. Weber)의 관료제 조직론
⑤ 아지리스(C. Argyris)의 성숙–미성숙이론

┃해설┃

베버의 관료제 조직론을 제외한 나머지는 모두 동기부여 이론에 속한다.

답 ④

24 국가직 7급 2013

☑ 확인 Check! ○ △ ×

동기이론 중 허즈버그(F. Herzberg)의 2요인 이론(two factor theory)에 대한 설명으로 옳지 않은 것은?

① 임금, 작업조건, 동료관계 등은 동기유발요인에 해당된다.
② 동기유발요인은 만족요인, 위생요인은 불만족요인이라고 한다.
③ 만족과 불만족을 동일 차원의 양 극점이 아닌 별개의 차원으로 본다.
④ 직무불만족은 직무 상황과 관련되고, 직무만족은 직무 내용과 관련된다.

┃해설┃

임금, 작업조건, 동료관계 등은 동기유발요인이 아니라 위생요인에 해당한다.
② 동기유발요인은 만족요인, 위생요인은 불만족요인과 같은 의미이다.
③ 만족과 불만족을 서로 반대되는 개념이 아닌 별개의 개념으로 본다.
④ 직무불만족은 직무의 상황과, 직무만족은 직무의 내용과 관련된다.

답 ①

PART 1

직무특성이론에서 주장하는 핵심직무특성에 대한 내용으로 옳지 않은 것은?

① 기술 다양성 : 직무를 수행하는데 요구되는 기술의 종류가 얼마나 다양한가를 의미한다.

② 과업 정체성 : 직무가 독립적으로 완결되는 것을 확인할 수 있는 정도를 의미한다.

③ 직무 혁신성 : 개인이 수행하는 직무가 조직 혁신에 어느 정도 기여할 수 있는가를 의미한다.

④ 피드백 : 직무 수행 도중에 직무의 성과와 효과성에 대해 직접적이고 명확한 정보를 획득할 수 있는 정도를 의미한다.

┃해설┃

직무혁신성은 직무특성이론에서 주장하는 핵심직무특성에 포함되지 않는다.

더 살펴보기	직무특성이론

해크먼과 올드햄의 직무특성모델에 따르면 직무가 다양성, 정체성, 중요성 등의 핵심직무특성 요소를 가지면 작업자는 의미감, 책임감 등의 중요한 심리적 상태를 가지게 되고, 이에 따라 높은 내재적 동기가 부여되어 높은 수준의 직무성과와 직무만족이 달성된다고 주장하였다.

① 기술의 다양성 : 직무자체가 다양한 기술과 능력을 사용하거나 발전시킬 수 있으면 작업자는 해당 과업을 의미 있는 것으로 인식한다.

② 과업의 정체성 : 개인의 직무가 전체 단위에 대한 이해를 바탕으로 완전한 작업단위로서 직무를 수행할 때 의미가 증대된다.

③ 과업의 중요성 : 자신의 직무가 다른 사람의 작업이나 행동에 큰 영향을 미칠 때 작업에 대한 의미가 증가한다.

 ③

26 경영지도사 2013

동기부여의 내용 이론에 해당되지 않는 것은?

① 2요인이론
② ERG 이론
③ X·Y이론
④ 공정성이론
⑤ 욕구단계이론

──────────────────────────────

┃해설┃

내용이론은 무엇이 동기를 형성하는가에 대한 것이며 욕구단계이론, ERG 이론, 성취동기이론, 2요인 이론, X·Y이론 등이 이에 해당한다. 그리고 과정이론은 어떻게 동기가 형성되는가에 대한 것이며 기대이론, 공정성이론, 목표설정이론 등이 이에 해당한다.

탑 ③

27 경영지도사 2013

인간의 욕구는 계층을 형성하며, 고차원의 욕구는 저차원의 욕구가 충족될 때 동기부여 요인으로 작용한다는 욕구단계이론을 제시한 사람은?

① 맥그리거(D. McGregor)
② 매슬로우(A. Maslow)
③ 페욜(H. Fayol)
④ 버나드(C. Barnard)
⑤ 사이몬(H. Simon)

──────────────────────────────

┃해설┃

매슬로우는 욕구의 5단계 계층구조를 제시하였으며, 저차원의 욕구가 충족되면 고차원의 욕구가 동기부여의 요소로 작용한다고 주장하였다.
① 맥그리거는 X·Y이론을 제시한 학자이다.
③ 페욜은 관리과정(계획-조직화-지휘-조정-통제)을 체계화한 학자이다.
④ 버나드는 조직균형론과 협동체계론, 권한수용설 등을 주장한 학자이다.
⑤ 사이몬은 의사결정에서의 제한된 합리성 이론을 제시한 학자이다.

탑 ②

맥그리거(D. McGregor)의 X · Y이론에 관한 설명으로 옳은 것은?

① 조직의 감시, 감독 및 통제가 필요하다는 주장은 Y이론이다.

② 쌍방향 의사결정은 X이론에서 주로 발생한다.

③ 자기통제가 많은 것은 X이론이다.

④ 순자의 성악설은 X이론과 Y이론 모두에 해당한다.

⑤ 개인의 목적과 조직의 목적이 부합하는 조직에서는 Y이론에 근거하여 운영된다.

┃해설┃

Y이론에서는 능동적 인간을 상정하며 수평적이고 자율적 인간을 상정하므로 개인과 조직의 조화, 개인목표와 조직목표의 균형은 Y이론에 가깝다.

① X이론에서는 조직의 감시, 감독 및 통제가 필요하다고 주장한다.

② Y이론에서는 쌍방향 의사결정이 주로 발생한다.

③ Y이론에서는 외부통제보다 자기통제가 많다.

④ 순자의 성악설은 X이론에 가깝다.

더 살펴보기   **맥그리거의 X · Y이론**

맥그리거는 인간을 X형 인간과 Y형 인간으로 구분하였는데, X형 인간은 게으르고 야망이나 책임감이 없으며 무능력하고, 물질적이고 경제적인 것에 동기부여가 되는 인간으로 강제가 필요하며, Y형 인간은 성실하며 자기통제가 가능하고 창조적 능력을 보유하고 있으며 심리, 사회적 요인에 의해 동기부여가 되는 인간으로 판단하였다.

답 ⑤

동기부여의 내용이론에 해당하는 것은?

① 성취동기이론

② 기대이론

③ 공정성이론

④ 목표설정이론

⑤ 인지평가이론

┃해설┃

내용이론에 속하는 이론으로는 욕구단계이론(매슬로우), ERG이론(앨더퍼), 성취동기이론(맥클랜드), 2요인이론(허즈버그), X · Y이론(맥그리거), 직무특성이론(해크만과 올드햄) 등이 있다.

답 ①

매슬로우(A. Maslow)가 주장한 욕구단계이론의 5가지 욕구에 포함되지 않는 것은?

① 생리적 욕구(physiological needs)

② 안전 욕구(safety needs)

③ 소속 및 애정 욕구(belongingness and love needs)

④ 존경 욕구(esteem needs)

⑤ 성장 욕구(growth needs)

▌해설▐

매슬로우의 5가지 욕구는 생리적 욕구, 안전 욕구, 사회적소속 욕구, 존경 욕구, 자아실현 욕구 등이다. 성장욕구는 매슬로우의 이론을 변형한 앨더퍼의 욕구유형 중 하나이다.

답 ⑤

PART 1

31 공인노무사 2010   ☑ 확인 Check! ○ △ ✕

허즈버그(F. Herzberg)의 2요인이론에서 동기요인(motivator)에 해당되는 것은?

① 감 독   ② 성취감
③ 복리후생   ④ 작업환경
⑤ 임 금

▌해설▐

동기요인이란 만족을 유발하는 요인을 의미하며 성취감, 상사나 동료로부터의 인정, 일 그 자체, 책임감, 성장과 발전 등이 대표적인 예이다. 그리고 위생요인이란 미충족시 불만을 유발하는 요인을 의미하며 회사의 정책, 관리규정, 감독행위, 임금, 작업조건, 인간관계, 지위 등이 대표적인 예이다.

답 ②

32 공인회계사 2008

☑ 확인 Check! ○ △ ✕

핵크맨(R. J. Hackman)과 올드햄(G. R. Oldham)의 **직무특성이론**(job characteristics theory)에서 5대 핵심 직무특성과 직무수행자의 심리적 상태에 관한 설명으로 다음 중 가장 적절한 것은?

① 기술다양성(skill variety)은 업무수행에 요구되는 기술이 얼마나 여러 가지인가를 뜻하며, 다양성이 높은 직무에서 수행자는 책임감(responsibility)을 느끼게 된다.

② 과업정체성(task identity)은 업무내용이 시작부터 끝까지 전체에 관한 것인지 아니면 일부에만 관여하도록 되어있는지에 관한 것으로, 정체성이 높은 직무에서 수행자는 수행결과에 대한 지식을 얻게 된다.

③ 과업중요성(task significance)은 수행업무가 조직내·외에서 타인의 삶과 일에 얼마나 큰 영향을 미치는가에 관한 것으로, 중요성이 큰 직무에서 수행자는 업무에 대한 의미성(meaningness)을 느끼게 된다.

④ 자율성(autonomy)은 업무수행에서 개인에게 부여된 자유와 재량권 정도로서, 자율성이 큰 직무에서 수행자는 업무에 대한 의미성(meaningness)을 느끼게 된다.

⑤ 피드백(feedback)은 업무자체가 주는 수행성과에 대한 정보의 유무를 뜻하며, 수행자가 인지하는 상황의 불확실성을 가중시킨다.

┃해설┃

과업중요성은 수행업무가 조직에서 타인의 삶과 일에 어느 정도의 영향을 미치는가에 관한 것으로, 중요성이 큰 직무에서 수행자는 업무에 대한 의미성을 느끼게 된다.

① 책임감은 자율성과 관련이 있다.

② 선택지의 내용은 과업정체성이 아니라 피드백과 관련이 있다. 과업정체성은 단순히 업무의 내용이나 수행방법이 무엇인지를 인지하는 것을 넘어서서, 직무의 완결성에 대한 인식이 존재해야 비로소 형성되었다고 할 수 있다.

④ 기술다양성, 과업정체성, 과업중요성으로부터 업무에 대한 의미성이 얻어진다.

⑤ 피드백이 있다면 내가 잘 하고 있는지 못하고 있는지가 분명해지므로 수행자가 인지하는 상황의 확실성이 강화된다.

 답 ③

40 공인회계사 1차 객관식 경영학

33 국가직 7급 2007

매슬로우(Maslow)가 제시한 다섯 단계의 인간 욕구에 해당하지 않는 것은?

① 자아실현 욕구
② 사회적 욕구
③ 안전 욕구
④ 경쟁 욕구

⏤⏤⏤⏤⏤⏤⏤⏤⏤⏤⏤⏤⏤⏤⏤⏤⏤⏤⏤⏤

┃해설┃

매슬로우의 5대 욕구 : 생리적 욕구-안전 욕구-사회적 욕구-존경 욕구-자아실현 욕구

답 ④

34 공인회계사 2006

동기부여(motivation) 이론 중 매슬로우의 욕구이론(need theory)에 관한 서술 중에 가장 적절한 것으로 묶인 것은?

> a. 하나의 욕구가 충족되면 그 다음 상위단계의 욕구를 충족시키려한다.
> b. 상위욕구가 충족이 좌절되면 그 보다 하위단계의 욕구를 충족시키려 한다.
> c. 생리적 욕구-안전욕구-존경욕구-사회적 욕구-자아실현 욕구의 순서로 단계가 나누어진다.
> d. 사회적 욕구는 위생요인으로 생리적 욕구와 안전욕구는 동기요인으로 분류하였다.
> e. 매슬로우의 5가지 욕구 중 존경(esteem)욕구, 관계(relatedness)욕구, 성장(growth) 욕구 3가지만을 고려하여 ERG 이론을 만들었다.

① a
② a, b, c
③ a, e
④ a, c
⑤ d, e

⏤⏤⏤⏤⏤⏤⏤⏤⏤⏤⏤⏤⏤⏤⏤⏤⏤⏤⏤⏤

┃해설┃

a. (○) 매슬로우는 인간의 욕구에는 위계가 있으며, 하위 단계의 욕구가 충분히 충족되면 그보다 높은 수준의 욕구가 인간의 행동을 유발한다고 보았다.
b. (✕) 앨더퍼의 ERG 이론에 대한 설명이다.
c. (✕) 존경욕구와 사회적 욕구의 순서가 바뀌었다.
d. (✕) 생리적 욕구와 안전욕구는 위생요인에 해당한다.
e. (✕) ERG이론은 매슬로우의 5가지 욕구 모두를 반영하여 만들어진 것이다.

답 ①

CHAPTER
03 | 과정이론

01 공인회계사 2024 ☑ 확인 Check! ○ △ ✕

다음 설명 중 적절한 항목만을 모두 선택한 것은?

> a. 맥그리거(McGregor)의 X · Y이론에 의하면, X이론은 인간이 기본적으로 책임을 기꺼이 수용하며 자율적으로 직무를 수행한다고 가정한다.
> b. 불공정성을 느끼는 경우, 개인은 준거인물을 변경함으로써 불균형 상태를 줄일 수 있다.
> c. 명목집단법(nominal group technique)은 의사결정 과정 동안 토론이나 대인 커뮤니케이션을 제한한다.
> d. 분배적 공정성(distributive justice)은 결과를 결정하는데 사용되는 과정의 공정성에 대한 지각을 말한다.

① a, b   ② a, c
③ b, c   ④ a, b, c
⑤ b, c, d

┃해설┃

a. (✕) 선지의 내용은 Y이론에 대한 것이다. X이론에 의하면 인간은 이기적이어서 타율적 동기부여를 통해 욕구를 충족시킨다.
b. (○) 아담스의 공정성 이론에 의하면 개인이 불공정을 느끼게 되면 투입이나 산출을 변경하거나 자신이나 타인에 대한 지각을 왜곡시키거나, 준거인물을 변경하거나, 해당되는 상황을 이탈하여 불공정한 상태를 벗어나려고 한다.
c. (○) 명목집단법은 대인적 커뮤니케이션을 제한하는 방법이다.
d. (✕) 분배적 공정성은 결과에 대한 공정성이며, 절차적 공정성은 과정에 대한 공정성이다.

탑 ③

동기부여에 관한 설명으로 가장 적절하지 않은 것은?

① 허즈버그(Herzberg)의 2요인 이론은 만족과 불만족을 동일한 개념의 양극으로 보지 않고 두 개의 각각 독립된 개념으로 본다.

② 직무특성모델(job characteristics model)에서 개인의 성장욕구강도(growth need strength)는 직무특성과 심리상태 간의 관계 및 심리상태와 성과 간의 관계를 조절(moderating)한다.

③ 자기효능감(self-efficacy)은 어떤 과업을 수행할 수 있다는 개인의 믿음이다.

④ 인지평가이론(cognitive evaluation theory)에서는 어떤 직무에 대하여 내재적 동기가 유발되어 있는 경우 외적 보상이 주어지면 내재적 동기가 강화된다.

⑤ 마이어와 알렌(Meyer & Allen)의 조직몰입 중 규범적(normative) 몰입은 도덕적, 심리적 부담감이나 의무감 때문에 조직에 몰입하는 경우를 의미한다.

┃ 해설 ┃

데시의 인지평가이론에 따르면 내재적 보상이 존재할 때 외재적 보상이 개입하면 내재적 보상의 동기부여 효과가 줄어들게 된다.

① 허즈버그는 개인에게 만족감을 가져다주는 요인(동기요인)과 불만족을 가져다주는 요인(위생요인)이 각각 독립된 개념이라고 하였다.

② 선지의 내용은 성장욕구의 조절효과에 대한 설명이다.

③ 반두라에 의해 창안된 자기효능감은 자신이 수행하고 있는 특정 업무를 잘 해낼 수 있을 것으로 믿는 개인의 성향을 뜻한다.

⑤ 규범적 몰입은 조직의 일원으로 남아 있는 것이 도덕적으로 올바르다는 지각에 근거한 것으로서 도덕적 또는 윤리적인 이유로 인하여 조직에 남게 되는 의무감을 뜻한다.

답 ④

동기부여에 대한 설명으로 옳지 않은 것은?

① 브룸(Vroom)의 기대이론에서 도구성(instrumentality)은 목표달성과 보상 간의 연결에 대해 개인이 지각하는 주관적 확률이다.

② 직무특성모형에서 피드백은 작업의 의미감을 주고, 공정성은 작업성과의 책임감을 경험하게 해준다.

③ 앨더퍼(Alderfer)는 ERG 이론을 통해, 특정 욕구의 충족이 좌절되었을 때 하위 욕구를 추구하는 퇴행현상이 나타남을 제시하였다.

④ 허즈버그(Herzberg)의 2요인이론에서, 위생요인은 불만족의 방지 혹은 감소와 관계가 있다.

┃해설┃

직무특성모형의 5대 핵심직무특성은 기술다양성, 과업정체성, 과업중요성, 자율성, 피드백이며 공정성은 포함되지 않는다.

① 도구성은 노력의 산물로서 형성된 성과 또는 업적에 대하여 보상이 주어질 것으로 믿을 수 있는 정도를 의미하는 개념으로서, 업적과 보상간의 주관적 상관관계이다.

③ 앨더퍼는 인간의 욕구를 크게 존재욕구, 관계욕구, 성장욕구의 세 유형으로 구분하고, 하위 단계의 욕구가 만족되면 상위 단계의 욕구로 진행하며 상위 단계 욕구가 제대로 충족되지 않을 경우 하위 단계에 대한 욕구가 더 커진다는 점을 기본 전제로 설정하였다.

④ 허즈버그는 개인에게 만족감을 가져다주는 요인과 불만족을 가져다주는 요인이 전혀 다를 수 있다는 점을 지적하였다. 충족 시 직무동기를 유발하고 만족도를 증진시키는 업무상 요인으로서는 성취감, 상사나 동료로부터의 칭찬과 인정, 일 그 자체, 직무에 대한 책임, 성장과 발전 등이 있고, 미충족 시 직무불만족을 유발하는 요인으로는 회사의 정책이나 관리규정, 감독행위, 임금과 복리후생, 물리적 작업조건, 동료와의 관계, 직업의 안정성 등이 있다. 허즈버그는 위생요인은 충족되더라도 불만을 줄이는데만 기여할 뿐, 만족증진과는 관련이 적다고 보았다.

답 ②

---

04 공인회계사 **2022**   ☑ 확인 Check! ○ △ ✕

동기부여 이론과 성격에 관한 설명으로 가장 적절하지 않은 것은?

① 동기는 개인의 욕구(need)에 의해 발생되며, 그 강도는 욕구의 결핍 정도에 의해 직접적인 영향을 받는다.

② 맥클리랜드(McClelland)에 의하면, 성취욕구(need for achievement)는 개인이 다른 사람들에게 영향력을 행사하여 그들을 통제하고 싶은 욕구를 말한다.

③ 강화이론(reinforcement theory)에 의하면, 긍정적 강화(positive reinforcement)와 부정적 강화(negative reinforcement)는 행위자의 바람직한 행동의 빈도를 증가시킨다.

④ 공정성이론(equity theory)에 의하면, 개인이 불공정성을 느끼는 경우 준거인물을 변경하여 불균형상태를 줄일 수 있다.

⑤ 알더퍼(Alderfer)의 ERG 이론은 매슬로우(Maslow)의 다섯 가지 욕구를 모두 포함하고 있다.

┃해설┃

맥클리랜드는 개인이 다른 사람들에게 영향력을 행사하여 그들을 통제하고 싶은 욕구를 권력욕구라고 한다.

① 매슬로우는 인간의 욕구가 사람의 행동을 이끄는 주된 원동력이며, 상대적으로 더 강하게 결핍되는 욕구가 동기유발의 주된 원천이 된다고 보았다.

③ 긍정적 강화는 바람직한 결과물을 제공하는 것이고, 부정적 강화는 바람직하지 못한 결과물을 제거하는 것이다. 따라서 둘 다 현재 구성원에게 지금 하고 있는 일을 계속하도록 독려하는 도구로 사용될 수 있다.

④ 공정성 이론에 따르면 개인이 불공정성을 느끼는 경우 자신의 투입이나 산출물의 변경, 자기 자신이나 타인에 대한 인지의 왜곡, 준거대상의 변경, 장 이탈을 통해 불균형상태를 줄일 수 있다.

⑤ 앨더퍼의 3대 욕구는 매슬로우의 5개 욕구 중 일부만을 선별한 것이 아니라 5개 욕구를 3개의 범주로 묶은 것이다.

답 ②

동기부여에 관한 설명으로 옳지 않은 것은?

① 매슬로우(A. Maslow)의 욕구단계이론에서 자아실현욕구는 결핍 충족의 원리가 적용되지 않는다.

② 맥클리랜드(D. McClelland)의 성취동기이론에서 권력욕구가 강한 사람은 타인에게 영향력을 행사하고, 인정받는 것을 좋아한다.

③ 브룸(V. Vroom)의 기대이론에서 기대감, 수단성, 유의성 등이 중요한 동기부여 요소이다.

④ 알더퍼(C. Alderfer)의 ERG 이론에서 관계욕구와 성장욕구가 동시에 발현될 수 있다.

⑤ 스키너(B. Skinner)의 강화이론에서 비난, 징계 등과 같은 불쾌한 자극을 제거함으로써 바람직한 행동을 강화하는 것을 소거(extinction)라고 한다.

┃해설┃

불쾌한 자극을 제거하는 것은 소거가 아니라 부정적 강화이다.

① 만약 자아실현을 이루었다면 그것에 안주하지 않고 또 다른 자아실현의 대상을 찾을 것이다. 따라서 자아실현은 아무리 성공한다 해도 결코 만족되거나 채워질 수 없는 최상위의 욕구이다.

② 권력욕구는 영향력 행사에의 욕구이다.

③ 브룸에 기대이론에서 동기부여의 값은 기대, 수단성, 유의성의 곱으로 계산된다.

④ 알더퍼에 따르면 충족 진행의 흐름과 좌절 퇴행의 가능성이 항상 존재하므로 경우에 따라서는 서로 다른 방향의 욕구의 흐름이 동시에 나타날 수 있다.

더 살펴보기 　조작적 조건화

스키너(B. F. Skinner)가 주장한 행동주의 심리학의 이론으로, 어떤 반응에 대해 선택적으로 보상함으로써 그 반응이 일어날 확률을 증가시키거나 감소시키는 방법(능동적 반응)을 제시하였다.

강 화	바람직한 행위 증가	적극적 강화	긍정적 자극을 제공 예 인정, 칭찬
		소극적 강화(도피학습)	부정적 자극을 제거 예 90점 이상 숙제 면제
	바람직하지 않은 행위 감소	소 거	긍정적 자극을 제거 예 휴가 취소
		벌(회피학습)	부정적 자극을 제공 예 해고, 징계

 답 ⑤

동기부여 및 학습에 관한 설명으로 가장 적절한 것은?

① 브룸(Vroom)의 기대이론(expectancy theory)은 개인과 개인 또는 개인과 조직 간의 교환관계에 초점을 둔다.

② 스키너(Skinner)의 조작적 조건화(operant conditioning)에 의하면 학습은 단순히 자극에 대한 조건적 반응에 의해 이루어지는 것이 아니라 반응행동으로부터의 바람직한 결과를 작동시킴에 따라서 이루어진다.

③ 매슬로우(Maslow)의 욕구이론에서 성장욕구는 가장 상위위치를 점하는 욕구로서, 다른 사람들로부터 인정이나 존경을 받고 싶어 하는 심리적 상태를 말한다.

④ 맥그리거(McGregor)의 'X형. Y형이론'에 의하면 Y형의 인간관을 가진 관리자는 부하를 신뢰하지 않고 철저히 관리한다.

⑤ 형식지(explicit knowledge)는 개인이 체화하여 가지고 있으며 말로 하나하나 설명할 수 없는 내면의 비밀스러운 지식을 의미하고, 암묵지(tacitknowledge)는 전달과 설명이 가능하며 적절히 표현되고 정리된 지식을 의미한다.

┃해설┃

스키너가 주창한 조작적 조건화는 반응의 결과에 대한 환류 과정에서 원하는 보상이 주어지는지의 여부에 따라 반응이 강화된다고 보는 것이다.

① 아담스의 공정성이론은 교환관계를 통하여 동기부여를 설명하는 이론이다.

③ 인정이나 존경을 받고 싶어하는 욕구는 존경의 욕구이며, 매슬로우의 욕구단계론에서 가장 상위의 욕구는 자아실현의 욕구이다.

④ X형 인간은 부하를 신뢰하지 않고 철저히 관리하는 관리자이다.

⑤ 형식지는 전달과 설명이 가능하며 적절히 표현되고 정리된 지식을 의미하며, 암묵지는 개인이 체화하여 가지고 있으며 말로 하나하나 설명할 수 없는 내면의 비밀스러운 지식을 의미한다.

답 ②

07 경영지도사 2020

☑ 확인 Check! ○ △ ✕

동기부여에 관한 연구자와 그 이론의 연결이 옳지 않은 것은?

① 맥클리랜드(D. McClelland)-성취동기이론
② 브룸(V. Vroom)-Z이론
③ 아담스(J. Adams)-공정성이론
④ 알더퍼(C. Alderfer)-ERG이론
⑤ 맥그리거(D. McGregor)-X·Y이론

┃해설┃

Z이론은 오우치의 이론이며, 동기부여 이론이 아니다.

답 ②

08 공인회계사 2019

☑ 확인 Check! ○ △ ✕

동기부여 이론에 관한 설명으로 가장 적절한 것은?

① 아담스(Adams)의 공정성이론(equity theory)은 절차적 공정성과 상호작용적 공정성을 고려한 이론이다.
② 핵크만(Hackman)과 올드햄(Oldham)의 직무특성 이론에서 직무의 의미감에 영향을 미치는 요인은 과업의 정체성, 과업의 중요성, 기술의 다양성이다.
③ 브룸(Vroom)의 기대이론에서 수단성(instrumentality)이 높으면 보상의 유의성(valence)도 커진다.
④ 인지적 평가이론(cognitive evaluation theory)에 따르면 내재적 보상에 의해 동기부여가 된 사람에게 외재적 보상을 주면 내재적 동기부여가 더욱 증가한다.
⑤ 허즈버그(Herzberg)의 2요인이론(two factor theory)에서 위생요인은 만족을 증대시키고 동기요인은 불만족을 감소시킨다.

┃해설┃

직무특성이론에서 직무의 의미감은 기술다양성, 과업정체성, 과업중요성 등의 직무특성과 관련이 깊다.
① 아담스의 공정성이론은 절차적 공정성이 아닌 분배적 공정성에 관한 이론이다.
③ 수단성은 성과와 보상간의 관계를 의미하는 개념이고, 유의성은 보상에 대한 개인의 선호도를 뜻한다. 따라서 수단성과 유의성 둘 중 어느 하나가 다른 하나에 영향을 주는 것이 아니다.
④ 인지적 평가이론에 따르면 내재적 보상으로 동기부여가 된 사람에게 외재적 보상을 제공하면 내재적 동기가 감소한다.
⑤ 위생요인이 미충족되면 불만이 증가하고, 동기요인이 충족되면 만족이 증가한다.

답 ②

제3장 | 과정이론 **47**

아담스(J. S. Adams)의 공정성 이론에서 조직구성원들이 개인적 불공정성을 시정(是正)하기 위한 방법에 해당하지 않는 것은?

① 투입의 변경
② 산출의 변경
③ 투입과 산출의 인지적 왜곡
④ 장(場) 이탈
⑤ 준거인물 유지

∥해설∥

아담스에 따르면 불공정성을 지각했을 때 이를 줄이기 위해 다음과 같이 행동한다고 한다.
• 자신의 투입이나 산출물의 변경 : 노력에 비해 보상이 변변치 않다고 느끼는 사람은 노력을 덜 기울이거나 또는 같은 노력으로 더 많은 생산물을 만드는 방법을 찾는다.
• 투입과 산출에 대한 인지적 왜곡 : 자신이나 타인의 투입 및 산출의 크기가 자신이 느끼는 것과는 다를 수 있다는 생각을 함으로써 불편한 감정을 극복할 수 있다.
• 자기 자신이나 타인에 대한 지각의 왜곡 : 타인의 노력 대비 보상이 더 커 보인다면 그 사람이 더 중요한 일을 하고 있을지도 모른다는 식의 생각을 할 수 있다.
• 준거대상의 변경 : 자신보다 상대적으로 부족해 보이는 대상을 파악하여 그와 비교함으로써 우월감을 가지려한다.
• 상황으로부터의 이탈 : 장이탈이라고도 하며, 해당 조직이나 부서를 떠나는 것을 의미한다.

답 ⑤

모티베이션 이론 중 과정이론으로만 묶인 것은?

① 욕구단계론, 성취동기이론
② 공정성이론, 목표설정이론
③ ERG 이론, 기대이론
④ ERG 이론, 2요인이론
⑤ 성취동기이론, 욕구단계론

∥해설∥

내용이론에는 욕구단계이론, ERG 이론, 성취동기이론, X · Y이론, 2요인 이론, 직무특성이론 등이 포함되며, 과정이론에는 기대이론, 공정성이론, 목표설정이론, 인지평가이론 등이 있다.

답 ②

동기부여 이론 중 공정성이론(equity theory)에서 불공정성으로 인한 긴장을 해소할 수 있는 방법을 모두 고른 것은?

> ㄱ. 투입의 변경
> ㄴ. 산출의 변경
> ㄷ. 준거대상의 변경
> ㄹ. 현장 또는 조직으로부터 이탈

① ㄱ, ㄴ
② ㄷ, ㄹ
③ ㄱ, ㄴ, ㄷ
④ ㄱ, ㄷ, ㄹ
⑤ ㄱ, ㄴ, ㄷ, ㄹ

┃해설┃

불공정성 지각시 이를 줄이기 위한 개인의 행동 방식에는 투입의 변경, 산출의 변경, 투입과 산출에 대한 인지적 왜곡, 비교대상의 변경, 상황으로부터의 이탈 등이 있다.

더 살펴보기	아담스의 공정성이론

① 아담스는 조직구성원은 자신의 투입에 대한 결과의 비율을 동일한 직무 상황에 있는 타인의 투입 대 결과의 비율과 비교하여 자신의 행동을 결정한다고 판단하였는데, 개인이 불공정성을 지각하면 개인 내 긴장이 발생하고 개인은 이러한 긴장을 감소시키는 방향으로 동기가 유발되어 이를 행동으로 옮기게 된다고 주장하였다.
② 개인이 불공정성을 해결하기 위해서 자신의 투입과 산출을 변경하거나, 비교대상의 투입과 산출을 변경, 태도의 변화를 통한 인지적 왜곡, 비교대상 자체를 변경하거나, 환경자체를 변화시키기 위하여 이직을 할 수 있다고 하였다.

 답 ⑤

동기부여 이론에 관한 설명으로 가장 적절한 것은?

① 허즈버그(Herzberg)의 2요인이론(two factor theory)에서 승진, 작업환경의 개선, 권한의 확대, 안전욕구의 충족은 위생요인에 속하고 도전적 과제의 부여, 인정, 급여, 감독, 회사의 정책은 동기요인에 해당된다.

② 강화이론(reinforcement theory)에서 벌(punishment)과 부정적 강화(negative reinforcement)는 바람직하지 못한 행동의 빈도를 감소시키지만 소거(extinction)와 긍정적 강화(positive reinforcement)는 바람직한 행동의 빈도를 증가시킨다.

③ 브룸(Vroom)의 기대이론에 따르면 행위자의 자기효능감(self-efficacy)이 클수록 과업성취에 대한 기대(expectancy)가 커지고 보상의 유의성(valence)과 수단성(instrumentality)도 커지게 된다.

④ 매슬로우(Maslow)의 욕구이론에 따르면 생리욕구-친교욕구-안전욕구-성장욕구-자아실현욕구의 순서로 욕구가 충족된다.

⑤ 아담스(Adams)의 공정성 이론(equity theory)에 의하면 개인이 지각하는 투입(input)에는 개인이 직장에서 투여한 시간, 노력, 경험 등이 포함될 수 있고, 개인이 지각하는 산출(output)에는 직장에서 받은 급여와 유·무형의 혜택들이 포함될 수 있다.

┃해설┃

아담스의 공정성 이론에 따르면 개인은 자신의 노력투입에 대한 보상을 비교대상의 노력투입 및 보상과 비교하여 공정성 여부를 판단한다. 이때 노력은 조직을 위해 자신이 쏟는 모든 노력과 시간 및 경험 등을 의미하고, 보상은 조직생활을 통해 얻는 유·무형의 모든 혜택들을 포함한다.

① 승진, 권한의 확대, 도전적 과제의 부여, 인정 등은 동기요인에 속하고, 작업환경의 개선, 안전욕구의 충족, 급여, 감독, 회사의 정책 등은 위생요인에 속한다.

② 강화이론에서 바람직하지 못한 행동의 빈도를 줄이는데 사용되는 정책은 벌과 소거이고, 바람직한 행동의 빈도를 높이는데 사용되는 정책은 긍정적 강화와 부정적 강화이다.

③ 자기효능감은 보상의 가치에 대한 선호도(유의성)나 성과-보상간의 상관성(수단성)과는 큰 관계가 없다.

④ 매슬로우의 욕구단계 순서는 생리욕구-안전욕구-친교욕구-존경욕구-자아실현욕구이다.

답 ⑤

동기부여 이론에 대한 설명으로 가장 옳은 것은?

① 허즈버그(Herzberg)의 2요인이론(dual factor theory)에 의하면 작업환경을 개선하면 종업원의 만족도가 높아진다.

② 애덤스(Adams)의 공정성이론(equity theory)에 의하면 개인의 지각보다는 임금 수준 그 자체가 만족도를 결정하는 핵심적인 요소가 된다.

③ 매슬로우(Maslow)의 욕구계층이론(hierarchy of needs theory)에 의하면 아래에서 네 번째 위치의 사회적 욕구는 존경 욕구 위에 존재한다.

④ 브룸(Vroom)의 기대이론(expectancy theory)에서 수단(instrumentality)이란 개인행동의 성과가 보상으로 이어질 것이라는 믿음을 가리킨다.

┃해설┃

브룸의 기대이론에서 노력–성과간 관계는 '기대', 성과–보상간 관계는 '수단성', 보상에 대한 선호도는 '유의성'이다.

① 작업환경은 위생요인이므로 만족도 증진에는 영향을 주지 않는다.

② 공정성이론에서는 임금 수준 자체보다 개인의 투입 대비 산출의 비율이 중요하다.

③ 존경욕구는 아래에서 네 번째이며, 사회적 욕구는 아래에서 세 번째이다.

더 살펴보기	브룸의 기대이론

(1) 기대이론의 내용 : 개인은 여러 가지 행동대안을 평가하여 가장 선호하는 결과가 기대되는 것을 선택하여 행동한다는 이론이다.

$$동기 = 기대(E) \times 수단성(I) \times 유의성(V)$$

① 기대 : 1차 결과가 '내가 할 수 있는 것이다'라고 생각해야 행동으로 옮겨 실행

② 수단성 : 성과(1차 산출)가 나오면 그 보상(2차 산출)이 있을 것이라는 기대가 있어야 행동으로 실행

③ 유의성 : 보상이 주어질 때 내가 원했던 것이거나 마음에 들어야 행동으로 실행

(2) 기대이론의 특징 : 브룸은 기대, 수단성, 유의성이 각각 최댓값이 되면 최대의 동기부여가 된다고 판단하였으며, 각 요소 중에 하나라도 0이 되면 전체 값이 0이 되어 동기부여가 되지 않기 때문에 성공적인 동기부여를 위해서는 세 요소를 모두 적절히 조합하는 것이 필요하다고 주장하였다.

답 ④

동기부여이론에 대한 설명으로 옳지 않은 것은?

① Y이론적 관점에 따르면 직원은 부정적 강화(Reinforcement)에 의해 동기부여가 된다.

② 아담스(J. S. Adams)의 공정성이론에 따르면 사람은 자신의 일에 투입한 요소와 그로부터 받은 보상의 비율을 다른 사람의 그것과 비교한다.

③ 2요인이론에서 동기유발요인은 직무에 내재하는 요인들이다.

④ 기대이론에서 동기부여가 되는 정도는 노력과 성과 관련성, 성과와 결과 관련성, 결과와 개인의 욕구 사이의 관련성의 영향을 받는다.

┃해설┃

Y이론에 따르면 사람은 일하는 과정을 즐기고, 스스로 학습하고 성장한다. 따라서 외부의 자극, 즉 부정적 강화 등을 필요로 하지 않는다.

② 공정성이론에서는 투입과 산출의 비율을 준거인물과 비교한다.

③ 동기요인은 직무 자체의 즐거움이나 책임 및 직무수행으로부터의 칭찬과 인정 등과 같이 직무에 내재하는 요인들이다.

④ 노력과 성과 관련성을 '기대', 성과와 결과 관련성을 '수단성', 결과와 개인의 욕구 사이의 관련성을 '유의성'이라고 하며, 이 셋을 곱한 값에 의해 동기부여의 정도가 결정된다.

답 ①

다음 사례에서 A의 행동을 설명하는 동기부여이론은?

팀원 A는 작년도 목표 대비 업무실적을 100% 달성하였다. 이에 반해 같은 팀 동료 B는 동일 목표 대비 업무실적이 10% 부족하였지만 A와 동일한 인센티브를 받았다. 이 사실을 알게 된 A는 팀장에게 추가 인센티브를 요구하였으나 받아들여지지 않자 결국 이직하였다.

① 기대이론   ② 공정성이론

③ 욕구단계이론   ④ 목표설정이론

⑤ 인지적평가이론

┃해설┃

사례에서는 인센티브 금액 자체의 크기만을 비교하는 것이 아니라 그 과정에서 달성한 나의 노력 내지는 실적을 감안하여 투입-산출간의 비율을 고려하고 있으며, 목표 대비 실적의 충족 여부를 주변 사람과 비교하고 있다. 이러한 행동들은 아담스의 공정성이론에 의해 설명될 수 있다.

답 ②

16 경영지도사 2018

모티베이션(motivation) **내용이론에 속하지 않는 것은?**

① 매슬로우(A. H. Maslow)의 욕구단계이론

② 아담스(J. S. Adams)의 공정성이론

③ 허즈버그(F. Herzberg)의 2요인이론

④ 알더퍼(C. P. Alderfer)의 ERG 이론

⑤ 맥클리랜드(D. C. McClelland)의 성취동기이론

┃해설┃

과정이론인 공정성 이론을 제외한 나머지는 모두 내용이론에 해당한다. 과정이론에는 브룸의 기대이론, 아담스의 공정성 이론, 로크의 목표설정이론, 데시의 인지적평가이론 등이 있다.

답 ②

17 경영지도사 2016

동기부여이론에 관한 설명으로 옳지 않은 것은?

① 매슬로우(A. Maslow)의 욕구단계이론에 의하면 자아실현이 최상위의 욕구이다.

② 허즈버그(F. Herzberg)의 2요인이론에 의하면 금전적 보상은 위생요인에 속한다.

③ 알더퍼(C. Alderfer)의 ERG 이론은 존재욕구, 관계욕구, 성장욕구로 구분하여 설명하였다.

④ 아담스(J. Adams)의 공정성이론은 내용이론에 속한다.

⑤ 맥클레랜드(D. McClelland)는 성취욕구, 권력욕구, 친교욕구로 구분하여 설명하였다.

┃해설┃

내용이론이란 무엇이 동기를 형성하는가에 대한 것으로 욕구단계이론, ERG 이론, 성취동기이론, 2요인이론, 성숙–미성숙이론, X · Y이론 등이 해당하며, 과정이론이란 어떻게 동기가 형성되는가에 대한 것으로 기대이론, 공정성이론, 목표설정이론 등이 해당한다.

답 ④

18 가맹거래사 2018

확인Check! ○ △ ✕

동기부여의 과정이론에 속하는 이론은?

① 매슬로우의 욕구단계이론
② 로크의 목표설정이론
③ 앨더퍼의 ERG 이론
④ 맥그리거의 X・Y이론
⑤ 허즈버그의 2요인이론

┃해설┃

로크의 목표설정이론은 과정이론이고 나머지는 모두 내용이론에 해당한다.

 ②

19 국가직 7급 2017

확인Check! ○ △ ✕

브룸(Vroom)의 기대이론에 대한 설명으로 옳지 않은 것은?

① 자기효능감이 높고 목표의 난이도가 낮으면 기대가 커진다.
② 조직에 대한 신뢰가 낮고 의사결정이 조직정치에 의해 좌우된다는 인식이 강할수록 수단성이 커진다.
③ 개인적 욕구와 가치관, 목표에 부합되는 보상이 주어지면 유의성이 커진다.
④ 유의성, 수단성, 기대감 중 어느 하나라도 0이 발생하면 동기는 일어나지 않는다.

┃해설┃

수단성은 성과와 보상간의 상관관계이다. 조직에 대한 신뢰도가 낮아지거나, 조직정치와 같이 성과가 아닌 외적 요소로 인해 상사에게 잘 보이는 직원이 성과급을 받는 경우 수단성에 대한 구성원들의 인식은 낮아진다.
① 자기효능감이 높고 목표의 난이도가 낮은 경우 노력을 할 경우 성과가 날 것인지에 관한 확률인 기대가 커질 수 있다.
③ 유의성은 보상에 대한 구성원들의 개인적 선호도이다. 따라서 자신의 욕구나 가치관 및 목표에 부합하는 보상이 지급된다면 유의성은 증가할 것이다.
④ 동기부여는 기대, 수단성, 유의성의 곱이므로 이들 중 하나라도 그 값이 0이 되면 전체 동기부여값이 0이 되어 동기가 일어나지 않는다.

답 ②

20 공인노무사 2017

확인Check! ○ △ ✕

다음 글에서 브룸의 기대이론에 대한 설명으로 알맞은 것은?

> a. 개인차를 인정하지 않는다.
> b. 개인의 동기부여는 유의성, 수단성, 기대성 등에 의해 결정된다.
> c. 테일러의 과학적 관리법에 근거하여 발전하였다.
> d. 동기부여의 내용이론 중 하나로 개인차를 인정하였다.
> e. 개인의 목표와 욕망이 어떻게 행동으로 연결되는가를 나타내준다.

① b, e
② a, b
③ b, c
④ d, e
⑤ a, d, e

∥해설∥

a · d. (✕) 기대이론은 개인차에 따라 동기부여의 정도가 달라질 수 있다고 보는 과정이론이다.

c. (✕) 과학적 관리론은 기대이론과의 직접적 연관관계를 찾기 어렵다.

b · e. (○) 기대이론은 개인의 업무성취에 대한 기대감, 업무성과와 보상간의 연관성, 보상에 대한 자신의 욕구(선호) 등을 종합하여 행동의 구현과정을 설명하고 있다.

답 ①

21 공인노무사 2017

확인Check! ○ △ ✕

기대이론에서 동기부여를 유발하는 요인에 관한 설명으로 옳지 않은 것은?

① 수단성이 높아야 동기부여가 된다.
② 기대가 높아야 동기부여가 된다.
③ 조직에 대한 신뢰가 클수록 수단성이 높아진다.
④ 가치관에 부합되는 보상이 주어질수록 유의성이 높아진다.
⑤ 종업원들은 주어진 보상에 대하여 동일한 유의성을 갖는다.

∥해설∥

브룸의 기대이론에서는 노력과 성과/결과간의 관계(기대), 성과/결과와 보상간의 관계(수단성), 보상의 선호도(유의성) 모두가 있어야 동기부여가 된다고 본다. 이때 수단성은 조직이 성과에 대해 보상을 주리라는 믿음이 있을 때 강화되며, 유의성은 특정 보상에 대한 개인의 선호도이므로 사람마다 다른 값을 가질 수 있다.

답 ⑤

제3장 | 과정이론 **55**

22 경영지도사 2017

☑ 확인 Check! ○ △ ✕

내재적으로 동기부여된 행동에 외재적 보상이 제공되면 오히려 내재적 동기가 감소하게 되는 현상을 설명하고 있는 이론은?

① 기대이론
② 욕구단계이론
③ 인지평가이론
④ ERG이론
⑤ 목표설정이론

┃ 해설 ┃

데시의 인지평가이론에서는 내재적 보상과 외재적 보상을 구분한다. 스스로 하는 일에 대해서 느끼는 만족감과 성취감 같은 내재적 보상을 얻기 위해 그 일을 하던 사람에게 돈과 같은 외재적 보상을 주면 외재적 보상을 위해 일하는 것처럼 되어, 내재적 보상의 동기부여 효과가 줄어든다.

더 살펴보기	인지적 평가이론과 자기결정이론

① 데시는 인지적 평가이론에서 어떤 직무에 대해서 내재적 동기가 유발되어 있는 경우, 외적 보상이 주어지면 내재적 동기가 감소된다고 주장하였다.
② 자기결정이론은 인간행동의 통제원천이 내면인가 외부인가에 초점을 맞추어 개인의 자율 통제감이 높을수록 성과, 학습 등에 더 좋은 결과를 산출하게 된다고 판단하였고, 개인의 행동을 통제하는 요인을 역량감, 자율성, 연대감으로 제시하면서 조직이 제도, 정책, 참여 지원을 통해서 구성원의 역량감, 자율성, 연대감을 높이면 외부통제로 수행하던 일도 내부통제로 인식이 바뀌고 결과적으로 성과가 증진된다고 판단하였다.

답 ③

23 경영지도사 2016

☑ 확인 Check! ○ △ ✕

동기부여이론 중 과정이론에 해당하는 것은?

① 브룸(V. Vroom)의 기대이론
② 매슬로우(A. Maslow)의 욕구단계이론
③ 아지리스(C. Argytris)의 성숙. 미성숙이론
④ 허즈버그(F. Herzberg)의 2요인이론
⑤ 맥그리거(D. McGregor)의 X · Y이론

┃ 해설 ┃

내용이론이란 무엇이 동기를 형성하는가에 대한 것으로 욕구단계이론, ERG 이론, 성취동기이론, 2요인이론, 성숙-미성숙이론, X · Y이론 등이 해당하며, 과정이론이란 어떻게 동기가 형성되는가에 대한 것으로 기대이론, 공정성이론, 목표설정이론 등이 해당한다.

답 ①

다음 동기부여 이론들에 대한 설명 중 가장 옳지 않은 것은?

① 매슬로우(Maslow)의 욕구계층이론에 따르면 인간은 하위단계의 욕구가 채워지면 순차적으로 상위 단계의 욕구를 채우려 한다고 가정한다.

② 허즈버그(Herzberg)의 2요인이론에서 동기유발요인은 급여, 작업조건, 고용안정 등 작업환경과 관련된 것을 의미한다.

③ 브룸(Vroom)의 기대이론에 의하면 동기부여는 기대, 보상의 가치, 수단성의 3요소에 의해 영향을 받는다.

④ 애덤스(Adams)의 공정성이론은 개인의 투입과 산출에 대한 평가에 기초를 두고 있다.

┃해설┃

허즈버그에 따르면 급여, 작업조건 및 고용안정 등의 작업환경은 위생요인, 즉 불만족의 영향요인이라 할 수 있다.

① 매슬로우에 따르면 하위단계의 욕구가 충족되는 경우 순차적으로 상위단계의 욕구로 진행한다.

③ 브룸에 따르면 동기부여는 기대, 수단성, 유의성의 곱으로 결정된다.

④ 애덤스에 따르면 공정성을 평가할 때 자신과 준거인물의 투입과 산출을 상대적으로 비교하게 된다.

답 ②

PART 1

25 공인노무사 **2015**
☑ 확인 Check! ○ △ ✕

수단성(instrumentality) 및 유의성(valence)을 포함한 동기부여이론은?

① 기대이론(expectancy theory)

② 2요인이론(two factor theory)

③ 강화이론(reinforcement theory)

④ 목표설정이론(goal setting theory)

⑤ 인지평가이론(cognitive evaluation theory)

┃해설┃

기대이론에 따르면 동기부여는 기대, 수단성, 유의성의 곱으로 계산된다.

② 2요인이론은 동기요인과 위생요인에 관한 이론이다.

③ 강화이론은 조직구성원에 대해 바람직한 행동을 더욱 촉진하고 바람직하지 않은 행동을 억제하기 위한 수단과 방법들에 관한 이론이다.

④ 목표설정이론은 좋은 목표가 설정될 경우 구성원의 동기가 증진된다는 이론이다.

⑤ 인지평가이론은 외재적 보상수단이 제공될 경우 구성원이 원래 갖고 있던 내재적 동기가 감소한다는 이론이다.

 답 ①

브룸(V. Vroom)의 기대이론에서 동기부여를 나타내는 공식으로 (   )에 들어갈 내용으로 옳은 것은?

$$동기부여(M) = 기대(E) \times 수단성(I) \times (\quad)$$

① 욕구(Needs)

② 성격(Personality)

③ 역량(Competency)

④ 유의성(Valence)

⑤ 타당성(Validity)

┃해설┃

브룸은 동기부여의 순차적 과정에 초점을 두었는데, 우선 개인의 노력이 특정한 성과로 이어지고, 그 성과에 대해 보상이 주어진다는 전제 하에, 각 과정별로 동기부여와 관련된 세 가지 개념을 기대(노력과 성과간의 관계), 수단성(성과와 보상간의 관계), 유의성(보상에 대한 선호도)으로 제시하였다. 브룸에 의하면 기대와 수단성, 그리고 유의성이 모두 높은 값을 가질 때 비로소 동기부여가 된다고 한다. 즉, 동기는 기대, 수단성, 유의성의 곱이다.

답 ④

동기부여(motivation) 이론을 설명한 것 중 가장 적절하지 않은 것은?

① 맥클리랜드(McClelland)의 성취동기이론에 따르면 친교욕구(need for affiliation)가 높은 사람은 다른 사람의 인정을 받으려고 노력하고 권력욕구(need for power)가 높은 사람은 다른 사람을 지배하고 통제하고 싶어한다.

② 알더퍼(Alderfer)의 ERG 이론은 인간의 욕구를 존재(existence), 관계(relatedness), 성장(growth)의 세가지 욕구로 분류하고 욕구의 만족–진행(satisfaction-progression)과 좌절–퇴행(frustration-regression)이 일어난다고 주장한다.

③ 공정성이론(equity theory)에 따르면 개인이 불공정성에 대한 지각에서 오는 긴장을 감소시키는 방법으로 자신의 투입(input)의 변경, 산출(output)의 변경, 투입과 산출의 인지적 왜곡, 비교대상의 변경 등이 있다.

④ 봉급, 작업조건, 감독, 상사와의 관계는 허즈버그(Herzberg)의 2요인 이론에서 동기요인(motivator)에 해당하는 것으로 위생요인이 충족되더라도 구성원을 동기화시키지 못하며 성과향상을 위해서는 동기요인을 충족시켜야 한다고 주장한다.

⑤ 기대이론(expectancy theory)은 개인의 동기수준이 기대감(expectancy), 수단성(instrumentality), 유의성(valence) 값의 곱으로 설명되고 있다.

❚해설❚

봉급, 작업조건, 감독, 상사와의 관계는 위생요인에 해당한다.

① 성취동기이론에 따르면 친교욕구가 높은 사람은 타인으로부터의 인정을 받으려고 노력하고 권력욕구가 높은 사람은 타인을 지배하고 싶어한다.

② ERG 이론은 인간의 욕구를 존재, 관계, 성장의 세가지 욕구로 분류하고 이 욕구들이 욕구의 만족-진행과 좌절-퇴행의 관계를 가진다고 하였다.

③ 아담스는 페스팅거의 인지부조화 이론에 근거하여 사람이 특정 과업 수행에 필요한 노력 또는 투입과 그에 따른 결과나 보상을 타인과의 비교를 통해 상대적으로 어떻게 파악하는지가 동기부여에 있어 매우 중요한 과정이라고 생각하였다. 자신의 투입/산출 비율과 다른 사람의 투입/산출 비율이 균형을 이룬다면 이 조직에서의 보상시스템은 비교적 공정한 것으로 인식된다. 그러나 만약 이 비교 과정에서 불공정성이 지각된다면, 개인은 이에 대하여 긴장을 느끼게 되고 이를 줄여 나가기 위한 노력을 기울이게 된다.

⑤ 기대이론은 개인의 동기수준을 기대감, 수단성, 유의성 값의 곱으로 설명하며, 어느 하나라도 0일 경우 동기가 유발되지 않는다고 본다.

🅰 ④

28 국가직 7급 2007
☑ 확인Check! ○ △ ✕

로크(Locke)의 목표설정이론(goal-setting theory)에 기초한 주장으로 옳지 않은 것은?

① 추상적인 목표의 제시는 목표 실행자의 창의력을 증진시켜 성과를 높일 수 있게 해 준다.

② 적절한 피드백의 제공은 성과 향상의 필요조건이다.

③ 목표 실행자의 목표설정과정 참여는 목표에 대한 이해도를 향상시켜 성과를 높일 수 있게 해 준다.

④ 목표달성에 대한 적절한 보상은 성과 향상을 위한 필요조건이다.

❚해설❚

로크에 따르면 동기부여를 위한 목표는 구체성을 띠고 있어야 한다. 로크는 구체적이고도 명확한 목표를 향해 일하려는 노력이나 의도가 직무에 대한 동기를 부여해 주는 가장 중요한 원천이라고 생각했다. 무엇을 달성하기 위해 일하는지가 분명할 때 더욱 열심히 일할 수 있다는 것이다. 동기부여를 시킬 수 있는 좋은 목표란, 구체적이면서 달성이 쉽지 않은 적당한 수준의 난이도를 갖춘 동시에 구성원들이 수용할 수 있는 것이어야 한다. 또한 목표달성여부의 확인이 용이하여야 하며, 목표달성의 결과로서 보상 및 피드백과도 연계될 수 있어야 한다.

더 살펴보기	목표의 속성
난이도	능력범위 내에서 어려울수록 효과적
구체성	구체적일수록 도전적
수용성	강요에 의한 것이 아니라 동의한 것일수록 효과적
참여성	당사자가 목표 설정 시에 참여한 것일수록 효과적
단순성	단순할수록 효과적

🅰 ①

29 공인회계사 2005

☑ 확인 Check! ○ △ ✕

동기부여의 기대이론(expectancy theory)과 관련된 설명으로 가장 적절하지 않은 것은?

① 기대감(expectancy), 유의성(valence), 수단성(instrumentality) 중 하나라도 0의 값을 가지면 동기부여 수준은 0이 된다.

② 전체 동기부여 수준은 음(−)의 값을 가질 수 있다.

③ 기대감(expectancy)이란 노력을 했을 때 특정 수준의 성과를 낼 수 있는가에 대한 객관적 확률로서, 0에서 1까지의 값을 가진다.

④ 카페테리아식 복리후생 제도는 유의성(valence)을 높이는 방법이 될 수 있다.

⑤ 성과급을 도입하면 수단성(instrumentality)이 높아질 수 있다.

┃해설┃

기대감은 객관적 확률이 아닌 주관적 확률이다.

① 동기부여 수준은 기대감, 유의성, 수단성의 곱이므로 이들 중 하나라도 0이 되면 전체 동기부여도 0이 된다.

② 기대감은 0부터 1 사이, 수단성은 −1부터 1 사이, 유의성은 $-n$부터 n 사이의 값을 가지므로 이들의 곱으로 구성되는 동기부여 수준은 (−)의 값을 가질 수 있다.

④ 카페테리아식 복리후생은 구성원들이 원하는 복지혜택을 제공하는 것이므로 유의성을 높일 수 있다.

⑤ 성과급은 성과의 크기와 보상의 크기를 연동시키는 제도이므로 수단성이 높아질 수 있다.

답 ③

30 공인회계사 2002

☑ 확인 Check! ○ △ ✕

모티베이션과 관련한 다음의 설명 가운데 가장 적절하지 않은 것은?

① ERG 이론은 욕구단계이론과는 달리 좌절−퇴행의 가능성을 인정한다.

② 동기−위생이론(2요인이론)에서는 만족과 불만족을 상이한 차원으로 이해한다.

③ 인지적 평가이론(cognitive evaluation theory)은 내재적 보상과 외재적 보상을 구분하지 않는다.

④ 공정성이론 또는 형평성이론(equity theory)은 사람의 노력과 그에 대한 보상을 계량화할 수 있다는 가정을 전제로 한다.

⑤ 목표에 의한 관리(management by objectives)는 목표설정이론(goal setting theory)을 바탕으로 한 기법이다.

┃해설┃

인지평가이론의 핵심은 내재적 보상과 외재적 보상의 구분이다. 내재적 보상은 스스로 하는 일에 대해서 느끼는 만족감과 성취감을 뜻한다. 주로 종업원과 직무간의 직접적 관계에서 비롯되며, 도전적인 업무를 수행할 때나 다른 과업에 비해 상대적으로 중요한 일을 수행할 때, 또는 업무수행의 과정으로부터 학습이 가능할 때 발생할 가능성이 높다. 한편 외재적 보상은 종업원의 내면이 아니라 외부, 특히 직무환경으로부터 주어지는 보상으로서, 급여나 포상금, 성과급이나 승진 등이 외재적 보상의 대표적 예이다.

답 ③

CHAPTER 04 | 집단수준의 행동

01 공인회계사 2023

다음 설명 중 적절한 항목만을 모두 선택한 것은?

> a. 높은 집단응집력(group cohesiveness)은 집단사고(group think)의 원인이다.
> b. 사회적 태만(social loafing)은 집단으로 일할 때보다 개인으로 일할 때 노력을 덜 하는 현상을 의미한다.
> c. 제한된 합리성(bounded rationality)에서 사람들은 의사결정시 만족스러운 대안이 아닌 최적의 대안을 찾는다.
> d. 감정노동(emotional labor)은 대인거래 중에 조직 또는 직무에서 원하는 감정을 표현하는 상황으로 인지된 감정(felt emotion)과 표현된 감정(displayed emotion)이 있다.
> e. 빅 파이브(big-five) 모델에서 정서적 안정성(emotional stability)은 사회적 관계 속에서 편안함을 느끼는 정도를 의미한다.

① a, d
② b, c
③ b, e
④ a, c, d
⑤ c, d, e

┃해설┃

a. (○) 집단사고는 비민주적인 분위기 속에서 강한 응집성이 형성될 때 발생하기 쉽다.

b. (✕) 사회적 태만이란 혼자 일할 때보다 여럿이서 함께 일할 때 노력의 투입량을 줄이는 경향을 말한다.

c. (✕) 사이먼에 따르면 인지능력의 제약으로 인해 모든 대안을 다 검토하지 못하고 최적화보다는 의사결정자가 만족하는 선에서 결정된다.

d. (○) 감정노동은 직무상 발생하는 대인간의 상호작용에서 자신의 감정(인지된 감정)이 아닌 조직차원에서 바람직하게 여겨지는 감정(표현된 감정)을 표현하는 것을 뜻한다.

e. (✕) 외향성이란 사회적 관계들 안에서 느끼는 편안함의 정도를 뜻하는 성격요인을 의미한다.

 답 ①

02 국가직 7급 2023

집단의사결정 방법 중 델파이법(Delphi technique)에 대한 설명으로 옳은 것은?

① 의사결정에 참여한 구성원 각자는 다른 사람이 제출한 의견을 인지할 수 있다.

② 긴박성이 요구되는 문제해결에 적합하다.

③ 참여자의 익명성이 보장되지 않는다.

④ 제시된 의견들의 우선순위를 비밀투표에 부쳐 최종안을 선택한다.

▌해설▌

델파이법에서는 다른 참가자들이 제출한 의견을 돌려서 읽게 하므로 타인의 의견을 인지할 수 있다.

② 델파이법은 의사결정에 긴 시간이 소요된다.

③ 델파이법은 전문가들이 익명성이 보장되는 비대면 상황에서의 토론을 실시하는 것이다.

④ 여러 의견들의 우선순위를 비밀투표를 통해 결정하는 것은 명목집단법이다.

답 ①

03 공인노무사 2023

집단사고(groupthink)의 증상에 해당하지 않는 것은?

① 자신의 집단은 잘못된 의사결정을 하지 않는다는 환상

② 의사결정이 만장일치로 이루어져야 한다는 환상

③ 반대의견을 스스로 자제하려는 자기검열

④ 외부집단에 대한 부정적인 상동적 태도

⑤ 개방적인 분위기를 형성해야 한다는 압력

▌해설▌

집단이 도덕적으로 우월하여 오류를 범하지 않는다는 근거 없는 믿음❶ 을 가지거나, 상대 집단에 대한 부정적인 고정관념❹ 에 사로잡혀 있을 때, 비민주적인 분위기 속에서 강한 응집성이 형성될 때 집단사고가 발생하기 쉽다. 집단사고가 발생하면, 해당 집단의 구성원들은 소수자의 견해가 없다는, 즉 모두가 다수파의 견해에 동조할 것이라는 만장일치의 환상❷ 에 빠지게 되며, 주류와 반대의견을 가진 소수자들은 침묵❸ 하게 된다.

답 ⑤

04 경영지도사 2023

확인Check! ○ △ ✕

경영의사결정에 관한 설명으로 옳은 것은?

① 버나드(C. Bamard)는 정형적·비정형적 의사결정으로 분류하였다.
② 기업목표 변경, 기업성장, 다각화 계획 등은 관리적 의사결정에 해당한다.
③ 업무적 의사결정은 조직 내 여러 자원의 변환 과정에서 효율성을 극대화하는 것과 관련되며 주로 하위경영층에 의해 이루어진다.
④ 위험성하에서의 의사결정은 발생할 수 있는 결과를 추정할 수 있으나 그 발생확률을 알 수 없는 경우에 이루어진다.
⑤ 각 대안에 대한 기대치를 계산하는 의사결정나무는 비정형적 의사결정에 속한다.

┃해설┃

업무적 의사결정은 반복적이고 정형화된 의사결정이며, 일선 단위조직에서 효율성을 극대화하기 위하여 수행되는 하위 경영층의 의사결정이다.
① 의사결정을 정형적·비정형적 의사결정으로 분류한 것은 사이먼이다.
② 기업목표 변경, 기업성장 다각화 계획 등은 최고경영자가 주로 수행하는 전략적 의사결정에 해당한다.
④ 위험성 하에서의 의사결정이란 사건이 발생할 확률을 알고 있는 경우를 말하며, 사건발생확률을 알지 못하는 경우는 불확실성 하에서의 의사결정이라고 한다.
⑤ 의사결정나무는 각 대안별 경우의 수와 발생확률이 정해진 정형화된 상황에서 주로 사용된다.

답 ③

05 경영지도사 2023

확인Check! ○ △ ✕

브레인스토밍(brainstorming)에 관한 특징으로 옳지 않은 것은?

① 아이디어의 양보다는 질 우선
② 다른 구성원의 아이디어에 대한 비판 금지
③ 조직구성원의 자유로운 제안
④ 자유분방한 분위기 조성
⑤ 다른 구성원의 아이디어와 결합 가능

┃해설┃

브레인스토밍은 아이디어의 질보다 양을 중시하며, 아이디어의 질을 중시하는 기법은 고든법이다. 나머지는 모두 브레인스토밍의 특징에 해당한다.

답 ①

제4장 | 집단수준의 행동 **63**

집단의사결정에 관한 설명으로 옳지 않은 것은?

① 집단사고의 위험성이 존재한다.
② 개인의 주관성을 감소시킬 수 있다.
③ 상이한 관점에서 보다 많은 대안을 생성할 수 있다.
④ 명목집단법은 집단 구성원 간 반대논쟁을 활성화하여 문제 해결안을 발견하고자 한다.
⑤ 명목집단법과 정보기술을 조화시키는 전자회의를 통해 집단의사결정의 효율성을 높일 수 있다.

─────────────────────────

▮ 해설 ▮

명목집단법은 의사결정이 이루어지는 동안 구성원간의 대인 커뮤니케이션이 제한된 명목적인 임시집단을 구성하여 의사결정을 행하는 기법이다.
① 집단사고는 동조압력으로 인해 대안에 대하여 비판적인 평가를 하지 못하는 현상으로서 집단의사결정의 역기능에 해당한다.
②・③ 집단의사결정에서는 일반적으로 주관적 실수의 가능성이 적으며, 사고의 다양성으로 인해 보다 많은 대안을 생성할 수 있다.
⑤ 명목집단법은 한 번에 한 문제만 처리할 수 있다는 단점을 가지지만 전자회의를 통해 의사결정처리 속도를 높인다면 효율성을 높일 수 있다.

답 ④

집단응집성의 증대요인으로 옳지 않은 것은?

① 구성원의 동질성
② 집단 내 경쟁
③ 성공적인 목표달성
④ 집단 간 경쟁 구성원 간 높은 접촉빈도

─────────────────────────

▮ 해설 ▮

응집성은 구성원들이 서로에게 끌리며 집단 내에 머물도록 동기부여되는 정도를 뜻한다. 구성원들이 함께 보낸 시간이 길거나 서로에 대하여 매력을 느낄 때, 또는 공동의 적이 있을 때나 집단적 보상이 주어지는 경우, 과거 같은 구성원들과 업무성과를 낸 경험 등은 응집성을 증대시키는 요인이 된다. 반면 집단구성원의 숫자가 너무 많거나 집단 내 갈등 또는 경쟁이 있을 때에는 응집성이 감소할 수 있다.

답 ②

08 가맹거래사 2023

확인Check! ○ △ ×

프렌치(J. French)와 레이븐(B. Raven)이 제시한 권력의 원천 중 개인의 특성에 기반한 권력은?

① 강제적 권력, 합법적 권력
② 강제적 권력, 보상적 권력
③ 준거적 권력, 합법적 권력
④ 준거적 권력, 전문적 권력
⑤ 전문적 권력, 합법적 권력

┃해설┃

공식적 권력에는 강압적 권력, 보상적 권력, 합법적 권력이 있고, 개인적 권력에는 전문적 권력과 준거적 권력이 있다.

 ④

09 공인회계사 2022

확인Check! ○ △ ×

다음 설명 중 적절한 항목만을 모두 선택한 것은?

> a. 집단 간 갈등은 목표의 차이, 지각의 차이, 제한된 자원 등으로부터 비롯된다.
> b. 기능팀(functional team)은 다양한 부서에 소속되어 있고 상호 보완적인 능력을 지닌 구성원들이 모여 특정한 업무를 수행하는 팀을 말한다.
> c. 상동적 태도(stereotyping)는 타인에 대한 평가가 그가 속한 사회적 집단에 대한 지각에 기초하여 이루어지는 것을 말한다.
> d. 구성원의 만족감이 직무수행상의 성취감이나 책임감 등 직무 자체에 존재하는 요인을 통해 나타날 때, 이 요인을 외재적 강화요인이라고 한다.

① a, b   ② a, c
③ a, d   ④ b, c
⑤ a, c, d

┃해설┃

a. (○) 갈등의 개인적 원인으로는 공격적 본능, 욕구의 좌절, 불안, 초조, 긴장감 등을 극복하기 위한 방어 메커니즘, 성격과 가치관의 차이, 지각의 차이, 학습 등이 있으며, 집단 및 조직적 원인으로는 지위와 역할차이, 부서간 목표의 차이, 인적·물적 금전적 자원의 부족, 제도와 규정의 불확실성, 계층과 직급간 차이, 평가 및 보상제도, 구성원간의 과업상호의존성, 집단 간 특성의 차이 등이 있다.
b. (×) 선택지의 내용은 기능팀이 아니라 교차기능팀에 대한 설명이다.
c. (○) 상동적 태도는 사람이나 대상이 소속된 집단의 특성을 통해 상대방을 평가함으로써 발생하는 지각 내지 평가상의 오류를 뜻한다.
d. (×) 직무수행상의 성취감이나 책임감은 내재적 강화요인이다.

 ②

제4장 | 집단수준의 행동 65

10 국가직 7급 2022

☑ 확인 Check! ○ △ ✕

갈등에 대한 설명으로 옳지 않은 것은?

① 조직 내 갈등에 직무갈등, 관계갈등, 과정갈등이 있다.
② 갈등을 통해 개인의 욕구불만을 해소할 수 있다.
③ 갈등의 대처방식으로 협조(collaboration)는 서로 양보하여 약간씩만 자기만족을 꾀하는 방식이다.
④ 협상의 기술에는 배분적 협상과 통합적 협상이 있다.

∥해설∥

서로 양보하여 약간씩만 자기만족을 꾀하는 방식은 자신과 타인의 공통된 관심분야를 서로 주고받는 방법인 절충이다.
① 업무갈등은 수행하는 과업의 내용이나 목표에 관련한 갈등이고, 관계갈등은 인간관계에서 일어나는 갈등, 과정갈등은 업무의 처리 방법상의 이견으로 발생하는 갈등이다.
② 인간의 욕구도 상당부분 갈등과정에서 충족된다고 볼 수 있다.
④ 분배적 협상은 제한된 자원을 두고 누가 더 많은 부분을 차지할 것인가를 결정하는 협상이고, 통합적 협상은 서로가 모두 만족할 수 있는 선에서 윈-윈을 추구하는 협상이다.

답 ③

11 가맹거래사 2022

☑ 확인 Check! ○ △ ✕

갈등 상황에서 자신이 원하는 것을 포기하고 상대방이 원하는 것을 충족시키는 토마스(K. Thomas)의 갈등해결전략은?

① 회피전략   ② 수용전략
③ 경쟁전략   ④ 타협전략
⑤ 통합전략

∥해설∥

수용전략은 자기의 요구를 주장하는 정도는 낮지만 상대방과는 협력적인 경우의 갈등처리의 전략으로서 우리측이 잘못했거나 이슈 자체가 상대방에게 더욱 중요하거나 또는 나중의 이슈를 위해 사회적으로 신임을 얻고자 할 때 사용할 수 있다. 회피전략은 자신이 원하는 것과 상대방이 원하는 것 모두를 포기하는 전략이고, 경쟁전략은 자신이 원하는 것만을 추구하는 전략이며, 타협전략은 자신과 상대방이 원하는 것을 각각 일부씩만 추구하는 전략이고, 통합전략은 자신이 원하는 것과 상대방이 원하는 것 모두를 최대로 충족하려고 노력하는 전략이다.

답 ②

12 경영지도사 2022

확인 Check! ○ △ ✕

사이먼(H. Simon)의 제한된 합리성 모델(boundedrationality model)의 특성으로 옳은 것은?

① 만족해 선택
② 대안에 대한 완벽한 정보
③ 우선순위 불변
④ 경제적 인간 가정
⑤ 실행 과정과 결과에 대한 완벽한 지식

┃ 해설 ┃

제한된 합리성 모형을 만족 모형이라고 부르는 이유는 완벽한 정보나 지식을 얻어 최적해를 얻는 것이 불가능한 상황에서는 적당히 만족스러운 답을 찾는 것이 더 나을 수 있음을 강조했기 때문이다. 완전정보❷, 선호체계의 일관성❸, 경제적인 인간관과 그에 따른 완전정보의 가정❹❺은 모두 합리적 의사결정 모형의 특징에 해당한다.

답 ①

13 공인회계사 2021

☑ 확인 Check! ○ △ ✕

다음 설명 중 적절한 항목만을 모두 선택한 것은?

> a. 성격(personality)은 개인의 독특한 개성을 나타내는 전체적인 개념으로 선천적 유전에 의한 생리적인 것을 바탕으로 하여 개인이 사회문화환경과 작용하는 과정에서 형성된다.
> b. 욕구(needs)는 어떤 목적을 위해 개인의 행동을 일정한 방향으로 작동시키는 내적 심리상태를 의미한다.
> c. 사회적 학습이론(social learning theory)에 의하면, 학습자는 다른 사람의 어떤 행동을 관찰하여 그것이 바람직한 결과를 가져올 때에는 그 행동을 모방하고, 좋지 않은 결과를 가져올 때에는 그 같은 행동을 하지 않게 된다.
> d. 역할갈등(role conflict)은 직무에 대한 개인의 의무·권한 책임이 명료하지 않은 지각상태를 의미한다.

① a, b
② a, c
③ a, d
④ b, c
⑤ a, c, d

┃ 해설 ┃

a. (○) 성격은 유전에 의해 형성되고, 환경 조건에 의해 변화된다고 본다.
b. (✕) 어떤 목적을 위해 개인의 행동을 일정한 방향으로 작동시키는 내적 심리상태는 동기이다.
c. (○) 사회적 학습이론에서 학습을 촉진하는 역할을 하는 것은 '강화'이다. 긍정적 강화와 부정적 강화는 바람직한 행동을 유도하기 위해 사용되며, 소거 및 벌은 원치 않는 행동을 줄이기 위해 사용된다.
d. (✕) 한 개인이 다양한 역할 기대에 직면하는 것을 역할갈등이라 하고, 의무나 권한 및 책임이 명료하지 않은 상태는 역할모호성이라 한다.

답 ②

제4장 | 집단수준의 행동 **67**

14 공인회계사 2021

☑ 확인Check! ○ △ ✕

집단과 의사결정에 관한 설명으로 가장 적절하지 않은 것은?

① 집단발전의 단계 중 형성기(forming)는 집단의 목적·구조·리더십을 정하는 과정이 불확실하다는 특성을 가지고 있다.

② 1차 집단은 구성원 간의 관계가 지적. 이성적이며 공식적 계약적이라는 특징이 있는 반면, 2차 집단은 구성원의 개인적 감정적 개입이 요구되고 구성원 간에 개인적 자발적 대면관계가 유지되는 특징이 있다.

③ 규범(norm)은 집단 구성원이 주어진 상황에서 어떤 행동을 취해야 하는지에 대한 행동의 기준을 말한다.

④ 집단의사결정은 비정형적 의사결정(non-programmed decisions)에서 개인의사결정에 비해 그 효과가 더 높게 나타날 수 있다.

⑤ 의사결정이 이루어지는 과정은 문제의 인식 및 진단, 대안의 개발, 대안 평가 및 선택, 최선책의 실행, 결과의 평가로 이루어진다.

┃해설┃

1차 집단은 구성원의 개인적 감정적 개입이 요구되고 구성원 간에 개인적 자발적 대면관계가 유지되는 특징이 있는 반면, 2차 집단은 구성원 간의 관계가 지적. 이성적이며 공식적 계약적이라는 특징이 있다.

① 터크만의 5단계 모형에서 형성기는 구성원들이 상당한 불확실성 하에서 서로에 대해 알아가는 단계이다.

③ 규범은 집단 구성원들이 공유하는 집단 내에서 수용 가능한 행동의 표준을 의미한다.

④ 집단의사결정에서는 일반적으로 개인의 독단적 결정에 비해 실수의 가능성이 작다. 또한 사고의 다양성 덕분에 혼자서는 생각하지 못한 이슈에 대한 판단이 가능하며, 여러 사람들이 최종 결론을 내리는데 참여하기 때문에 결론의 수용성이 증가한다.

⑤ 일반적으로 합리적인 의사결정은 문제의 인식 및 진단, 대안의 개발, 대안 평가 및 선택, 최선책의 실행, 결과의 평가로 이루어진다.

답 ②

15 서울시 7급 2021

☑ 확인Check! ○ △ ✕

집단 내에서 지위의 차이에 의해 의사소통경로가 엄격하게 정해져 있어 지위를 따라 상사와 부하 간에 직접적으로 의사소통이 이루어지는 의사소통 네트워크는?

① 연쇄형(사슬형)
② Y자형
③ 원 형
④ 바퀴형(수레바퀴형)

┃해설┃

의사소통 네트워크는 크게 수직적 형태(수레바퀴형, 사슬형, Y형)와 수평적 형태(원형, 완전연결형)로 나눌 수 있다. 문제에서 '지위의 차이'에 의한다고 하였으므로 수평적 형태는 아니고, '지위를 따라' 소통이 이루어진다고 하였으므로 여러 계층을 순차적으로 흘러가는 소통 방식인 사슬형 네트워크가 가장 적합하다.

답 ①

16 서울시 7급 2021 ☑ 확인 Check! ○ △ ✕

상황에 따른 갈등 해결의 방법을 짝지은 것 중 가장 옳지 않은 것은?

① 이슈가 사소한 것이거나 자기의 의견이 관철될 가능성이 매우 낮을 때–철수/회피
② 나중을 위하여 신용을 얻고자 할 때–양보/수용
③ 목표는 중요하나 더 이상 설득이 힘들 때–타협
④ 비슷한 파워를 가진 집단들끼리의 갈등일 때–강요

┃해설┃

비슷한 파워를 가진 집단들끼리의 갈등일 때에는 강요가 아니라 협상을 통하는 것이 바람직하다.

더 살펴보기	갈등의 해결방안	
갈등의 해결을 위하여 회피, 협상, 강요, 순종, 타협, 협조 등의 방법이 사용된다.		
회피	갈등현장을 떠남으로써 자신과 상대방의 관심사 무시, 갈등상황이 덜 중요하거나 준비가 안 되었을 때 등	단기적인 갈등 해소의 전략
협상	양쪽이 서로 비슷한 힘을 가지고 있을 때 쓰는 방법	
강요	갈등의 당사자 중 권한이 큰 한 사람의 관점에서 다른 당사자에게 압력을 가하여 자기의 주장을 관철시키는 방법	가장 나쁜 갈등 해결방법
순종	상대방의 주장을 수용하는 방법	
타협	복잡한 문제의 일시적 해결, 이기기 어렵거나 시간이 부족할 때 갈등당사자들이 상호희생을 하여 자기만족	가장 보편적인 해결방법
협조	다양한 시각으로 접근하여 합의와 수용을 유도하는 방법	이상적 해결

답 ④

제4장 | 집단수준의 행동 **69**

17 공인노무사 2021

☑ 확인Check! ○ △ ✕

조직으로부터 나오는 권력을 모두 고른 것은?

ㄱ. 보상적 권력   ㄴ. 전문적 권력
ㄷ. 합법적 권력   ㄹ. 준거적 권력
ㅁ. 강제적 권력

① ㄱ, ㄴ, ㄷ   ② ㄱ, ㄴ, ㄹ
③ ㄱ, ㄷ, ㅁ   ④ ㄴ, ㄹ, ㅁ
⑤ ㄷ, ㄹ, ㅁ

┃ 해설 ┃

프렌치와 레이븐에 의하면 권력의 원천에는 크게 다섯 가지가 있다고 한다. 이들은 각각 강압적 권력, 보상적 권력, 합법적 권력, 준거적 권력, 전문적 권력으로 불린다. 여기서 강압적, 보상적, 합법적 권력은 모두 개인이 사회적으로 점유하고 있는 지위나 조직으로부터 발생하는 것이므로 공식적 권력이라 하고, 준거적, 강제적 권력은 개인의 특성으로부터 비롯되는 것이므로 개인적 권력이라 한다.

 답 ③

18 공인노무사 2021

☑ 확인Check! ○ △ ✕

다음 설명에 해당하는 의사결정기법은?

• 자유롭게 아이디어를 제시할 수 있다.
• 타인이 제시한 아이디어에 대해 비판은 금지된다.
• 아이디어의 질보다 양을 강조한다.

① 브레인스토밍(brainstorming)
② 명목집단법(nominal group technique)
③ 델파이법(delphi technique)
④ 지명반론자법(devil's advocacy)
⑤ 프리모텀법(premortem)

┃해설┃

브레인스토밍은 창의적인 대안의 도출을 위하여 다수가 한 가지 문제를 두고 떠오르는 각종 생각을 자유롭게 말하는 것이다. 이 과정에서 토론을 이끄는 리더와 아이디어를 정리하는 역할을 하는 사람이 필요하며, 개진된 의견에 대해서는 비판을 가하지 않는 것을 원칙으로 한다.

② 명목집단법은 의사결정이 이루어지는 동안 구성원간의 대인 커뮤니케이션이 제한된 임시집단을 구성하여 의사결정을 행하는 기법이다.

③ 델파이법은 전문가들에 의해 서면상으로 이루어지는 무기명 토론방식이며, 불확실한 미래의 예측이나 장기적 의사결정에 주로 활용된다.

④ 지명반론자법은 악마의 옹호자 기법으로도 불리며, 제시된 의견에 대해서 반론자로 지명된 사람의 반론을 듣고 토론을 벌여 본래의 안을 수정하고 보완하는 과정을 거친 후 최종대안을 도출하여 집단사고를 방지하는 기법이다.

⑤ 프리모텀법은 어떤 프로젝트가 실패했다고 미리 가정하고 그 원인을 집단구성원들과 함께 찾는 활동이다.

답 ①

---

19 경영지도사 2021

☑ 확인 Check! ○ △ ✕

조직 내 권력의 원천 중 준거적 권력에 관한 설명으로 옳은 것은?

① 조직의 보상과 자원을 통제할 수 있는 능력

② 다양한 벌을 통제할 수 있는 능력

③ 조직적 직위로 타인을 통제할 수 있는 능력

④ 가치관 유사, 개인적 호감으로 통제할 수 있는 능력

⑤ 가치 있는 정보를 소유하거나 분석할 수 있는 능력

┃해설┃

프렌치와 레이븐에 의하면 권력의 원천에는 크게 다섯 가지가 있다고 한다. 이들은 각각 강압적 권력, 보상적 권력, 합법적 권력, 준거적 권력, 전문적 권력으로 불린다. 그중에서 개인특성이나 매력 등의 호감에 의해 통제할 수 있는 능력을 준거적 권력이라 한다.

① 보상과 자원의 통제력은 보상적 권력이다.

② 벌(처벌)의 통제력은 강압적 권력이다.

③ 제도나 법이 규정하는 공식적 · 조직적 직위에 의한 통제력은 합법적 권력이다.

⑤ 지식과 정보의 소유나 분석력은 전문적 권력이다.

답 ④

집단의사결정기법에서 변증법적 토의법에 관한 설명으로 옳은 것은?

① 집단구성원들이 한 가지 문제를 두고 각자의 아이디어를 무작위로 개진하여 최선책을 찾아가는 의사결정 기법

② 집단구성원들이 회의에 참석하지만 각자 익명의 서면으로 의견을 제출하고 간략한 견해를 피력하는 개별 토의 후에 표결로 의사결정하는 기법

③ 반론자를 지정하여 해당 주제의 약점을 제기하게 하고 이에 대한 토론 과정을 거쳐 의사결정하는 기법

④ 전문가 의견을 독립적으로 수집하여 그들의 의견을 보고 수정된 의견을 제시하는 일련의 반복과정으로 의사결정하는 기법

⑤ 집단구성원들을 절반으로 나누어 반대 의견을 개진하면서 토론을 거쳐 의사결정하는 기법

▌해설▐

전체 집단을 찬성측과 반대측으로 나누어 서로간의 열띤 토론을 거치게 함으로써 예상치 못한 문제점이나 개선책을 찾아내는 집단의사결정기법을 변증법적 토의법이라 한다.

① 집단구성원들이 한 가지 문제를 두고 각자의 아이디어를 무작위로 개진하여 최선책을 찾아가는 의사결정 기법은 브레인스토밍이다.

② 집단구성원들이 회의에 참석하지만 각자 익명의 서면으로 의견을 제출하고 간략한 견해를 피력하는 개별 토의 후에 표결로 의사결정하는 기법은 명목집단법이다.

③ 반론자를 지정하여 해당 주제의 약점을 제기하게 하고 이에 대한 토론 과정을 거쳐 의사결정하는 기법은 지명반론자법이다.

④ 전문가 의견을 독립적으로 수집하여 그들의 의견을 보고 수정된 의견을 제시하는 일련의 반복과정으로 의사결정하는 기법은 델파이법이다.

더 살펴보기	**변증법적 토의**

변증법적 토의는 변증법의 정반합의 원리를 차용하여 구성원들을 두 편으로 나눈 후, 한 쪽이 먼저 의견을 제시하면 반대쪽 집단에서는 그에 반대되는 대안을 제시하는 방법을 반복하며 토론하는 방법으로, 상반되는 제안들 사이의 장단점을 모두 균형적으로 파악 가능하다.

 답 ⑤

집단의사결정기법에 관한 설명으로 옳은 것은?

① 브레인스토밍(brainstorming)은 새로운 아이디어에 대하여 무기명 비밀투표로 서열을 정한다.

② 지명반론자법(devil's advocate method)은 구성원들이 여러 이해관계자를 대표하여 토론하는 방법이다.

③ 델파이법(Delphi method)은 전문가들의 면대면 토론을 통해 최적 대안을 선정한다.

④ 변증법적토의법(dialectical inquiry model)은 구성원들이 대안에 대하여 공개적으로 찬성 혹은 반대하는 것을 금한다.

⑤ 명목집단법(nominal group technique)은 대안의 우선순위를 정하기 전에 구두로 지지하는 이유를 설명하는 것을 허용한다.

⸻

┃해설┃

대안이 구성원들에게 공유된 이후에는 구두로 지지하는 이유를 설명할 수 있다.

① 무기명 비밀투표는 명목집단법의 특징이다.

② 지명반론자법은 구성원들이 여러 이해관계자를 대표하여 토론하는 것이 아니라 특정인이 주류 의견에 대한 반론자를 자처하여 주류 의견이 가지는 문제점이 있는지 따져보는 의사결정 기법이다.

③ 델파이법의 핵심은 전문가들에 의한 비대면 토론이다.

④ 변증법적 토의는 지명반론자법을 확대한 것으로서 집단 전체를 특정 대안에 대한 찬성집단과 반대집단으로 양분하고 이들간의 토론을 거쳐 더 나은 제3의 답이 있는지 찾아가는 방법이다. 따라서 공개적으로 찬성하는 집단과 반대하는 집단을 설정하게 된다.

더 살펴보기 | **명목집단기법(NGT ; Nominal Group Technique)**

(1) 명목집단법은 토의에 참가한 다양한 사람들이 집단구성원 간에 실질적인 접촉 없이 자신의 아이디어를 글로 써낸 뒤 아이디어를 공유함으로써 대화에 의한 의사소통을 단절시키고 집단의 구성원들의 마음속 생각을 끄집어내려는 기법이다.

(2) 의사결정과정에서 토론이나 개인 커뮤니케이션을 제한하기 때문에 명목(Nominal : 침묵, 독립)이라는 용어를 사용하는 것이며, 모든 구성원이 동등하게 토론에 참여하고 우선순위 투표과정을 통해 집단의사결정에 동등하게 영향을 끼칠 수 있게 고안된 방법으로, 브레인스토밍(Brainstorming)을 수정·확장한 집단의사결정기법이다.

(3) 명목집단법의 절차

① 개인 의견의 사전 숙고 : 모임에 앞서 의사결정 참여자들은 각자 주어진 문제에 대한 최적대안을 생각해 둔다.

② 대안의 무기명 제출 : 의사결정 참여자들이 함께 모여서 자신의 대안과 아이디어를 무기명으로 제출한다.

③ 제출된 대안의 공유 : 무기명으로 제출된 의견이나 대안을 참여자 모두가 함께 공유할 수 있도록 칠판에 적든지 아니면 회람한다.

④ 대안에 관한 논의 대안이 공유된 시점 이후부터 논의가 비로소 시작되며, 각 아이디어의 특징과 장단점 등을 살펴본다. 단, 논의과정에서 집단사고나 동조현상이 일어나지 않도록 하기 위해 이 단계의 논의는 주로 각 아이디어의 명확화에만 집중한다.

⑤ 최적대안의 확정 : 토론이 끝나면 최적대안에 대해 투표를 실시하여 대안을 확정한다.

답 ⑤

22

☑ 확인 Check! ○ △ ✕

다음에서 설명하는 현상은?

- 응집력이 높은 집단에서 나타나기 쉽다.
- 집단구성원들이 의견일치를 추구하려다가 잘못된 의사결정을 하게 된다.
- 이에 대처하기 위해서는 자유로운 비판이 가능한 분위기 조성이 필요하다.

① 집단사고(groupthink)
② 조직시민행동(organizational citizenship behavior)
③ 임파워먼트(empowerment)
④ 몰입상승(escalation of commitment)
⑤ 악마의 주장(devil's advocacy)

┃해설┃

응집력이 높은 집단에서는 구성원들의 의견이 한 방향으로 몰리는 현상이 일어나기 쉬운데 이를 집단사고라고 한다. 이를 방지하기 위해서는 자유로운 의견 교환이 가능하도록 분위기를 조성할 필요가 있다. 조직시민행동은 직무기술서상에 명시되지 않았지만 다른 동료 직원들을 돕는 행위를 뜻하고, 임파워먼트는 부하직원에 대한 권한위임을, 몰입상승은 잘못된 의사결정에 집착하는 것을, 악마의 주장은 집단사고를 해결하기 위해 주류 의견에 대한 반대의견을 내게하는 방식을 뜻한다.

더 살펴보기	악마의 변호인(악마의 주장, 지명반론자법)

지명반론자법은 집단의 의견에 의도적으로 반대 입장을 취하면서 선의의 비판자 역할을 수행하는 악마의 변호인을 지정하여 모두가 찬성할 때 반대 의견을 제시하면서 토론을 활성화시켜 기존 대안의 약점을 보완하고 또 다른 대안이 있는지를 모색할 수 있도록 하는 방법이다.

 답 ①

23 서울시 7급 2020 ☑확인Check! ○ △ ✕

정보 수집과 분석에 대한 인간의 능력 한계로 인하여 객관적인 효용의 극대화가 아닌 충분히 만족스럽다고 판단되는 차선의 대안 중 하나를 선택한다는 관점을 가진 의사결정 모형은?

① 정치적 의사결정 모형

② 합리적 의사결정 모형

③ 직관적 의사결정 모형

④ 제한된 합리성 모형

──────────────────────────

┃해설┃

② · ④ 효용 극대화를 추구하는 것을 경제적 합리성 모형이라 하는 반면, 인간 능력의 한계를 인정하고 만족을 추구하는 것을 제한된 합리성 모형이라 한다.

① 정치적 의사결정 모형은 조직 내 다수 세력집단의 연합에서 중요하게 생각하는 문제가 의사결정에서 우선적으로 다루어진다고 보는 관점으로서, 카네기 모형이라고도 한다.

③ 직관적 의사결정은 이미지이론으로 불리기도 하는데 이는 과거의 경험이나 대안들이 자신에게 풍기는 이미지에 따라 의사결정을 행하기 때문이다. 직관에 의해 이루어지는 의사결정모델을 휴리스틱 모델이라 하기도 하는데, 휴리스틱 접근법은 극도의 불확실성과 시간제약 하에서 전례 및 정보가 없거나 과학적 예측이 불가능한 경우에 사용된다.

달 ④

24 국가직 7급 2020 ☑확인Check! ○ △ ✕

허버트 사이먼(Herbert Simon)이 주장한 제한된 합리성(bounded rationality)에 대한 설명으로 옳지 않은 것은?

① 과학적 관리법을 추종하며 절대적 합리성만을 추구하는 경영자들이 '경제인'이라면 제한된 합리성내에서 현실적으로 의사결정을 하는 경영자들은 '관리인'이다.

② 제한된 합리성 때문에 사람들은 '만족하기에 충분한' 또는 '최소한'의 필요조건을 충족시키는 선택을 한다.

③ 조직이 겪는 상황은 무정부 상태와 같이 불확실하며, 이러한 상황에서 인간의 의사결정은 비합리적으로 이루어진다.

④ 문제해결의 대안을 선택할 때 최선책을 찾으려고 하지 않고, 설정해 놓은 적절한 기준을 통과하는 대안 중에서 먼저 발견되는 것을 선택한다.

──────────────────────────

┃해설┃

조직이 겪는 상황이 무정부 상태와 같이 불확실하며, 이 상황에서 의사결정이 비합리적으로 이루어진다는 것은 쓰레기통 모형에서 상정하는 개념이다.

달 ③

제4장 ┃ 집단수준의 행동 **75**

25 공인노무사 2020
☑ 확인 Check! ○ △ ✕

구성원들 간 의사소통이 강력한 특정 리더에게 집중되는 유형은?

① 원 형
② Y자형
③ 수레바퀴형
④ 사슬형
⑤ 전체연결형

▌해설▐

수레바퀴형은 집단 내에 특정한 리더가 있을 때 발생한다. 특정의 리더에 의해서 모든 정보의 전달이 이루어지기 때문에 특정 리더에게 권한이 집중되는 양상을 보인다.

① 원형은 위원회 조직이나 태스크포스 조직에서와 같이 권력의 집중이 없이 특정 문제의 해결을 위하여 민주적으로 구성된 조직에서 주로 등장하게 된다.
② Y형은 집단 내에 특정한 리더가 있는 것은 아니지만, 집단을 대표할 수 있는 인물이 존재하는 경우에 나타난다.
④ 사슬형은 공식적인 계통과 수직-수평적인 경로를 통해서 정보전달이 이루어지는 형태이다.
⑤ 전체연결형은 구성원 전체가 서로의 의견이나 정보를 자유의지에 따라 교환하는 형태이다.

답 ③

26 경영지도사 2020
☑ 확인 Check! ○ △ ✕

사이먼(H. Simon)이 주장한 의사결정의 제한된 합리성 모델(bounded rationality model)의 내용에 해당하지 않는 것은?

① 규범적 모델
② 단순화 전략의 사용
③ 불완전하고 부정확한 정보사용
④ 만족해(satisficing solution)를 선택
⑤ 모든 가능한 대안을 고려하지 못함

▌해설▐

규범적 모델이란 의사결정은 마땅히 이러해야 한다는 당위를 제시하는 모델로서 합리적 의사결정 이론에 해당하는 서술이다. 제한된 합리성 모델은 '현실에서의 의사결정은 적당히 만족하는 선에서 결정된다'는 의미로서 기술적 모델로 불린다. 나머지는 모두 제한된 합리성 모델에 해당하는 내용이다.

답 ①

집단의사결정의 장점으로 볼 수 없는 것은?

① 구성원으로부터 다양한 정보를 얻을 수 있다.

② 다각도로 문제에 접근할 수 있다.

③ 구성원의 수용도와 응집력이 높아진다.

④ 의사결정에 참여한 구성원들의 교육효과가 높게 나타난다.

⑤ 집단사고의 함정에 빠질 가능성이 배제된다.

▌해설▌

집단사고는 집단의사결정의 전형적인 단점이다. 나머지는 모두 집단의사결정의 장점에 해당한다.

더 살펴보기	집단의사결정의 장단점	
장 점		**단 점**
• 많은 정보의 활용		• 즉각성의 상실
• 다양한 시선의 교차		• 집단사고의 가능성
• 선택안에 대한 높은 지지		• 동조화 현상
• 커뮤니케이션기능 수행		• 갈등의 우려
• 결정에 대한 참여도의 증대		• 정치적 힘의 작용
• 응집력과 교육적 효과		• 시간과 비용의 낭비
• 합법성과 정당성의 증대		• 특정인의 지배가능성

답 ⑤

28 공인노무사 2019

☑ 확인 Check! ○ △ ✕

프렌치와 레이븐(French & Raven)의 권력원천 분류에 따라 개인적 원천의 권력에 해당하는 것을 모두 고른 것은?

ㄱ. 강제적 권력	ㄴ. 준거적 권력
ㄷ. 전문적 권력	ㄹ. 합법적 권력
ㅁ. 보상적 권력	

① ㄱ, ㄴ
② ㄴ, ㄷ
③ ㄷ, ㄹ
④ ㄹ, ㅁ
⑤ ㄱ, ㄴ, ㅁ

┃해설┃

프렌치와 레이븐에 의하면 권력의 원천에는 크게 다섯 가지가 있다고 한다. 이들은 각각 강압적 권력, 보상적 권력, 합법적 권력, 준거적 권력, 전문적 권력으로 불린다. 여기서 강압적, 보상적, 합법적 권력은 모두 개인이 사회적으로 점유하고 있는 지위나 조직으로부터 발생하는 것이므로 공식적 권력이라 하고, 준거적, 강제적 권력은 개인의 특성으로부터 비롯되는 것이므로 개인적 권력이라 한다.

답 ②

29 공인노무사 2019

☑ 확인 Check! ○ △ ✕

집단의사결정의 특징에 관한 설명으로 옳지 않은 것은?

① 구성원으로부터 다양한 정보를 얻을 수 있다.
② 의사결정에 참여한 구성원들의 교육효과가 높게 나타난다.
③ 구성원의 합의에 의한 것이므로 수용도와 응집력이 높아진다.
④ 서로의 의견에 비판없이 동의하는 경향이 있다.
⑤ 차선책을 채택하는 오류가 발생하지 않는다.

┃해설┃

집단의사결정은 여럿이 모여 의사결정을 하는 것이므로 여러 사람들의 다양한 생각과 아이디어를 교류할 수 있고❶ 모두가 결정과정에 개입하므로 수용도가 향상된다.❸ 또한 구성원이 리더의 의견을 맹목적으로 추종하지 않고 의사결정 과정에 참여하게 되므로 의사결정능력의 향상이라는 교육목표의 달성도 가능하다.❷ 다만 다수의 의견이 나타날 경우 소수의견을 갖는 개인은 자신의 생각을 감추고 다수의견에 동조하는 집단사고 현상이 발생할 수 있고❹ 이 과정에서 충분한 토론이 이루어지지 못하게 되므로 최선의 대안이 아닌 그보다 못한 대안을 선택하게 될 가능성도 있다.

답 ⑤

30 경영지도사 2019 ☑ 확인 Check! ○ △ ✕

프렌치와 레이븐(J. French & B. Raven)이 제시한 조직 내 권력의 원천 5가지가 아닌 것은?

① 구조적 권력(structural power)
② 보상적 권력(reward power)
③ 강압적 권력(coercive power)
④ 합법적 권력(legitimate power)
⑤ 전문적 권력(expert power)

❙ 해설 ❙

프렌치와 레이븐에 의하면 권력의 원천은 강압적 권력, 보상적 권력, 합법적 권력, 준거적 권력, 전문적 권력의 다섯 가지가 있다.

답 ①

31 경영지도사 2019 ☑ 확인 Check! ○ △ ✕

델파이법에 관한 설명으로 옳지 않은 것은?

① 모든 토의 구성원에게 문제를 분명히 알린다.
② 전문가들에게 대안을 수집하기 때문에 신속하게 의사결정을 할 수 있다.
③ 전문가들로부터 개진된 의견을 취합하여 다시 모든 구성원과 공유한다.
④ 시간적 · 지리적 제약이 있는 경우 유용하게 활용될 수 있다.
⑤ 합의된 의사결정대안의 도출까지 진행과정을 반복한다.

❙ 해설 ❙

델파이법은 합리적이며 최적화된 대안 도출이 가능하고, 시간적 · 지리적 제약이 있을 때 유용하게 활용할 수 있으며, 그 실천방안 역시 발견해낼 수 있다는 장점이 있지만, 시간이 오래 걸리고 응답자에 대한 통제가 어렵다는 단점이 있다.

더 살펴보기	델파이법

① 델파이법은 미국의 랜드(RAND) 연구소에서 개발한 집단의사결정방법론으로, 미래 예측이나 사회적 쟁점에 대하여 전문가의 의견과 판단을 수렴하는 조사방법이다.
② 한 사람의 의견보다 두 사람의 의견이 정확하다는 계량적 객관의 원리와 소수의 판단보다 다수의 판단이 정확하다는 민주적 의사결정원리에 근거한 패널식 조사연구방법으로, 전문가 패널들이 익명으로 의견을 제출하므로 선정된 전문가 들은 누가 어떤 의견을 내는지 모르기에 부담 없는 의견 제출 및 의견 수정이 용이하게 설계되었다.
③ 델파이법은 한 번의 의견조사에 그치지 않고 합의에 도달할 때까지 조사가 반복되기 때문에 시간과 비용이 많이 드는 단점을 가지고 있다.
④ 명목집단법이나 델파이법은 모두 특정인의 의견에 전체가 좌우되지 않도록 한다는 공통점을 가지고 있다.

답 ②

경영의사결정에 관한 설명으로 옳지 않은 것은?

① 합리적 의사결정모형은 완전한 정보를 가진 가장 합리적인 의사결정행동을 모형화하고 있다.

② 경영자가 하는 대부분의 의사결정은 최선의 대안보다는 만족할만한 대안을 선택하는 것으로 귀결되는 경우가 많다.

③ 브레인스토밍은 타인의 의견에 대한 비판을 통해 대안을 찾는 방법이다.

④ 집단응집력을 낮춤으로써 의사결정과정에서의 집단사고 경향을 낮출 수 있다.

⑤ 명목집단법은 문제의 답에 대한 익명성을 보장하고, 반대논쟁을 극소화하는 방식으로 문제해결을 시도하는 방법이다.

┃해설┃

브레인스토밍에서는 타인의 의견을 비판하지 않는다.

① 합리모형은 의사결정자가 완전한 정보를 갖는다.

② 최선의 대안을 찾는 것은 현실적으로 불가능하므로 주어진 조건에서 만족할만한 대안을 선택하게 되는데 이를 제한된 합리성이라 한다.

④ 집단구성원들의 응집성을 낮추면 집단사고의 경향을 줄일 수 있다.

⑤ 명목집단법은 최대한 많은 아이디어가 나올 수 있도록 익명성을 보장한 상태에서 의견을 제출하도록 하는 것이다.

답 ③

갈등과 협상에 관한 설명으로 가장 적절하지 않은 것은?

① 분배적 협상(distributive negotiation)의 동기는 제로섬(zero sum)에 초점을 맞추고 있고, 통합적 협상(integrative negotiation)의 동기는 포지티브섬(positive sum)에 초점을 맞추고 있다.

② 분배적 협상보다 통합적 협상에서 정보의 공유가 상대적으로 많이 이루어지는 경향이 있다.

③ BATNA(best alternative to a negotiated agreement)가 얼마나 매력적인가에 따라서 협상 당사자의 협상력이 달라진다.

④ 갈등관리유형 중 회피형(avoiding)은 자기에 대한 관심과 자기주장의 정도가 높고 상대에 대한 관심과 협력의 정도가 낮은 경우이다.

⑤ 통합적 협상에서는 제시된 협상의 이슈(issue)뿐만 아니라 협상 당사자의 관심사(interests)에도 초점을 맞추어야 좋은 협상결과가 나온다.

자기에 대한 관심은 크고 상대방에 대한 관심은 낮은 경우는 회피형이 아니라 경쟁형에 해당한다.

① 분배적 협상은 제한된 파이를 나누어 갖는 협상이므로 어느 한 쪽이 많이 가져가면 상대방은 적게 가져가는 제로섬 방식이다. 반면 통합적 협상은 파이의 크기 자체를 키워서 서로 많이 가져가는 방식이므로 포지티브섬 방식이다.

② 통합적 협상은 기본적으로 원-원에 초점을 두므로 서로 정보를 많이 공유하는 경향이 있다.

③ BATNA는 협상에서 각자가 원하는 최고의 해법이 도출되지 않을 경우 그에 대하여 설정해 두는 대안을 의미한다. 매력적인 대안을 갖고 있다면 유연한 자세로 협상에 임할 수 있지만, BATNA 자체가 없거나 매력도가 떨어진다면 협상전략의 사용에 있어 제약이 클 수 밖에 없다.

⑤ 통합적 협상은 각자가 궁극적으로 원하는 바, 즉 관심사에 초점을 두지만, 분배적 협상은 각자가 표면적으로 주장하는 바, 즉 입장에만 초점을 둔다. 따라서, 입장보다는 관심사에 초점을 두는 것이 더 나은 결과를 이끈다.

탑 ④

34 서울시 7급 2018

☑ 확인Check! ○ △ ✕

사회적 태만(social loafing) 또는 무임승차는 개인이 혼자 일할 때보다 집단으로 일하면 노력을 덜 하려는 경향을 일컫는다. 이러한 현상을 줄이기 위한 방안으로 가장 옳지 않은 것은?

① 개인별 성과를 측정하여 비교할 수 있게 한다.

② 과업을 전문화시켜 책임소재를 분명하게 한다.

③ 팀의 규모를 늘려서 공동의 업무를 증가시킨다.

④ 직무충실화를 통해 직무에서 흥미와 동기가 유발되도록 한다.

여럿이서 일할 때, 즉 팀의 규모가 커질 때 사회적 태만이 발생한다. 따라서 팀 규모를 늘리는 것은 해법이 아니라 이 문제의 발생 원인이 된다. 무임승차 현상을 방지하기 위해서는 과업을 전문화시켜 책임소재를 분명하게 하고❶, 개인별 성과를 측정하여 비교할 수 있게 만들 필요가 있다.❷ 또한 애초부터 동기수준이 높아 근무의욕이 높은 사람을 선발하거나 직무충실화(권한과 책임의 부여)를 통해 직무수행의 과정에서 흥미와 동기가 유발되도록 하는 것❹도 대안이 된다.

탑 ③

지각, 귀인, 의사결정에 관한 설명으로 가장 적절한 것은?

① 10명의 후보자가 평가위원과 일대일 최종 면접을 할 때 피평가자의 면접순서는 평가자의 중심화 경향 및 관대화 경향에 영향을 미칠 수 있으나 최근 효과 및 대비효과와는 관련이 없다.

② 켈리(Kelley)의 귀인모형에 따르면 특이성(distinctiveness)과 합의성(consensus)이 낮고 일관성(consistency)이 높은 경우에는 내적귀인을 하게 되고 특이성과 합의성이 높고 일관성이 낮은 경우에는 외적귀인을 하게 된다.

③ 행위자−관찰자효과(actor-observer effect)는 행위자 입장에서는 행동에 미치는 내적요인에 대한 이해가 충분하나, 관찰자 입장에서는 행위자의 능력과 노력 등의 내적요인을 간과하거나 무시하고 행위자의 외적요인으로 귀인하려는 오류이다.

④ 제한된 합리성(bounded rationality)하에서 개인은 만족할 만한 수준의 대안을 찾는 의사결정을 하기 보다는 인지적 한계와 탐색비용을 고려하지 않고 최적의 대안(optimal solution)을 찾는 의사결정을 한다.

⑤ 집단 사고(group think)는 응집력이 강한 대규모 집단에서 복잡한 의사결정을 할 때, 문제에 대한 토론을 진행할수록 집단내의 의견이 양극화되는 현상이다.

┃해설┃

켈리에 따르면 특이성과 합의성이 높은 경우에는 외적 귀인을 일관성이 높은 경우에는 내적귀인을 하게 된다. 반대로 특이성과 합의성이 낮은 경우에는 내적귀인을, 일관성이 낮은 경우에는 외적귀인을 하게 된다.

① 최근효과는 근접한 순서에 해당하는 대상과 비교하는 것을 의미하고, 대비효과는 대상을 있는 그대로 판단하는 것이 아니라 누군가와 견주어 판단한다는 것이므로 판단에 영향을 미친다.

③ 행위자−관찰자효과에 따르면 행위자 입장에서는 행위에 영향을 주는 외적 변수를 잘 이해하고 있으므로 외적귀인을 하는 경우가 많지만, 관찰자 입장에서는 처한 상황에 대한 이해도가 낮아 상대적으로 내적귀인을 하는 경우가 많다.

④ 최적의 대안을 찾는 것은 합리적 의사결정 모형이다.

⑤ 토론 결과 의견이 양극화되는 것은 집단 양극화이다.

 ②

36 국가직 7급 2018

☑ 확인Check! ○ △ ✕

조직에서의 집단의사결정에 대한 설명으로 옳지 않은 것은?

① 집단의사결정은 개인의사결정보다 다양한 관점을 고려할 수 있다.

② 집단의사결정은 구성원의 참여의식을 높여 구성원에게 만족감을 줄 수 있다.

③ 집단의사결정은 집단사고를 통해 합리적이고 합법적인 최선의 의사결정을 도출해 낼 수 있다.

④ 집단의사결정 기법에는 명목집단법, 델파이법, 변증법적 토의법 등이 있다.

┃해설┃

집단사고는 합리적이고 최선의 대안을 찾는데 장애가 된다. 집단의사결정은 여러 사람의 견해를 수렴하는 것이므로 다양한 관점의 고려가 가능하고❶, 여러 사람들이 최종 결론을 내리는데 참여하기 때문에 결론의 수용성이 증가한다.❷ 반면 앞서 언급한 집단사고나 집단양극화 같은 문제점이 발생하므로 이를 줄이기 위해 명목집단법, 델파이법, 변증법적 토의법 등의 기법들을 활용할 수 있다.❹

답 ③

PART 1

37 경영지도사 2018

☑ 확인Check! ○ △ ✕

집단 내에 중심적인 인물 또는 리더가 존재하여 구성원들 간의 정보전달이 그 한 사람에게 집중되는 커뮤니케이션 네트워크 유형은?

① 연쇄형   ② 수레바퀴형

③ Y형   ④ 완전연결형

⑤ 원 형

┃해설┃

수레바퀴형은 강력한 리더가 소통의 중심에 서는 네트워크 형태로서, 특정 리더가 모든 정보의 전달을 감독하기 때문에 조직 내의 정보 역시 리더에게 집중되는 형태이다.

① 연쇄형은 수평적 또는 수직적으로 형성된 공식적 조직계통을 따라 정보가 단계적으로 전달되는 특징을 가지기 때문에 명령과 권한의 체계가 명확한 공식적이고 전통적인 유형의 조직에서 많이 이용된다.

③ Y형은 집단 내에 특정한 카리스마적 리더가 있는 것은 아니지만, 집단을 이끌고 대표할 수 있는 인물이 존재하는 경우에 나타난다.

④ 완전연결형은 모든 구성원간에 원활한 소통이 이루어지는 네트워크 형태로서 자유로운 소통에 기반하여 창의적이고 참신한 아이디어를 이끌어 낼 수 있으며 구성원의 만족도가 높다.

⑤ 원형은 뚜렷한 리더나 커뮤니케이션의 방향 없이 정보가 흘러가는 패턴으로서 특정한 문제의 해결을 위해 조직되는 태스크포스 등이 이에 해당한다.

답 ②

인간두뇌의 한계와 정보부족 등으로 인해 완전한 합리성은 불가능하므로 제한된 합리성에 근거하여 의사결정을 하게 된다는 모형은?

① 경제인모형
② 만족모형
③ 점증모형
④ 최적모형
⑤ 혼합모형

┃해설┃

사이먼에 따르면 인간의 인지능력에는 제한이 있어 최적의사결정을 위한 모든 정보의 이해와 활용이 사실상 불가능하다. 따라서 대부분의 경우에 의사결정은 인간이 이해할 수 있는 범위 내에서 이루어지며, 최적화보다는 의사결정자가 만족하는 선에서 결정된다. 이를 제한된 합리성 모형이라 하며, 합리모형에 대비하여 만족모형이라 하기도 한다.

더 살펴보기	샤인의 복잡인 모형

사이먼의 만족모형과 같이 알아두면 좋은 것으로 샤인의 복잡인 모형을 들 수 있는데, 샤인은 조직 내 인간은 다양한 욕구와 잠재력을 지닌 존재이고 인간의 동기는 상황에 따라 달라지기 때문에 관리자는 상황적응적 관리전략을 구사해야 한다는 복잡인 모델을 제시하였다.

경제인	외재적 동기부여로 경제적 이익 추구, 수동적 존재 예 고전적 경영이론의 인간관, X이론
사회인	외재적 동기부여로 사회적 욕구 극대화를 추구, 수동적 존재 예 인간관계론의 인간관, Y이론
자기실현인	내재적 동기부여로 자율적 능력이 있는 능동적 존재 예 성장인관-욕구단계설, 성취동기이론, 2요인이론
복잡인	상황에 따른 동기부여로 다양한 능력이 있는 존재 예 직무특성이론, Z이론

답 ②

39 경영지도사 2018

☑ 확인 Check! ○ △ ✕

미국의 랜드연구소에서 개발한 의사결정기법으로, 전문가들을 한 장소에 대면시키지 않아 상호간의 영향을 배제하면서 전문적인 견해를 얻는 방법은?

① 제3자조정기법(third party peace-making technique)
② 상호작용집단법(interaction group method)
③ 브레인스토밍(brainstorming)
④ 델파이기법(delphi technique)
⑤ 명목집단기법(nominal group technique)

▌해설▐

델파이법은 미국의 랜드연구소에서 개발한 의사결정기법으로, 전문가들을 한 장소에 대면시키지 않아 상호간의 영향을 배제하면서 전문적인 견해를 얻는 방법이다.

답 ④

40 공인노무사 2017

☑ 확인 Check! ○ △ ✕

다음이 설명하는 기법은?

- 비구조적인 문제를 다루는데 유용하다.
- 경험을 체계화하고 정형화하여 해결책을 발견한다.

① 팀 빌딩   ② 휴리스틱
③ 군집분석   ④ 회귀분석
⑤ 선형계획법

▌해설▐

비구조적이라는 말은 반복되지 않고 분석이 어렵다는 의미이며 경험을 통해 이를 해결하는 방법은 휴리스틱이다.
② 팀 빌딩은 구성원들이 함께 일하는 방법을 터득함으로써 업무효율을 높이는 전략이다.
③ 군집분석은 분석대상을 유사한 것들끼리 묶는 기법이다.
④ 회귀분석은 독립변수가 종속변수에 미치는 영향을 파악하는 기법이다.
⑤ 선형계획법은 일차함수(선형 함수)로 두 변수간 관계를 살펴보는 방법이다.

답 ②

제4장 | 집단수준의 행동　85

41 경영지도사 2017

확인 Check! ○ △ ✕

조직정치에 관한 설명으로 옳지 않은 것은?

① 자원의 희소성이 높을수록 조직정치의 동기가 강해진다.
② 불확실한 상황에서의 의사결정시 조직정치가 발생할 가능성이 높다.
③ 조직내 기술이 복잡할수록 조직정치가 발생할 가능성이 높다.
④ 목표가 명확할수록 조직정치가 발생할 가능성이 높다.
⑤ 장기전략에 대한 결정일수록 조직정치가 발생할 가능성이 높다.

┃해설┃

조직 내의 개인 혹은 집단이 원하는 결과를 얻는데 필요하다고 판단되는 권력을 획득하거나 이를 증가시키기 위해 수행하는 각종 활동을 조직정치라 한다. 조직정치는 직무수행에 반드시 필요하지는 않은 행동이며, 당사자의 사익추구를 위해 등장하는 경우가 대부분이다. 목표가 명확한 경우에는 애매모호함과 불확실성이 감소하므로 조직정치가 감소할 것이다. 하지만 자원이 부족할수록❶, 상황이 불확실할수록❷, 조직내 기술이나 업무내용이 복잡할수록❸, 장기적 이슈에 대한 의사결정 상황일수록❺ 조직정치의 발생확률은 증가한다.

더 살펴보기	조직정치의 발생원인
자 원	자원의 필요성과 희소성
의사결정	불명확하고 장기적인 의사결정
목 표	목표의 불명확성과 복잡성
기술과 외부환경	기술의 복잡성과 외부환경의 동태성
변 화	조직의 내/외부적 변화

답 ④

---

42 경영지도사 2017

확인 Check! ○ △ ✕

집단의사결정기법에 해당하지 않는 것은?

① 브레인스토밍(brainstorming)
② 명목집단법(norminal group technique)
③ 델파이법(delphi method)
④ 지명반론자법(devil's advocate method)
⑤ 그룹 다이내믹스(group dynamics)

┃해설┃

브레인스토밍❶, 명목집단법❷, 델파이법❸, 지명반론자법❹ 등은 모두 집단의사결정기법에 해당된다. 그룹 다이내믹스❺는 집단구성원들이 상호작용하는 과정에서 나타나는 제반 현상을 지칭하는 용어이다.

답 ⑤

86 공인회계사 1차 객관식 경영학

A부장은 부하들이 자신의 지시를 성실하게 수행하지 않으면 부하들의 승진 누락, 원하지 않는 부서로의 이동, 악성 루머 확산 등의 방식으로 대응한다. 부하들은 A부장의 이러한 보복이 두려워서 A부장의 지시를 따른다. A부장이 주로 사용하는 권력은?

① 강압적 권력　　　　　　　　　　② 준거적 권력
③ 보상적 권력　　　　　　　　　　④ 합법적 권력
⑤ 전문적 권력

┃해설┃

승진누락이나 타 부서로의 이동은 부장의 지위에 대한 공식적 권력이라는 점에서 규정에 근거한 합법적 권력으로 이해할 수 있다. 그러나 그러한 권력의 행사근거가 부하직원의 능력이나 업적이 아니라 자신에 대한 충성정도라는 점에서 공식적 권력을 부당한 방식으로 활용하는 것이라 할 수 있다. 따라서 이 경우 A부장은 합법적 권력보다는 강압적 권력, 즉 위협이나 보복 내지는 협박의 방식을 주로 활용한다고 보는 것이 타당하다.

더 살펴보기　**권력의 원천**

① 프렌치(French)와 레이븐(Raven)은 권력의 원천을 공식적 권력과 개인적 권력으로 구분하여 권력이 생기는 원천을 분류하였다.

② 공식적 권력은 지위에서 발생하는 권력으로 타인에게 상을 줄 수 있는 지위로 인하여 발생하는 보상적 권력, 타인에게 벌을 줄 수 있는 지위로 인하여 발생하는 강제적 권력, 조직 내의 지위로 인하여 발생한 합법적 권력인 권한이 있으며, 개인적 권력은 준거인물의 존재로 인한 준거적 권력과 특정분야의 전문지식의 보유로 인하여 발생하는 전문적 권력이 있다.

공식적 권력 (지위권력)	보상적 권력	타인에게 긍정적 강화를 제공하는 경우
	강제적 권력	타인에게 부정적 강화를 제공하는 경우
	합법적 권력	권한을 가지는 경우
개인적 권력 (특정권력)	준거적 권력	상사에게 주관적인 충성심을 가지고 있는 경우
	전문적 권력	특정 분야에서 전문적 지식을 가지고 있는 경우

답 ①

국가직 7급 2016

☑ 확인 Check! ○ △ ✕

조직 내에서 권한(authority)과 권력(power)에 대한 설명으로 옳지 않은 것은?

① 권한은 조직 내 직위에서 비롯된 합법적인 권리를 말한다.

② 권력을 휘두르기 위해서 반드시 많은 권한을 가질 필요는 없다.

③ 관리자는 종업원에게 권한을 이양할 때, 그에 상응하는 책임을 부여하여 권한이 남용되지 않도록 해야 한다.

④ 사장이 누구를 만날지, 언제 만날지를 결정할 수 있는 비서는 권력은 작으나 권한은 크다.

┃해설┃

권한은 공식적 규정에 의한 힘이지만, 권력은 상대에 대해 가지는 일반적인 영향력이다. 비서의 공식적 역할은 제한되어 있으므로 권력은 클 수 있어도 권한은 작다.

답 ④

---

45 **공인노무사 2016**

☑ 확인 Check! ○ △ ✕

프렌치(J. R. P. French)와 레이븐(B. Raven)이 구분한 5가지 권력 유형이 아닌 것은?

① 합법적 권력

② 기회적 권력

③ 강제적 권력

④ 보상적 권력

⑤ 준거적 권력

┃해설┃

프렌치와 레이븐은 권력의 유형을 강압적 권력(무력이나 위협), 보상적 권력(경제적·정신적 보상), 합법적 권력(법규나 제도), 준거적 권력(개인적 매력이나 특성), 전문적 권력(지식이나 문제해결방안)으로 나누었다. 이 중 강압적 권력, 보상적 권력, 합법적 권력은 개인이 사회적으로 점유하고 있는 지위로부터 발생하는 것이므로 공식적 권력이라 하고, 준거적 권력, 전문적 권력은 개인의 특성으로부터 비롯되는 것이므로 개인적 권력이라 한다.

답 ②

46 경영지도사 2016

☑ 확인 Check! ○ △ ✕

기업의 경영의사결정에 관한 설명으로 옳지 않은 것은?

① 경영의사결정은 미래의 상황을 예견하고 행동방안을 선택 또는 결정하는 행위이다.

② 전략적 의사결정은 기업의 내부자원을 조직화하기 위한 의사결정이다.

③ 업무적 의사결정의 특징은 의사결정 내용이 단순하고 반복적, 분권적이다.

④ 비정형적 의사결정은 경영자의 창의력이나 직관에 의존한다.

⑤ 정형적 의사결정은 반복하여 발생하는 문제들에 대하여 적용하는 것으로 표준화된 절차에 따른다.

┃해설┃

기업의 내부자원을 조직화하기 위한 의사결정은 관리적 의사결정에 해당한다. 전략적 의사결정은 기업의 장기적 목표와 비전을 수립하고, 외부환경의 요구에 적응하는 것과 관련한 최고경영층의 의사결정이다. 비반복적이고 비구조적인 문제에 대한 의사결정이 주로 수행된다.

답 ②

47 경영지도사 2016

☑ 확인 Check! ○ △ ✕

집단의사결정의 특징이 아닌 것은?

① 개인의사결정에 비해 보다 정확한 경향이 있다.

② 개인의사결정에 비해 책임소재가 더 명확하다.

③ 개인의사결정에 비해 더 많은 대안을 생성할 수 있다.

④ 의사결정 시 다양한 경험과 관점을 반영할 수 있다.

⑤ 소수의 아이디어를 무시하는 경향이 일어날 수 있다.

┃해설┃

집단의사결정은 의사결정과정에의 참여자가 여러 명이므로 책임소재가 명확하지 않을 가능성이 크다.

①·③·④ 개인의사결정에 비해 집단의사결정에서는 많은 사람들의 관점, 지식 및 정보가 결합되므로 정확성이 높고 더 많은 대안을 발견할 수 있다.

⑤ 집단의사결정에서는 주류집단의 생각과 다른 소수의견이 무시될 가능성이 있고, 이것이 집단사고로 이어지기도 한다.

답 ②

제4장 ┃ 집단수준의 행동 **89**

48 가맹거래사 2016

확인 Check! ○ △ ✕

다음에서 설명하는 방법은?

> 합의된 예측을 달성하기 위해 이전의 조사결과로부터 작성된 일련의 설문지를 전문가들에게 반복적인 절차를 통해 예측지를 구하는 방법

① 중역의견법
② 델파이법
③ 회귀분석법
④ 수명주기유추법
⑤ 판매원의견합성법

┃ 해설 ┃

전문가들에게 반복적인 설문을 진행하여 이들로부터 의견을 구하는 기법은 델파이법이다.

답 ②

49 국가직 7급 2015

확인 Check! ○ △ ✕

루블(Ruble)과 토마스(Thomas)의 갈등관리(갈등해결) 전략유형에 대한 설명으로 옳지 않은 것은?

① 강요(competing) 전략은 위기 상황이나 권력 차이가 큰 경우에 이용한다.
② 회피(avoiding) 전략은 갈등 당사자 간 협동을 강요하지 않으며 당사자 한 쪽의 이익을 우선시 하지도 않는다.
③ 조화(accommodating)전략은 사회적 신뢰가 중요하지 않은 사소한 문제에서 주로 이용된다.
④ 타협(compromising)전략은 갈등 당사자의 협동과 서로 이익을 절충하는 것으로 서로의 부분적 이익 만족을 추구한다.

┃ 해설 ┃

조화 전략은 나의 주장을 접고 상대방의 관심사를 우선 충족시켜주려는 것이며, 상대방으로부터 신뢰를 얻고자 할 때 사용한다.
① 강요 전략은 어느 한쪽의 힘이 강하다는 확신이 있을 때 사용할 수 있다.
② 회피 전략은 양쪽의 관심사를 모두 충족시킬 의지가 없을 때 사용된다. 따라서 협동도 절충도 하지 않는다.
④ 타협 전략은 절충 전략으로도 불리며 각자의 관심사를 조금씩 양보하는 것이다.

답 ③

90 공인회계사 1차 객관식 경영학

50 공인노무사 2015

☑ 확인 Check! ○ △ ✕

델파이 기법에 관한 설명으로 옳지 않은 것은?

① 전문가들을 두 그룹으로 나누어 진행한다.

② 많은 전문가들의 의견을 취합하여 재조정 과정을 거친다.

③ 의사결정 및 의견개진 과정에서 타인의 압력이 배제된다.

④ 전문가들을 공식적으로 소집하여 한 장소에 모이게 할 필요가 없다.

⑤ 미래의 불확실성에 대한 의사결정 및 장기예측에 좋은 방법이다.

▎해설▎

델파이법에서는 전문가집단을 세부그룹으로 나누지 않는다. 나머지는 모두 델파이 기법에 대한 설명이다.

답 ①

51 경영지도사 2015

☑ 확인 Check! ○ △ ✕

프렌치와 레이븐(J. R. P. French & B. Raven)이 제시한 조직 내 권력(power)의 원천 5가지에 포함되지 않는 것은?

① 보상적 권력(Reward power)

② 사회적 권력(Social power)

③ 강압적 권력(Coercive power)

④ 합법적 권력(Legitimate power)

⑤ 전문적 권력(Expert power)

▎해설▎

권력의 5대 원천 : 강압적 권력, 보상적 권력, 합법적 권력, 준거적 권력, 전문적 권력

답 ②

제4장 │ 집단수준의 행동 **91**

의사결정에 관한 설명으로 옳지 않은 것은?

① 합리적 의사결정은 문제 식별 → 대안 개발 → 대안 평가와 선정 → 실행의 단계를 거친다.
② 불확실성의 상황에서 의사결정을 할 때에도 미래 상황에서의 객관적 확률을 알 수 있다.
③ 사이먼(H. Simon)은 의사결정자의 제한된 합리성으로 인해 이상적인 대안보다는 만족할만한 대안을 찾는 것이 바람직하다는 이론을 제시했다.
④ 의사결정은 프로그램적(programmed) 의사결정과 비프로그램적(nonprogrammed) 의사결정으로 구분할 수 있다.
⑤ 경영과정 전반에 걸친 경영활동은 의사결정의 연속이라고 할 수 있다.

▌해설▌

사건발생의 확률을 알 수 없는 경우를 불확실성 하의 의사결정이라고 한다.
① 합리적 의사결정은 문제 식별 → 대안 개발 → 대안 평가와 선정 → 실행의 단계를 거친다.
③ 의사결정자의 제한된 합리성으로 인해 이상적인 대안보다는 만족할만한 대안을 찾는 것이 바람직하다고 하였으며 이 때문에 사이먼의 의사결정이론을 만족모형이라 부르기도 한다.
④ 프로그램적 의사결정이란 정형화되어 반복적으로 일어나는 의사결정을, 비프로그램적 의사결정이란 비정형화되어 반복되지 않는 의사결정을 의미한다.
⑤ 경영과정 전반에 걸친 대부분의 경영활동은 의사결정의 연속이다.

답 ②

조직에서 권력을 강화하기 위한 전술이 아닌 것은?

① 목표관리
② 불확실한 영역에 진입
③ 의존성 창출
④ 희소자원 제공
⑤ 전략적 상황요인 충족

▌해설▌

목표관리는 성과관리 내지는 동기부여의 수단이다. 상대방에게 불확실성을 느끼게 하거나❷ 의존성을 갖게 하는 경우❸, 또는 희소한 자원을 제공하거나❹ 권력강화와 관련한 상황요인(예 관계상의 중심성 획득)을 충족하는 경우❺ 는 모두 권력을 강화하는 방법이다.

답 ①

54 공인노무사 2014

☑ 확인 Check! ○ △ ✕

분배적 교섭의 특성에 해당되는 것은?

① 나도 이기고 상대도 이긴다.

② 장기적 관계를 형성한다.

③ 정보공유를 통해 각 당사자의 관심을 충족시킨다.

④ 당사자 사이의 이해관계보다 각 당사자의 입장에 초점을 맞춘다.

⑤ 양 당사자 모두 만족할 만큼 파이를 확대한다.

┃해설┃

분배적 교섭에서는 당사자 사이의 이해관계보다 각 당사자의 입장에 초점을 맞춘다.

더 살펴보기	분배적 교섭과 통합적 협상
분배적 교섭	자원의 크기가 고정되어 있을 때, 이해관계가 상반되는 양 당사자가 각자 자신의 몫을 극대화하려는 협상방식이다. 여기서는 각자의 요구조건에 따라 목표수준과 저항수준 사이에서 타결이 이루어진다. **키워드** Win-lose, 상대의 입장에 집중, 정보공유 최소화, 파이 나누기, 단기적
통합적 협상	서로가 모두 만족할 수 있는 선에서 상호 승리를 추구하는 협상이다. 여기서는 서로의 이해관계에 대한 파악과 정보공유를 통해 각자의 니즈가 모두 충족되는 선에서 타결이 이루어진다. **키워드** Win-win, 상대의 이해에 집중, 정보공유 최대화, 파이 키우기, 장기적

답 ④

55 경영지도사 2014

☑ 확인 Check! ○ △ ✕

전문가들을 한 자리에 모으지 않고, 이들을 대상으로 서면으로 정보를 수집하여 의견을 종합한 후 종합의견에 대한 이들의 의견을 재차 묻는 식의 지속적인 피드백과정을 수회 거쳐 의견을 수렴하는 방법은?

① 델파이법   ② 시장조사법

③ 자료유추법   ④ 전문가의견법

⑤ 판매원의견종합법

┃해설┃

지리적으로 떨어져 있는 전문가들로부터 의견을 종합하는 방식은 델파이법이다.

답 ①

56 공인노무사 2013

☑ 확인Check! ○ △ ✕

조직행동의 집단수준 변수에 해당하는 것은?

① 학 습

② 지 각

③ 태 도

④ 성 격

⑤ 협 상

▎해설▎

①·②·③·④ 개인차원의 변수
⑤ 집단차원의 변수

> **더 살펴보기** **조직행동론의 분석수준**
>
> 조직행동론은 직장 내 인간의 행동에 대하여 연구하는 학문분야로서, 분석수준에 따라 개인차원, 집단차원, 조직차원으로
> 구분된다.
> ① 개인차원 : 이 영역은 주로 심리학에서의 연구내용을 근거로 하여 태도, 성격, 지각, 학습, 동기부여 등과 같은 주제들을
> 다룬다.
> ② 집단차원 : 이 영역은 사회학과 사회심리학에서의 연구내용을 근거로 하여 규범과 역할, 팀, 권력과 정치, 갈등과
> 협상, 의사소통, 의사결정(때로는 개인차원이나 조직차원으로 구분되기도 함), 리더십 등과 같은 주제들을 다룬다.
> ③ 조직차원 : 이 영역은 조직이 형성되는 원리와 그에 영향을 미치는 주요 요인들에 대한 내용으로서 조직구조와 설계,
> 조직문화, 조직학습, 조직변화와 조직개발 등의 주제들을 다룬다.

답 ⑤

57 경영지도사 2013

☑ 확인Check! ○ △ ✕

예측하고자 하는 특정문제에 대해 전문가들의 의견을 모으고 조직화하여 합의에 기초한 하나의 결정안을
만드는 시스템적 의사결정 방법은?

① 의사결정나무

② 델파이기법

③ 시뮬레이션

④ 브레인스토밍

⑤ 명목집단기법

▎해설▎

델파이법은 전문가들이 한 장소에 모이지 않은 상태에서 의견을 취합하는 의사결정 기법이다.
① 의사결정나무란 여러 갈래로 나뉘는 의사결정상황을 시각적으로 체계화하는 기법이다.
③ 시뮬레이션이란 상황요건을 가정하고 일어날 가능성이 있는 시나리오를 검증하는 기법이다.
④ 브레인스토밍이란 자유롭게 여러 방면의 아이디어를 내는 기법이다.
⑤ 명목집단기법이란 토론이나 대화 등의 상호작용을 제한한 상태에서 의사결정을 행함으로써 집단압력의 영향을
줄이려는 의사결정 기법이다.

답 ②

58 가맹거래사 2013 ☑ 확인Check! ○ △ ✕

갈등해결을 위한 협상전략 중 통합적 협상(integrative bargaining)의 특성이 아닌 것은?

① 양쪽 당사자 모두 만족할 만큼 성과를 확대한다.
② 나도 이기고 상대도 이기는 윈-윈 전략을 구사한다.
③ 당사자들 사이의 이해관계보다 각 당사자의 입장에 초점을 맞춘다.
④ 당사자들 간의 장기적 관계를 형성한다.
⑤ 정보공유를 통해 각 당사자의 흥미를 만족시킨다.

▌해설▐

통합적 협상에서는 당사자들이 취하는 입장보다는 각자의 이해관계에 초점을 둔다. 나머지는 모두 통합적 협상의 특성에 해당한다.

답 ③

---

59 국가직 7급 2012 ☑ 확인Check! ○ △ ✕

조직관리에 있어 집단이나 부서 간 갈등 해소는 중요한 관리 요소이다. 이러한 갈등을 해소하는데 적합한 것으로만 고른 것은?

> ㄱ. 직접 대면
> ㄴ. 상위목표의 설정
> ㄷ. 자원의 확충
> ㄹ. 상호의존성 제고

① ㄱ, ㄴ, ㄷ
② ㄱ, ㄴ, ㄹ
③ ㄱ, ㄷ, ㄹ
④ ㄴ, ㄷ, ㄹ

▌해설▐

직접 대면❶, 상위목표 설정❷, 자원 확충❸ 등은 모두 갈등을 해소하는 수단이 될 수 있다. 그러나 상호의존성의 제고❹는 오히려 갈등을 부추기는 결과를 초래할 수도 있다.

답 ①

60 가맹거래사 2011

☑ 확인Check! ○ △ ✕

리더의 개인적인 성격특성에 기반을 둔 권력은?

① 준거적 권력
② 합법적 권력
③ 보상적 권력
④ 강압적 권력
⑤ 전문적 권력

⎮ 해설 ⎮

강압적 권력, 합법적 권력, 보상적 권력은 조직적 지위로부터 발생하므로 공식적 권력인 반면, 준거적 권력과 전문적 권력은 개인적 측면의 권력이다. 개인의 특성에 기반을 둔 두 권력 중에서도 준거적 권력은 매력 등의 요인에, 전문적 권력은 지식 등의 요인에 의해 발생한다.

답 ①

61 가맹거래사 2011

☑ 확인Check! ○ △ ✕

조직 내 집단 간의 갈등을 유발하는 원인이 아닌 것은?

① 업무의 상호의존성
② 보상구조
③ 지각의 차이
④ 한정된 자원의 분배
⑤ 상위목표

⎮ 해설 ⎮

갈등의 원인은 개인적 차원의 경우와 집단 및 조직적 차원의 경우로 나누어 볼 수 있다. 개인적 원인으로는 공격적 본능, 욕구의 좌절, 불안, 초조, 긴장감 등을 극복하기 위한 방어 메커니즘, 성격과 가치관의 차이, 지각의 차이❸ 등이 있으며, 집단 및 조직적 원인으로는 지위와 역할, 부서간 목표의 차이, 인적·물적·금전적 자원의 부족❹, 제도와 규정의 불확실성, 계층과 직급간 차이, 평가 및 보상제도❷, 구성원간의 과업상호의존성❶, 집단 간 특성의 차이 등이 있다. 상위목표의 설정은 갈등해소의 수단이 된다.

답 ⑤

62 국가직 7급 2010 ☑확인Check! ○ △ ✕

집단의사결정 과정에서 나타나는 집단사고(groupthink)에 대한 설명으로 옳은 것은?

① 집단토의 전에는 개인의 의견이 극단적이지 않았는데, 토의 후 양 극단으로 의견이 쏠리는 현상이다.
② 응집력이 높은 집단에서 구성원들간 합의에 대한 요구가 지나치게 커서 다른 대안의 모색을 저해하는 경향이 있다.
③ 집단구성원으로서 자신의 책임을 다하지 않고 회피하면서 보상의 분배에는 적극적으로 참여하는 현상이다.
④ 최초 집단의사결정이 잘못된 것이라는 사실을 알면서도 본능적으로 최초 의사결정을 방어하고 합리화하려는 행동이다.

┃해설┃

집단사고는 응집력이 높은 집단에서 발생하기 쉬우며, 구성원들간 합의에 대한 요구가 지나치게 커서 다른 대안의 모색을 저해하는 경향이 있다.

답 ②

63 공인회계사 2009 ☑확인Check! ○ △ ✕

의사결정과 관련된 서술 중 가장 적절하지 않은 것은?

① 브레인스토밍 방법을 적용할 때에는 자유롭게 의견을 개진할 수 있는 분위기를 조성하는 것이 중요하다.
② 명목집단법을 적용할 때에는 구성원간의 토론과 토론 사회자의 역할이 중요하다.
③ 사이몬(Simon)의 제한된 합리성(bounded rationality) 모형(이론)에 의하면 의사결정을 할 때, 최적의 대안보다는 만족스러운 대안을 선택하게 된다.
④ 지명반론자법을 적용할 경우, 집단사고(group think) 현상을 방지할 수 있다.
⑤ 집단 구성원의 응집력이 강할수록 집단사고(group think) 현상이 발생할 가능성이 커진다.

┃해설┃

명목집단법에서는 가능한 한 상호작용을 억제하려고 하므로 충분히 많은 의견이 도출되기 전까지는 가급적 토론을 자제한다.
① 브레인스토밍 시에는 자유롭게 의견을 개진할 수 있는 분위기를 조성하는 것이 중요하다.
③ 사이몬의 제한된 합리성 모형에 의하면 최적의 대안보다는 만족스러운 대안을 선택하게 된다.
④ 집단사고 현상을 방지하기 위해 지명반론자법을 적용할 수 있다.
⑤ 집단 구성원의 응집력이 강할수록 집단사고 현상이 발생할 가능성이 커진다.

답 ②

집단 내에 강력한 리더가 있는 것은 아니지만 어느 정도 대표성 있는 인물을 통해 비교적 공식적인 계층을 따라 의사소통이 신속하게 이루어지는 의사소통 네트워크 유형은?

① 완전연결형
② 바퀴형
③ 원 형
④ 연쇄형
⑤ Y자형

┃해설┃

명확한 대표가 존재하지는 않으나 비교적 대표성이 있는 인물, 즉 대표로서의 직함은 없지만 실질적 대표가 존재하는 경우는 Y형이다.

더 살펴보기 **커뮤니케이션 네트워크의 종류**

① 종류별 특징

사슬형	수레바퀴형	Y형	원 형	완전연결형
공식적 명령체계	• 공식적 작업집단 • 중심인물이 존재 • 간단한 작업일 때 효과적 • 상황파악 문제해결의 즉각성	• Line-staff집단 • 확고하지는 않으나 리더가 존재	• 위원회조직 • 지역적으로 분리되었거나, 자유방임적 • 종합적 문제해결 능력↓ • 구성원의 만족도는 높음	• 비공식적 조직 • 구성원들의 창의성을 최대한 발휘 • 만족도가 가장 높음

② 종류별 속성

구 분	사슬형	수레바퀴	Y형	원 형	완전연결형
속 도	중 간	빠 름	중 간	단합↑, 개별↓	빠 름
정확도	높 음	높 음	높 음	단합↑, 개별↓	낮 음
권한집중	높 음	중 간	중 간	낮 음	낮 음
만족도	낮 음	낮 음	중 간	높 음	높 음
몰입도	낮 음	중 간	중 간	높 음	높 음

답 ⑤

다음의 특성을 가지고 있는 집단의사결정 기법은?

> 첫째, 문제가 제시되고 참가자들간의 대화는 차단된다.
> 둘째, 각 참가자들은 자기의 생각과 해결안을 가능한 한 많이 기록한다.
> 셋째, 참가자들은 돌아가면서 자신의 해결안을 집단을 대상으로 설명하며 사회자는 칠판에 그 내용을 정리한다.
> 넷째, 참가자들이 발표한 내용에 대해 보충설명 등이 추가된다.
> 다섯째, 발표가 끝나면 제시된 의견들의 우선순위를 묻는 비밀투표를 실시하여 최종적으로 해결안을 선택한다.

① 팀빌딩기법   ② 브레인스토밍

③ 델파이기법   ④ 명목집단기법

┃해설┃

대화가 차단된 상태에서 각자 자신의 의견을 제시하는 기법은 집단사고를 방지하는 명목집단법이다.

① 팀빌딩기법이란 구성원들이 함께 일하는 방법을 터득함으로써 과업집단의 효율성을 높이기 위해 사용되는 기법이다.

② 브레인스토밍이란 창의적인 대안의 도출을 위하여 다수가 한 가지 문제를 두고 떠오르는 각종 생각을 자유롭고 무작위적으로 말하는 기법이다.

③ 델파이기법이란 전문가들에 의해 서면상으로 이루어지는 무기명 토론방식으로서, 불확실한 미래의 예측이나 장기적 의사결정에 주로 활용된다.

더 살펴보기   명목집단기법(NGT ; Nominal Group Technique)
① 명목집단법은 토의에 참가한 다양한 사람들이 집단구성원 간에 실질적인 접촉 없이 자신의 아이디어를 글로 써낸 뒤 아이디어를 공유함으로써 대화에 의한 의사소통을 단절시키고 집단의 구성원들의 마음속 생각을 끄집어내려는 기법이다.
② 의사결정과정에서 토론이나 개인 커뮤니케이션을 제한하기 때문에 명목(Nominal : 침묵, 독립)이라는 용어를 사용하는 것이며, 모든 구성원이 동등하게 토론에 참여하고 우선순위 투표과정을 통해 집단의사결정에 동등하게 영향을 끼칠 수 있게 고안된 방법으로, 브레인스토밍(brainstorming)을 수정, 확장한 집단의사결정기법이다.

 답 ④

터크맨(B. W. Tuckman)은 집단 발전의 과정을 5단계로 설명하였다. 마지막 단계인 해체기(adjourning)를 제외한 나머지 발전의 단계들이 가장 적절한 순서로 연결된 것은?

① 격동기(storming)-형성기(forming)-규범기(norming)-성과수행기(performing)

② 격동기(storming)-규범기(norming)-형성기(forming)-성과수행기(performing)

③ 형성기(forming)-규범기(norming)-격동기(storming)-성과수행기(performing)

④ 형성기(forming)-격동기(storming)-규범기(norming)-성과수행기(performing)

⑤ 규범기(norming)-격동기(storming)-성과수행기(performing)-형성기(forming)

┃해설┃

터크맨에 따르면 집단은 일반적으로 형성-혼란(격동)-규범화-수행/성취-해체의 다섯 단계를 거쳐 형성-발전-소멸한다. 형성기는 구성원들이 상당한 불확실성하에서 서로에 대해 조금씩 알아가는 단계이며, 혼란기에서는 집단의 목표와 구조에 대한 전반적인 합의가 이루어지지만 소통이나 과업수행의 방법 및 절차 또는 집단의 구조와 계층관계에 대한 갈등과 대립이 나타나는 단계이다. 규범기에서는 갈등의 극복과 해결과정에서 집단의 정체성과 동지애가 강해지며 조직체계 및 구조가 등장하여 문제해결이 원활해지며, 수행/성취기에서는 집단 구성원들이 공동의 목표 수행을 위해 각자에게 부여된 역할에 따라 임무를 다하고 집단의 에너지가 과업의 수행 및 성취를 위해 집중된다. 마지막 단계는 해체기이다.

답 ④

집단에서 함께 일을 하다보면 무임승차 또는 편승(social loafing)하려는 사람이 생기게 마련이다. 개인이 혼자 일할 때보다 집단으로 일하면 노력을 덜 하려는 이같은 현상을 줄이기 위한 방안으로서 가장 적절하지 않은 것은?

① 과업을 전문화시켜 책임소재를 분명하게 한다.

② 개인별 성과를 측정하여 비교할 수 있게 한다.

③ 팀의 규모를 늘려서 각자의 업무 행동을 쉽게 관찰할 수 있게 한다.

④ 본래부터 일하려는 동기 수준이 높은 사람을 고용한다.

⑤ 직무충실화를 통해 직무에서 흥미와 동기가 유발되도록 한다.

┃해설┃

개인은 혼자 일할 때보다 여럿이서 함께 일할 때 노력의 투입량을 줄이는 경향이 있는데 이를 사회적 태만이라 한다. 사회적 태만을 막기 위해서는 구성원들이 공유하는 목표를 설정하고, 구성원간 평가를 실시하며, 동기부여 정도가 높은 구성원을 선발하고, 보상체계를 개선할 필요가 있다. 팀의 규모를 늘릴 경우 감독이 어려워져 사회적 태만이 강화된다. 나머지는 모두 무임승차 현상을 줄이는 방안에 해당한다.

답 ③

레드필드(Redfield)의 의사소통원칙으로 옳지 않은 것은?

① 명료성(clarity)의 원칙 : 수신자가 전달된 정보의 내용을 정확하게 이해할 수 있는 문장과 언어를 사용해야 한다.

② 분포성(distribution)의 원칙 : 필요한 정보는 상위층에서 하위층에 이르기까지 관련된 모든 수신자에게 전달되어야 한다.

③ 충분성(sufficiency)의 원칙 : 가능한 많은 양의 정보를 전달해야 한다.

④ 적응성(adaptability)의 원칙 : 수신자가 구체적 상황에 따라 적당한 행동을 취할 수 있도록 전달내용이 융통성을 가져야 한다.

ーー

┃해설┃

의사소통에 활용되는 정보의 양은 너무 많거나 적은 것이 아닌 적당량이어야 하며 이를 적량성의 원칙이라 한다.

① 명료성의 원칙은 수신자가 전달된 정보의 내용을 정확하게 이해할 수 있는 문장과 언어를 사용하여 수신자가 전달된 정보의 내용을 정확하게 이해할 수 있도록 해야 한다는 것이다.

② 분포성의 원칙은 필요한 정보는 관련된 모든 수신자에게 전달되어야 한다는 것이다.

④ 적응성의 원칙은 전달하는 내용이 융통성을 가지게 하여 수신자가 구체적 상황에 따라 적당한 행동을 취할 수 있도록 해야 한다는 것이다.

답 ③

의사결정을 위한 근거자료가 부족한 상황에서 전문가집단의 각 구성원에게 설문을 보내고 이에 대한 응답을 모아 요약정리한 후, 다시 전문가에게 보내는 과정을 반복함으로써 의사결정을 행하는 방법은?

① 델파이(Delphi)법

② 브레인스토밍(Brainstorming)법

③ 캔미팅(can meeting)법

④ 변증법적(dialectic) 토론법

ーー

┃해설┃

의사결정을 위한 근거자료가 부족한 상황에서 전문가집단의 각 구성원에게 설문을 보내고 이에 대한 응답을 모아 요약정리한 후, 다시 전문가에게 보내는 과정을 반복함으로써 의사결정을 행하는 방법은 델파이법이다.

② 브레인스토밍법은 자유롭게 아이디어를 내는 방법이다.

③ 캔미팅법은 직급을 고려하지 않고 자유롭게 토론하는 방법이다.

④ 변증법적 토론법은 고의적으로 반대자를 설정하여 그와의 토론을 통해 예상치 못했던 문제점을 발견하는 방법이다.

답 ①

프렌치(French)와 레이븐(Raven)이 제시한 권력의 원천 중 조직의 공식적 지위와 관련되지 않은 것만으로 묶인 것은?

a. 보상적 권력(reward power)	b. 강압적 권력(coercive power)
c. 합법적 권력(legitimate power)	d. 전문적 권력(expert power)
e. 준거적 권력(referent power)	

① a, b
② b, c
③ c, d
④ d, e
⑤ a, e

▌해설▌

공식적 지위와 관련된 권력은 강압적, 합법적, 보상적 권력이고, 개인적 측면의 권력은 전문적, 준거적 권력이다.

답 ④

조직의 의사결정을 설명하는 것 중 가장 적절하지 않은 것은?

① 시간과 인지능력의 제약으로 가능한 모든 대안을 다 검토하지 못하고 의사결정하는 경우가 많다.
② 절차가 민주적이고 집단의 응집력이 약할수록 집단사고(group think)가 많이 일어난다.
③ 고도의 불확실성 상황에 직면해서는 문제와 해결대안들과 의사결정자가 뒤죽박죽 섞여지기도 한다.
④ 별 생각의 차이가 없는 개인들이 집단에 들어와서 토론하게 될 경우 집단양극화(group bipolarization)가 나타날 수 있다.
⑤ 일단 한번 결정해서 실행에 옮긴 의사결정은 중간에 결과가 나쁘더라도 중단하지 않고 계속 실행하려는 경향이 있다(escalation of commitment).

▌해설▌

응집력이 강하고 리더가 독단적인 경우에 집단사고가 많이 일어난다.
① 제한된 합리성의 가정에서는 모든 대안의 검토가 불가능하기 때문에 적당히 만족하는 선에서 의사결정이 이루어진다고 본다.
③ 불확실성 상황에 직면해서는 문제와 해결대안들과 의사결정자가 뒤죽박죽 섞여진다는 것은 쓰레기통 모형에 대한 설명이다.
④ 생각이 유사한 개인들이 토론하게 될 경우 집단양극화가 나타날 가능성이 높다.
⑤ 한번 결정해서 실행에 옮긴 의사결정은 중간에 결과가 나쁘더라도 중단하지 않고 계속 실행하려는 경향을 몰입의 심화라고 한다.

답 ②

72 공인회계사 2007

☑ 확인 Check! ○ △ ✕

다음 중 의사결정에 유용한 정보가 가져야 할 속성으로 가장 적절하지 않은 것은?

① 오류가 없는 정확한 정보가 요구된다.
② 의사결정자에게 필요한 시점에 제공되어야 한다.
③ 의사결정자에게만 알려져야 한다.
④ 의사결정에 필요한 모든 정보를 포함하고 있어야 한다.
⑤ 의사결정의 목적과 내용에 관련이 있어야 한다.

┃해설┃

의사결정에 필요한 정보는 결정자 뿐만이 아니라 관련 이해당사자 모두에게 알려져야 한다. 나머지는 모두 의사결정에 유용한 정보의 속성에 해당한다.

답 ③

73 공인회계사 2000

☑ 확인 Check! ○ △ ✕

의사결정에 대한 다음의 설명 중 가장 적절한 것들로 구성된 것은?

> a. 합리적 의사결정모형은 의사결정자가 완전한 합리성에 기초하여 최적의 의사결정을 한다고 보는 규범적인 의사결정 모형이다.
> b. 의사결정이 이루어지는 과정은 문제의 인식, 대체안의 개발, 대체안의 선택, 선택안의 실행, 결과의 평가로 이루어진다.
> c. 집단 의사결정에서는 창의성 발휘가 쉬워서 창의성을 촉진하기 위한 별도의 조치는 필요하지 않다.
> d. 집단 의사결정에서는 리더가 정보를 충분히 공개하고, 자신의 의견을 먼저 명확하게 제시하는 것이 효과적이다.

① a, b   ② b, c
③ a, d   ④ b, d
⑤ c, d

┃해설┃

a. (O) 합리적 의사결정모형에 따르면 의사결정자는 완벽한 정보를 가지고 있으며, 이슈와 관련한 모든 대안을 검토할 수 있고, 그중 가장 효용이 높은 대안을 선택한다고 한다. 또한 의사결정이 어떻게 이루어져야 하는지에 대한 처방을 제시하므로 규범적인 성격을 가진다.
b. (O) 의사결정은 문제의 인식, 대체안의 개발, 대체안의 선택, 선택안의 실행, 결과의 평가로 이루어진다.
c. (✕) 창의성의 발휘가 쉽다고 하더라도 브레인스토밍과 같은 집단사고 방지를 위한 방법이 필요하다.
d. (✕) 리더가 자신의 의견을 먼저 제시하면 집단사고의 발생가능성이 높아진다.

답 ①

01 공인회계사 2024

리더십에 관한 설명으로 가장 적절하지 않은 것은?

① 전문적 권력(expert power)과 준거적 권력(referent power)은 공식적 지위가 아닌 개인적 특성에 기인한 권력이다.

② 피들러(Fiedler)는 리더십 상황이 리더에게 불리한 경우에는 과업지향적 리더보다 관계지향적 리더가 더 효과적이라고 주장하였다.

③ 미시간대학교(University of Michigan)의 리더십 모델에서는 리더십 유형을 생산중심형(production-oriented)과 종업원중심형(employee-oriented)의 두 가지로 구분한다.

④ 사회화된 카리스마적 리더(socialized charismatic leader)는 조직의 비전 및 사명과 일치하는 행동을 강화하기 위해 보상을 사용한다.

⑤ 서번트 리더(servant leader)는 자신의 이해관계를 넘어 구성원의 성장과 계발에 초점을 맞춘다.

❚ 해설 ❚

피들러는 상황이 유리하거나 불리한 경우에는 과업지향적 리더가 효과적이고, 유리하지도 불리하지도 않은 경우에는 관계지향형 리더가 효과적이라고 하였다.

① 준거적 권력과 전문적 권력은 개인적 특성에 기인한 권력이고, 강압적 권력, 보상적 권력, 합법적 권력은 사회지위와 관련된 공식적 권력이다.

③ 미시간 대학의 리커트는 리더십 스타일을 직무 중심형과 종업원 중심형으로 나누었다.

④ 사회화된 카리스마적 리더는 조직의 비전 및 사명과 일치하는 행동을 강화하기 위해 보상을 사용한다.

⑤ 서번트 리더십이란 조직의 변화나 성장에 적극적으로 대응하는 구성원들의 주인의식과 참여를 고취하여 구성원의 성장과 계발에 초점을 두는 리더십이다.

답 ②

리더십에 관한 설명으로 가장 적절하지 않은 것은?

① 리더십 특성이론(trait theory)은 사회나 조직에서 인정받는 성공적인 리더들은 어떤 공통된 특성을 갖고 있다는 전제하에 이들 특성을 연구하여 개념화한 이론이다.

② 하우스(House)는 리더십 스타일을 지시적(directive), 후원적(supportive), 참여적(participative), 성취지향적(achievement-oriented)으로 구분한다.

③ 리더-구성원 교환(IMX ; leader-member exchange)이론은 리더와 개별 구성원의 역할과 업무 요구사항을 명확히 함으로써 부서내 구성원의 목표 달성을 돕는다.

④ 스톡딜과 플레쉬맨(Stogdill & Fleishman)이 주도한 오하이오주립대학(OSU)의 리더십 연구는 리더의 행동을 구조주도(initiating structure)와 인간적 배려(consideration)의 두 차원으로 구분한다.

⑤ 피들러(Fiedller)의 상황적합모델은 리더십을 관계중심(relationship oriented)과 과업중심(task oriented) 리더십으로 구분한다.

┃해설┃

리더-구성원 교환이론은 리더의 영향력이 모든 구성원에게 동일한 정도로 적용된다는 전통적인 관점을 비판한 것이며, 선지의 내용은 전통적인 관점 중 과업중심형 리더십 스타일에 해당하는 내용이다.

① 리더십 특성이론은 성공한 리더들이 공통적으로 취하고 있는 남다른 특성이 무엇인지를 연구하는 이론이다.

② 하우스는 리더십을 지시적, 후원적, 참여적, 성취지향적 측면의 네 가지 하위 차원의 행위양식으로 보았다.

④ 오하이오 주립대학의 스톡딜과 플래쉬맨은 리더십 스타일을 구조주도와 배려의 두 차원으로 구분하며, 양 측면 모두가 뛰어난 리더가 효과적인 리더라고 하였다.

⑤ 피들러에 의하면 리더는 크게 관계중심 스타일과 과업중심 스타일로 나뉘어지며 이를 파악하기 위해 고안한 것이 LPC 설문지이다.

더 살펴보기	하우스의 리더십 유형
지시적 리더십	구성원에 대한 통제와 감독을 강조하는 리더의 행동 스타일로서, 규정준수를 독려하고 작업일정을 마련하며 직무를 명확히 하는 행위 등을 지칭한다.
후원적 리더십	구성원들의 욕구와 복지에 관심을 보이며, 상하간 동지적 관계를 중시하는 리더의 행동 스타일이다.
참여적 리더십	의사결정에 있어 구성원들의 견해를 중시하여 그들과 진지하게 상의하는 스타일의 리더 행동 방식이다.
성취지향적 리더십	도전적 목표를 설정하고 그 실행 과정에서 스스로의 능력에 자신감을 갖도록 함으로써 구성원들이 최고의 성과를 달성할 수 있도록 독려하는 리더 행동 방식이다.

답 ③

리더십 이론에 대한 설명으로 옳은 것은?

① 허시(Hersey)와 블랜차드(Blanchard)는 부하의 성숙도가 가장 높을 때는 위임형(delegating) 리더십이 효과적이고, 부하의 성숙도가 가장 낮을 때는 지도형(coaching) 리더십이 효과적이라고 주장하였다.

② 피들러(Fiedller)의 상황이론에 따르면 리더-멤버 사이의 관계가 좋고, 과업이 구조화되어 있고, 리더의 권한이 강한 상황에서는 관계지향형 리더가과업지향형 리더보다 효과적이다.

③ 슈퍼리더십(super leadership)은 과업구조가 명확하지 않거나 조직이 불안정한 상황에서 효과적이기 때문에 부하의 지도 및 통제에 역점을 두고 있다.

④ 개별적 배려와 지적 자극은 변혁적(transformational) 리더의 특성이고, 예외에 의한 관리는 거래적 (transactional) 리더의 특성이다.

┃해설┃

변혁적 리더십의 구성요소로는 카리스마와 관련된 영감적 동기부여, 이상적 역할모델, 개별적 관심, 지적 자극 등이 있다. 반면 거래적 리더십의 구성요소로는 조건적 보상, 능동적 예외관리, 수동적 예외관리 등이 있다.

① 허시와 블랜차드에 따르면 성숙도가 가장 높을 때 위임형 리더십을 사용하는 것은 옳지만, 부하의 성숙도가 가장 낮을 때는 지도형이 아닌 지시형 리더십을 사용하는 것이 좋다고 한다.

② 피들러에 따르면 리더-멤버 사이의 관계가 좋고, 과업이 구조화되어 있고, 리더의 권한이 강한 상황은 리더에게 가장 유리한 상황조건이 된다. 이 경우에는 관계지향형이 아니라 과업지향형 리더십이 관계지향형 리더보다 효과적이다.

③ 슈퍼리더십은 구성원 스스로가 자기 자신을 리드할 수 있는 역량과 기술을 갖도록 하는 리더십 스타일이다. 구성원이 자기 자신에게 목표를 부여하고 그 수행을 독려하는데 필요한 각종 사고방식이나 행동양식을 수립할 수 있게 되면 셀프리더라 할 수 있으므로, 슈퍼리더는 곧 구성원들을 셀프리더로 만드는 리더라 할 수 있다.

더 살펴보기 거래적 리더십과 변혁적 리더십	
거래적 리더십	**변혁적 리더십**
• 전통적 리더십 이론	• 거래적 리더십에 대한 비판
• 현상 유지, 안정지향성	• 현상 탈피, 변화지향성
• 즉각적이고 가시적인 보상체계	• 내재적 보상의 강조
• 단기적 관점	• 장기적 관점

답 ④

04 공인노무사 2023

☑ 확인Check! ○ △ ✕

피들러(F. Fiedler)의 상황적합 리더십이론에 관한 설명으로 옳지 않은 것은?

① LPC 척도는 가장 선호하지 않는 동료작업자를 평가하는 것이다.

② LPC 점수를 이용하여 리더십 유형을 파악한다.

③ 상황요인 3가지는 리더-부하관계, 과업구조, 부하의 성숙도이다.

④ 상황의 호의성이 중간 정도인 경우에는 관계지향적 리더십이 효과적이다.

⑤ 상황의 호의성이 좋은 경우에는 과업지향적 리더십이 효과적이다.

▌해설▐

피들러는 리더십의 상황요인으로 리더와 구성원의 관계, 과업의 구조, 리더의 직위 권력를 들었다. 리더의 성숙도는 허시와 블랜차드가 강조한 상황변수이다.

① LPC의 사전적 의미가 '가장 선호되지 않는 동료작업자(least preferred coworker)'이다.

② 가장 같이 일하고 싶지 않은 사람을 한 사람 생각해 낸 다음, 그에 대한 18개의 문항에 대한 응답점수를 합산하여 그 점수가 높을수록 관계지향형 리더, 낮을수록 과업지향형 리더로 파악한다.

④·⑤ 피들러는 상황의 호의도가 중간 정도일 때는 LPC 점수가 높은 관계지향적인 리더십이 적합한 반면, 상황이 아주 호의적이거나 아주 비호의적일때는 LPC 점수가 낮은 과업중심적 리더십이 최선의 성과를 가져다준다고 하였다.

답 ③

05 경영지도사 2023

☑ 확인Check! ○ △ ✕

변혁적 리더십에 관한 설명으로 옳지 않은 것은?

① 비전과 사명감을 부여하고, 자긍심을 높여준다.

② 뛰어난 성과에 대한 보상을 약속하고, 성취를 인정한다.

③ 개인적 관심을 보이고, 잠재력 개발을 위해 개별적 코치와 조언을 한다.

④ 이해력과 합리성을 장려하고, 기존의 틀을 벗어나 창의적 관점에서 문제를 해결하도록 촉진한다.

⑤ 높은 비전을 제시하고, 노력에 집중할 수 있도록 상징을 사용하며, 중요한 목적을 간단명료하게 표현한다.

▌해설▐

성과에 대해 보상을 약속하는 것은 거래적 리더십에 가깝다.

①·⑤ 변혁적 리더십은 구성원들이 개인적 이익을 초월한 조직 차원의 이익에 기여할 수 있도록 비전을 제시하는 한편, 구성원 개인의 성장과 발전을 위한 노력을 독려하고 배려하는 리더십이다. 이를 위해 상징이나 간단명료한 설명 등이 필요하다.

③·④ 변혁적 리더십의 구성요소로는 카리스마와 관련된 영감적 동기부여, 이상적 역할모델, 개별적 관심, 지적 자극 등이 있다.

답 ②

리더십에 관한 설명으로 가장 적절하지 않은 것은?

① 리더십은 리더가 부하들로 하여금 변화를 통해 조직목표를 달성하도록 영향력을 행사하는 과정이다.

② 리더는 외집단(out-group)보다 내집단(in-group)의 부하들과 질 높은 교환관계를 가지며 그들에게 더 많은 보상을 한다.

③ 피들러(Fiedler)의 리더십 상황모형에서 낮은 LPC(east preferred co-worker) 점수는 과업지향적 리더십 스타일을 의미한다.

④ 위인이론(great man theory)은 리더십 특성이론(trait theory)보다 리더십 행동이론(behavioral theory)과 관련성이 더 크다.

⑤ 변혁적 리더(transformational leader)는 이상화된 영향력, 영감에 의한 동기 유발, 지적 자극, 개인화된 배려의 특성을 보인다.

▌해설▌

반대로 된 설명이다. 위인이론은 리더의 개인특성을 살펴보는 이론이다.

① 리더십은 목적의 성취를 위해 구성원에게 효과적으로 영향을 미칠 수 있는 능력이다.

② 리더-구성원 교환이론에서는 리더와 부하간에 형성되는 관계의 질에 따라 내집단과 외집단으로 나누며, 내집단의 부하들과 질 높은 교환관계를 가진다고 본다.

③ 피들러에 따르면 가장 같이 일하고 싶지 않은 사람을 선택하여, 그에 대한 문항에 대한 점수를 합산하여 그 점수가 높을수록 관계지향형 리더, 낮을수록 과업지향형 리더로 판단한다.

⑤ 변혁적 리더십의 구성요소로는 카리스마와 관련된 영감적 동기부여, 이상적 역할모델, 개별적 관심, 지적 자극 등이 있다.

답 ④

리더십 이론에 대한 설명으로 옳지 않은 것은?

① 경로-목표 모형에 의하면, 리더가 목표를 정해주고 역할을 분담시키며 일의 순서를 정해 주면 성실한 작업자는 성과를 올리지만 그렇지 않은 작업자는 정서적 피로감이 유발된다.

② 허쉬(P. Hersey)와 블랜차드(K. Blanchard)에 의하면, 리더는 부하들의 태도와 행동으로 자질 및 동기를 파악하고 그들의 자율의식, 책임의식, 자신감 등을 고려하여 인간중심 또는 과업중심의 리더십을 발휘해야 한다.

③ 블레이크(R. Blake)와 머튼(J. Mouton)의 관리격자 이론에 의하면, 과업형은 리더 혼자 계획하고 통제하며 부하를 생산도구로 여기는 유형이다.

④ 피들러(F. Fiedler)의 상황이론에 의하면, 리더와 부하의 신뢰 정도가 아주 강한 경우에는 과업 지향적 리더십이 더 효과적이고 중간 혹은 아주 약한 경우에는 관계 지향적 리더십이 더 효과적이다.

┃해설┃

피들러의 상황이론에서 호의도는 리더와 부하직원간의 관계, 과업의 구조화된 정도, 리더의 직위권력에 의해 결정된다. 이 세 변수를 모두 종합한 상황이 우호적이거나 비우호적인 경우에는 과업지향적 리더십, 중간 정도의 호의도를 가지는 경우에는 관계지향적 리더십이 효과적이다.

① 리더가 업무수행의 장애요인을 제거하고 목표달성을 돕는다면 부하직원의 성과가 향상되지만, 그렇지 않은 경우에는 부하직원의 성과창출 역량이 저해된다.

② 허시와 블랜차드에 따르면 부하직원의 성숙도에 따라 상사가 그에 적절한 리더십 스타일을 발휘해야 하며, 여기서 리더십 스타일은 인간중심 행동양식과 과업중심 행동양식으로 크게 구분된다.

③ 과업형은 (9, 1)에 위치하며 인간에 대한 관심보다는 생산에 대한 관심을 주로 가지는 리더 유형이다. 따라서 업무중심적인 행동양식을 나타내는 리더십 스타일이다.

답 ④

---

08 경영지도사 2022   ☑ 확인 Check! ○ △ ✕

리더십 이론에 관한 설명으로 옳지 않은 것은?

① 리더십 특성이론에서는 리더가 지니는 카리스마, 결단성, 열정, 용기 등과 같은 특성을 찾아내는데 초점을 둔다.

② 오하이오 주립대 연구에 의하면 구조주도(initiating structure)와 배려(consideration)가 모두 높은 수준인 리더가 한 요인 혹은 두 요인이 모두 낮은 수준을 보인 리더보다 높은 과업성과와 만족을 보이는 것으로 나타났다.

③ 하우스(R. House)의 경로-목표 이론에 의하면 내부적 통제위치를 지닌 부하의 경우에는 참여적 리더십이 적합하다.

④ 피들러(F. Fiedler)의 상황적합 모형에 의하면 개인의 리더십 유형은 상황에 따라 변화한다고 한다.

⑤ 허쉬(P. Hersey)와 블랜차드(K. Blanchard)의 상황적 리더십 이론에서는 부하들의 준비성(readiness)을 중요한 요소로 고려하고 있다.

┃해설┃

피들러는 리더십이 LPC 설문에 의해 측정되는 개인의 특성이므로 상황에 따라 가변적이지 않다고 본다. 따라서 상황이 변경될 경우에는 리더를 교체해야 한다.

① 리더십 특성이론은 리더가 가지는 고유한 자질이나 성격 내지는 특징을 찾는 것이다.

② 오하이오 주립대 연구에 따르면 구조주도와 배려 모두가 높을 경우가 가장 좋은 결과를 보여준다.

③ 하우스에 따르면 부하가 내부적 통제성향을 갖는 경우에는 알아서 일을 잘 할 것이므로 지시적 리더보다는 참여적 리더십을 선호하게 된다.

⑤ 준비성(성숙도)은 상황적 리더십 이론에서 중요한 요소 중 하나이다.

답 ④

진성 리더십(authentic leadership)에 포함되는 것을 모두 고른 것은?

> ㄱ. 자아인식
> ㄴ. 정서적 치유
> ㄷ. 관계적 투명성
> ㅁ. 내면화된 도덕적 신념
> ㄹ. 균형잡힌 정보처리

① ㄱ, ㄴ, ㄷ, ㄹ   ② ㄱ, ㄴ, ㄷ, ㅁ

③ ㄱ, ㄴ, ㄹ, ㅁ   ④ ㄱ, ㄷ, ㄹ, ㅁ

⑤ ㄴ, ㄷ, ㄹ, ㅁ

┃해설┃

진성 리더십은 자신이 가진 핵심가치와 정체성, 그리고 감정을 근거로 구성원들과 상호작용함으로써 조직을 건강하고 알차게 이끌어 가는 리더십을 뜻한다. 진정성 리더십은 다음의 세 가지로 구성된다.
- 자아인식 : 현실에 기반하여 자기 스스로에 대해 솔직하게 파악하는 것이다. ☻
- 진성행동 : 이는 자기규제라고도 불리며, 자기 자신의 내면이나 가치관과 일치하는 행동을 하는 것을 의미한다. 이는 크게 두 요소로 구성된다. 첫째, 내면화된 도덕적 시각이다. ☻ 리더는 자신의 가치관에 맞게 행동하며, 외부의 압력이 자신을 통제하지 못하게 한다. 대중적 상식이나 통념에 입각하기보다는 자기 내면의 소리에 귀를 기울인다. 둘째, 균형잡힌 정보처리이다. ☻ 이는 결정을 내리기 전에 정보를 객관적으로 분석하는 능력, 그리고 다른 사람들의 의견을 다각도로 검토하는 능력을 가리킨다.
- 진정성 기반 인간관계 : 이는 자신의 참된 모습을 다른 사람들에게 공개적으로 정직하게 나타내는 행위이다. 이를 '관계적 투명성' ☻으로 부르기도 한다.

> **더 살펴보기**   **진성리더십(Authentic leadership)**
>
> ① 진성리더십은 리더의 진정성을 강조하는 리더십으로 명확한 자기 인식에 기초하여 확고한 가치와 원칙을 세우고 투명한 관계를 형성하여 조직 구성원들에게 긍정적인 영향을 미치는 리더십을 의미한다.
> ② 진성리더십의 구성요소로는 자아인식, 내면화된 도덕적 신념, 균형 잡힌 정보처리, 관계의 투명성이 있다.

답 ④

리더십 이론에 대한 설명으로 가장 옳은 것은?

① 오하이오 주립대학교의 리더십 연구는 리더가 갖는 두 개의 관심, 즉 생산과 인간에 대한 관심을 각각 X축과 Y축으로 하고, 그 정도를 1부터 9까지로 한 관리망 모형을 개발해 다섯 가지의 리더십 유형을 제시하였다.

② 피들러(Fiedler)의 상황 이론은 LPC(Least Preferred Co-worker)점수를 상황의 호의성과 함께 고려하여 효과적인 리더십 스타일을 도출할 수 있다고 제안한다.

③ 하우스(House)의 경로-목표이론(path-goal theory)은 리더십의 유형을 지시적, 후원적, 참여적 과업지향적 리더십으로 구분하였다.

④ 허시와 블랜차드(Hersey & Blanchard)의 상황이론은 리더를 과업지향적 행동의 정도와 관계지향적 행동의 정도에 따라 배려형 리더와 구조주도형 리더로 구분하였다.

▌해설▐

피들러에 따르면 상황의 호의성이 매우 높거나 낮은 경우에는 LPC 점수가 낮은 과업지향적 리더십이 적합한 반면, 상황의 호의성이 중간 정도인 경우에는 LPC 점수가 높은 관계지향적 리더십이 적합하다고 한다.

① 생산과 인간에 대한 관심을 1부터 9까지의 관리망으로 설명하는 리더십 모형은 블레이크와 머튼이 개발한 관리격자 모형이다.

③ 하우스의 경로-목표 이론에서는 리더십 유형을 지시형, 후원형, 참여형, 성취지향형으로 구분한다.

④ 배려 및 구조주도라는 개념은 오하이오 주립대학의 리더십 연구에서 사용하는 것들이다.

답 ②

PART 1

리더십에 관한 설명으로 가장 적절하지 않은 것은?

① 권한(authority)은 직위에 주어진 권력으로서 주어진 책임과 임무를 완수하는데 필요한 의사결정권을 의미한다.

② 진성 리더(authentic leader)는 자신의 특성을 있는 그대로 인식하고 내면의 신념이나 가치와 일치되게 행동하며, 자신에게 진솔한 모습으로 솔선수범하며 조직을 이끌어가는 사람을 말한다.

③ 리더십 행동이론은 리더의 실제행동에 초점을 두고 접근한 이론으로서 독재적-민주적 자유방임적 리더십, 구조주도-배려 리더십, 관리격자 이론을 포함한다.

④ 카리스마적 리더(charismatic leader)는 집단응집성 제고를 통해 집단사고를 강화함으로써 집단의사결정의 효과성을 더 높일 가능성이 크다.

⑤ 리더가 부하의 행동에 영향을 주는 방법에는 모범(emulation), 제안(suggestion), 설득(persuasion), 강요(coercion) 등이 있다.

┃해설┃

집단사고는 대안에 대한 비판적 검토를 억압하여 사고의 다양성을 저해하는 부작용이며, 이로 인해 집단의사결정의 효과성이 떨어진다.

① 권력은 자신의 의지대로 상대방의 행동을 변화시키는 힘이며, 이의 원천이 공식적인 제도나 규정에 근거하는 경우를 특별히 권한이라 부른다.

② 진성 리더십은 자신이 가진 핵심가치와 정체성, 그리고 감정을 근거로 구성원들과 상호작용함으로써 조직을 건강하고 알차게 이끌어 가는 리더십을 뜻한다.

③ 아이오와 대학의 연구, 오하이오 주립대학의 연구, 관리격자 모형 등은 모두 리더십 행동이론에 속한다.

⑤ 리더가 부하들에게 행동의 모범이 되거나, 적절한 대안을 제안하거나, 특정한 방향으로 움직이도록 설득하거나, 권한을 활용하여 말을 듣도록 강요하는 것 등은 모두 리더가 사용가능한 통솔 방식들이다.

더 살펴보기 카리스마적 리더십(Charismatic Leadership)

① 카리스마는 구성원들 스스로 리더를 따르게 만드는 리더의 천부적인 능력, 영향력, 독특한 매력을 의미하는데, 리더의 카리스마적 특성과 행동을 통해 구성원들은 리더의 신념을 신뢰하게 되고 이에 대한 무조건적인 수용과 자발적인 복종이 발생하게 된다는 것이 카리스마적 리더십의 개념이다.

② 카리스마 리더는 자신의 능력에 대한 높은 자신감을 가지고 있으며, 자신의 신념과 관점에 대한 강한 확신, 타인에게 영향력을 행사하고자 하는 강한 권력 욕구가 존재한다.

③ 이러한 카리스마 리더는 조직원들에게 역할모델링을 통해 명확한 목표를 제시하고 외적이 보상보다는 내적인 보상을 중심으로 조직원을 이끄는 행동특성을 보이는 것으로 연구되었다.

탑 ④

12 국가직 7급 2021

☑ 확인Check! ○ △ ✕

관리격자(managerial grid)에 대한 설명으로 옳은 것은?

① 관리격자는 인간에 대한 관심(concern for people)과 조직에 대한 관심(concern for organization)의 두 축으로 구성된다.

② 좋은 작업환경의 제공과 공정한 임금구조 유지는 인간에 대한 관심 축에 포함된다.

③ 관리격자는 브룸과 예튼(V. H. Vroom & P. W. Yetton)이 주장한 이론이다.

④ 컨트리클럽형(인기형, country club)은 상급자의 욕구나 동기를 충족시키면 조직의 업무수행이 향상된다는 리더십 유형이다.

▌해설▌

인간에 대한 관심에는 조직몰입 제고, 자존심 유지, 신뢰에 근거한 책임 부여, 양호한 작업조건 배려, 긍정적인 대인관계 유지 등이 포함된다.

①·③ 관리격자모형은 블레이크와 머튼에 의해 고안되었다. 이들은 오하이오 주립대학의 구조주도 및 배려 차원을 각각 생산에 대한 관심과 인간에 대한 관심으로 놓고, 각각의 차원을 9등분한 다음, 가로축에 생산에 대한 관심을 배치하고 세로축에 인간에 대한 관심을 배치하여 리더십 스타일을 측정할 수 있는 관리격자모형을 개발하였다.

④ 컨트리클럽형은 인간에 대한 관심은 매우 높은 반면 생산에 대한 관심은 매우 낮은 경우이다.

답 ②

PART 1

13 경영지도사 2021

☑ 확인Check! ○ △ ✕

거래적 리더십의 구성요소에 해당하는 것을 모두 고른 것은?

> ㄱ. 자유방임
> ㄴ. 개별화된 배려
> ㄷ. 예외에 의한 관리
> ㄹ. 보상연계

① ㄱ, ㄴ
② ㄷ, ㄹ
③ ㄱ, ㄷ, ㄹ
④ ㄴ, ㄷ, ㄹ
⑤ ㄱ, ㄴ, ㄷ, ㄹ

▌해설▌

거래적 리더십은 목표달성을 위해 규정된 과업행동을 효율적으로 수행할 수 있도록 적절한 강화기제를 사용하는 리더십 스타일로서, 구성요소로는 조건적 보상, 능동적 예외관리, 수동적 예외관리 등이 있다. 수동적 예외관리는 문제가 발생할 때만 개입하므로 문제가 없는 경우에는 개입하지 않는 방임형 스타일을 취한다.

답 ③

14 공인회계사 2020

권력 및 리더십에 관한 설명으로 가장 적절하지 않은 것은?

① 서번트 리더십(servant leadership)은 리더가 섬김을 통해 부하들에게 주인의식을 고취함으로써 그들의 자발적인 헌신과 참여를 제고하는 리더십을 말한다.

② 리더십 특성이론은 사회나 조직체에서 인정되고 있는 성공적인 리더들은 어떤 공통된 특성을 가지고 있다는 전제하에 이들 특성을 집중적으로 연구하여 개념화한 이론이다.

③ 카리스마적 리더십(charismatic leadership)은 리더가 영적, 심적, 초자연적인 특질을 가질 때 부하들이 이를 신봉함으로써 생기는 리더십을 말한다.

④ 다양한 권력의 원천 가운데 준거적 권력(referentpower)은 전문적인 기술이나 지식 또는 독점적 정보에 바탕을 둔다.

⑤ 임파워먼트(empowerment)는 부하직원이 스스로의 책임 하에 주어진 공식적 권력, 즉 권한을 행사할 수 있도록 해주는 것을 말하며, 조직 내 책임경영의 실천을 위해 중요하다.

┃ 해설 ┃

준거적 권력은 개인의 성격이나 매력 등에 기반한 권력이다.

① 서번트 리더십은 부하들에게 주인의식을 함양시켜 그들의 자발적인 헌신과 참여를 제고하는 리더십을 말한다.

② 리더십 특성이론은 성공적인 리더들이 가지고 있는 공통된 특성을 연구하여 개념화한 것이다.

③ 카리스마적 리더십은 리더가 영적, 심적, 초자연적인 특질을 가질 때 부하들이 이를 신봉함으로써 생기는 리더십을 말한다.

⑤ 임파워먼트는 부하직원이 스스로의 책임 하에 권한을 행사할 수 있도록 해주는 것을 말하며, 이는 책임경영의 핵심요소이다.

답 ④

15 공인노무사 2020

하우스(R. House)가 제시한 경로–목표이론의 리더십 유형에 해당하지 않는 것은?

① 권한위임적 리더십

② 지시적 리더십

③ 지원적 리더십

④ 성취지향적 리더십

⑤ 참가적 리더십

▌해설 ▌

하우스는 리더십을 네 가지 유형으로 구분하였으며 그 내용은 지시적(수단적) 리더십, 후원적(지원적) 리더십, 참여적(참가적) 리더십, 성취지향적 리더십 등이다.

더 살펴보기	상황변수와 리더십의 유형

경로–목표이론에서는 부하의 개인특성과 환경요인을 변수로 하여 상황을 구분하고 리더십의 유형을 지시적, 지원적, 참여적, 성취지향적 리더십으로 분류하였다.

① 상황변수

부하의 개인특성	통제의 위치, 능력, 경험, 욕구 등
환경요인	과업구조, 공식적 권한 체계, 작업집단 등

② 리더십 유형

지시적 리더십	부하에게 과업을 명확하게 제시, 공식적 활동
지원적 리더십	부하들에게 후원적 태도를 취함, 복지
참여적 리더십	부하들을 의사결정과정에 포함시킴, 상담
성취지향적 리더십	도전적 목표의 설정, 능력발휘 중시

답 ①

16 경영지도사 2020

☑ 확인 Check! ○ △ ✕

조직 구성원이 리더의 새로운 이상에 의해 태도와 동기가 변화하고 자발적으로 자신과 조직의 변화를 이끌어 낼 수 있도록 하는 리더십은?

① 거래적 리더십(transactional leadership)
② 수퍼리더십(super-leadership)
③ 변혁적 리더십(transformational leadership)
④ 서번트 리더십(servant leadership)
⑤ 진성 리더십(authentic leadership)

▌해설 ▌

변혁적 리더는 카리스마, 구성원에 대한 개인적 관심과 배려, 지적 자극 등의 특성을 토대로 구성원의 변화와 혁신 및 고차원적 동기로의 향상 등을 도모하는 리더이다. 거래적 리더십은 변혁적 리더십의 반대 개념이다. 진성 리더십은 솔직하고 진실된 방식으로 구성원과 교류하는 리더의 모습이다.

답 ③

17 가맹거래사 2020

확인 Check! ○ △ ✕

리더십 이론에 관한 설명으로 옳지 않은 것은?

① 경로-목표이론 : 리더는 구성원이 목표를 달성할 수 있도록 명확한 길을 제시해야 한다.

② 리더십 상황이론 : 리더의 행위가 주어진 상황에 적합하면 리더십의 효과가 증가한다.

③ 리더-구성원 교환이론 : 리더는 내집단-외집단을 구분하지 않고 동일한 리더십을 발휘한다.

④ 리더십 특성이론 : 리더가 지닌 신체적, 심리적, 성격적 특성 등에 따라 리더십의 효과가 달라진다.

⑤ 리더십 행동이론 : 리더가 부하들에게 어떤 행동을 보이는가에 따라 리더십의 효과가 달라진다.

┃해설┃

리더-구성원 교환이론에 따르면 리더는 내집단과 외집단을 차별하며, 그 결과 리더십의 효과가 달라진다.

답 ③

18 공인회계사 2019

확인 Check! ○ △ ✕

리더십이론에 관한 설명으로 가장 적절한 것은?

① 허시(Hersey)와 블랜차드(Blanchard)의 상황이론에 따르면 설득형(selling) 리더십 스타일의 리더보다 참여형(participating) 리더십 스타일의 리더가 과업지향적 행동을 더 많이 한다.

② 피들러(Fiedler)의 상황이론에 따르면 개인의 리더십 스타일이 고정되어 있지 않다는 가정 하에 리더는 상황이 변할 때마다 자신의 리더십 스타일을 바꾸어 상황에 적용한다.

③ 블레이크(Blake)와 머튼(Mouton)의 관리격자이론(managerial grid theory)은 리더십의 상황이론에 해당된다.

④ 거래적 리더십(transactional leadership)이론에서 예외에 의한 관리(management by exception)란 과업의 구조, 부하와의 관계, 부하에 대한 권력행사의 예외적 상황을 고려하여 조건적 보상을 하는 것이다.

⑤ 리더-구성원 교환관계이론(LMX ; leader-member exchange theory)에서는 리더와 부하와의 관계의 질에 따라서 부하를 내집단(in-group)과 외집단(out-group)으로 구분한다.

┃해설┃

LMX 이론에 의하면 리더와 부하와의 관계가 좋아서 높은 수준의 상호작용을 할 때 그 부하직원은 내집단에 속하며, 리더와 부하와의 관계가 업무상의 소통에만 국한될 경우 그 부하직원은 외집단이 된다.

① 설득형 리더십 스타일의 리더가 참여형 리더십 스타일의 리더보다 과업지향적 행동을 더 많이 한다.

② 피들러에 따르면 리더십 스타일은 고정되어 있으므로 상황이 변경될 경우 그에 맞게 리더 자체를 교체해야 한다.

③ 관리격자이론은 리더십의 행동이론에 해당한다.

④ 예외에 의한 관리는 업무수행 중 문제가 발생할 경우 이의 해결을 위해 개입하는 방식을 뜻하며, 조건적 보상은 만족스러운 업무수행에 대해 보상을 제공하는 것이다.

답 ⑤

116 공인회계사 1차 객관식 경영학

19 국가직 7급 2019

확인 Check! ○ △ ✕

변혁적 리더십(transformational leadership)에 대한 설명으로 옳지 않은 것은?

① 변혁적 리더십과 거래적 리더십은 상호 보완적이지만 변혁적 리더십이 리더와 부하직원들의 더 높은 수준의 노력과 성과를 이끌어내기에 적합할 수 있다.

② 변혁적 리더십은 리더가 부하직원의 성과와 욕구충족을 명확히 인식하고 노력에 대한 보상을 약속하여 기대되는 역할을 수행하게 만든다는 것이다.

③ 변혁적 리더십은 리더와 부하직원 간의 교환관계에 기초한 거래적 리더십에 대한 비판으로부터 발전하였다.

④ 배스(Bass)는 카리스마, 지적 자극, 개별적 배려를 변혁적 리더십의 구성요소로 제시하였다.

▌해설▐

변혁적 리더십이 부하직원의 성과를 독려하는 것은 맞지만, 노력에 따른 보상은 거래적 리더십의 구성요소 중 하나인 조건적 보상에 해당한다.

① 일반적으로 변혁적 리더십이 거래적 리더십보다 더 효과가 좋은 편이다.

③ 기존의 리더십 이론을 거래적 리더십이라 비판하며 구성원의 변화와 동기부여를 위한 리더십이 필요하다는 점에서 변혁적 리더십이 대두되었다.

④ 배스는 변혁적 리더십의 구성요소로 카리스마, 지적 자극, 개별적 배려를 제시하였다.

답 ②

20 경영지도사 2019

확인 Check! ○ △ ✕

허쉬와 블랜차드(P. Hersey & K. Blanchard)의 상황적 리더십 이론에서 설명한 4가지 리더십 스타일이 아닌 것은?

① 설명형   ② 설득형
③ 관료형   ④ 참여형
⑤ 위임형

▌해설▐

허쉬와 블랜차드는 리더십 스타일을 과업행동과 관계행동에 따라 모두 네 가지(지시형, 지도형, 참여형, 위임형)로 구분하였다.

답 ③

제5장 | 리더십 **117**

21 경영지도사 2019

☑ 확인Check! ○ △ ✕

하우스(R. House)의 경로-목표 이론에서 정의한 리더십 행동 유형이 아닌 것은?

① 혁신적(innovational) 리더
② 성취지향적(achievement oriented) 리더
③ 지시적(instrumental) 리더
④ 지원적(supportive) 리더
⑤ 참여적(participative) 리더

┃해설┃

하우스는 리더십을 네 가지 하위 차원(지시적-수단적, 후원적-지원적, 참여적, 성취지향적 리더십)을 가진 행위로 보았다.

답 ①

22 공인회계사 2018

☑ 확인Check! ○ △ ✕

리더십이론에 관한 설명으로 가장 적절한 것은?

① 변혁적 리더십(transformational leadership)은 영감을 주는 동기부여, 지적인 자극, 상황에 따른 보상, 예외에 의한 관리, 이상적인 영향력의 행사로 구성된다.
② 피들러(Fiedler)는 과업의 구조가 잘 짜여져 있고, 리더와 부하의 관계가 긴밀하고, 부하에 대한 리더의 지위권력이 큰 상황에서 관계지향적 리더가 과업지향적 리더보다 성과가 높다고 주장하였다.
③ 스톡딜(Stogdill)은 부하의 직무능력과 감성지능이 높을수록 리더의 구조주도(initiating structure)행위가 부하의 절차적 공정성과 상호작용적 공정성에 대한 지각을 높인다고 주장하였다.
④ 허쉬(Hersey)와 블랜차드(Blanchard)는 부하의 성숙도가 가장 낮을 때는 지시형 리더십(telling style)이 효과적이고 부하의 성숙도가 가장 높을 때는 위임형 리더십(delegating style)이 효과적이라고 주장하였다.
⑤ 서번트 리더십(servant leadership)은 리더와 부하의 역할교환, 명확한 비전의 제시, 경청, 적절한 보상과 벌, 자율과 공식화를 통하여 집단의 성장보다는 집단의 효율성과 생산성을 높이는데 초점을 두고 있다.

┃해설┃

허쉬와 블랜차드는 부하의 성숙도가 가장 낮은 M1 상황(능력과 의지 모두 낮은 경우)에는 지시형 리더십, 부하의 성숙도가 가장 높은 M4 상황(능력과 의지 모두가 높은 경우)에는 위임형 리더십이 효과적이라고 하였다.
① 상황에 따른 보상과 예외에 의한 관리는 거래적 리더십의 특징이다.
② 과업의 구조가 잘 짜여져 있고, 리더와 부하의 관계가 긴밀하고, 부하에 대한 리더의 지위권력이 큰 것과 같이 상황변수가 모두 좋은 경우는 과업지향적 리더의 성과가 높다.
③ 스톡딜과 플라이시먼의 연구에서는 부하의 직무능력이나 감성지능과 같은 상황변수를 고려하지 않는다.
⑤ '리더와 부하의 교환'은 LMX이론과 '명확한 비전의 제시'는 변혁적 리더십과, '적절한 보상과 벌'은 거래적 리더십과 연관되는 개념이다.

답 ④

리더십이론에 대한 설명 중 가장 옳은 것은?

① 허시와 블랜차드(Hersey and Blanchard)의 리더십 상황이론에서는 LPC(Least Preferred Coworker)도를 이용하여 리더의 유형을 나누었다.

② 서번트 리더십(servant leadership)은 개인화된 배려, 지적 자극, 영감에 의한 동기유발 등을 통해 부하를 이끄는 리더십이다.

③ 블레이크(Blake)와 머튼(Mouton)의 관리격자모형(managerial grid model)에서는 상황의 특성과 관계없이 인간관계와 생산에 모두 높은 관심을 가지는 팀형(9, 9)을 가장 좋은 리더십 스타일로 삼았다.

④ 거래적 리더십 스타일을 지닌 리더는 카리스마를 포함한다.

┃해설┃

관리격자모형은 리더십 이론 중 행동이론에 속한다. 여기서는 상황변수를 고려하지 않고 항상 바람직한 리더십 스타일이 존재한다고 가정한다.

① LPC 척도를 사용하는 것은 피들러이다.

② 개인적 배려, 지적 자극, 영감적 동기부여 등은 변혁적 리더십의 구성요소이다.

④ 거래적 리더십의 구성요소는 '조건적 보상'과 '예외에 의한 관리'이다. 카리스마는 변혁적 리더십의 구성요소이다.

더 살펴보기	블레이크와 머튼의 관리격자모형

블레이크와 머튼은 생산과 인간에 대한 관심을 변수로 리더십을 분석하여 인기형, 이상형, 타협형, 무관심형, 과업형 등으로 구분하고, 이를 좌표 위에 표시하여 각 리더십의 특성을 시각화한 관리격자 모형을 제시하였는데, 이는 추후 조직개발기법인 그리드 훈련(9, 9형 리더훈련)으로 발전하게 되었다.

무관심형(1, 1형)	• 생산성 모두에 무관심 • 자기 직무에 최소한의 관심
인기형(1, 9형)	• 생산성에는 무관심하고, 오로지 인간에게만 관심 • 쾌적하고 우호적인 작업환경
과업형(9, 1형)	• 오로지 효율적인 과업 달성에만 관심 • 매우 독재적인 리더
중도형(5, 5형)	과업의 능률과 인간적 요소를 절충하여 적당한 성과 추구
이상형/팀형(9, 9형)	• 가장 바람직한 리더의 모델 • 구성원의 몰입을 기반으로 기업의 생산성 욕구와 개인 욕구를 모두 만족

답 ③

PART 1

☑ 확인Check! ○ △ ✕

서번트(servant) 리더의 특성으로 옳지 않은 것은?

① 부하의 성장을 위해 헌신한다.
② 부하의 감정에 공감하고 이해하려고 노력한다.
③ 권력이나 지시보다는 설득으로 부하를 대한다.
④ 조직의 구성원들에게 공동체 정신을 심어준다.
⑤ 비전 달성을 위해 위험감수 등 비범한 행동을 보인다.

┃해설┃

카리스마적 리더는 비전 달성에 자신감을 보이며 미래 성과에 대한 믿음을 바탕으로 자기희생적 모범을 보임으로써 구성원들의 신뢰와 몰입을 이끌어 낸다. 서번트 리더십은 구성원들이 목표달성을 하는데 있어 지치지 않으며 스스로 성장할 수 있도록 각종 환경을 조성해주고 도와준다. 또한 구성원들과 수평적 관계를 형성하고 파트너십을 통한 협력을 강조하는데, 이는 위에서 아래로 지시하는 리더가 아니라 구성원과 같은 위치에서 그들의 업무를 적극적으로 헌신하고 뒷받침하며 돕는다는 의미로서, 지식경영시대에 꼭 필요한 리더십 스타일이라 할 수 있다.

답 ⑤

☑ 확인Check! ○ △ ✕

블레이크(R. R. Blake)와 모우튼(J. S. Mouton)의 리더십 관리격자모델의 리더 유형에 관한 설명으로 옳지 않은 것은?

① (1, 1)형은 조직구성원으로서 자리를 유지하는데 필요한 최소한의 노력만을 투입하는 방관형(무관심형) 리더이다.
② (1, 9)형은 구조주도행동을 보이는 컨트리클럽형(인기형) 리더이다.
③ (9, 1)형은 과업상의 능력을 우선적으로 생각하는 과업형 리더이다.
④ (5, 5)형은 과업의 능률과 인간적 요소를 절충하여 적당한 수준에서 성과를 추구하는 절충형(타협형)리더이다.
⑤ (9, 9)형은 인간과 과업에 대한 관심이 모두 높은 팀형 리더이다.

┃해설┃

(1, 9)형 리더는 업무적 측면의 관심은 적지만 인간적 측면의 관심이 많은 컨트리클럽형 리더이다. 구조주도행동은 업무적 측면의 리더행동을 의미한다. 관리격자모형에서 언급되는 대표적인 리더십 스타일에는 두 측면 모두 미약한 무관심형(1, 1), 인간에 대한 관심만 존재하는 컨트리클럽형(1, 9), 생산에 대한 관심만 있는 과업형(9, 1), 두 측면 모두에 중간 정도의 관심을 보이는 중간형(5, 5), 두 측면 모두에 강한 관심을 보이는 팀형(이상형) 등이 있다.

답 ②

26 경영지도사 2018 ☑ 확인Check! ○ △ ✕

변혁적 리더십의 특징에 해당하지 않는 것을 모두 고른 것은?

> ㄱ. 부하들에게 장기적인 목표를 위해 노력하도록 동기 부여한다.
> ㄴ. 부하들을 위해 문제를 해결하거나 해답을 찾을 수 있는 곳을 알려준다.
> ㄷ. 부하에게 즉각적이고도 가시적인 보상으로 동기 부여한다.
> ㄹ. 부하들에게 자아실현과 같은 높은 수준의 개인적인 목표를 동경하도록 동기 부여한다.
> ㅁ. 질문을 하여 부하들에게 스스로 해결책을 찾도록 격려하거나 함께 일을 한다.

① ㄱ, ㄴ   ② ㄱ, ㅁ
③ ㄴ, ㄷ   ④ ㄷ, ㄹ
⑤ ㄹ, ㅁ

▌해설▌

변혁적 리더십은 혁신과 변화를 위하여 구성원의 동기를 고차원적 수준으로 끌어올리는 것이며, 이 과정에서 카리스마, 지적 자극, 개별적 관심 등의 특징을 보인다. ㄷ처럼 바로 보상을 제공하는 것은 거래적 리더십의 특징이며, ㄴ처럼 문제를 대신 해결해 주는 것은 변혁적 리더십이나 거래적 리더십의 특성 모두에 해당하지 않는다.

답 ③

27 공인노무사 2017 ☑ 확인Check! ○ △ ✕

리더십에 관한 설명으로 옳지 않은 것은?

① 거래적 리더십은 리더와 종업원 사이의 교환이나 거래관계를 통해 발휘된다.
② 서번트 리더십은 목표달성이라는 결과보다 구성원에 대한 서비스에 초점을 둔다.
③ 카리스마적 리더십은 비전달성을 위해 위험감수 등 비범한 행동을 보인다.
④ 변혁적 리더십은 장기비전을 제시하고 구성원들의 가치관 변화와 조직몰입을 증가시킨다.
⑤ 슈퍼 리더십은 리더가 종업원들을 관리하고 통제할 수 있는 힘과 기술을 가지도록 하는데 초점을 둔다.

▌해설▌

슈퍼 리더십은 종업원 스스로 리더십을 함양하는 셀프리더가 될 수 있도록 이끌어주고 독려하는 리더십을 의미한다. 따라서 리더가 종업원들을 관리하고 통제할 수 있는 힘과 기술을 가지도록 하는데 초점을 두는 것과는 거리가 멀다.
① 거래적 리더십에서 거래는 조건적 보상으로 나타나며 이는 교환이나 거래관계를 통해 발휘된다.
② 서번트 리더십은 리더의 역할을 봉사자로 보았다는 것에 가장 큰 특징이 있다.
③ 카리스마적 리더는 스스로 위험을 감수함으로써 부하들로부터 존경을 이끌어 낸다.
④ 변혁적 리더는 장기적인 측면의 조직혁신을 위해 구성원들의 생각을 바꾸어 낸다.

답 ⑤

PART 1

리더십이론 중 피들러(F. E. Fiedler) 모형에 관한 설명으로 옳은 것을 모두 고른 것은?

> ㄱ. 리더의 행동차원을 인간에 대한 관심과 과업에 대한 관심 두 가지로 나누어 다섯 가지 형태의 리더십으로 구분하였다.
> ㄴ. 상황요인으로 과업이 짜여진 정도, 리더와 부하 사이의 신뢰정도, 리더 지위의 권력정도를 제시하였다.
> ㄷ. 상황이 리더에게 아주 유리하거나 불리할 때는 과업주도형 리더십이 효과적이라고 주장하였다.
> ㄹ. 리더의 유형을 파악하기 위해 LPC(least preferred co-worker) 점수를 측정해서 구분하였다.

① ㄱ, ㄴ   ② ㄱ, ㄹ
③ ㄴ, ㄷ   ④ ㄴ, ㄷ, ㄹ
⑤ ㄱ, ㄴ, ㄷ, ㄹ

┃해설┃

ㄱ. (✕) 리더의 특성을 과업지향과 관계지향의 두 가지로 구분하였다.
ㄴ. (○) 상황의 호의도는 과업이 짜여진 정도, 리더와 부하 사이의 신뢰정도, 리더 지위의 권력정도 등의 세 가지로 구성된다.
ㄷ. (○) 상황이 유리하거나 불리할 때는 과업형, 중간 상황에는 관계형이 적합하다.
ㄹ. (○) LPC 점수가 높으면 관계형 리더, 낮으면 과업형 리더로 판단한다.

답 ④

허시와 브랜차드(Hersey & Blanchard)의 리더십 유형 중 낮은 지시행동과 낮은 지원행동을 보이는 유형은?

① 지시형 리더   ② 지도형 리더
③ 지원형 리더   ④ 위임형 리더
⑤ 카리스마적 리더

┃해설┃

허쉬와 블랜차드에 따르면 높은 과업행동과 낮은 지원행동을 보이는 리더는 지시형, 높은 과업행동과 높은 지원행동을 보이는 리더는 설득형, 낮은 과업행동과 높은 지원행동을 보이는 리더는 참여형, 낮은 과업행동과 낮은 지원행동을 보이는 리더는 위임형에 해당된다.

답 ④

30 경영지도사 2016

리더십 이론에 관한 설명으로 옳지 않은 것은?

① 리더십 이론은 특성론적 접근, 행위론적 접근, 상황론적 접근으로 구분할 수 있다.

② 블레이크(R. Blake)와 모우튼(J. Mouton)의 관리격자이론에 의하면 (9, 9)형이 이상적인 리더십 유형이다.

③ 허쉬(R. Hersey)와 블랜차드(K. Blanchard)는 부하들의 성숙도에 따른 효과적인 리더십행동을 분석하였다.

④ 피들러(F. Fiedler)는 상황변수로서 리더와 구성원의 관계, 과업구조, 리더의 지휘권한 정도를 고려하였다.

⑤ 하우스(R. House)의 경로–목표이론에 의하면 상황이 리더에게 아주 유리하거나 불리할 때는 과업지향적인 리더십이 효과적이다.

┃해설┃

상황이 리더에게 아주 유리하거나 불리할 때는 과업지향적인 리더십이 효과적이라는 것은 피들러의 리더십 이론에 대한 설명이다.

① 리더십은 전통적으로 특성론적 접근법, 행동론적 접근법, 상황론적 접근법으로 구분할 수 있다.

② 관리격자모형에서는 생산에 대한 관심을 9칸으로, 인간에 대한 관심을 9칸으로 각각 구분하여 (9, 9)형을 가장 이상적인 유형으로 보았다.

③ 허쉬와 블랜차드의 리더십 모형에서 주요한 상황변수는 부하들의 성숙도이다.

④ 피들러는 상황변수로서 리더와 구성원의 관계, 과업구조, 리더의 지휘권한 정도를 고려하였다.

답 ⑤

31 경영지도사 2015

배스(B. M. Bass)의 변혁적 리더십에 포함되는 4가지 특성이 아닌 것은?

① 카리스마(이상적 영향력) 　② 영감적 동기부여

③ 지적인 자극 　④ 개인적 배려

⑤ 성과에 대한 보상

┃해설┃

변혁적 리더십은 카리스마, 영감적 동기부여, 지적인 자극, 개인적 배려의 요소로 구성된다. 성과에 대한 보상은 거래적 리더십의 요소이다.

답 ⑤

32 가맹거래사 2016
☑ 확인 Check! ○ △ ✕

다음 설명 중 옳지 않은 것은?

① 브룸(Vroom)의 기대이론에 의하면 보상의 유의성(valence)은 개인의 욕구에 따라 다르며, 동기부여를 결정하는 요인이다.

② 아담스(Adams)의 공정성이론에 의하면 보상에 대한 공정성 지각 여부가 종업원의 노력(투입)정도를 결정한다.

③ 피들러(Fiedler)의 상황적합성이론에 의하면 리더와 부하의 관계가 좋을 때에는 과업지향적인 리더십을 구사하는 것이 좋다.

④ 스키너(skinner)의 작동적 조건화에서 소거(extinction)란 과거의 부정적 결과를 제거함으로써 긍정적인 행동의 확률을 높이는 것을 말한다.

⑤ 리더-구성원 교환이론(LMX)에 의하면 리더는 외집단보다는 내집단을 더 많이 신뢰한다.

▎해설▎

소거는 긍정적 결과를 제거함으로써 부정적 행동의 확률을 낮추는 방법이다.

답 ④

33 국가직 7급 2014
☑ 확인 Check! ○ △ ✕

리더십 유형을 크게 거래적 리더십과 변혁적 리더십으로 구분할 때, 변혁적 리더십 유형의 설명으로 옳은 것은?

① 알기 쉬운 방법으로 중요한 목표를 설명하고 자긍심을 고취한다.

② 노력에 대한 보상을 약속하고 성과에 따라 보상한다.

③ 부하들이 조직의 규칙과 관습을 따르도록 한다.

④ 부하들의 문제를 해결해 주거나 해답이 있는 곳을 알려준다.

▎해설▎

거래적 리더십은 조건적 보상, 예외에 의한 관리가 핵심 개념이고 변혁적 리더십은 카리스마, 지적 자극, 개별적 관심이 핵심 개념이다. 구성원이 보다 높은 수준의 성취목표를 가질 수 있도록 독려하는 것은 변혁적 리더십에 해당한다.
② 노력에 대한 보상을 약속하고 성과에 따라 보상하는 것은 조건적 보상, 즉 거래적 리더십의 내용이다.
③ 부하들이 조직의 규칙과 관습을 따르도록 하는 것은 규정과 절차를 중시하는 거래적 리더십의 내용이다.
④ 부하들이 할 일을 대신 해 주는 것은 거래적 리더십과 변혁적 리더십 모두에 해당하지 않는다.

답 ①

124 공인회계사 1차 객관식 경영학

34 공인노무사 2014

확인Check! ○ △ ✕

변혁적 리더가 갖추어야 할 자질이 아닌 것은?

① 조건적 보상
② 비전제시 능력
③ 신뢰 확보
④ 비전전달 능력
⑤ 설득력과 지도력

┃해설┃

조건적 보상은 거래적 리더의 특성이며, 나머지는 모두 변혁적 리더의 특성에 해당한다.

답 ①

35 국가직 7급 2013

확인Check! ○ △ ✕

리더십 이론에 대한 설명으로 옳지 않은 것은?

① 특성이론은 리더가 지녀야 할 공통적인 특성을 규명하고자 한다.
② 상황이론에서는 상황에 따라 적합한 리더십 유형이 달라진다고 주장한다.
③ 배려(consideration)와 구조 주도(initiating structure)에 따라 리더십 유형을 분류한 연구는 행동이론에 속한다.
④ 변혁적 리더십은 명확한 역할 및 과업 요건을 제시하여 목표 달성을 위해 부하들을 동기부여하는 리더십이다.

┃해설┃

명확한 역할과 과업요건을 제시하는 것은 거래적 리더십이다.

답 ④

제5장 | 리더십 **125**

36 공인노무사 2013

부하들 스스로가 자신을 리드하도록 만드는 리더십은?

① 슈퍼 리더십   ② 서번트 리더십

③ 카리스마적 리더십   ④ 거래적 리더십

⑤ 코칭 리더십

❚해설❚

슈퍼리더십은 부하들이 스스로를 이끄는 셀프리더가 되게끔 만들어주는 리더십을 뜻한다.

② 서번트 리더십은 집단역량강화에 기여하는 파트너십형 리더십이다.

③ 카리스마적 리더십은 웅장하고 이상적 비전을 제시하며 소통능력과 환경감지능력이 뛰어나고 구성원들로부터 존경과 지지를 획득하는 위압적 리더십이다.

④ 부하직원들에게 보상을 약속하며 기대되는 역할을 수행하게 만드는 것이 거래적 리더십이다.

⑤ 코칭 리더십은 상담과 조언 등의 코칭을 해주는 리더십이다.

답 ①

37 공인노무사 2012

오하이오 주립대학 모형의 리더십 유형구분은?

① 구조주도형 리더-배려형 리더

② 직무 중심적 리더-종업원 중심적 리더

③ 독재적 리더-민주적 리더

④ 이상형 리더-과업지향형 리더

⑤ 무관심형 리더-인간관계형 리더

❚해설❚

오하이오 주립대학에서는 리더십 유형을 업무중심의 '구조주도형'과 인간중심의 '배려형'으로 구분하였다. ②는 미시간 대학의 연구, ③은 아이오와 대학의 연구에 해당하며 나머지는 이와 연관성이 없는 것들의 나열이다.

더 살펴보기 아이오와(Iowa) 대학 모형

권위적 리더	리더가 의사결정을 하고 구성원들에게 통보	• 수동적 집단 • 리더 부재 시 좌절
민주적 리더	그룹의 구성원들이 스스로 의사결정을 하고 리더는 보조적 역할	• 리더에게 호의적 • 응집력↑, 안정적 • 리더의 부재에도 안정적
자유방임적 리더	그룹의 구성원과 리더 간 상호작용관계가 독립적이며, 구성원들은 자율적으로 의사결정	• 리더에게 무관심 • 지속적인 불만족

더 살펴보기 오하이오(Ohio) 주립대학 모형

오하이오 주립대학에서는 리더십의 유형을 부하의 역할을 명확히 설정하고 기대를 통보하는 과업지향적인 구조주도 리더십과 인간관계를 지향하는 배려의 리더십으로 분류하고, 그 강도에 따라 2×2 매트릭스로 구분하여 리더십을 설명하였다.

구조주도형	배려형
• 항상 분명한 업무지시를 한다. • 일정을 수시로 점검한다. • 규정과 절차를 중시한다. • 업무마감일을 반드시 준수하도록 한다. • 마주치면 인사말이 항상 '일이 잘되고 있지'라고 하는 것이다.	• 그 상사와 대화를 하다 보면 긴장이 풀리고 편안해진다. • 상사는 어려운 일이 있을 때 언제라도 상담에 응해준다. • 상사는 제안 사항에 대해서 반드시 검토해준다. • 실수나 잘못에 대해서 함께 해결하고자 노력한다. • 마주치면 인사로 근황이나 가족에 대해 물어본다.

더 살펴보기 미시간(Michigan) 대학 모형

① 리커트(Likert) 교수는 면접연구를 통해 리더의 유형을 직무중심적 리더와 종업원중심적 리더로 구분하고, 그 스타일을 연구하여 종업원중심적 리더십이 직무중심적 리더십보다 효과적이라는 결론을 얻게 되었다.

직무중심적 리더십	• 생산과업을 중요시하고, 생산방법과 절차 등 세부적인 사항에 관심 • 공식권한과 권력에 비교적 많이 의존 • 부하를 치밀하게 감독
종업원(인간)중심적 리더십	• 조직원과의 관계를 중요시 • 조직원에게 많은 권한을 위임하고, 지원적 환경을 조성 • 부하의 개인적 발전·성장에 관심

② 리커트는 시스템4 이론을 통하여 리더십의 발전 단계를 구분하고 시스템1에서 시스템4의 방향으로 발전하게 된다고 주장하였다.

System 1	System 2	System 3	System 4
부하들을 거의 신뢰하지 않음	부하들을 신뢰	부하들을 상당히 신뢰	부하들을 완전히 신뢰
착취적 독재형(벌)	온정적 권위형(상벌)	상담적(상)	참여적
하향식 커뮤니케이션	쌍방향 커뮤니케이션	쌍방향 커뮤니케이션	쌍방향 커뮤니케이션
최고경영층만 의사결정권 보유	중간관리자까지 의사결정권, 상층부의 통제	전반적 의사결정권	전반적 의사결정권

답 ①

허시와 블랜차드(P. Hersey & K. H. Blanchard)의 상황적 리더십 이론에 관한 설명으로 옳은 것은?

① 부하의 성과에 따른 리더의 보상에 초점을 맞춘다.

② 리더는 부하의 성숙도에 맞는 리더십을 행사함으로써 리더십 유효성을 높일 수 있다.

③ 리더가 부하를 섬기고 봉사함으로써 조직을 이끈다.

④ 리더십 유형은 지시형, 설득형, 거래형, 희생형의 4가지로 구분된다.

⑤ 리더십에 영향을 줄 수 있는 상황적 요소는 과업구조, 리더의 지위권력 등이다.

┃해설┃

허시와 블랜차드는 '부하의 성숙도'를 상황변수로 놓고 리더십 이론을 전개하였다. ③은 서번트 리더십에 대한 설명이며, ⑤는 피들러의 이론에 가까운 내용이다. ④에서는 거래형과 희생형이라는 명칭이 잘못되었다.

답 ②

리더십(leadership) 이론에 관한 설명으로 가장 적절하지 않은 것은?

① 서번트 리더십(servant leadership)은 개별적 배려, 지적 자극, 영감에 의한 동기부여, 비전 제시와 내재적 보상을 통해서 부하를 이끄는 리더십이다.

② 리더와 부하와의 관계, 과업의 구조, 리더의 직위권력(position power)은 피들러(Fiedler)가 상황적 리더십 이론에서 고려한 3가지 주요 상황요인이다.

③ 오하이오 주립대학교(Ohio State University)의 리더십 행동연구에서는 리더십을 구조주도(initiating structure)와 배려(consideration)의 두 차원으로 나누었다.

④ 블레이크와 머튼(Blake and Mouton)은 일에 대한 관심(concern for production)과 사람에 대한 관심(concern for people)을 두 축으로 하여 관리자형(managerial grid) 리더십 모형을 제시하였다.

⑤ 거래적 리더십(transactional leadership)은 부하의 노력과 성과에 따라 보상을 한다.

┃해설┃

개별적 배려, 지적 자극, 영감에 의한 동기부여, 비전 제시와 내재적 보상을 통해서 부하를 이끄는 리더십은 변혁적 리더십이다.

② 피들러의 상황적 리더십 이론에서는 리더와 부하와의 관계, 과업의 구조, 리더의 직위권력의 3가지를 핵심 상황요인으로 제시한다.

③ 오하이오 주립대학교의 리더십 행동연구에서는 리더십을 일 중심의 구조주도와 사람 중심의 배려의 두 차원으로 나누었다.

④ 블레이크와 머튼은 일에 대한 관심과 사람에 대한 관심을 두 축으로 하여 관리자형 리더십 모형을 제시하였다.

⑤ 부하의 노력과 성과에 따라 보상을 하는 것을 거래적 리더십이라고 한다.

답 ①

리더와 리더십에 대한 설명으로 가장 적절하지 않은 것은?

① 리더십은 조직에 비전을 제시하고, 그 비전을 실현할 수 있는 능력을 제고하는 것이다.

② 리더와 관리자는 같은 재능과 기술을 필요로 한다.

③ 리더십은 현상 유지보다는 변화 창출을 목적으로 한다.

④ 권한을 위임하여 구성원의 동기를 유발하는 것은 리더의 중요한 역할이다.

┃해설┃

관리자는 공식적 관리직 직함을 가진 사람을 의미하지만, 리더는 타인에 영향력을 행사할 수 있는 사람을 포괄적으로 지칭한다. 일반적으로 리더십은 목적의 성취를 위해 구성원에게 효과적으로 영향을 미칠 수 있는 능력으로 정의한다. 리더십은 집단 및 조직 구성원들의 동기를 부여하고 시너지를 촉진하며 상황의 변화를 통하여 조직효과성의 실현에 도움을 준다는 점에서 그 중요성이 있다. 리더십을 연구하는 학자들은 리더와 관리자를 엄격히 구별하는데, 후자는 직위나 직함 등과 같은 공식적 지위를 그 권한의 근거로 삼는 경우가 많다는 점에서, 공식적인 직함 없이도 발휘될 수 있는 능력을 뜻하는 리더십과는 차이가 있기 때문이다.

답 ②

PART 1

리더십연구 학자와 그 리더십이론의 연결이 옳지 않은 것은?

① 피들러(Fiedler) : 상황이론

② 허시와 블랜차드(Hersey & Blanchard) : 경로목표이론

③ 블레이크와 머튼(Blake & Mouton) : 관리격자이론

④ 브룸과 이튼(Vroom & Yetton) : 리더−참여모형

⑤ 그린리프(Greenleaf) : 서번트(servant) 리더십

┃해설┃

허시와 블랜차드는 상황적 리더십 이론을 제시하였다. 경로−목표 이론은 하우스가 제시한 이론이다.

답 ②

42 공인노무사 2011

현대적 리더십이론의 하나인 변혁적 리더십에서 변혁적 리더의 특성이 아닌 것은?

① 카리스마
② 영감고취
③ 지적인 자극
④ 개별적 배려
⑤ 예외에 의한 관리

┃해설┃

예외에 의한 관리는 거래적 리더의 특성이며, 나머지는 모두 변혁적 리더의 특성에 해당한다.

답 ⑤

43 공인회계사 2010

확인Check!

변혁적 리더십(transformational leadership)에 관한 다음의 설명 중 가장 적절하지 않은 것은?

① 번즈(Bums)와 배스(Bass)는 변혁적 리더십을 제시하면서 기존의 리더십을 거래적 리더십(transactional leadership)이라고 하였다.
② 변혁적 리더십은 예외에 의한 관리(management by exception)를 포함하기도 한다.
③ 변혁적 리더십은 추종자들이 개인적인 성장을 할 수 있도록 그들의 욕구를 파악하는 등 부하 개개인들에 대한 배려(consideration)를 포함하기도 한다.
④ 변혁적 리더십은 부하들에 대한 지적 자극(intellectual stimulation)을 포함하기도 한다.
⑤ 변혁적 리더십은 카리스마(charisma)를 포함하기도 한다.

┃해설┃

예외에 의한 관리는 거래적 리더십의 구성요소이다.
① 변혁적 리더십과 대조되는 개념으로 기존의 리더십을 거래적 리더십이라고 하였다.
③ 변혁적 리더십은 부하들의 성장을 위해 부하 개개인들에 대한 배려를 포함한다.
④ · ⑤ 변혁적 리더십은 부하들에 대한 지적 자극과 카리스마를 포함한다.

답 ②

44 가맹거래사 2010

☑ 확인 Check! ○ △ ✕

부하 개개인의 관심사와 발전적 욕구에 관심을 기울이며, 부하들의 기존 사고를 새로운 방식으로 변화시켜 나아가는 리더십은?

① 상황적 리더십
② 거래적 리더십
③ 변혁적 리더십
④ 전략적 리더십
⑤ 자유방임적 리더십

▌해설▌

변혁적 리더십은 카리스마, 구성원에 대한 개인적 관심과 배려, 지적 자극 등의 특성을 토대로 구성원의 변화와 혁신을 도모하는 리더십이다. 반면 거래적 리더십은 그 반대 개념으로서 조건적 보상과 예외에 의한 관리를 중시하는 리더십이다.

답 ③

45 공인회계사 2000

☑ 확인 Check! ○ △ ✕

리더십에 대한 다음의 설명 중 가장 적절한 것들로 구성된 것은?

a. 변혁적 리더십(transformational leadership)을 발휘하는 리더는 부하에게 이상적인 방향을 제시하고 임파워먼트(empowerment)를 실시한다.
b. 거래적 리더십(transactional leadership)을 발휘하는 리더는 비전을 통한 단결, 비전의 전달과 신뢰의 확보를 강조한다.
c. 카리스마적 리더십(charismatic leadership)을 발휘하는 리더는 부하에게 높은 자신감을 보이며 매력적인 비전을 제시하지만, 위압적이고 충성심을 요구하는 측면이 있다.
d. 수퍼리더십(superleadership)을 발휘하는 리더는 부하를 강력하게 지도하고 통제하는데 역점을 둔다.

① a, b
② a, c
③ b, c
④ b, d
⑤ c, d

▌해설▌

a. (○) 변혁적 리더십을 발휘하는 리더는 부하에게 이상적인 방향을 제시하고 임파워먼트를 실시한다.
b. (✕) 비전을 통한 단결, 비전의 전달과 신뢰의 확보를 강조하는 것은 변혁적 리더십에 관한 설명이다.
c. (○) 카리스마적 리더십을 발휘하는 리더는 부하에게 높은 자신감을 보이며 매력적인 비전을 제시하는 반면, 위압적이고 충성심을 요구한다.
d. (✕) 수퍼리더십은 구성원 스스로가 자기 자신을 리드할 수 있는 역량과 기술을 갖도록 하는 리더십 스타일이다.

답 ②

CHAPTER 06 | 조직설계

01 공인노무사 2023
☑ 확인Check! ○ △ ✕

경영환경을 일반환경과 과업환경으로 구분할 때, 기업에게 직접적인 영향을 주는 과업환경에 해당하는 것은?

① 정치적 환경
② 경제적 환경
③ 기술적 환경
④ 경쟁자
⑤ 사회문화적 환경

⏽ 해설 ⏽

환경은 크게 과업수행과의 관련성에 따라 모든 기업에 보편적이고 간접적으로 영향을 주는 정치, 경제, 사회문화, 기술적 환경과 같은 일반환경과 특정 조직의 과업수행에 직접적으로 관련된 환경으로서, 경쟁자나 고객 및 공급업자 등을 포함하는 과업환경으로 구분된다. 따라서 경쟁자는 과업환경에 속하고, 나머지는 모두 일반환경에 해당한다.

답 ④

02 가맹거래사 2023
☑ 확인Check! ○ △ ✕

마일즈(R. Miles)와 스노우(C. Snow)의 전략유형으로 옳지 않은 것은?

① 반응형(reactor)
② 방어형(defender)
③ 분석형(analyzer)
④ 혁신형(innovator)
⑤ 공격형(prospector)

⏽ 해설 ⏽

마일즈와 스노우에 따르면 성공하는 전략유형에는 세 가지가 있다. 첫째는 역동적 환경 하에서 위험을 감수하는 동시에 효율성보다는 창의와 혁신 및 모험을 추구하는 공격형 전략이고, 여기서는 유연한 분권형 조직의 효과성이 크다. 두 번째는 안정적 환경 하에서 현상유지 및 안정을 추구하는 방어형 전략이며, 여기서는 효율성과 생산성을 중시하는 집권형 조직의 효과성이 크다. 세 번째는 분석형 전략으로, 이는 혁신과 안정성을 동시에 추구하는 전략으로서 공격형 전략과 방어형 전략의 중간에 위치한 것이다. 그들에 따르면 실패하는 전략유형에는 반응형이 있으며 이는 일종의 임기응변식 대응방식이므로 제대로 된 성공전략이라 볼 수 없다.

답 ④

03 공인노무사 2022

☑ 확인 Check! ○ △ ✕

조직설계의 상황변수에 해당하는 것을 모두 고른 것은?

ㄱ. 복잡성	ㄴ. 전 략
ㄷ. 공식화	ㄹ. 기 술
ㅁ. 규 모	

① ㄱ, ㄴ, ㄷ
② ㄱ, ㄴ, ㄹ
③ ㄱ, ㄷ, ㅁ
④ ㄴ, ㄹ, ㅁ
⑤ ㄷ, ㄹ, ㅁ

┃해설┃

상황이론은 조직효과성, 상황변수, 조직특성변수의 세 가지 항목에 초점을 둔다. 즉, 조직효과성에 영향을 미치는 요인을 상황변수와 조직특성변수로 보며, 이들간의 적합성이 조직효과성을 결정한다고 본다. 여기서 상황변수는 다시 인적 요소의 개입여부에 따라 객관적 상황변수와 주관적 상황변수로 나뉘는데, 전자에는 환경, 기술ㄹ, 규모ㅁ 가, 후자에는 전략ㄴ 등이 포함된다.

답 ④

04 경영지도사 2021

☑ 확인 Check! ○ △ ✕

유기적 조직의 특성이 아닌 것은?

① 융통성 있는 의무
② 많은 규칙
③ 비공식적 커뮤니케이션
④ 탈집중화된 의사결정 권한
⑤ 수평적 구조

┃해설┃

불안정성이 큰 환경 하에서는 유기적 구조가 형성되는데, 유기적 구조의 대표적인 특징은 탄력적인 과업① 과 수평적인 의사소통구조⑤, 낮은 수준의 공식성③ 과 권한의 분권화④ 를 들 수 있다. 많은 규칙② 은 높은 수준의 공식성을 뜻하므로 기계식 조직의 특성에 가깝다.

답 ②

마일즈(R. Miles)와 스노우(C. Snow)가 제시한 환경적합적 대응전략으로만 구성되어 있는 것은?

① 전방통합형 전략, 후방통합형 전략, 차별화 전략

② 집중화 전략, 방어형 전략, 반응형 전략

③ 원가우위 전략, 차별화 전략, 집중화 전략

④ 차별화 전략, 반응형 전략, 후방통합형 전략

⑤ 공격형 전략, 방어형 전략, 분석형 전략

ᅵ해설ᅵ

마일즈와 스노우에 따르면 성공하는 전략유형에는 세 가지가 있다. 첫째는 역동적 환경 하에서 위험을 감수하는 동시에 효율성보다는 창의와 혁신 및 모험을 추구하는 공격형 전략이고, 여기서는 유연한 분권형 조직의 효과성이 크다. 두 번째는 안정적 환경 하에서 현상유지 및 안정을 추구하는 방어형 전략이며, 여기서는 효율성과 생산성을 중시하는 집권형 조직의 효과성이 크다. 세 번째는 분석형 전략으로, 이는 혁신과 안정성을 동시에 추구하는 전략으로서 공격형 전략과 방어형 전략의 중간에 위치한다.

답 ⑤

기업환경에서 일반환경(간접환경)에 관한 내용으로 옳지 않은 것은?

① 경쟁기업 출현

② 공정거래법 개정

③ 컴퓨팅 기술 발전

④ 저출산 시대 심화

⑤ 환율과 원유가격 변동

ᅵ해설ᅵ

일반환경은 정치·법, 경제, 사회, 문화, 기술적 이슈 등이고, 과업환경은 일반환경 중에서 기업의 경영에 직접적 영향을 주는 이슈이다. 따라서 경쟁기업의 출현은 과업환경에 속한다.

답 ①

조직에서의 기술에 관한 설명으로 가장 적절하지 않은 것은?

① 페로우(Perrow)에 따르면 장인(craft)기술을 사용하는 부서는 과업의 다양성이 낮으며 발생하는 문제가 비일상적이고 문제의 분석가능성이 낮다.

② 톰슨(Thompson)에 따르면 집합적(pooled) 상호의존성은 집약형 기술을 사용하여 부서 간 상호조정의 필요성이 높고 표준화, 규정, 절차보다는 팀웍이 중요하다.

③ 우드워드(Woodward)에 따르면 연속공정생산기술은 산출물에 대한 예측가능성이 높고 기술의 복잡성이 높다.

④ 페로우에 따르면 공학적(engineering) 기술을 사용하는 부서는 과업의 다양성이 높고 잘 짜여진 공식과 기법에 의해서 문제의 분석가능성이 높다.

⑤ 페로우에 따르면 비일상적(nonroutine) 기술을 사용하는 부서는 과업의 다양성이 높고 문제의 분석 가능성이 낮다.

┃해설┃

과업 간 집합적 상호의존성이 존재하는 경우의 기술은 중개형 기술이다. 이 경우 부문간 조정은 주로 표준화나 절차 등에 의하여 수행된다. 집약형 기술은 교호적 상호의존성이 존재하는 경우 사용하는 기술이다.

①・④・⑤ 페로우에 의하면 기술유형은 과업의 다양성과 분석가능성에 따라 모두 4가지로 구분된다.

③ 우드워드에 따르면 연속공정생산기술의 경우 기술복잡성이 크고 예측가능성도 높은 편이다.

더 살펴보기	**톰슨의 연구**

톰슨은 조직 내 사용되는 기술의 상호의존성과 자원의 공유 정도가 조직구조에 영향을 미쳐 각각의 상호의존성에 적합한 조직구조가 있음을 주장하였다.

구 분	내 용	조직구조
집합적 상호의존성	각 구성요소가 독립적으로 운용되고 필요시에만 간헐적으로 상호의존하는 중개형 기술, 의사소통 낮음, 은행	기계적 조직구조
순차적 상호의존성	한 구성요소의 산출이 다른 구성요소의 투입이 되는 장치형 기술, 유연성이 낮음, 컨베이어 벨트	기계적 조직구조
교호적 상호의존성	순차적 상호의존성에 피드백이나 상호작용이 추가된 집약형 기술, 유연성과 의사소통이 높음, 병원	유기적 조직구조

답 ②

08

가맹거래사 2016

☑ 확인 Check! ○ △ ✕

정보시스템으로 인한 조직변화에 관한 설명으로 옳은 것은?

① 중간관리자의 역할이 늘어난다.

② 권위적인 리더십이 필요해진다.

③ 경영자층과 하위층의 의사소통이 더욱 쉬워진다.

④ 조직계층의 수가 늘어난다.

⑤ 조직 내의 의사결정 권한이 상위계층에 집중된다.

┃해설┃

정보통신기술의 발달은 소통의 양과 질을 모두 높여주었다.

①·④ 정보시스템의 등장으로 조직의 계층수가 줄어듦으로써 중간관리자의 역할 역시 줄어든다.

②·⑤ 정보화 사회에서는 수평적인 리더십이 필요하며, 따라서 의사결정의 분권화가 요청된다.

답 ③

09

경영지도사 2015

☑ 확인 Check! ○ △ ✕

조직구조를 설계할 때 고려하는 상황변수가 아닌 것은?

① 전략(Strategy)

② 제품(Product)

③ 기술(Technology)

④ 환경(Environment)

⑤ 규모(Size)

┃해설┃

조직구조에 영향을 미치는 상황변수에는 환경, 기술, 규모, 전략 등이 있으며 제품은 이에 해당하지 않는다.

답 ②

경영조직론 관점에서 기계적 조직과 유기적 조직에 대한 설명으로 옳지 않은 것은?

① 기계적 조직은 효율성과 생산성 향상을 목표로 한다.

② 기계적 조직에서는 공식적 커뮤니케이션이 주로 이루어지고, 상급자가 조정자 역할을 한다.

③ 유기적 조직에서는 주로 분권화된 의사결정이 이루어진다.

④ 유기적 조직은 고객의 욕구 및 환경이 안정적이고 예측가능성이 높은 경우에 효과적이다.

┃해설┃

안정적이고 예측가능한 환경에서는 기계적 조직을 사용하고, 불안정적이고 예측이 어려운 환경에서는 유기적 조직을 사용하는 것이 좋다.

더 살펴보기   기계적 조직과 유기적 조직

① 번스와 스톨커는 조직을 기계적 조직과 유기적 조직으로 구분하였는데, 기계적 조직은 명령과 지시에 의한 집권적이고 공식적이며 수직적 관계 중심의 조직이고, 유기적 조직은 충고와 자문을 중심으로 의사소통을 하며 분권적이며 융통성이 있는 조직을 의미한다.

② 안정적인 환경에서는 기계적 조직의 효율이 높을 수 있으나 환경이 빠르게 변화하는 동태적인 환경에서는 유기적 조직이 보다 효과적인 것으로 판단되고 있다.

구 분	기계적 조직	유기적 조직
의사소통	명령과 지시	충고와 자문
권한위양	집권적	분권적
정보의 흐름	제한적이고 하향적	상하로 자유로움
규칙과 절차	엄격하고 많음	융통성 있고 적음
조직구조	공식적(수직적) 관계	비공식적(수평적) 관계
갈등 해결방식	상급자의 의사결정	토론과 상호작용
관리의 폭	좁 음	넓 음
작업의 분업화	높 음	낮 음
권한의 위치	조직의 최고층에 집중	능력과 기술을 가진 곳
환 경	안정적 환경	동태적 환경
부서 간의 업무	매우 독립적	상호 의존적

답 ④

PART 1

☑ 확인 Check! ○ △ ✕

기계적 조직구조의 특징이 아닌 것은?

① 많은 규칙
② 집중화된 의사결정
③ 경직된 위계질서
④ 비공식적 커뮤니케이션
⑤ 계층적 구조(Tall structure)

┃해설┃

기계적 조직구조에서는 공식적 커뮤니케이션이 비공식적 커뮤니케이션보다 중시된다. 나머지는 모두 기계적 조직구조의 특징에 해당한다.

답 ④

☑ 확인 Check! ○ △ ✕

기계적 조직과 유기적 조직의 비교 설명으로 옳은 것은?

① 기계적 조직은 직무 전문화가 낮고, 유기적 조직은 직무 전문화가 높다.
② 기계적 조직은 의사결정 권한이 분권화되어 있고, 유기적 조직은 의사결정 권한이 집권화되어 있다.
③ 기계적 조직은 동태적이고 복잡한 환경에 적합하며, 유기적 조직은 안정적이고 단순한 환경에 적합하다.
④ 기계적 조직은 통제범위가 넓고, 유기적 조직은 통제범위가 좁다.
⑤ 기계적 조직은 지휘계통이 길고, 유기적 조직은 지휘계통이 짧다.

┃해설┃

단순하고 상대적으로 안정적이며 자원의 여유가 많은 환경에 직면한 조직의 경우에는 기계식 조직구조가 형성되는데, 이러한 조직은 비탄력적인 과업과 수직적 의사소통구조, 긴 지휘계통, 좁은 통제범위, 높은 수준의 공식성과 권한의 집중화의 특성을 가진다. 반면 복잡하고 변동성이 크며 상대적으로 자원의 여유가 적은 환경에 직면한 조직의 경우에는 유기적 조직구조가 형성되는데, 이러한 조직은 탄력적인 과업과 수평적인 의사소통구조, 짧은 지휘계통, 넓은 통제범위, 낮은 수준의 공식성과 권한의 분권화의 특성을 가진다.

답 ⑤

13 경영지도사 2013

확인Check! ○ △ ×

조직을 설계할 때 영향을 미치는 요인에 해당하지 않는 것은?

① 조직의 연혁과 규모
② 직무전문화와 공식화
③ 전 략
④ 경영환경
⑤ 시장의 변화

┃해설┃

조직설계에 영향을 미치는 상황요인에는 조직의 역사와 규모, 경영전략, 환경, 기술 등이 있으며, 그 결과 형성되는 조직의 구조적 속성으로는 직무전문화, 부문화, 통제범위, 명령체계, 집권화, 공식화 등이 있다. 즉, 직무전문화와 공식화는 조직설계의 결과이지 원인이 아니다.

답 ②

14 경영지도사 2013

확인Check! ○ △ ×

기계적 조직과 유기적 조직에 관한 설명으로 옳지 않은 것은?

① 기계적 조직은 부문화가 엄격한 반면, 유기적 조직은 느슨하다.
② 기계적 조직은 공식화 정도가 낮은 반면, 유기적 조직은 높다.
③ 기계적 조직은 직무전문화가 높은 반면, 유기적 조직은 낮다.
④ 기계적 조직은 의사결정권한이 집중화되어 있는 반면, 유기적 조직은 분권화되어 있다.
⑤ 기계적 조직은 경영관리위계가 수직적인 반면, 유기적 조직은 수평적이다.

┃해설┃

기계식 조직의 공식화 수준은 높고, 유기적 조직은 그 반대이다.

답 ②

제6장 ┃ 조직설계 **139**

문제의 분석가능성과 과업다양성이라는 두 가지 차원을 이용한 페로우(C. Perrow)의 기술분류에 해당되지 않는 것은?

① 장인기술   ② 비일상적 기술
③ 중개형 기술   ④ 일상적 기술
⑤ 공학적 기술

❚ 해설 ❚

페로우는 과업다양성과 분석가능성에 따라 기술유형을 네 가지로 구분하였다. 예외적인 경우가 드물며 잘 정의되어 분석가능성이 높은 기술은 일상적 기술, 예외적인 경우가 드물지만 잘 정의되지 않아 분석이 어려운 기술은 기능적 기술, 다수의 예외가 존재하지만 잘 정의되어 분석가능성이 높은 기술은 공학적 기술, 다수의 예외가 존재하며 분석도 어려운 기술은 비일상적 기술로 분류하였다. 중개형 기술은 톰슨의 기술유형에 속한다.

더 살펴보기

페로우는 과업의 다양성과 과업의 분석가능성에 따라 조직구조가 달라진다고 주장하였다. 과업의 다양성은 과업이 얼마나 다양하고 예측 불가능한지를 나타내는 정도로 이에 따라 공식적 조직과 비공식적 조직에 관련된 사항이 결정되고, 과업의 분석가능성은 과업이 얼마나 체계적으로 분석될 수 있는지를 나타내며 이를 기반으로 집권적 조직과 분권적 조직에 관련된 사항이 결정된다고 설명하였다.

		과업 다양성	
		고	저
분석 가능성	고	공학적 기술 (조선업) 집권적이고 공식화 낮음 (과업은 다양하나 해결책을 찾기는 쉬움)	일상적 기술 (제과업) 집권적이고 공식화 높음 (과업 내용이 쉽고 문제해결도 쉬움)
	저	비일상적 기술 (우주항공) 분권적이고 공식화 낮음 (다양한 과업에 문제해결도 어려움)	장인기술 (공예) 분권화, 공식화 높음 (과업은 단순하나 문제해결은 어려움)

답 ③

16 공인노무사 2009

☑ 확인Check! ○ △ ✕

톰슨(J. Thompson)의 기술과 조직구조 관계에 대한 분류기준에 해당하는 것은?

① 기술복잡성
② 과업다양성
③ 과업정체성
④ 분석가능성
⑤ 상호의존성

ㅣ해설ㅣ

톰슨은 과업수행의 과정에서 한 부서가 타부서와 관련을 맺고 있는 정도인 상호의존성을 그 수준이 가장 낮은 결합형, 중간 수준인 순차형, 가장 높은 수준인 교호형으로 나누고, 각각의 상호의존성에 따라 조직이 사용하는 기술유형을 크게 세 가지로 분류하였다.
① 기술복잡성은 기계를 사용하는 정도를 뜻하며 우드워드의 기술유형 분류 기준에 해당한다.
②·④ 과업다양성 및 분석가능성은 페로우의 기술유형분류 기준에 해당한다.
③ 과업정체성은 직무특성이론에서의 핵심 직무차원에 해당한다.

답 ⑤

17 국가직 7급 2007

☑ 확인Check! ○ △ ✕

번스(Burns)와 스톨커(Stalker)는 상반되는 조직 형태의 유형으로서 기계적 조직(mechanic organization) 과 유기적 조직(organic organization)을 제시하였다. 다음 중 기계적 조직과 비교할 때, 유기적 조직의 상대적 특성에 대한 설명으로 옳지 않은 것은?

① 동태적 환경에서 적합하다.
② 의사결정권의 분권화 정도가 높다.
③ 업무의 분업화 정도가 높다.
④ 업무의 공식화 정도가 낮다.

ㅣ해설ㅣ

기계적 조직은 분업화 정도가 크지만, 유기적 조직은 그렇지 않다.
① 기계적 조직은 안정적 환경에서, 유기적 조직은 동태적 환경에서 적합하다.
② 기계적 조직은 집권화 정도가 유기적 조직은 분권화 정도가 크다.
④ 기계적 조직은 공식화 정도가 크지만, 유기적 조직은 그렇지 않다.

답 ③

PART 1

18 국가직 7급 2007
☑ 확인 Check! ○ △ ✕

조직설계의 두 차원은 분화(differentiation)와 통합(integration)이다. 이 중 조직의 수직적 통합을 위한 조정기제(mechanism)로 볼 수 없는 것은?

① 권한(authority)
② 규정과 방침
③ 태스크포스(taskforce)
④ 계획 및 통제시스템

───

┃해설┃

①·②·④ 권한, 규칙과 규정, 상사의 통제, 철저한 계획 등은 수직적 통합의 수단이다.
③ 태스크포스, 상호 협의, 직접대면 접촉 등은 수평적 통합의 수단이다.

답 ③

19 공인회계사 2002
☑ 확인 Check! ○ △ ✕

톰슨이 제시한 집합적(pooled), 순차적(sequential), 교호적(reciprocal) 상호의존성은 의사소통을 요구하는 정도가 서로 다르다. 의사소통을 요구하는 정도가 가장 높은 것부터 순서대로 바르게 나열된 것은?

① 집합적-순차적-교호적
② 집합적-교호적-순차적
③ 교호적-집합적-순차적
④ 교호적-순차적-집합적
⑤ 순차적-집합적-교호적

───

┃해설┃

톰슨은 과업수행의 과정에서 한 부서가 타 부서와 관련을 맺고 있는 정도인 상호의존성을 그 수준이 가장 낮은 결합형, 중간 수준인 순차형, 가장 높은 수준인 교호형으로 나누고, 각 상호의존성에 따라 조직이 사용하는 기술유형을 크게 세 가지(중개형, 연속형, 집중형)로 분류하였다. 이 중 집중인 소통을 필요로 하는 것은 교호적 상호의존성이며, 그 다음으로 순차적 상호의존성, 의사소통을 요구하는 정도가 가장 낮은 것은 집합적 상호의존성이다.

답 ④

07 | 조직구조

01

☑ 확인 Check! ○ △ ✕

경영관리자의 통제범위(span of control)는 경영관리자가 직접 감독하는 직원의 수이다. 최적의 통제범위를 결정하는 요인에 대한 설명으로 가장 옳지 않은 것은?

① 과업이 복잡할수록 통제범위는 좁아진다.

② 책임을 위임하는 경영관리자의 능력이 우수할수록 통제범위는 넓어진다.

③ 작업자와 경영관리자 사이의 상호작용과 피드백이 많이 요구될수록 통제범위는 넓어진다.

④ 작업자의 기술수준이 높을수록 통제범위는 넓어진다.

┃해설┃

부하와 상사 사이의 상호작용과 피드백이 많이 요구된다면 빈번한 상호작용이 필요하므로 한명의 상사가 많은 수의 부하를 관리하기 힘들어진다. 따라서 통제범위가 좁아진다.

① 과업이 복잡하면 종업원이 일을 처리하기 위해 상사와 논의하는 시간이 길어지므로 한 명의 상사가 관리하는 부하직 원의 수인 통제범위를 늘릴 수가 없다.

② 위임받는 부하직원의 능력이 우수하다면 상급자가 일일이 업무를 지시할 필요가 없어지므로 보다 많은 수의 부하직 원을 관리감독하는 것이 가능하다.

④ 부하의 기술수준이 높아지면 스스로 많은 업무를 처리할 수 있으므로 상사의 관여를 상대적으로 덜 필요로 하게 된다. 따라서 통제범위가 넓어진다.

답 ③

02 국가직 7급 2023 ☑ 확인Check! ○ △ ✕

조직구조에 대한 설명으로 옳은 것은?

① 매트릭스 조직에서는 역할 갈등과 업무 혼선이 생길 수 있다.

② 네트워크 조직은 환경변화에 유연하지 못하고 고정비 부담이 크다.

③ 사업부 조직은 기능부서에서 규모의 경제효과가 커지는 강점이 있다.

④ 기능 조직은 제품 종류가 소수보다 다수인 경우에 효과적이다.

┃해설┃

매트릭스 조직은 조직 구성원은 자신의 위치가 불명확하게 되므로 역할갈등을 겪는 동시에 조직에 대한 몰입도나 충성심이 저하될 수 있다.

② 네트워크 조직은 외주를 활용하므로 유연성이 극대화되고 고정비가 줄어든다.

③ 사업부 조직은 조직을 제품 또는 시장이나 고객을 기준으로 하여 분할된 경영단위들로 부문화 하는 것이다. 하지만 기능영역이 중복되는 경우가 많아 운영비용이 증가할 수 있는 단점을 가진다.

④ 기능식 조직은 직능식 조직이라고도 하며, 내용이 유사하고 업무관련성이 높은 조직의 구성부문들을 중심으로 결합하여 설계한 조직 형태이다. 조직의 규모가 비교적 작고 소수의 제품이나 서비스를 생산할 때 적합하다.

답 ①

03 경영지도사 2023 ☑ 확인Check! ○ △ ✕

경영조직에 관한 설명으로 옳지 않은 것은?

① 기계적 조직은 공식화 정도가 높다.

② 유기적 조직은 환경 변화에 신속히 대응할 수 있다.

③ 라인조직은 업무수행에 있어 유사한 기술이나 지식이 요구되는 활동을 토대로 조직을 부문화시킨 것으로 내적 효율성을 기할 수 있다.

④ 매트릭스 조직은 이중적 명령계통으로 인해 중첩되는 부문 간 갈등이 야기될 수 있다.

⑤ 위원회 조직은 조직의 특정 과업 해결을 위해 조직의 일상적 업무 수행 기구와는 별도로 구성된 전문가 혹은 업무관계자들의 활동조직이다.

┃해설┃

업무수행에 있어 유사한 기술이나 지식이 요구되는 활동을 토대로 조직을 부문화시킨 조직구조는 기능식 조직이다.

① 기계식 조직은 공식화 정도와 복잡성과 집중성이 높다.

② 유기적 조직은 역동적 환경에 유리한 조직형태이다.

④ 매트릭스 조직은 이중적 명령계통으로 인해 기능부문과 프로젝트/제품 영역간의 갈등이 발생할 수 있다.

⑤ 위원회 조직구조는 특정한 문제의 해결을 위해 관계자들간 협의체를 구성하여 의사결정이 이루어지는 조직유형이다.

답 ③

민츠버그(H. Mintzberg)의 5가지 조직유형에 해당하지 않는 것은?

① 매트릭스 조직
② 기계적 관료제
③ 전문적 관료제
④ 애드호크라시
⑤ 사업부제 조직

┃해설┃

민츠버그는 조직을 구성하는 다섯 가지 부문(전략부문, 기술전문가부문, 핵심운영부문, 중간라인부문, 지원스탭부문)과 각 부문별로 강조되는 조정의 형태를 토대로 5가지 조직구조유형(단순구조, 기계적 관료제, 전문적 관료제 사업부제, 애드호크라시)을 정의하였다. 매트릭스 조직은 민츠버그의 5대 조직유형과 무관하다.

더 살펴보기	민츠버그의 5가지 조직유형

① 단순구조 : 집권화된 유기적 조직으로 전략상층부와 업무핵심층으로만 구성, 직접 감독에 의한 통제로 공식화 정도가 낮고, 소규모의 생산조직이나 단순하고 동태적인 조직의 형태
② 기계적 관료제 : 기업규모의 성장으로 기능에 따라 조직을 구성하게 되면서 표준화되고 공식화 정도가 높은 기계적 조직구조를 형성. 대규모 조직으로 단순하고 안정적인 환경에 적합하지만, 환경의 변화에 따른 대응이 느린 단점
③ 전문적 관료제 : 전문성의 확보를 통해 기계적 관료제를 보완하는 기계적 조직의 형태로 공식화 정도를 낮추고 분권화와 수평적 분화를 지향. 전문성에 기반한 업무 수행이 가능하지만, 부서 간의 갈등이 발생할 가능성이 높음
④ 사업부제 조직 : 기능조직이 점차 대규모화됨에 따라 분권화된 기계적 조직으로 제품이나 지역, 고객 등을 대상으로 조직을 분할 운영하는 대규모 조직으로 단순하고 안정적인 환경에 적합. 각 사업부의 대응성과 책임감이 제고되나 기능부서의 중복으로 인한 낭비적 요소가 존재
⑤ 애드호크라시 : 임시조직 또는 특별조직으로 상호 조정에 의하여 통제가 이루어지며 복잡하고 동태적인 환경에 적합한 조직. 낮은 공식성과 높은 분권화, 수평적 분화를 특징으로 하며, 분권화를 바탕으로 창의성 발휘가 용이하지만, 책임소재가 불분명

답 ①

05 경영지도사 **2022**

조직구조에 관한 설명으로 옳은 것은?

① 위원회 조직구조는 의사결정을 빠르게 하고 책임소재를 분명히 한다는 장점이 있다.
② 네트워크 조직구조는 핵심 이외의 사업을 외주화하기 때문에 외부환경의 변화에 민활하게 대응할 수 있다.
③ 매트릭스 조직구조는 업무 수행자의 기능 및 제품에 대한 책임 규명이 쉽다는 장점이 있다.
④ 사업부 조직구조는 각 사업부 간의 전문성 교류를 원활하게 함으로써 규모의 경제를 실현하게 한다.
⑤ 기능적 조직구조는 전문화보다 고객 요구에 대한 대응을 더 중요시한다.

──────────────────────────────

❙해설❙

네트워크 조직은 핵심 이외의 사업을 다른 기업으로부터 조달받는 방식을 사용하므로 환경변화에 비교적 잘 대응할 수 있다.
① 위원회 구조는 합의제 방식으로 의사결정이 이루어지므로 판단의 속도가 느린 편이고 책임소재가 명확하지 않다.
③ 매트릭스 조직은 조직구성원에 대한 이중통제 방식을 사용하므로 책임소재가 명확하지 않다.
④ 사업부제 조직에서는 인력운용 측면에서 규모의 경제효과를 얻기가 힘들다. 특정 분야에 대한 지식과 능력의 전문화가 쉽지 않고, 기업이 생산하는 여러 제품라인간 통합과 표준화가 어려우며, 기능영역이 중복되는 경우가 많아 운영비용이 증가하기 때문이다.
⑤ 기능식 조직은 고객 요구에 대한 대응보다 특정 기능분야를 중심으로 한 전문화가 이루어진다.

답 ②

06 경영지도사 **2021**

조직설계 요소 중 통제범위와 관련된 설명으로 옳지 않은 것은?

① 과업이 복잡할수록 통제범위는 좁아진다.
② 관리자가 스텝으로부터 업무 상 조언과 지원을 많이 받을수록 통제의 범위가 좁아진다.
③ 관리자가 작업자에게 권한과 책임을 위임할수록 통제범위는 넓어진다.
④ 작업자와 관리자의 상호작용 및 피드백이 많이 필요할수록 통제범위는 좁아진다.
⑤ 작업자가 잘 훈련되고 작업동기가 높을수록 통제범위는 넓어진다.

──────────────────────────────

❙해설❙

관리자가 업무상의 지원을 제3자로부터 받을 수 있다면 통제범위를 늘릴 수 있다. 여기서 통제범위는 한 명의 상사가 관리하는 부하직원의 수이다. 이는 과업이 복잡하거나 어려울수록❶, 상사와 부하간의 상호작용이 빈번할수록❹ 좁아진다. 반대로 구성원이 알아서 일을 잘 처리할 수 있거나❺ 구성원에게 권한위임을 폭넓게 한다면❸ 통제범위를 넓힐 수 있다.

답 ②

07 경영지도사 2021

☑ 확인 Check! ○ △ ✕

공간과 시간, 그리고 조직의 경계를 넘어 컴퓨터와 정보 · 통신기술을 이용하는 조직형태는?

① 기능식 조직
② 사업부제 조직
③ 매트릭스 조직
④ 가상 조직
⑤ 프로세스 조직

┃해설┃

가상 조직 또는 네트워크 조직은 급변하는 환경에 대응하여 기업경영의 핵심인 지식과 정보의 원활한 소통, 공유, 창조를 가능케 하기 위해 여러 조직간 유기적인 연계를 극대화한 조직으로서, 주로 IT 기술에 기반하여 여러 조직들이 수평적으로 연결되어 각자 자신의 핵심역량에 해당하는 업무를 수행하게 된다. 이는 곧 각 기업의 입장에서는 자신의 고유역량 외의 기능들을 직접 투자할 필요 없이 외주할 수 있음을 뜻한다. 이 경우 조직과 조직간의 전통적인 경계가 없어지는 개방적 운영이 이루어지게 된다. 가상 조직은 모듈형 조직으로 불리기도 한다.

답 ④

08 경영지도사 2021

☑ 확인 Check! ○ △ ✕

사내 벤처비즈니스의 성공요인이 아닌 것은?

① 의사결정을 행사할 수 있다.
② 자원을 활용할 수 있다.
③ 실패를 두려워하지 않는다.
④ 팀원을 채용할 수 있다.
⑤ 조직경계를 넘지 않는다.

┃해설┃

사내벤처 조직은 기업가적 조직의 한 형태로서, 조직 구성원에게 기업가 정신을 고취함으로써 조직의 내부 또는 외부에 자율적인 사내기업을 설치 · 운영하여 지속적인 혁신과 조직변화를 촉진하려는 조직이다. 사내벤처에서는 조직경계를 넘는 혁신적인 경영활동이 가능하다.

답 ⑤

조직 형태 중 매트릭스 조직에 대한 설명으로 가장 옳지 않은 것은?

① 매트릭스 조직은 프로젝트 조직과 직능식 조직의 장점을 포함한다.
② 매트릭스 조직의 구성원은 수평 및 수직적 명령체계에 모두 속할 가능성이 있다.
③ 라인 조직에 비해 명령체계에 의한 혼선과 갈등을 줄일 수 있다는 장점이 있다.
④ 매트릭스 조직의 기업은 동시에 다양한 프로젝트를 수행할 수 있다.

┃해설┃
매트릭스 조직은 서로 다른 두 종류의 조직구조를 결합한 형태의 조직구조이다. 여기서는 기능부문과 프로젝트/제품 영역간의 갈등이 발생할 가능성이 높은데, 이는 조직구조가 다원화되면서 나타나는 조정의 문제이기도 하면서 권한이나 주도권에 대한 다툼의 문제이기도 하다. 또한 조직구성원은 자신의 위치가 불명확하게 되므로 역할갈등을 겪는 동시에 조직에 대한 몰입도나 충성심이 저하될 수 있다.

답 ③

매트릭스 조직의 장점에 해당하지 않는 것은?

① 구성원들 간 갈등해결 용이
② 환경 불확실성에 신속한 대응
③ 인적자원의 유연한 활용
④ 제품 다양성 확보
⑤ 구성원들의 역량향상 기회 제공

┃해설┃
매트릭스 조직은 제품부문, 기능부문, 지역부문 등의 여러 조직구성원 중 둘 이상의 차원이 결합되는 조직구조로서, 조직이 직면하는 다양한 환경요구에 부응할 수 있고❷ 조직 구성원들이 다방면에서 업무경험을 쌓을 수 있어❺ 인력을 비교적 융통성 있게 활용할 수 있다.❸ 또한 한 조직에서 다양한 제품생산이 필요한 경우❹에도 활용가능한 조직구조 유형이다. 그러나 개념상 부서간의 갈등이 증가하며 구성원의 충성도 저하 등의 문제가 일어날 수 있다.

답 ①

11 경영지도사 2020

☑ 확인 Check! ○ △ ✕

분권적 권한(decentralized authority)에 관한 설명으로 옳지 않은 것은?

① 종업원들에게 더 많은 권한위임이 발생한다.
② 의사결정이 신속하다.
③ 소비자에 대한 반응이 늦다.
④ 분배과정이 복잡하다.
⑤ 최고경영진의 통제가 약하다.

┃해설┃

분권적 권한을 사용하는 조직은 최고경영진이 아니라 고객을 응대하는 현장 직원들에게 판단권한을 주게 되므로 소비자의 다양한 요구에 대하여 즉각적인 응대가 가능해진다.

답 ③

12 경영지도사 2020

☑ 확인 Check! ○ △ ✕

사업부별 조직구조에 관한 설명으로 옳지 않은 것은?

① 오늘날 대부분의 다국적 기업들이 채택하고 있다.
② 각 사업부는 독립적인 수익단위 및 비용단위로 운영된다.
③ 성과에 대한 책임 소재가 불분명하다.
④ 시장변화 또는 소비자 욕구변화에 비교적 빠르게 대처할 수 있다.
⑤ 사업부문별로 권한과 책임이 부여된다.

┃해설┃

사업부제는 각 사업부가 독립된 성과와 이익의 주체가 되므로 책임소재가 분명하다는 특징을 갖고 있다. 나머지는 모두 사업부제에 대한 옳은 설명이다.

답 ③

13 경영지도사 **2020** ☑ 확인Check! ○ △ ✕

조직 내에는 꼭 필요한 핵심 기능을 보유하고 그 외의 기능들은 상황에 따라 다른 조직을 활용함으로써 조직의 유연성을 확보하고자 하는 조직구조는?

① 매트릭스 조직   ② 라인-스태프 조직
③ 사업부제 조직   ④ 네트워크 조직
⑤ 라인 조직

▌해설▌

네트워크 조직은 급변하는 환경에 대응하여 기업경영의 핵심인 지식과 정보의 원활한 소통, 공유, 창조를 가능케 하기 위해 여러 조직간 유기적인 연계를 극대화한 조직으로서, 주로 IT 기술에 기반하여 여러 조직들이 수평적으로 연결되어 각자 자신의 핵심역량에 해당하는 업무를 수행하게 된다.

답 ④

14 공인회계사 **2019** ☑ 확인Check! ○ △ ✕

조직구조에 관한 설명으로 가장 적절하지 않은 것은?

① 공식화(formalization)의 정도는 조직 내 규정과 규칙, 절차와 제도, 직무 내용 등이 문서화되어 있는 정도를 통해 알 수 있다.
② 번즈(Bums)와 스토커(Stalker)에 따르면 기계적 조직(mechanistic structure)은 유기적 조직(organic structure)에 비하여 집권화와 전문화의 정도가 높다.
③ 수평적 조직(horizontal structure)은 고객의 요구에 빠르게 대응할 수 있고 협력을 증진시킬 수 있다.
④ 민츠버그(Mintzberg)에 따르면 애드호크라시(adhocracy)는 기계적 관료제(machine bureaucracy)보다 공식화와 집권화의 정도가 높다.
⑤ 네트워크 조직(network structure)은 공장과 제조시설에 대한 대규모 투자가 없어도 사업이 가능하다.

▌해설▌

애드호크라시는 조직구조 유형가운데 공식화와 집권화의 정도가 가장 낮은 조직구조이다.
① 조직 내 규정과 규칙 등이 어느정도 문서화되어 있는 지를 통해 공식화의 정도를 알 수 있다.
② 번즈와 스토커에 따르면 기계적 조직은 집권화와 전문화의 정도가 유기적 조직보다 높다.
③ 수평적 조직은 의사결정의 권한을 현장관리자나 고객을 응대하는 직원에게 부여함으로써 빠른 대응이 가능하고, 협력 역시 촉진되는 경향이 있다.
⑤ 네트워크 조직은 특정한 역량을 가진 여러 조직들이 연결되는 형태의 조직구조이다. 따라서 모든 기능을 구축할 필요가 적으므로 대규모 투자가 필요하지 않다.

답 ④

15 서울시 7급 2019

☑ 확인 Check! ○ △ ✕

조직설계에서 기능조직의 특징에 대한 설명으로 가장 옳지 않은 것은?

① 각 기능별 규모의 경제를 획득할 수 있다.

② 각 기능별 기술개발이 용이하다.

③ 내적 효율성 향상이 가능하다.

④ 다품종 생산에 효과적이다.

┃해설┃

기능조직은 직능식 조직이라고도 하며, 내용이 유사하고 업무관련성이 높은 조직의 구성부문들을 중심으로 결합하여 설계한 조직 형태이다. 일반적으로 환경이 안정적이고 각 부서간의 상호의존성이 낮을 때, 그리고 조직의 규모가 비교적 작고 소수의 제품이나 서비스를 생산할 때 적합하다. 유사 업무를 묶어 부문을 편성하게 되므로 부서(부문) 내 협업과 효율적 규모의 경제의 이점을 동시에 누릴 수 있으며❶❸, 유사기능 담당자간 협업을 통한 기술개발이 용이한 동시에❷ 지식공유가 가능해진다는 장점이 있다. 하지만 기능식 조직에서는 서로 다른 일을 하는 부문(부서)간에 협력과 의사소통 및 상호조정이 어렵다. 또한 부문최적화에 치중하다보니 전체최적화를 달성하지 못할 가능성이 있다.

답 ④

16 경영지도사 2019

☑ 확인 Check! ○ △ ✕

사업별 조직구조의 강점이 아닌 것은?

① 분권화된 의사결정

② 기능부서 간 원활한 조정

③ 불안정한 환경에서 신속한 변화에 적합

④ 명확한 책임 소재를 통한 고객만족 향상

⑤ 제품 라인 간 통합과 표준화 강화

┃해설┃

사업별 조직구조는 조직을 그 제품 또는 시장이나 고객을 기준으로 하여 분할된 경영단위들로 부문화 하는 것이다. 사업부제 조직은 제품이나 시장에 따른 분권적 조직편성이기 때문에❶ 소비자의 요구 등을 포함한 외부 환경변화에 대응하는 능력이 비교적 우수하며❸ 명확한 책임소재를 통한 고객만족 향상 등에 유리한 것으로 알려져 있다.❹ 또한 여러 기능영역들이 하나의 목표를 가진 사업부로 통합되므로 기능부서간 조정의 문제도 해결되고❷, 적절한 규모를 가진 사업부가 이익과 생산의 책임을 지게 되므로 달성 가능한 목표치의 제시와 원활한 의사소통에도 도움이 된다. 하지만 특정 분야에 대한 지식과 능력의 전문화가 쉽지 않고, 기업이 생산하는 여러 제품라인간 통합과 표준화가 어려우며, 기능영역이 중복되는 경우가 많아 운영비용이 증가할 수 있다.

답 ⑤

17 국가직 7급 2019

조직구조와 조직설계에 관한 연구를 설명한 것으로 옳지 않은 것은?

① 민츠버그(Mintzberg)의 연구에 의하면 조직 구성원의 기능을 5가지의 기본적 부문으로 구분하고, 조직의 상황별로 다르게 나타나는 기본적 부문의 우세함에 따라 조직구조를 5가지 유형으로 분류한다.

② 톰슨(Thompson)의 연구에 의하면 과업 수행을 위하여 다른 부서와의 의존적 관계에 따라 상호의존성을 3가지로 분류하였는데, 이 중에서 가장 낮은 상호의존성을 중개형이라고 한다.

③ 번즈와 스타커(Burns and Stalker)의 연구에 의하면 조직의 환경이 안정적일수록 기계적 구조가 형성되고 가변적일수록 유기적 구조가 형성되는데, 기계적 구조가 유기적 구조보다 낮은 분화와 높은 분권화의 특성을 보인다.

④ 페로우(Perrow)의 연구에 의하면 비일상적 기술은 과업의 다양성이 높고 분석가능성이 낮은 업무에 적합하고, 분권화와 자율화가 요구된다.

┃ 해설 ┃

기계식 구조는 유기적 구조보다 조직구조의 복잡성, 집중성, 공식성이 높다. 따라서 기계식 구조의 분화정도와 집권화 정도가 유기적 구조보다 더 크다. 그러므로 낮은 분화와 높은 분권화는 기계식 조직보다 유기적 조직에 더 적합하다.

① 민츠버그는 조직구성요소를 다섯 부문으로 구분하고, 이들 다섯 부문 중 어디에 힘이 실리는지에 따라 다섯 가지 조직구조가 발생한다고 보았다.

② 상호의존성이 낮은 것에서 높은 것의 순서대로 나열하면 중개형 기술, 연속형 기술, 집중형 기술이다.

④ 페로우에 따르면 비일상적 기술을 사용하는 조직은 유기적 조직에 가까워지므로 분권화와 자율화가 요구된다.

답 ③

18 공인회계사 2018

조직구조와 조직설계에 관한 설명으로 가장 적절하지 않은 것은?

① 통제의 범위(span of control)는 부문간의 협업에 필요한 업무 담당자의 자율권을 보장해 줄 수 있도록 하는 부서별 권한과 책임의 범위이다.

② 부문별 조직(divisional structure)은 시장과 고객의 요구에 대응할 수 있으나 각 사업부 내에서 규모의 경제를 달성하기가 쉽지 않다.

③ 조직에서 의사결정권한이 조직 내 특정 부서나 개인에게 집중되어 있는 정도를 보고 해당 조직의 집권화 (centralization) 정도를 알 수 있다.

④ 기능별 조직(functional structure)은 기능별 전문성을 확보할 수 있으나 기능부서들 간의 조정이 어렵고 시장의 변화에 즉각적으로 대응하기가 쉽지 않다.

⑤ 매트릭스 조직(matrix structure)은 이중적인 보고 체계로 인하여 보고담당자가 역할갈등을 느낄 수 있고 업무에 혼선이 생길 수 있다.

통제의 범위는 1명의 상사가 거느리는(통솔하는) 부하직원의 수를 의미한다.

② 부문별 조직은 기능별 담당자들이 각 주문별로 흩어지게 되므로 기능식 조직에 비해 더 많은 인적자원을 필요로 한다.

③ 조직의 집권화 정도는 의사결정권한이 조직 내 특정 부서나 개인에게 얼마나 집중되어 있는 지를 통해 알 수 있다.

④ 기능별 조직은 서로 다른 기능부서들 간의 조정이 어렵고, 제품이나 지역 및 고객별로 부서가 편성된 것이 아니라 기능별로 편성이 되어있으므로 시장변화에 대응하기가 쉽지 않다.

⑤ 매트릭스 조직에서는 1명의 직원이 2인 이상의 상사에게 보고를 해야하므로 역할갈등을 느낄 가능성이 크고 업무혼선도 유발될 수 있다.

답 ①

19 경영지도사 2018

☑ 확인 Check! ○ △ ✕

조직구조의 유형에 관한 설명으로 옳지 않은 것은?

① 매트릭스 조직(matrix organization)은 전통적 기능식 조직에 프로젝트 조직을 덧붙인 조직이다.

② 프로젝트 팀 조직(project team organization)은 조직 내의 여러 하위 단위의 결합된 노력이 필요한 특정과업(프로젝트)을 수행하기 위하여 형성된 임시적 조직이다.

③ 자유형 조직(free-form organization)은 조직이 생존하기 위하여 필요하면 끊임없이 형태를 변화시키는 아메바와 같은 조직이다.

④ 네트워크 조직(network organization)은 조직 외부에서 수행하던 기능들을 계약을 통하여 조직 내부에서 수행하도록 설계된 조직이다.

⑤ 팀 조직(team organization)은 팀장 중심으로 팀의 자율성과 팀원 간의 유기적 관계를 유지 하면서 팀의 목표를 추구해 나가는 슬림화된 수평적 조직이다.

┃해설┃

네트워크 조직은 내부에서 수행하던 기능을 외부의 기업에게 맡기는 것이다.

① 매트릭스 조직은 전통적 기능식 조직에 프로젝트 조직을 덧붙인 조직이다.

② 프로젝트 팀 조직은 특정과업을 수행하기 위하여 조직 내의 여러 하위 단위의 결합된 노력이 필요한 임시적 조직이다.

③ 자유형 조직은 조직이 생존하기 위하여 형태를 끊임없이 변화시키는 조직이며 아메바 조직이라고도 한다.

⑤ 팀 조직은 팀장 중심으로 팀의 자율성과 팀원 간의 유기적 관계를 유지 하면서 팀의 목표를 추구해 나가는 슬림화된 수평적 조직이다.

답 ④

20 국가직 7급 2017
☑ 확인Check! ○ △ ✕

부문화에 대한 설명으로 옳지 않은 것은?

① 기능별 부문화는 지식과 기술의 유사성을 근거로 부서화 함으로써 높은 범위의 경제를 달성할 수 있다는 장점이 있다.

② 제품별 부문화는 특정제품 생산에 관한 모든 활동이 1명의 경영자에 의해 감독되기 때문에 제품성과에 대한 책임이 확실하다는 장점이 있다.

③ 고객별 부문화는 다양한 고객요구와 구매력에 맞추어 서비스를 함으로써 고객에게 최상의 서비스를 제공할 수 있다는 이점이 있다.

④ 과정별 부문화는 업무와 고객의 흐름을 기반으로 집단활동이 이루어지며 부서는 각자 하나의 특정 과정만을 담당한다.

┃해설┃

기능별 부문화의 결과로 탄생하는 기능식 조직에서는 개별 기능을 담당하는 사람들을 한 부서에 모아 놓기에 인력운영의 효율성이 증가하며 규모의 경제를 달성할 수 있다.

② 제품별 부문화는 특정 제품을 생산하는데 관여하는 사람들을 한 부서에 편제하는 방식이므로, 제품의 판매에 따른 성과평가를 실시하기가 용이하고 책임소재가 확실하다.

③ 고객별 부문화는 고객니즈에 대한 맞춤형 응대가 가능하다.

④ 과정별 부문화는 고객가치창출에 기여하는 하나의 핵심적 업무흐름을 중심으로 부서가 만들어지며 각각의 부서는 하나의 특정 과정만을 담당한다.

답 ①

21 경영지도사 2016
☑ 확인Check! ○ △ ✕

전통적 조직형태에 해당하는 것은?

① 사내벤처분사 조직 ② 역피라미드형 조직
③ 라인스탭조직 ④ 가상조직
⑤ 글로벌 네트워크 조직

┃해설┃

라인스탭 구조는 전통적 조직구조이며 나머지 조직구조들은 모두 현대적 구조라 할 수 있다.

답 ③

명령통일의 원칙이 무시되며 개인이 두 상급자의 지시를 받고 보고를 하는 조직으로 동태적이고 복잡한 환경에 적합한 조직구조는?

① 사업부제 조직

② 팀 조직

③ 네트워크 조직

④ 매트릭스 조직

⑤ 기능식 조직

┃해설┃

명령통일의 원칙이 무시되며 개인이 두 상급자의 지시를 받고 보고를 하는 조직으로 동태적이고 복잡한 환경에 적합한 조직구조는 매트릭스 구조이다.

더 살펴보기	매트릭스조직(Matrix Organization)

(1) 매트릭스조직의 개념

　① 행렬조직이라고도 불리며, 수평적인 프로젝트조직과 수직적으로 편성된 직능식 조직을 결합한 이원적인 명령조직이다.

　② 직능식 조직(Functional Organization)과 프로젝트조직(Project Organization)의 장점을 동시에 살리려는 조직으로, 고도로 전문화된 재화나 용역을 산출하고 판매하는 기업에 적합한 조직구조이며, 조직의 구성원은 일상적 행정기능은 종적인 기능조직관리자의 명령을 받고, 과업은 프로젝트 관리자의 명령을 받도록 설계되었다.

(2) 매트릭스조직의 장단점 : 인적 자원을 효율적으로 활용할 수 있는 장점이 있으나 두 명 이상의 상급자가 존재하여 혼란을 야기시키기도 한다.

장 점	단 점
• 인적 자원의 효율적 활용	• 두 명 이상의 상급자가 존재하여 명령일원화의 원칙 위배
• 시장의 변화에 융통성 있게 대응	• 기능부서와 프로젝트부서 간의 갈등 발생

 답 ④

☑ 확인 Check! ○ △ ✕

매트릭스(matrix)조직에 관한 설명으로 옳지 않은 것은?

① 기술의 전문성과 제품 혁신을 동시에 추구하는 조직에 적합한 구조이다.

② 인적자원을 유연하게 공유하거나 활용할 수 있다.

③ 구성원들은 두 명의 상관에게 보고를 해야 한다.

④ 전통적인 수직적 계층구조에 수평적인 팀을 공식화하여 양자간의 균형을 추구한다.

⑤ 역할 분담, 권력 균형, 갈등 조정 등이 쉬워 효율적인 조직 운영이 가능하다.

┃해설┃

매트릭스 조직은 지식공유의 용이, 관리의 일관성, 인적자원 관리의 융통성, 시장과 고객 요구에 적극적 대응 가능 등의 장점을 가지는 반면, 부문간 갈등, 몰입도나 충성심의 저하, 관리비용 증가 등의 단점을 가진다.

답 ⑤

☑ 확인 Check! ○ △ ✕

조직에서 권한 배분시 고려해야 할 원칙이 아닌 것은?

① 명령통일의 원칙

② 방향일원화의 원칙

③ 책임과 권한의 균형 원칙

④ 명령계층화의 원칙

┃해설┃

권한 배분시에는 명령통일 내지는 명령일원화❶, 책임과 권한의 균형❸, 명령계층화❹, 통제범위 등을 고려해야 한다.

답 ②

25 경영지도사 2015

☑ 확인Check! ○ △ ✕

민츠버그(H. Mintzberg)가 제시한 조직의 5가지 부문이 아닌 것은?

① 최고경영층, 전략경영 부문(Strategic apex)
② 일반지원 부문(Supporting staff)
③ 중간계층 부문(Middle line)
④ 전문·기술지원 부문(Technostructure)
⑤ 사회적 네트워크 부문(Social network)

┃해설┃

사회적 네트워크 부문은 민츠버그가 제시한 조직의 분류에 해당하지 않는다.

더 살펴보기	민츠버그의 조직유형	
핵심운영부문	제품과 서비스를 생산	전문화
전략부문	최고경영진의 의사결정	집권화
중간라인부문	전략부문과 핵심운영부문을 연결	분권화
기술전문가부문	조직의 시스템 설계 담당	표준화
지원스탭부문	각종 스탭부문	상호 적응과 협력

답 ⑤

26 경영지도사 2014

☑ 확인Check! ○ △ ✕

조직형태에 관한 설명으로 옳은 것은?

① 기능별 조직은 특정과제나 목표를 달성하기 위해 구성하는 임시조직이다.
② 부문별 조직은 업무내용이나 기능을 유사한 것끼리 묶는 조직형태를 말한다.
③ 네트워크 조직은 전통적 조직의 핵심요소를 간직하고 있으나 조직의 경계와 구조가 없다.
④ 프로젝트 조직은 동일한 제품이나 지역, 고객, 업무과정을 중심으로 분화하여 만든 조직이다.
⑤ 라인조직은 기능별 조직의 다른 형태로 기능을 중심으로 수평적으로 조직된다.

┃해설┃

①은 프로젝트 조직, ②는 기능식 조직, ④는 사업부제(=부문별) 조직에 해당하는 설명이다. ⑤의 라인 조직은 수직적 성격이 강하며, 수평적으로 조직되는 구조는 스탭조직에 가깝다.

답 ③

동일한 제품이나 지역, 고객, 업무과정을 중심으로 조직을 분화하여 만든 부문별 조직(사업부제 조직)의 장점으로 옳지 않은 것은?

① 책임소재가 명확하다.
② 기능부서간의 조정이 보다 쉽다.
③ 환경변화에 대해 유연하게 대처할 수 있다.
④ 특정한 제품, 지역, 고객에게 특화된 영업을 할 수 있다.
⑤ 자원의 효율적인 활용으로 규모의 경제를 기할 수 있다.

┃해설┃

자원의 효율적 활용을 통한 규모의 경제는 특정한 기능 및 역할을 한 곳에 모아 만든 기능식 조직의 특징이다. 기능식 조직은 내용이 유사하고 업무관련성이 높은 조직의 구성부문들을 중심으로 결합하여 설계한 조직 형태이다. 주로 가치사슬을 구성하는 조직의 핵심기능요소를 기준으로 편성되는 경우가 많다. 일반적으로 환경이 안정적이고 각 부서간의 상호의존성이 낮을 때, 그리고 조직의 규모가 비교적 작고 소수의 제품이나 서비스를 생산할 때 적합하다고 알려져 있다. 기능식 조직은 유사 업무를 묶어 부문을 편성하게 되므로 부서 내 협업과 규모의 경제의 이점을 동시에 누릴 수 있으며, 유사기능 담당자 간 협업을 통한 기술개발이 용이한 동시에 지식공유가 가능해진다는 장점이 있다. 하지만 기능식 조직에서는 서로 다른 일을 하는 부문 간에 협력과 의사소통 및 상호조정이 어렵다. 또한 부문최적화에 치중하다 보니 전체최적화를 달성하지 못할 가능성이 있으며, 업무의 최종성과에 대한 각 기능영역의 기여도 및 책임소재를 파악하기가 힘들고 환경에 대한 능동적 대응 및 혁신이 어려울 수 있다.

답 ⑤

매트릭스 조직에 대한 설명으로 옳은 것은?

① 이중적인 명령 체계를 갖고 있다.
② 시장의 새로운 변화에 유연하게 대처하기 어렵다.
③ 기능적 조직과 사업부제 조직을 결합한 형태이다.
④ 단일 제품을 생산하는 조직에 적합한 형태이다.

┃해설┃

매트릭스 조직구조는 이중명령체계를 가지고 있어❶ 변화적응에 비교적 유리한 편이다.❷ 이때 결합되는 두 조직은 반드시 기능별 조직과 사업부제 조직일 필요는 없으며❸, 복수의 제품과 서비스를 생산하는 조직에서도 적용될 수 있다.❹

답 ①

29 가맹거래사 2013

☑ 확인Check! ○ △ ✕

매트릭스 조직구조의 장점으로 옳지 않은 것은?

① 분야별 전문성을 살릴 수 있다.

② 조직의 인력을 신축적으로 활용할 수 있다.

③ 전문적 지식과 기술의 활용을 극대화할 수 있다.

④ 조직 내의 협력과 팀 활동을 촉진시킨다.

⑤ 의사결정의 책임소재를 명확히 할 수 있다.

┃해설┃

매트릭스는 복수상사 시스템으로 운영되므로 의사결정 책임이 분산되는 경우가 많다. 나머지는 모두 매트릭스 구조의 장점에 해당한다.

답 ⑤

PART 1

30 공인노무사 2012

☑ 확인Check! ○ △ ✕

한 사람의 업무담당자가 기능부문과 제품부문의 관리자로부터 동시에 통제를 받도록 이중권한 구조를 형성하는 조직구조는?

① 기능별 조직   ② 사업부제 조직

③ 매트릭스 조직   ④ 프로젝트 조직

⑤ 팀제 조직

┃해설┃

매트릭스 조직은 서로 다른 두 종류의 조직구조를 결합한 형태의 조직구조이다. 즉, 조직의 한 방향으로는 전통적인 기능별 또는 업무별 조직을 배치하는 한편, 다른 방향에서는 프로젝트별, 제품별·지역별 조직부문을 배치하여 종횡으로 엮어 구조를 형성한다. 매트릭스 조직은 전통적인 명령일원화의 원칙에서 벗어나는 예외적 형태의 조직이며, 대규모가 아닌 중간 규모의 조직구조이다.

답 ③

31 국가직 7급 2012

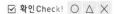

오늘날 많은 기업들이 팀제 조직을 선호하는 이유로 가장 적절하지 않은 것은?

① 팀제 조직은 커뮤니케이션과 의사결정의 신속성 및 정확성이 향상되므로 효율적이다.

② 팀제 조직은 이질성과 다양성을 결합하여 시너지효과를 창출할 수 있다.

③ 팀제 조직은 전통적 경영조직에 비해 환경 대응능력이 탁월하다.

④ 팀제 조직은 팀원의 책임을 덜어주고 권한을 강화하므로 운영이 원활하다.

┃해설┃

팀제 조직이란 집단구성원 개인이 투입한 노력들의 합 이상의 시너지를 창출하여 높은 수준의 성과를 내는 조직구조를 의미한다. 팀제의 도입을 통해 기업들은 의사결정의 속도를 향상시키는 한편 다양한 팀원들간의 시너지로 높은 성과를 창출하는 등의 효과를 누릴 수 있다. 분업화된 전통조직과는 달리 팀제 하에서 구성원들은 성과에 대한 폭넓은 권한과 책임을 동시에 가지게 된다. 따라서, 팀제 조직에서는 팀원의 책임과 권한이 동시에 강화된다.

> **더 살펴보기** **팀 조직**
>
> (1) 팀 조직의 개념
>   ① 팀 조직은 동태적 경영환경에서 보다 유연한 대처를 위해 고안된 조직의 형태로, 상호 보완적 지식이나 기술을 가진 구성원들이 자율권을 가지고 특정 과업을 수행하는 조직형태이며, 유연하고 수평적인 관계를 특징으로 하고 있다.
>   ② 팀 조직은 사업부제 조직 안에서 하나의 업무 단위로 형성되어 지속적인 운영을 하는 업무단위형 팀과 태스크포스 (Task Force)와 같이 단기적으로 운영을 하는 프로젝트형 팀으로 구분할 수 있다.
> (2) 팀 조직의 장단점
>
> | 장 점 | 단 점 |
> |---|---|
> | • 신속한 의사결정체계 | • 유능한 구성원들의 필요성 |
> | • 이중적 명령체계 탈피 | • 구성원들의 능력 신장에 많은 비용 투자 |
> | • 수직적 위계질서를 건너뜀 | • 조직의 단결 저해 |
> | • 성과 평가와 피드백의 용이성 | |

답 ④

32 가맹거래사 2012 ☑ 확인Check! ○ △ ×

이익센터와 가장 관련이 큰 조직형태는?

① 스탭 조직
② 기능식 조직
③ 사업부제 조직
④ 매트릭스 조직
⑤ 애드호크라시

해설

이익센터는 독자적으로 수익과 비용의 귀속주체가 되는 사업부를 뜻한다. 사업부는 제품이나 지역 내지는 특정 고객부문의 사업영역을 담당하므로 이익센터가 될 수 있다.

더 살펴보기 사업부제 조직

(1) 사업부제 조직의 개념
① 사업부제 조직은 기업의 규모 증대와 상황의 복잡화에 따라 제품, 시장 및 지역 등을 한 단위로 하여 생산과 판매, 기획과 설계, 인사관리, 자금조달까지를 한데 묶어서 구성한 조직이다.
② 사업부는 자주적이고 독립적으로 담당 분야와 관련한 대부분의 권한을 가지며, 각 부문별로 전문적인 관리자가 지휘, 감독하는 조직 형태이다.

(2) 사업부제 조직의 특징과 장단점
① 사업부제 조직의 성공적 운영을 위해서는 분권화(권한위임), 이익책임 단위화(업적평가제), 관리자의 종합적 시야 확보, 보상체계 수립 등이 필요하다.
② 시장의 요구에 즉각 대응하고 책임소재가 명확하며, 급변하는 환경에 대응하여 각 사업부의 자율성을 최대로 보장하여 내부경쟁을 유도하고, 자발적 참여에 의한 경영혁신이 가능한 장점이 있는 반면에, 사업부 간 중복업무나 중복투자로 인한 자원의 낭비와 사업부 간 과당경쟁의 문제가 발생할 수 있다는 단점이 있다.

장 점	단 점
• 최대한 자율성을 보장하고 내부경쟁을 유도하여 자발적 참여에 의한 경영혁신을 이룸 • 최고경영자는 일상적인 잡무가 아닌 큰 틀에서 전략수립이 가능함 • 급변하는 환경에 적합하며, 시장의 변화에 탄력적으로 대응 가능함	• 사업부 간의 대립이나 과당경쟁으로 구성원의 저항 등 부작용에 직면 • 중복투자와 기능 부서별 규모의 경제를 상실할 가능성 • 사업부 간 이기주의적 경향, 과당경쟁에 의한 문제 발생 가능성

답 ③

33 국가직 7급 2011

☑ 확인Check! ○ △ ✕

네트워크형 조직의 특성으로 옳지 않은 것은?

① 네트워크에 참여한 기업들은 자사가 보유한 핵심역량 강화에 주력한다.

② 네트워크 내 서로 다른 핵심역량을 보유한 기업들과 적극적이고 효율적인 제휴가 중요하다.

③ 네트워크형 조직은 가상조직 또는 모듈조직 등으로 불리기도 한다.

④ 수직적으로 연계된 구조와 사람 및 정보를 중시하고, 자기관리에 의한 통제방식을 주요한 관리수단으로 활용한다.

| 해설 |

네트워크 조직은 기업경영의 핵심인 지식과 정보의 원활한 소통, 공유, 창조를 가능케 하기 위해 여러 조직간 유기적인 연계를 극대화한 조직으로서, 주로 IT 기술에 기반하여 여러 조직들이 수평적으로 연결되어 각자 자신의 핵심역량에 해당하는 업무를 수행하게 된다. 이는 곧 각 기업의 입장에서는 자신의 고유역량 외의 기능들을 외주할 수 있음을 뜻한다. 이 경우 조직과 조직간의 전통적인 경계가 없어지는 개방적 운영이 이루어지게 된다. 한편 네트워크 조직은 가상조직 또는 모듈형 조직으로 불리며 수평형 조직구조에 가깝다.

답 ④

34 공인회계사 2010

☑ 확인Check! ○ △ ✕

기계적 조직과 유기적 조직에 관한 다음 설명 중 가장 적절하지 않은 것은?

① 기계적 조직은 일반적으로 공식화 정도가 높으며, 안정적이고 단순한 환경에 적합하다.

② 막스 베버(M. Weber)가 제시한 관료제 조직은 전문화와 공식화를 지향하므로 기계적 조직에 가깝다고 할 수 있다.

③ 기계적 조직과 유기적 조직 관점에서 볼 때, 현실의 조직들은 극단적인 기계적 조직과 극단적인 유기적 조직 사이의 연속선상에 위치할 수 있다.

④ 내용이 유사하고 관련성이 높은 업무를 우선 결합시키는 기능적 조직(functional organization)은 유기적 조직에 가깝다고 할 수 있다.

⑤ 네트워크 조직(network organization)은 환경변화에 신속하게 반응 할 수 있으므로 유기적 조직에 가깝다고 할 수 있다.

| 해설 |

기능식 조직은 각각의 기능을 철저하게 분업화시킨 조직구조이므로 기계식 조직에 가깝다.

① 기계적 조직은 공식화 정도가 높으며, 안정적이고 단순한 환경에 적합하다.

② 관료제 조직은 전문화와 공식화를 지향하므로 기계적 조직에 가깝다고 할 수 있다.

③ 현실의 조직들은 극단적인 기계적 조직과 극단적인 유기적 조직 사이의 연속선상에 위치할 수 있다.

⑤ 네트워크 조직은 환경변화에 신속하게 반응 할 수 있다는 특징이 있으므로 유기적 조직에 가깝다.

답 ④

162 공인회계사 1차 객관식 경영학

다음 내용이 설명하고 있는 조직구조는?

- 테일러가 창안한 조직구조이다.
- 수평적 분화에 중점을 두고 있다.
- 각자의 전문분야에서 작업능률을 증대시킬 수 있다.

---

① 기능식 조직   ② 네트워크 조직

③ 매트릭스 조직   ④ 사업부제 조직

⑤ 오케스트라 조직

┃해설┃

테일러는 역할분업에 기초한 기능식 조직을 강조하였다.

더 살펴보기   **기능식 조직**

① 직능식 조직이라고도 불리며, 테일러(Taylor)가 라인조직의 결점을 보완하기 위해 제안한 조직형태이다.

② 명령과 복종의 관계가 진보된 형태로, 관리자가 담당하는 일을 전문화하고 각 부문마다 다른 관리자들을 두어 작업자를 전문적으로 지휘, 감독하는 조직의 형태이며 전문화의 원리와 기능화의 원리가 잘 구현된 조직이다.

③ 환경변화에 반응하는 속도는 느리지만 깊이 있는 지식과 기술개발이 가능하며 기능부문 안에서는 규모의 경제가 가능한 장점을 지니고 있다.

장 점	단 점
• 기능의 업무수행이 능률적임 • 관리자의 부담이 적으며, 관리자의 양성이 용이함 • 관리자의 과업이 명백하고 평가가 용이함 • 작업의 표준화가 가능하며, 분업의 원칙이 고도로 이용됨	• 명령일원화의 원칙이 적용되지 않아 대기업에는 부적절한 조직임 • 기업 전체의 감독과 조정이 곤란하며, 전문적 분화에 따라 간접적 관리비가 증가함 • 관리자 상호 간의 대립이 발생하고, 경영전체의 조정이 곤란함

 답 ①

다음 중 조직 구조와 관련된 기술 중 가장 적절하지 않은 것은?

① 기능별 조직(functional organization)은 환경이 비교적 안정적일 때 조직관리의 효율을 높일 수 있다.

② 기능별 조직은 각 기능별로 규모의 경제를 얻을 수 있다는 장점이 있다.

③ 제품 조직(product organization)은 사업부내의 기능간 조정이 용이하다.

④ 제품 조직은 시장특성에 따라 대응함으로써 소비자의 만족을 증대시킬 수 있다.

⑤ 매트릭스 조직(matrix organization)은 많은 종류의 제품을 생산하는 대규모 조직에서 효율적으로 기능한다.

─────────────────────────────

┃ 해설 ┃

많은 종류의 제품을 생산하는 대규모 조직은 사업부제 조직에 적절하며, 매트릭스 조직은 중간 규모의 조직에 적합하다.

① 기능별 조직은 환경이 안정적일 때 효율적인 조직관리가 가능하다.

② 기능별 조직은 기능별로 규모의 경제를 얻을 수 있다는 장점이 있다.

③ 제품 조직은 사업부내의 기능간 조정이 용이하다는 장점이 있다.

④ 제품 조직은 각각의 시장특성에 따라 대응하여 소비자의 만족을 증대시킬 수 있다.

답 ⑤

CHAPTER

08 | 현대조직이론

01 공인회계사 2024
☑ 확인 Check! ○ △ ✕

조직문화에 관한 설명으로 가장 적절하지 않은 것은?

① 협력문화(cooperative culture)는 종업원들과 부서 간의 상호유대를 강하게 유지하는 것을 중시한다.

② 적응문화(adaptive culture)는 종업원들의 유연성과 혁신 추구를 강조한다.

③ 경쟁문화(competitive culture)는 고객에 대한 경쟁이 극심하고 성숙한 시장환경에 처한 조직에 적합하다.

④ 관료문화(bureaucratic culture)는 차별화 전략을 추구하는 조직에 적합하다.

⑤ 조직문화의 구성요소로 공유가치(shared value), 전략, 구조(structure), 시스템, 구성원, 기술(skill), 리더십 스타일 등을 들 수 있다.

▌해설▐

적응문화란 변화와 적응 및 학습을 장려하는 문화로서 종업원들의 유연성과 혁신 추구를 강조하며, 관료문화란 공식화와 집권화가 높아 업무처리가 기계적인 문화이므로 차별화 전략과는 어울리지 않는다. 한편, 파스칼과 피터스는 7S모형을 제시하여 조직문화의 구성요소로 공유가치, 조직구조, 전략, 구성원, 관리기술, 리더십 스타일, 제도 등을 제시했다.

답 ④

02 가맹거래사 2023
☑ 확인 Check! ○ △ ✕

노나카(I. Nonaka)의 지식전환 모델에 관한 설명으로 옳지 않은 것은?

① 암묵지(implicit knowledge)와 형식지(explicit knowledge)의 전환과정에서 지식이 공유되고 창출된다.

② 암묵지에서 형식지로 전환과정을 외재화(externalization)라 한다.

③ 형식지에서 암묵지로 전환과정을 표준화(standardization)라 한다.

④ 형식지에서 형식지로 전환과정을 결합화(combination)라 한다.

⑤ 암묵지에서 암묵지로 전환과정을 사회화(socialization)라 한다.

▌해설▐

형식지에서 암묵지로 전환되는 과정은 내재화라 한다.

답 ③

03 공인회계사 2023

☑ 확인Check! ○ △ ✕

조직구조와 조직문화에 관한 설명으로 가장 적절하지 않은 것은?

① 호손(Hawthome) 실험은 조직내 비공식 조직과 생산성 간의 관계 및 인간관계와 생산성 간의 관계를 설명한다.

② 통제의 범위(span of control)는 한 감독자가 관리해야 하는 부하의 수를 의미한다.

③ 자원기반관점(resource-based view)에서 기업은 경쟁우위를 창출하기 위해서 가치(valuable)있고, 모방불가능(inimitable)하며, 대체불가능(non-substitutable)하고, 유연한(flexible) 자원들을 보유해야 한다.

④ 로렌스와 로쉬(Lawrence & Lorsch)의 연구에 의하면, 기업은 경영환경이 복잡하고 불확실할수록 조직구조를 차별화(differenciation) 한다.

⑤ 홉스테드(Hofstede)의 국가간 문화차이 비교 기준중 권력간 거리(power distance)는 사회에 존재하는 권력의 불균형에 대해 구성원들이 받아들이는 정도를 의미한다.

▎**해설**▎

자원기반관점에 의하면 기업이 지속적으로 경쟁우위를 창출하기 위해서는 가치있고, 희소하며, 모방불가능하고, 대체불가능한 자원을 보유해야 한다.

① 호손 실험은 비공식 조직의 중요성과 사회적 인간관이 생산성에 미치는 영향을 설명한다.

② 통제의 범위란 감독자가 직접적으로 지휘, 통솔하는 부하의 수이다.

④ 로렌스와 로쉬에 의하면 환경의 불확실성이 커지고 복잡성이 증가할수록 분화(차별화)의 압력이 증가한다.

⑤ 권력간 거리는 권력이 어느정도로 불균등하게 분포되어 있는지 사회가 인식하는 정도를 의미한다.

답 ③

04 경영지도사 2020

☑ 확인Check! ○ △ ✕

지식을 형식지와 암묵지로 구분할 때 암묵지의 특징으로 볼 수 없는 것은?

① 언어로 표현 가능한 객관적 지식

② 경험을 통해 몸에 밴 지식

③ 은유를 통한 전달

④ 다른 사람에게 전이하기가 어려움

⑤ 노하우, 이미지, 숙련된 기능

▎**해설**▎

암묵지는 언어로 표현이 어려운 특성을 가지며 객관적이고 언어적 전달이 용이한 지식은 형식지에 해당한다.

답 ①

05 공인회계사 2022 ☑ 확인 Check! ○ △ ✕

조직구조와 조직변화에 관한 설명으로 가장 적절하지 않은 것은?

① 조직이 변화하는 외부상황에 적절하고 신속하게 대처하기 위해서는 집권화(centralization)가 필요하다.

② 조직변화(organizational change)는 궁극적으로 조직성과 개선, 능률 극대화, 구성원의 만족도 향상 등을 위한 계획적 변화를 말한다.

③ 기계적 구조는 저원가전략(cost-minimization strategy)을 추구하는 조직에 적합하다.

④ 조직이 경쟁력을 강화하고 경영성과를 높이기 위해서는 조직구조의 조정과 재설계, 새 공유가치와 조직문화의 개발, 직무개선 등의 노력이 필요하다.

⑤ 부문별 구조(divisional structure)는 기능별 구조(functional structure)보다 고객과 시장의 요구에 더 빨리 대응할 수 있다.

┃해설┃

변화가 큰 환경 하에서는 유기적 구조가 형성되는데, 유기적 구조의 특징으로는 탄력적인 과업과 수평적인 의사소통구조, 낮은 수준의 공식성과 권한의 분권화를 들 수 있다.

② 조직변화는 의도적이고 계획적으로 조직구조와 문화 또는 조직이 사용하는 기술이나 구성원의 사고방식을 바꾸어가는 과정을 의미한다.

③ 저원가 전략은 집중성과 공식성이 높은 기계적 구조에 적합하다.

④ 공유가치는 매킨지사에서 조직문화의 구성요소로 꼽은 7S의 핵심에 해당한다.

⑤ 부문별 구조는 제품이나 시장에 따라 분권화된 조직으로 구성되었기 때문에 고객과 시장의 요구에 대응하기 쉽다.

답 ①

06 국가직 7급 2022 ☑ 확인 Check! ○ △ ✕

홉스테드(G. Hofstede)의 문화적 차이에 대한 설명으로 옳지 않은 것은?

① 권력거리는 사회 내에서 부와 권력의 불평등에 대한 수용 정도이다.

② 여성중심적인 문화에서는 관계를 중요시하며 구성원을 배려하는 경향이 있다.

③ 불확실성 회피성향이 낮은 문화에서는 변화를 두려워하지 않으며 위험을 극복하려는 경향이 높다.

④ 사회주의의 몰락 이후, 문화적 차이가 세계적인 갈등의 가장 큰 원인이 될 것으로 예측하였다.

┃해설┃

홉스테드는 각국의 문화적 차이를 권력거리, 개인주의 대 집단주의, 남성성 대 여성성, 불확실성 회피 등의 기준에 의해 분류하였다.

① 어떠한 사회 내에서의 부와 권력의 불평등에 대한 수용 정도를 권력거리라고 한다.

② 여성중심적인 문화에서는 관계를 중요시하며 구성원을 배려하는 경향이 있다.

③ 불확실성 회피성향이 낮은 문화에서는 변화를 두려워하지 않으며 위험을 극복하려는 경향이 높다.

답 ④

조직구조와 조직문화에 관한 설명으로 가장 적절하지 않은 것은?

① 조직문화에 영향을 미치는 중요한 요소로 조직체 환경, 기본가치, 중심인물, 의례와 예식, 문화망 등을 들 수 있다.

② 조직사회화는 조직문화를 정착시키기 위해 조직에서 활용되는 핵심 매커니즘으로 새로운 구성원을 내부 구성원으로 변화시키는 활동을 말한다.

③ 유기적 조직에서는 실력과 능력이 존중되고 조직체에 대한 자발적 몰입이 중요시된다.

④ 조직이 강한 조직문화를 가지고 있으면 높은 조직몰입으로 이직률이 낮아질 것이며, 구성원들은 조직의 정책과 비전실현에 더욱 동조하게 될 것이다.

⑤ 분권적 조직은 기능중심의 전문성 확대와 일관성있는 통제를 통하여 조직의 능률과 합리성을 증대시킬 수 있다.

┃해설┃

기능중심의 전문성 확대와 일관성 있는 통제는 테일러의 집권형 조직에 어울리는 설명이다.

① 조직체 환경, 기본가치, 중심인물, 의례와 예식, 문화망 등은 조직문화에 영향을 미치는 중요한 요소이다.

② 조직사회화는 개인이 조직에 소속되기 전의 시점부터 조직에 입사하여 그 조직의 문화 등을 습득함으로써 조직의 구성원으로 변화해가는 과정을 의미한다.

③ 유기적 조직에서는 높은 수준의 자발적 조직몰입 즉, 조직에 대한 일체감이 중요시 된다.

④ 강한 문화란 구성원들 간에 공통된 의사결정기준이 존재하여 결속력이 강한 문화를 뜻한다. 이 경우 조직에 대한 충성과 몰입도가 향상되어 이직률이 낮아진다.

더 살펴보기	집권적 조직과 분권적 조직

조직은 조직구조의 구성요소인 집권화의 정도에 따라서 집권화된 조직과 분권화된 조직으로 구분할 수 있는데, 집권화된 조직은 의사결정의 권한이 최고경영자 또는 상위의 관리계층에 대부분 집중되어 있는 조직이며, 분권화된 조직은 의사결정 권한이 각 계층에 위임된 조직을 말한다.

구 분	집권화된 조직	분권화된 조직
장 점	• 경영자의 리더십 행사가 용이 • 경영활동의 집중과 통합이 용이 • 긴급사태에 대응하는 조직으로서 유효 • 단순, 반복적이고 획일적 업무에 유리	• 환경변화에 신속하게 대응 • 제품다양화 및 경영다각화로 위험분산, 경영합리화 도모 가능 • 권한을 위임받은 자는 전문적 지식을 바탕으로 합리적 의사결정가능
단 점	• 비대조직으로 관료화 • 과중한 업무량으로 의사결정 지연 • 획일적 관리로 조직원의 창의성 저해	• 전체적 계획 및 조정의 어려움 • 유사 중복 부문이 존재하여 비용증가 • 부서 간 대립, 통제력 약화 가능성 존재

답 ⑤

08

지식경영과 관련한 용어에 관한 설명으로 옳은 것은?

① 지식경영은 지식을 생성, 저장, 활용하는 일련의 과정을 의미한다.

② 지식은 객관적 사실, 측정된 내용, 통계를 의미한다.

③ 데이터 및 정보는 지식과 명확히 구별하기 어렵다.

④ 암묵지(tacit knowledge)는 객관적이고 이성적이며 기술적 지식을 포함한다.

⑤ 형식지(explicit knowledge)는 경험을 통해 축적한 지식으로 통찰력과 노하우를 의미한다.

▌해설▌

기업이 창출한 지식을 생성, 저장, 활용하는 과정을 지식경영이라고 한다.

②・③ 객관적 사실이나 측정된 내용은 모두 데이터에 관한 설명이다. 데이터를 가공하여 의미있게 만든 것이 '정보'이고, 이를 체계화한 것이 '지식'이다.

④・⑤ 형식지와 암묵지에 관한 설명이 서로 바뀌었다.

답 ①

09

파스칼(R. Pascale)과 피터스(T. Peters)의 조직문화 7S 중 다른 요소들을 연결시켜 주는 핵심적인 요소는?

① 전략(strategy)

② 관리시스템(system)

③ 관리 기술(skill)

④ 구성원(staff)

⑤ 공유가치(shared value)

▌해설▌

7S 구성요소 중 공유가치는 구성원들 모두가 공동으로 소유하고 있는 가치관과 이념 그리고 전통가치와 조직의 기본목적 등 조직체 전반에 관한 믿음 내지는 신념이다.

답 ⑤

맥킨지(McKinsey)가 제시한 조직문화 7S요소에 해당하지 않는 것은?

① 공유가치(shared value)

② 정신(spirit)

③ 구조(structure)

④ 전략(strategy)

⑤ 구성원(staff)

┃해설┃

7S요소는 공유가치(shared value), 조직구조(structure), 경영전략(strategy), 구성원(staff), 관리기술(skills), 리더십스타일(style), 제도(system) 등으로 구성된다.

더 살펴보기	조직문화의 구성요소(7S 모형)

① 파스칼(Pascale)과 피터스(Peters)는 조직문화를 구성하는 7가지 구성요소 간의 관계를 네트워크 형식으로 표현하였는데, 각 요소들의 연결성이 높을수록 뚜렷한 조직문화를 가지게 되고 뚜렷한 조직문화를 가질수록 조직의 목표달성에 대한 유효성은 높아진다고 주장하였다.

② 조직문화의 7가지 구성요소는 공유가치(Shared values)의 기반 위에 전략(Strategy), 조직구조(Structure), 제도(Systems), 스타일(Style), 구성원(Staff), 관리기술(Skills)이 연결되어 구성되어 있다.

공유가치	조직문화의 형성의 바탕
전 략	조직의 장기적인 방향
조직구조	구성원들의 역할과 상호관계 규정
제 도	조직의 의사결정과 운영시스템
구성원	조직의 인적 자원
관리기술	조직의 운영에 활용되는 각종 경영기법
리더십 스타일	조직을 이끌어 나가는 리더의 유형

답 ②

11 공인회계사 2019

비교경영연구에서 홉스테드(Hofstede)의 국가간 문화분류의 차원으로 가장 적절하지 않은 것은?

① 고맥락(high context)과 저맥락(low context)

② 불확실성 회피성향(uncertainty avoidance)

③ 개인주의(individualism)와 집단주의(collectivism)

④ 권력거리(power distance)

⑤ 남성성(masculinity)과 여성성(femininity)

┃해설┃

홉스테드는 국가간의 문화를 분류하는 기준을 네 가지로 제시하였다. 이에는 권력거리(권력의 불균등성), 개인주의-집단주의, 남성성(성취지향)-여성성(관계지향), 불확실성 회피성향 등이 포함된다. 후속연구에서는 장기지향성(미래중시)-단기지향성(현재중시)이라는 새로운 가치관이 추가되었으며, 최근에는 자적(indulgence)-자제(restraint) 문화의 유형이 추가되었다. 고맥락-저맥락은 홉스테드가 아닌 홀이 제시한 개념으로서 언어 자체가 중요한지(저맥락) 아니면 상황에 대한 이해가 중요한지(고맥락)를 뜻하는 개념이다.

답 ①

12 국가직 7급 2019

지식경영에 대한 설명으로 옳은 것은?

① 언어로 표현하기 힘든 주관적 지식을 형식지라고 한다.

② 암묵지에서 형식지로 지식이 전환되는 과정을 내면화라고 한다.

③ 수집된 데이터를 문제해결과 의사결정에 도움이 될 수 있도록 일정한 패턴으로 정리한 것을 정보라고 한다.

④ 지식경영은 형식지를 기업 구성원들에게 체화시킬 수 있는 암묵지로 전환하여 공유하는 경영방식이다.

┃해설┃

데이터를 모아 정리하면 정보가 되고, 정보를 모아 정리하면 지식이 된다.

① 언어로 표현하기 힘든 주관적 지식을 암묵지라 하고, 언어로 표현이 되는 객관적 지식을 형식지라고 한다.

② 암묵지에서 형식지로 전환되는 과정은 외재화, 형식지에서 암묵지로 전환되는 과정은 내면화이다.

④ 지식경영은 구성원 각자가 갖고 있던 암묵지를 외재화하여 모두가 공유할 수 있는 형식지로 변환하여 기업 내에 축적하는 것이다.

답 ③

13 ☑ 확인 Check! ○ △ ✕

지식기반사회의 인적자원에 대한 설명으로 옳지 않은 것은?

① 타인과 협력하는 태도도 중요하다.
② 암묵적 지식보다 명시적 지식이 중요하다.
③ 경험이나 지혜도 인적자원의 구성요소에 포함된다.
④ 논리적 지식(Know-Why)과 정보적 지식(Know-Who)이 중요하다.

┃해설┃

지식에는 눈에 보이는 지식인 형식지와 눈에 보이지 않는 지식인 암묵지가 있다. 오늘날에는 암묵지의 중요성이 점차 증가하고 있다.

① 지식기반사회에서는 타인과 협력하는 태도도 중요하다.
③ 경험이나 지혜도 인적자원의 구성요소에 포함된다.
④ know-why는 이유와 원리를 설명해 줄 수 있는 논리적 지식을 뜻하고, know-who는 누가 그 분야를 가장 잘 설명해 줄 수 있는지를 잘 알고 있는 정보원천에 관한 지식을 뜻한다. 지식기반사회에서는 이 둘 모두가 중요하다.

답 ②

14 ☑ 확인 Check! ○ △ ✕

혁신을 위한 환경요소가 아닌 것은?

① 유기적 조직구조
② 세밀하고 철저한 일정관리
③ 긍정적 피드백
④ 갈등에 대한 포용
⑤ 낮은 외부 통제

┃해설┃

혁신을 위해서는 아이디어가 자유롭게 표출될 수 있는 조건을 마련하는 것이 필요하다. 이를 위해서는 기계식 조직구조보다는 유기적 구조가 혁신에 유리하며, 구성원의 아이디어에 대한 열린 자세와 긍정적 피드백이 중요하다. 이 과정에서 갈등은 창의적 대안의 도출에 도움이 되므로 적극 장려할 필요가 있으며, 통제의 수준을 낮추는 것 역시 필요하다. 그러나 세밀한 일정관리는 도리어 구성원을 속박하여 자유로운 아이디어 창출을 방해할 수 있으므로 적절하지 않다.

답 ②

15 경영지도사 2019

조직문화 및 조직개발에 관한 설명으로 가장 적절하지 않은 것은?

① 조직문화(organizational culture)란 일정한 패턴을 갖는 조직활동의 기본가정이며, 특정 집단이 외부환경에 적응하고 내적으로 통합해 나가는 과정에서 고안, 발견 또는 개발된 것이다.

② 조직문화는 구성원들에게 조직 정체성(organizational identity)을 부여하고, 그들이 취해야 할 태도와 행동기준을 제시하여 조직체계의 안정성과 조직몰입을 높이는 기능을 한다.

③ 조직에서 변화(change)에 대한 구성원의 저항행동에 작용하는 요인에는 고용안정에 대한 위협감, 지위 손실에 대한 위협감, 성격의 차이 등이 있다.

④ 적응적(adaptive) 조직문화를 갖는 조직에서 구성원들은 고객을 우선적으로 생각하며 변화를 가져올 수 있는 인적, 물적, 또는 제도나 과정 등의 내적 요소들에 많은 관심을 보인다.

⑤ 레윈(Lewin)의 조직변화 3단계 모델에 의하면, 변화 단계에서는 구성원의 변화 필요성 인식, 주도세력 결집, 비전과 변화전략의 개발 등이 이루어진다.

┃해설┃

레윈의 단계이론에 따르면 변화가 있을 것으로 예고되는 경우 안정과 균형의 상태는 동요하게 되며 이를 해빙 단계라 본다. 어느 정도 새로운 제도나 원리에 노출되어 조직의 규범이 바뀌는 경우 이를 변화, 그 시스템이 옛 것으로 다시 돌아가지 않도록 안정화시키는 작업을 재동결이라 한다.

① 조직문화는 조직구성원간에 공유되고 전수되는 가치관과 신념 및 규범을 말한다.

② 조직문화는 구성원들에게 조직 정체성을 부여하고, 그들이 취해야 할 태도와 행동기준을 제시하여 조직체계의 안정성과 조직몰입을 높이는 기능을 한다.

③ 변화저항이란 변화에 반대하는 태도, 의견, 행위의 집합인데 그 요인은 크게 개인적 원인(성격차이 지위상실에 대한 공포, 안정지향적 욕구)과 조직적 원인(혁신성과에 대한 회의, 의사소통의 장애)으로 나눌 수 있다.

④ 코터와 헤스켓은 조직문화와 성과간에 긍정적인 관계가 있음을 제시하였다. 조직문화가 적응과 변화 및 학습을 장려하는 속성을 가지고 있다면 높은 성과를 낼 수 있다는 것이며 이러한 문화를 적응적 문화라 한다.

더 살펴보기	레윈의 장의 이론

레윈은 태도변화가 태도형성이라는 동결상태에서 '해빙 → 변화 → 재동결'이라는 과정을 거쳐 이루어진다고 설명하였는데 그 구체적 내용은 아래와 같다.
(1) 해빙(Unfreezing) : 변화를 위해 먼저 기존의 동결된 태도의 변화에 대한 동기유발
(2) 변화(Change)
    ① 순종 : 부정적 반응이 줄어들고 긍정적 반응이 증가
    ② 동일화 : 유발된 태도가 자아의 일부분 형성
    ③ 내면화 : 유발된 태도와 행위가 가치관과 일치
(3) 재동결(Refreezing) : 새로 획득된 태도, 지식 및 행위가 개인의 성격으로 통합, 고착화 되는 과정

 답 ⑤

16
☑ 확인 Check! ○ △ X

퀸(Quinn)과 카메론(Cameron)이 제안한 조직수명주기 모형의 각 단계를 순서대로 나열한 것으로 가장 옳은 것은?

① 창업 단계-집단공동체 단계-정교화 단계-공식화 단계
② 창업 단계-집단공동체 단계-공식화 단계-정교화 단계
③ 집단공동체 단계-창업 단계-정교화 단계-공식화 단계
④ 집단공동체 단계-창업 단계-공식화 단계-정교화 단계

───

▌해설▐

조직수명주기는 조직이 탄생하면서부터 변화되고 또 소멸되기까지의 일련의 과정들을 지칭하는 개념이다. 퀸과 카메론에 따르면 조직은 창업 단계, 관료화가 처음 시작되는 집단공동체 단계, 관료제 구조가 고도로 발달되는 공식화 단계, 관료화의 문제점을 극복하기 위해 노력하는 정교화 단계 등의 순으로 발달한다고 한다.

답 ②

17
☑ 확인 Check! ○ △ X

노나카(I. Nonaka)의 지식변환 과정 중 다음의 설명에 해당하는 것은?

> • 개인 간의 직접적인 상호작용을 통해 암묵지가 암묵지 그대로 전달되는 경우를 말한다.
> • 장인들이 관찰, 모방, 지도와 같은 도제관계를 통해 장기적으로 지식을 전수하는 경우를 말한다.

① 연결화(combination)
② 외부화(externalization)
③ 사회화(socialization)
④ 내면화(internalization)
⑤ 정보화(information)

───

▌해설▐

조직학습은 조직구성원들의 형식지 및 암묵지 습득과정이며, 형식지와 암묵지는 각각 독립적으로 창출되는 것이 아니라 상호 순환하며 창출된다. 이 과정은 사회화, 표출화, 연결화, 내재화 등으로 구성된다. 특정인의 암묵지가 다른 사람의 암묵지로 전환되는 과정은 사회화이다.

답 ③

18 경영지도사 2018

확인 Check! ○ △ ✕

조직문화에 의하여 설정된 규범, 공유된 가치, 전통, 신념, 의식, 기대 등을 통하여 이루어지는 통제의 유형은?

① 자율 통제
② 관료적 통제
③ 시장 통제
④ 클랜(clan) 통제
⑤ 스크리닝(screening) 통제

┃해설┃

클랜은 친족이라는 의미로서 가족주의적 공동체 정신에 입각하여 구성원들이 공유하는 문화를 중시하는 방식이다.

답 ④

19 가맹거래사 2017

확인 Check! ○ △ ✕

암묵지(tacit knowledge)에 관한 설명으로 옳은 것은?

① 다른 사람에게 전수하기 쉽다.
② 경험을 통해 쌓여진 지식이다.
③ 공식성과 체계성을 갖고 있다.
④ 제품설명서, 매뉴얼 등이 해당된다.
⑤ 객관적 지식이다.

┃해설┃

암묵지는 개인의 경험이나 노하우로 대표되는 지식❷으로서 추상적이고 비체계적 특성을 갖고 있다.❸ 따라서 타인에게 전수하기가 어렵고❶ 주관적 특성을 갖는다.❺
④의 제품설명서나 매뉴얼 등은 대표적인 형식지이다.

답 ②

제8장 | 현대조직이론 **175**

20 경영지도사 2016

확인Check! ○ △ ×

일본의 지식 경영학자인 노나카(I. Nonaka)의 지식변환 과정에서 형식지에서 암묵지로의 전환은?

① 자본화(capitalization)

② 연결화(combination)

③ 외부화(externalization)

④ 내면화(intermalization)

⑤ 사회화(socialization)

- - -

┃해설┃

노나카의 지식변환 과정에서 형식지에서 암묵지로의 변환은 사회화이며, 암묵지에서 형식지로의 변환은 외부화, 형식지
에서 형식지로의 변환은 연결화, 형식지에서 암묵지로의 변환은 내면화라고 한다.

답 ④

21 경영지도사 2016

확인Check! ○ △ ×

다음은 무엇에 관한 설명인가?

> 기업이 가지고 있는 지적 자산뿐만 아니라 구성원 개개인의 지식이나 노하우를 체계적으로 발굴하여 조직내부의
> 보편적인 지식으로 공유하고, 공유지식의 활용을 통해 조직전체의 문제해결 능력과 기업가치를 향상시키는 경영방식

① Knowledge Management

② Enterprise Resource Planning

③ Value Engineering

④ Business Process Reengineering

⑤ Executive Information Systems

- - -

┃해설┃

지식경영(Knowledge Management)에 대한 설명이다.

② 전사적 자원관리(Enterprise Resource Planning)는 기업내 제반요소를 통합하고 기업내 자원을 관리하여 기업의
경쟁력을 강화시켜 주는 통합정보시스템이다.

③ 가치공학(Value Engineering)은 고객의 요구를 충족시키면서 원가절감과 제품의 성능향상을 이루는 것이다.

④ 리엔지니어링(Business Process Reengineering)은 비즈니스 시스템 전체를 재구성하여 경영효율을 높이는 경영기
법이다.

⑤ 중역정보시스템(Executive Information Systems)은 기업 임원들이 주요 성공요인에 관한 기업 내부정보를 쉽게
접근하도록 해주는 시스템이다.

답 ①

22 가맹거래사 2016

☑ 확인Check! ○ △ ✕

조직의 가치창출을 위해 지식을 생성, 저장, 공유, 활용하는 일련의 활동은?

① 공급망 관리

② 고객관계관리

③ 전사적 품질경영

④ 지식경영

⑤ 기술경영

┃해설┃

지식을 만들고 보관하고 나누는 활동과 관련된 개념은 지식경영이다.

① 공급망 관리란 원료의 처리에서 시작하여 최종 소비자에게 제품 및 서비스가 도달하기까지 각 단계에서의 작업흐름과 정보의 총체적 관리를 의미한다.

② 고객관계관리란 고객과의 관계를 지속하는 마케팅 방식을 의미한다.

③ 전사적 품질경영이란 경영 전반에 걸쳐 지속적인 노력을 통해 조직의 모든 구성원들이 품질향상을 도모하는 것을 의미한다.

⑤ 기술경영이란 공학과 경영을 통합하여 기술중심 기업의 성공을 다루는 학문이다.

답 ④

23 가맹거래사 2015

☑ 확인Check! ○ △ ✕

조직문화에 관한 설명으로 옳지 않은 것은?

① 조직은 대외적으로 적응하고 대내적으로 통합하는 과정에서 조직문화를 형성한다.

② 조직 사회화를 통해서 신규 구성원에게 전수되고 보존된다.

③ 내생적인 요인 또는 외생적인 환경변화에 의해서 변화한다.

④ 조직문화의 변동과정에 목적의식을 가지고 개입하여 바람직한 문화를 창출하는 것이 조직문화의 개혁이다.

⑤ 조직문화를 개혁한 후에는 지속적인 엑스노베이션(exnovation)이 필요하지 않다.

┃해설┃

엑스노베이션은 이노베이션(혁신)의 반대 개념이다. 이미 정착된 제도나 관행이 더 이상 조직전략이나 환경상황과 맞지 않다고 판단될 경우 해당 제도나 관행을 제거하는 것을 의미한다.

답 ⑤

24 공인노무사 2014

☑ 확인 Check! ○ △ ✕

약한 문화를 가진 조직의 특성에 해당되는 것은?

① 응집력이 강하다.
② 의례의식, 상징, 이야기를 자주 사용한다.
③ 다양한 하위문화의 존재를 허용한다.
④ 조직가치의 중요성에 대한 광범위한 합의가 이루어져 있다.
⑤ 조직의 가치와 전략에 대한 구성원의 몰입을 증가시킨다.

┃해설┃

강한 문화는 구성원들 간에 공통된 의사결정기준이 존재하므로 그들 간의 결속력이 강하여 조직에 대한 충성과 몰입도가 강하지만, 약한 문화에서는 서로 다른 하위문화가 존재하는 경우가 많아 단합력이 약하다.

답 ③

25 경영지도사 2014

☑ 확인 Check! ○ △ ✕

전통적 기업과 지식기업의 특징을 비교하여 설명한 것으로 옳지 않은 것은?

① 전통적 기업은 계층조직인데 비해 지식기업은 임기응변식 조직이다.
② 전통적 기업은 분업시스템인데 비해 지식기업은 유기적 네트워크 조직이다.
③ 전통적 기업은 로테크(low-tech) 조직인데 비해 지식기업은 하이테크(high-tech) 조직이다.
④ 전통적 기업은 자금. 사람중심인데 비해 지식기업은 지식중심이다.
⑤ 전통적 기업의 생산원리는 유연성, 창조성, 다품종 소량생산인데 비해 지식기업의 생산원리는 효율성, 생산성, 소품종 다량생산이다.

┃해설┃

전통적 기업은 소품종 다량생산인 반면 현대의 지식기업은 다품종 소량생산이다.
① 지식기업은 변화에 유연하게 대응하는 조직이다.
② 전통적 기업에서는 분업과 효율성을 강조하는 반면, 지식기업은 부서간 협력과 유연성을 강조한다.
③ 로테크는 지식과 기술의 중요성이 적은 조직이고, 하이테크는 그 반대이다.
④ 생산요소 가운데 토지, 노동, 자본의 중요성이 큰 것이 전통기업이라면, 지식기업은 지식이나 노하우의 중요성이 훨씬 크다.

답 ⑤

26 국가직 7급 2013

☑ 확인 Check! ○ △ ✕

국가간 문화적 차이를 이해하기 위해 홉스테드(G. Hofstede)가 제시한 모형에 대한 설명으로 옳지 않은 것은?

① 개인주의 문화권에서는 개인의 성취도와 자유도가 높게 평가되고, 집단주의 문화권에서는 내부집단에 대한 충성이 중요시된다.

② 의사소통시 고맥락(high context) 문화권에서는 배경과 상황을 중시하고, 저맥락(low context) 문화권에서는 언어나 문서를 중시한다.

③ 남성다움이 강한 문화권에서는 남녀의 사회적 역할 구분이 명확하다.

④ 불확실성 회피 성향이 높은 문화권에서는 직업의 안정성과 명확한 업무지시 등을 선호하고, 불확실성 회피 성향이 낮은 문화권에서는 변화를 두려워하지 않는다.

┃ 해설 ┃

홉스테드가 문화가치를 구분한 기준은 권력거리, 개인주의집단주의, 남성성–여성성, 불확실성 회피, 장기지향–단기지향의 5가지이다. 고맥락–저맥락은 일반적으로 문화구분에 활용되는 기준이 맞지만, 홉스테드의 구분과는 관련이 없다. 고맥락은 언어로 표현되는 것 외의 요소가 상대방과의 커뮤니케이션에서 높은 비중을 차지하는 문화적 속성을 의미한다. 우리나라의 경우 말로 표현하지는 않지만 눈치껏 알아서 무엇인가를 행해야 하는 경우가 있는데 이것이 고맥락 문화이다. 반면 서구의 경우에는 언어로 표현되는 내용을 있는 그대로 받아들이면 되는 경우가 많다. 따라서 문자나 말이 커뮤니케이션에서 차지하는 비중이 크고 상황의 비중이 적어서 저맥락 문화라 부른다.

답 ②

27 국가직 7급 2009

☑ 확인 Check! ○ △ ✕

노나카(Nonaka)는 지식을 존재하고 있는 형태에 따라서 암묵지와 형식지로 구분하였다. 다음 중 암묵지와 형식지에 대한 설명 중 옳지 않은 것은?

① 암묵지는 경험을 통해 몸에 밴 지식이므로 전수하기가 쉽다.

② 형식지는 언어나 기호로 표현될 수 있는 객관적이고 이성적인 지식을 말한다.

③ 암묵지에서 형식지로의 전환을 표출화라고 한다.

④ 형식지에서 암묵지로의 전환을 내면화라고 한다.

┃ 해설 ┃

암묵지는 경험을 통하여 습득된 지식이어서 문서화되기 어려운 탓에 전수가 쉽지 않다.

② 형식지는 언어나 기호로 표현될 수 있는 객관적이고 이성적인 지식을 말한다.

③·④ 표출화는 지식을 현실 속에서 표현 내지 체험함으로써 형식지화하는 과정으로서 외재화라 부르기도 하며, 내면화는 공유와 통합의 과정을 거친 지식을 개인의 암묵지로 만드는 과정으로서 체화라고 부르기도 한다.

답 ①

조직변화에 관한 설명으로 옳지 않은 것은?

① 조직변화를 유발하는 요인은 외부요인과 내부요인으로 나누어 볼 수 있으며, 외부요인은 경제환경, 정치환경, 기술환경, 사회문화환경의 변화에 기인한다.

② 조직변화의 영역은 그 초점에 따라 목표, 전략, 구조, 기술, 직무, 문화, 구성원과 관련된 영역으로 구분할 수 있다.

③ 불확실성에 대한 불안감, 기득권상실, 관점의 차이는 조직변화를 거부하는 요인이라 할 수 있다.

④ 르윈(K. Lewin)의 힘의 장이론(force field theory)에 의하면 조직의 현재 상태는 변화를 추진하는 힘과 변화를 막는 힘이 서로 겨루어 균형을 이룬 결과로 설명된다.

⑤ 르윈에 의하면, 변화추진력을 높이면 그만큼 저항하는 힘이 작아지기 때문에 효과가 크다.

▌해설▌

르윈에 따르면 변화추진력이 커지면 저항력도 커지므로 성공적 변화를 위해서는 저항력을 억제하려는 노력이 필요하다.

① 일반적으로 외부요인은 개별 조직이 변경하기 어려운 대외적 변수를, 내부요인은 개별 조직이 바꿀 수 있는 조직특수 변수를 지칭한다.

② 조직변화의 영역 내지 대상은 구체적인 구조나 기술부터 추상적인 문화나 전략을 포괄한다.

③ 변화저항은 조직 내 개인의 지위변화와 이에 따른 손실 가능성에 대한 불안감 등에서 발생하는 것이며, 이로 인해 조직의 전반적인 혁신 활동에 부정적인 영향을 미치므로 이를 극복할 필요가 있다.

④ 르윈에 따르면 조직에는 변화를 강요하는 힘과 전통을 고수하려는 힘이 있으며, 이 두 힘의 크기가 균형을 이루고 있을 때 조직은 어떤 변화도 일어나지 않는다고 한다.

답 ⑤

피터 셍게(Peter Senge)가 주장한 학습조직 모형의 내용에 해당하지 않는 것은?

① 팀 학습   ② 개인적 숙련

③ 성과에 따른 평가   ④ 시스템적 사고

⑤ 비전의 공유

┃해설┃

학습조직 모형은 시스템적 사고, 개인적 숙련, 지적 모형, 비전의 공유, 팀 학습 등의 다섯 가지로 구성된다.

더 살펴보기   셍게의 학습조직 모형
① 시스템적 사고 : 사람들이 조직 내에서 혹은 인생에서 발생하는 다양한 사건들을 관찰하고 복잡한 상호 관계의 패턴들을 전체적 관점에서 살펴보도록 해주는 사고 프로세스이다.   ② 개인적 숙련 : 자신이 무엇이 될 수 있는지 혹은 무엇이 될 것인지에 대한 개인적인 비전을 명확히 하고 심화시키는 과정을 끊임없이 거치면서, 동시에 지속적으로 비전과 현실과의 차이를 확인해 나가는 수련을 의미한다.   ③ 지적모형 : 세상을 이해하는 방식인 동시에 우리가 직면하는 다양한 상황들에 대응하는 방식을 뜻한다. 이들을 지속적으로 확인, 검토함으로써 각자 사고의 기반이 무엇인지 확인할 수 있다.   ④ 비전의 공유 : 조직이 추구하는 방향이 무엇인지, 그리고 그것이 왜 중요하며 필요한 것인지에 관해 모든 조직구성원들이 공감대를 형성하는 과정을 뜻한다. 이 과정에서 리더의 역할이 매우 중요하다.   ⑤ 팀 학습 : 학습조직의 구축을 위해 필수불가결한 팀 단위에서의 토론과 지식공유를 의미한다.

답 ③

PART 2

인적자원관리론

01 서울시 7급 2023

☑확인 Check! ○ △ ✕

직무분석과 직무평가에 대한 설명으로 가장 옳은 것은?

① 직무분석방법에는 분류법과 요소비교법 등이 있다.

② 직무평가방법에는 점수법과 서열법 등이 있다.

③ 직무기술서(job description)는 해당 직무를 수행하기 위해 필요한 인적요건과 관련한 지식, 기술, 능력 등을 서술한다.

④ 핵크만(Hackman)과 올드햄(Oldham)의 직무특성이론에서 핵심 직무차원은 과업정체성, 과업중요성, 과업 효율성이다.

▌해설▌

직무평가방법에는 서열법, 분류법, 점수법, 요소비교법 등이 있다.

① 직무분석방법에는 관찰법, 면접법, 질문지법, 경험법, 중요사건법 등이 있다.

③ 해당 직무를 수행하기 위해 필요한 인적요건을 서술하는 서식은 직무명세서이다.

④ 핵심 직무차원에는 기술다양성, 과업정체성, 과업중요성, 자율성, 피드백 등이 포함된다.

답 ②

02 서울시 7급 2021 ☑확인 Check! ○ △ ✕

직무평가(job evaluation) **기법이 아닌 것은?**

① 점수법

② 분류법

③ 요소비교법

④ 체크리스트법

┃해설┃

직무평가 기법에는 서열법, 분류법, 점수법, 요소비교법 등이 있다. 체크리스트법은 직무가 아닌 사람을 평가하는 인사평가 기법이다.

답 ④

03 공인노무사 2022 ☑확인 Check! ○ △ ✕

직무분석에 관한 설명으로 옳은 것은?

① 직무의 내용을 체계적으로 정리하여 직무명세서를 작성한다.

② 직무수행자에게 요구되는 자격요건을 정리하여 직무기술서를 작성한다.

③ 직무분석과 인력확보를 연계하는 것은 타당하지 않다.

④ 직무분석은 작업장의 안전사고 예방에 도움이 된다.

⑤ 직무분석은 직무평가 결과를 토대로 실시한다.

┃해설┃

직무분석 결과를 토대로 작업장의 안전보강 및 작업자들의 안전한 작업수행에 필요한 정보를 확인할 수 있다.

① 직무의 내용을 정리한 서식은 직무기술서이고, 인적정보를 기록한 서식은 직무명세서이다.

② 인적자원의 자격요건을 정리한 서식은 직무명세서이다.

③ 직무분석은 인력확보 뿐만 아니라 교육훈련, 평가관리, 보상관리 등 인사관리의 전반에 걸쳐 필요한 기초자료를 제공하는 작업이다.

⑤ 직무분석 결과를 토대로 직무평가를 실시한다.

> **더 살펴보기** **직무분석의 절차**
>
> 직무분석은 직무분석의 목적을 결정하고 배경정보를 수집하는 것으로 시작을 하여 직무기술서와 직무명세서를 작성하는 것으로 완료되는데, 그 구체적 단계는 다음과 같다.
> ① 직무분석의 목적 결정 : 직무분석 결과를 어디에 활용할 것인지를 결정
> ② 배경정보의 수집 : 조직도, 업무흐름도 등을 파악
> ③ 대표직위 선정 및 직무정보의 수집 : 직무분석 목적에 따라 다양한 방법 활용
> ④ 직무정보의 검토(분석) : 수집된 정보를 직무담당자와 함께 검토
> ⑤ 직무기술서 및 직무명세서의 작성 : 일정한 양식에 따라 직무기술서와 직무명세서 작성

답 ④

PART 2

04 국가직 7급 2021

☑ 확인Check! ○ △ ✕

직무평가에 대한 설명으로 옳지 않은 것은?

① 요소비교법은 기준직무를 적절하게 선정하면 임금산정이 용이하고 상이한 직무에서도 활용될 수 있다.

② 점수법은 평가요소 선정이 어렵고 요소별 가중치부여 시 주관적으로 판단한다는 것이 단점이다.

③ 분류법은 간단하고 이해하기 쉽지만 부서가 다르면 공통의 분류기준을 적용하기 어렵다는 단점이 있다.

④ 서열법은 직무등급을 빠르게 매길 수 있고 직무의 어떤 요소에 의해 높게 혹은 낮게 평가되는지를 알 수 있다.

┃해설┃

서열법은 직무평가요소를 사용하지 않는 포괄적이고도 전체적인 평가방식이다.

① 요소비교법에서는 각 직무를 평가요소별로 비교하기 위한 기준직무가 필수적이다.

② 점수법의 가장 큰 단점이 평가요소에 대한 가중치 부여 과정에서 주관이 개입된다는 것이다.

③ 분류법에서는 분류기준표의 작성이 가장 중요한데, 부서가 달라지면 분류기준표의 기준이 달라져야 하므로 공통의 기준을 적용하기 어렵게 된다.

답 ④

05 국가직 7급 2021

☑ 확인Check! ○ △ ✕

직무설계에 대한 설명으로 옳지 않은 것은?

① 직무설계는 업무를 수행하기 위해 요구되는 과업들을 연결시키는 것이다.

② 직무순환은 직무수행의 지루함을 줄이고 직무의 다양성을 높여 인력배치의 융통성을 높여 준다.

③ 직무확대는 직무범위를 넓혀 과업의 수와 다양성을 증가시킨다는 점에서 직무의 재설계와 유사하다.

④ 직무충실화는 작업자에게 직무의 계획, 실행, 평가 의무를 부여하여 성장욕구가 낮은 작업자의 만족도 향상에 효과적이다.

┃해설┃

직무충실화는 직무수행에 대한 권한을 종업원에게 위임하는 것이므로 성장욕구가 높은 사람에게 사용하는 것이 좋다. 성장욕구가 낮은 작업자에게 많은 권한이 주어지는 일을 부여할 경우 종업원의 스트레스 수준이 증가하여 만족도가 낮아질 수 있다.

① 직무설계는 종업원에게 의미와 만족을 부여하는 동시에 조직목표를 효과적으로 달성하기 위하여 개별 직무의 내용과 업무수행방법을 설계하는 활동이다.

② 직무순환을 통해 구성원은 조직 내 다양한 부서를 이동하며 근무할 수 있으므로 지루함이 줄어들고 이후에 해당 인력을 다양한 부서로 배치하는 것이 가능하다.

③ 직무범위를 넓혀 과업의 수와 다양성을 증가시키는 것은 직무확대이며 이는 직무의 재설계와 유사하다.

답 ④

06 공인노무사 2021

☑ 확인Check! ○ △ ✕

전통적 직무설계와 관련 없는 것은?

① 분 업
② 과학적 관리
③ 전문화
④ 표준화
⑤ 직무순환

┃해설┃

직무순환은 전통적 직무설계가 아니라 현대적 직무설계의 주요 기법 중 하나이다. 현대적 직무설계는 종업원의 동기부여를 위해 다양한 방식으로 직무범위를 확대하여 종업원으로 하여금 일하는 재미를 느낄 수 있게 하는 것을 목표로 한다.

답 ⑤

07 경영지도사 2021

☑ 확인Check! ○ △ ✕

직무분석에 관한 설명으로 옳지 않은 것은?

① 직무분석은 직무와 관련된 정보를 수집·정리하는 활동이다.
② 직무분석을 통해 얻어진 정보는 전반적인 인적자원관리 활동의 기초자료로 활용된다.
③ 직무분석을 통해 직무기술서와 직무명세서가 작성된다.
④ 직무기술서는 직무를 수행하는데 필요한 인적요건을 중심으로 작성된다.
⑤ 직무평가는 직무분석을 기초로 이루어진다.

┃해설┃

인적요건에 해당하는 내용들은 직무명세서에 기록된다.

답 ④

08 서울시 7급 2020 ☑확인 Check! ○ △ ✕

개인의 직무를 수직적으로 확장시키는 것에 해당하는 것은?

① 직무충실(job enrichment)

② 직무확장(job enlargement)

③ 직무순환(job rotation)

④ 준자율적 작업집단(semi-autonomous workgroup)

▎해설▎

직무충실은 수직적 확대, 직무확대는 수평적 확대에 해당한다. 직무순환은 수평적 측면과 수직적 측면을 모두 갖는다. 한편 준자율적 작업집단은 집단을 대상으로 하는 수직적 직무확대이다.

답 ①

09 국가직 7급 2020 ☑확인 Check! ○ △ ✕

직무설계에 대한 설명으로 옳지 않은 것은?

① 비즈니스 리스트럭처링은 기존의 업무수행 프로세스에 대한 가장 기본적인 가정을 의심하고 재검토하는 것에서 시작하여 근본부터 전혀 다른 새로운 업무처리 방법을 설계하는 것이다.

② 직무충실은 현재 수행하고 있는 직무에 의사결정의 자유 재량권과 책임이 추가로 부과되는 과업을 더 할당하는 것이다.

③ 준자율적 작업집단은 몇 개의 직무들이 하나의 작업집단을 형성하게 하여 이를 수행하는 작업자들에게 어느 정도의 자율성을 허용해 주는 것이다.

④ 직무전문화는 한 작업자가 하는 여러 종류의 과업(task)을 숫자 면에서 줄이는 것이다.

▎해설▎

기존의 업무수행 프로세스에 대한 가장 기본적인 가정을 재검토하는 것에서 시작하여 근본부터 다른 새로운 업무처리 방법을 설계하는 작업은 비즈니스 리엔지니어링이다. 비즈니스 리스트럭처링은 조직구조의 재조정을 뜻한다.

답 ①

직무관리에 관한 설명으로 옳지 않은 것은?

① 직무를 수행하는데 필요한 지식과 능력, 숙련도, 책임 등과 같은 직무상의 요건을 체계적으로 결정하는 과정을 직무분석(job analysis)이라 한다.

② 직무기술서(job description)는 책임과 의무, 근로조건, 다른 직무와의 관계 등을 정리한 것이다.

③ 직무명세서(job specification)는 특정한 업무를 수행하는데 필요한 지식, 기술, 능력 등을 요약한 것이다.

④ 직무순환(job rotation)은 여러 기능의 습득을 위해 종업원들에게 다양한 직무를 수행하도록 한다.

⑤ 직무충실화(job enrichment)에서는 종업원이 수행하는 과업의 숫자는 증가하나 의사결정 권한이나 책임은 별로 증가하지 않는다.

┃해설┃

직무충실화는 권한과 책임의 증가 즉, 수직적 직무확대를 뜻한다. 과업의 수가 증가하는 것은 직무확대이다.

더 살펴보기	직무관리

① 효과적 직무관리를 위해서는 먼저 직무를 분석하고 직무의 상대적 가치를 결정하는 직무평가가 이루어져야 하며, 마지막으로 조직의 목적과 개인의 욕구를 모두 충족시킬 수 있도록 개인별 직무설계가 진행되어야 한다.
② 따라서 직무관리는 직무분석, 직무평가, 직무설계의 3가지 종류로 구분할 수 있다.

직무분석	직무의 내용과 그 직무를 담당할 자격 요건의 분석
직무평가	직무분석 자료를 바탕으로 하여 직무의 상대적 가치를 체계적으로 결정
직무설계	조직의 목적을 효율적으로 달성함과 동시에 개인의 욕구도 충족시킬 수 있는 직무 내용의 설계

 ⑤

PART 2

11 가맹거래사 2020

확인 Check! ○ △ ✕

직무분석 및 직무평가에 관한 설명으로 옳지 않은 것은?

① 직무평가란 공정한 임금구조 마련을 위해 직무의 상대적 가치평가를 하는 과정이다.
② 직무기술서는 직무에 대한 정보를 직무의 특성에 초점을 두고 작성한 문서이다.
③ 직무명세서는 직무를 수행하기 위해 직무담당자가 갖추어야 할 최소한의 인적요건을 기술한 문서이다.
④ 직무분석 방법에는 서열법, 점수법, 분류법이 있다.
⑤ 직무평가 방법에는 계량적과 비계량적 방법이 있다.

┃해설┃

서열법, 분류법, 점수법, 요소비교법 등은 모두 직무평가의 기법에 해당하는 것들이며, 직무분석의 기법으로는 관찰법, 면접법, 질문지법, 중요사건법 등이 있다.

답 ④

12 공인회계사 2019

확인 Check! ○ △ ✕

직무에 관한 설명으로 가장 적절한 것은?

① 직무기술서(job description)와 직무명세서(job specification)는 직무분석(job analysis)의 결과물이다.
② 직무분석방법에는 분류법, 요소비교법, 점수법, 서열법 등이 있다.
③ 직무기술서는 해당 직무를 수행하기 위해 필요한 지식, 기술, 능력 등을 기술하고 있다.
④ 직무평가(job evaluation)방법에는 관찰법, 질문지법, 중요사건법, 면접법 등이 있다.
⑤ 수행하는 과업의 수와 다양성을 증가시키는 수평적 직무확대를 직무충실화(job enrichment)라 한다.

┃해설┃

직무분석의 결과물을 정리하고 분석한 서식이 직무기술서와 직무명세서이다.
② 선지의 방법들은 모두 직무평가, 즉 직무가치의 상대적 평가에 활용되는 기법들이다.
③ 선지의 내용은 직무명세서에 대한 것이다. 직무기술서는 직무의 내용, 주요과업, 작업조건, 수행방법과 절차 등의 직무요건을 기록한 것이다.
④ 선지의 방법들은 모두 직무분석에 활용되는 기법들이며 직무평가의 방법에는 서열법, 분류법, 점수법, 요소비교법 등이 있다.
⑤ 수행하는 과업의 수와 다양성을 증가시키는 수직적 직무확대를 직무충실화라 한다.

답 ①

190 공인회계사 1차 객관식 경영학

13 경영지도사 2019

☑ 확인 Check! ○ △ ✕

직무수행에 요구되는 지식, 기능, 행동, 능력 등을 기술한 문서는?

① 고용계약서

② 역량평가서

③ 직무평정서

④ 직무기술서

⑤ 직무명세서

▌해설▐

직무분석을 통해 생산되는 문서는 직무기술서와 직무명세서이다. 직무기술서는 직무 자체의 수행방법과 절차 등을 기록한 것이고, 직무명세서는 직무를 수행하는 사람의 지식이나 필요역량 등을 기술한 것 이다. 지식, 기능, 행동, 능력 등은 업무를 수행하는 사람과 관련된 정보이므로 이를 기술한 문서는 직무명세서이다.

目 ⑤

14 가맹거래사 2019

☑ 확인 Check! ○ △ ✕

직무충실화(job enrichment)에 관한 설명으로 옳지 않은 것은?

① 작업자가 수행하는 직무에 자율권과 책임을 부과하는 것이다.

② 허즈버그(F. Herzberg)의 2요인 이론에 근거하고 있다.

③ 여러 직무를 여러 작업자들이 순환하며 수행하는 방식이다.

④ 성장욕구가 낮은 작업자에게는 부담스러울 수 있다.

⑤ 도입할 경우 관리자들이 반발할 수도 있다.

▌해설▐

여러 직무를 여러 작업자들이 순환하며 수행하는 방식은 직무순환이다. 이는 여러 직무를 여러 작업자가 일정 기간을 주기로 순환하여 수행하는 것을 의미한다. 직무충실은 관리자의 영역으로 여겨져 왔던 계획. 통제 영역의 권한과 책임까지도 종업원에게 위임함으로써❶, 자아성취감과 일의 보람을 느낄 수 있도록 하여 높은 동기를 유발시키고 생산성의 향상을 도모하려는 직무설계의 방법을 의미한다. 허즈버그의 2요인 이론에 의하면 동기유발요인은 고차원적 욕구의 충족을 통해서만 가능하게 되므로❷, 더 큰 통제력과 존경을 기대할 수 있는 수직적 직무확대인 직무 충실이 종업원의 동기부여에 확실한 효과를 가져올 수 있다. 대신 부하들에게 권한을 위임하는 것이므로 종업원 본인의 성장욕구가 있어야 효과가 있으며❹ 권한을 나눠야 하는 상사들이 반발할 수도 있다.❺

目 ③

15 가맹거래사 2018

☑ 확인Check! ○ △ ✕

직무평가 방법이 아닌 것은?

① 서열법

② 분류법

③ 점수법

④ 작업기록법

⑤ 요소비교법

┃해설┃

직무평가 방법에는 대표적으로 서열법, 분류법, 점수법, 요소비교법 등이 있다. 작업기록법은 직무분석의 방법이다.

답 ④

16 공인노무사 2017

☑ 확인Check! ○ △ ✕

다음 설명에 해당하는 직무설계는?

- 직무성과가 경제적 보상보다는 개인의 심리적 만족에 있다고 전제한다.
- 종업원에게 직무의 정체성과 중요성을 높여주고 일의 보람과 성취감을 느끼게 한다.
- 종업원에게 많은 자율성과 책임을 부여하여 직무경험의 기회를 제공한다.

① 직무 순환

② 직무 전문화

③ 직무 특성화

④ 수평적 직무확대

⑤ 직무 충실화

┃해설┃

직무특성화는 좋은 직무가 가지는 특성과 관련된 것이지, 직무설계 방법은 아니다.

답 ⑤

☑ 확인Check! ○ △ ✕

직무평가(job evaluation) **방법으로 가장 적절한 것은?**

① 요소비교법(factor comparison method)
② 강제할당법(forced distribution method)
③ 중요사건기술법(critical incident method)
④ 행동기준평가법(behaviorally anchored rating scale)
⑤ 체크리스트법(check list method)

┃해설┃

직무평가의 방법은 서열법, 분류법, 점수법, 요소비교법 등의 4가지이다. 요소비교법을 제외한 나머지 선택지의 방법들은 모두 인사평가의 기법이다. 직무평가는 수행하는 업무의 상대적 가치를 판단하는 작업이고, 인사평가는 업무를 수행하는 사람의 특성이나 행동 및 실적을 판단하는 작업이다.

답 ①

PART 2

☑ 확인Check! ○ △ ✕

직무기술서에 포함되는 사항이 아닌 것은?

① 요구되는 지식
③ 직무수행의 절차
⑤ 직무수행의 방법

② 작업 조건
④ 수행되는 과업

┃해설┃

직무기술서는 직무자체의 요건에 대한 서식이고, 직무명세서는 해당 직무를 수행하는 사람의 요건에 대한 서식이다. 요구되는 지식은 사람에 관한 내용이므로 직무기술서의 포함사항이 아니다.

답 ①

19 경영지도사 2016

☑ 확인 Check! ○ △ ✕

직무분석의 방법에 해당되지 않는 것은?

① 면접법
② 중요사건법
③ 요소비교법
④ 관찰법
⑤ 질문지법

⏤⏤⏤⏤⏤⏤⏤⏤⏤⏤⏤⏤⏤⏤⏤⏤⏤⏤⏤⏤⏤⏤⏤⏤⏤⏤⏤⏤⏤⏤

▌해설▌

직무분석의 방법에는 관찰법, 면접법, 질문지법, 경험법, 중요사건법, 작업기록법, 임상적 방법 등이 있다. 요소비교법은 직무간의 상대적 가치를 결정하는 직무평가의 방법이다.

답 ③

20 가맹거래사 2016

☑ 확인 Check! ○ △ ✕

직무기술서에 포함되는 내용으로 옳지 않은 것은?

① 직무수행에 필요한 지식과 기술
② 직무의 구체적인 내용
③ 직무수행 절차와 방법
④ 직무수행에 필요한 자원 및 설비
⑤ 직무수행 환경

⏤⏤⏤⏤⏤⏤⏤⏤⏤⏤⏤⏤⏤⏤⏤⏤⏤⏤⏤⏤⏤⏤⏤⏤⏤⏤⏤⏤⏤⏤

▌해설▌

직무기술서는 직무수행과 관련된 내용 자체를 정리한 것이며, 직무명세서는 직무를 수행하는 사람의 지식이나 기술 관련 내용을 정리한 것이다.

답 ①

공인회계사 1차 객관식 경영학

21 가맹거래사 2015

확인 Check! ○ △ ✕

직무관리 방법이 아닌 것은?

① 테일러(Taylor)와 길브레쓰(Gilbreth)의 시간과 동작연구

② 파인(Fine) & 크론쇼(Cronshaw)의 기능적 직무분석법

③ 미공군(USAF)의 과업목록법

④ 와이트(White)의 인적자원개발

⑤ 플래너건(Flanagan)의 중요사건법

❚ 해설 ❚

인적자원개발은 교육훈련이나 경력관리를 의미하는 것이므로 직무관리 방법이 아니다.

① 테일러와 길브레쓰의 시간과 동작연구는 최적의 직무수행방식을 찾아내는데 활용되는 기법이다.

② 파인과 크론쇼의 기능적 직무분석법은 직무의 내용을 사물, 사람, 자료의 3대 영역으로 세분하여 관련된 내용을 기록, 분석하는 방법이다.

③ 미공군의 과업목록법은 설문지를 사용해서 직무에 해당하는 모든 과업을 열거하고, 이를 상대적 소요시간, 빈도, 중요성, 난이도 학습의 속도 등의 차원에서 분석, 평가하는 방법이다.

⑤ 플래너건의 중요사건법은 직무수행자의 직무행동 가운데 성과와 관련하여 효과적인 행동과 비효과적인 행동을 구분하여 그 사례들을 수집하고, 이러한 사례들로부터 직무성과에 효과적인 행동패턴을 추출하여 분류하는 방법이다.

답 ④

---

22 경영지도사 2013

확인 Check! ○ △ ✕

동기부여적 직무설계 방법에 관한 설명으로 옳지 않은 것은?

① 직무 자체 내용은 그대로 둔 상태에서 구성원들로 하여금 여러 직무를 돌아가면서 번갈아 수행하도록 한다.

② 작업의 수를 증가시킴으로써 작업을 다양화 한다.

③ 직무내용의 수직적 측면을 강화하여 직무의 중요성을 높이고 직무수행으로부터 보람을 증가시킨다.

④ 직무세분화, 전문화, 표준화를 통하여 직무의 능률을 향상시킨다.

⑤ 작업배정, 작업스케줄 결정, 능률향상 등에 대해 스스로 책임을 지는 자율적 작업집단을 운영한다.

❚ 해설 ❚

직무세분화, 전문화, 표준화를 통하여 직무의 능률을 향상시키는 것은 전통적 직무설계인 분업에 관한 설명이다.

① 직무 자체 내용은 그대로 둔 상태에서 구성원들로 하여금 여러 직무를 돌아가면서 번갈아 수행하도록 하는 것은 직무순환이다.

② 동기부여적 직무설계 방법은 직무의 특성을 다양하게 하는 것으로서, 지루함을 줄여준다.

③ 직무내용의 수직적 측면을 강화하여 직무의 중요성을 높이고 직무수행으로부터 보람을 증가시키는 것은 직무충실에 관한 설명이다.

⑤ 자율적 작업집단은 집단차원의 직무확대이며 동기부여적 직무설계 방법에 해당한다.

답 ④

23 가맹거래사 2013

확인Check! ○ △ ✕

인적자원관리의 기본영역과 세부관리활동의 연결이 옳은 것은?

① 확보관리-경력관리, 이동관리, 승진관리, 교육훈련
② 개발관리-인간관계관리, 근로조건관리, 노사관계관리
③ 평가관리-직무평가, 인사고과
④ 보상관리-계획, 모집, 선발, 배치
⑤ 유지관리-임금관리, 복지후생

━━━

┃해설┃

직무평가와 인사고과는 보상관리의 영역에 속한다.
① 경력관리, 이동관리, 승진관리, 교육훈련은 개발관리의 영역에 속한다.
② 인간관계관리, 근로조건관리, 노사관계관리는 유지관리의 영역에 속한다.
④ 계획, 모집, 선발, 배치는 확보관리의 영역에 속한다.
⑤ 임금관리, 복지후생은 보상관리의 영역에 속한다.

답 ③

24 국가직 7급 2011

확인Check! ○ △ ✕

직무설계 방법 중 작업자가 수행하는 직무에 대한 의사결정의 자율권과 재량, 책임을 부여하기 위해 직무수행과 관련된 계획, 조직, 통제, 평가기능 등을 추가하여 수행하도록 하는 것은?

① 직무전문화　　　　　　　　　② 직무확대
③ 직무충실화　　　　　　　　　④ 직무순환

━━━

┃해설┃

의사결정권한이나 계획 및 통제기능 등을 부여하는 것은 수직적 직무확대인 직무충실화에 해당한다.

답 ③

25 공인노무사 2011

확인 Check! ○ △ ✕

조직 내 직무간의 상대적 가치를 평가하는 직무평가 요소가 아닌 것은?

① 지 식

② 숙 련

③ 경 험

④ 노 력

⑤ 성 과

▌해설▌

직무평가는 사람이 아니라 직무의 가치를 판단하는 것이므로, 해당 작업을 수행하는 사람의 평균적 지식, 숙련, 경험, 노력 등의 가치를 반영한다. 성과는 각 종업원이 업무를 수행한 다음에 판단할 수 있으므로 직무의 가치와는 무관하다.

답 ⑤

26 공인회계사 2012

확인 Check! ○ △ ✕

직무관리에 관한 설명으로 가장 적절하지 않은 것은?

① 직무분석은 분석대상 직무선정 → 직무 관련 자료수집 → 직무기술서와 직무명세서 작성의 순서로 진행된다.
② 직무명세서(job specification)에는 직무수행에 필요한 지식, 기술, 역량, 자격요건이 포함된다.
③ 직무평가는 직무분석 결과를 바탕으로 현재 직무의 문제점과 개선방안을 도출해 내는 것을 주목적으로 한다.
④ 직무재설계 방법인 직무확대(job enlargement)는 수평적 측면에서 작업의 수를 증가시키는 것을 의미한다.
⑤ 직무평가방법인 서열법은 직무의 상대적 중요도를 평가하는 방법으로 직무의 수가 적은 소규모 조직에 적합하다.

▌해설▌

직무평가는 직무의 문제점과 개선방안을 도출해 내는 것이 아니라 직무의 상대적 가치를 규명하는 작업이다.

① 직무분석의 절차는 예비조사(분석대상 직무선정), 본조사(직무관련 자료수집), 정리 및 분석(직무기술서와 직무명세서 작성)의 순서로 진행된다.
② 직무명세서에는 지식, 기술, 역량, 자격요건 등의 인적정보가 포함된다.
④ 직무확대는 수평적으로, 직무충실은 수직적으로 작업의 수를 증가시키는 것이다.
⑤ 서열법은 직무의 수가 늘어날수록 서열을 매기는 과정이 복잡해지므로 규모가 작은 소규모 조직에 적합하다.

답 ③

제1장 ┃ 직무관리 **197**

직무평가의 방법에는 분류법, 서열법, 점수법, 요소비교법의 4가지가 있다. 이 방법들은 성격상 계량적 방법과 비계량적 방법으로 구분되기도 하고, 또한 직무 대 기준 그리고 직무 대 직무를 평가하는 방법으로 구분되기도 한다. 계량적 방법이면서 직무 대 직무를 평가하는 방법은?

① 분류법   ② 서열법
③ 점수법   ④ 요소비교법

┃해설┃

요소비교법은 계량적이며, 직무 대 직무를 평가하는 방법이다.
① 분류법은 비계량적이며, 직무 대 기준을 평가하는 방법이다.
② 서열법은 비계량적이며, 직무 대 직무를 평가하는 방법이다.
③ 점수법은 계량적이며, 직무 대 기준을 평가하는 방법이다.

더 살펴보기   **직무평가방법**

직무를 평가하는 방법은 포괄적 기준으로 평가를 하는 질적 평가방법과 평가요소별로 점수화하여 구체적으로 평가하는 양적 평가방법이 있으며, 질적 평가방법으로는 서열법과 분류법이 있고 양적 평가방법으로는 점수법과 요소비교법이 있다.

(1) 서열법
  ① 직무평가 중 가장 간단한 방법으로 직무가치를 통합적으로 파악한 후 전체적으로 순위를 결정하는 방법이다.
  ② 쉽고 신속한 반면에 직무 내용에 대한 명확한 정보 없이 서열을 정하기 때문에 평가결과에 오류가 발생 가능한 단점이 있다.

(2) 분류법(등급법)
  ① 비슷한 직무끼리 묶어서 직무를 분류하고 분류된 난이도, 책임 정도에 따라 등급을 판정한 후 등급에 따라 보상수준을 결정하는 방법이다.
  ② 서열법에 비해 체계적이며 이해가 쉬워 급여체계에 대한 설득력이 높은 장점이 있으나 분류의 정확성에 대한 의문이 있을 수 있고, 직무수가 많고 복잡한 직무의 경우에는 분류나 평가가 어려운 단점이 있다.

(3) 점수법
  ① 각 직무를 분해하여 숙련, 노력, 책임, 작업조건을 분석하여 작업마다의 점수를 배정하고 그 합으로 직무를 평가하는 방법이다.
  ② 점수를 비교하여 서열을 정하거나 점수당 급여를 책정하는데, 평가요소별 가중치의 부여나 점수배정이 어려운 단점이 존재한다.

(4) 요소비교법
  ① 점수법의 단점을 보완하기 위해 몇 개의 기준직무를 정하고 기준직무와 평가 대상 직무를 비교해가며 상대적 가치를 설정하는 방법으로, 기준직무의 가치를 합리적으로 설정하면 직무 간 객관적 비교가 가능해지고 간편하게 임금이 산출되는 장점이 있다.
  ② 기준이 바뀌면 전체적인 조정이 필요하고, 절차가 복잡하여 평가 작업에 노력이 많이 필요하며, 복잡한 방식으로 급여가 계산되어 구성원의 이해와 설득이 어려운 단점이 있다.

구 분	직무전반	구체적 직무요소
직무 대 직무	서열법(Ranking method)	요소비교법(factor comparison method)
직무 대 기준	분류법(Classification method)	점수법(Point method)

답 ④

☑ 확인 Check! ○ △ ✕

직무를 수행하는데 필요한 기능, 능력, 자격 등 직무수행요건(인적요건)에 초점을 두어 작성한 직무분석의 결과물은?

① 직무명세서
② 직무평가
③ 직무표준서
④ 직무기술서
⑤ 직무지침서

❚ 해설 ❚

직무요건에 초점을 둔 직무분석 결과물은 직무기술서이고 인적요건에 초점을 둔 직무분석 결과물은 직무명세서이다.

더 살펴보기	직무의 연관개념
직무와 유사한 개념으로 과업, 직위, 직책 등의 용어가 있는데, 구체적인 내용은 아래와 같다.	
과업(Task)	독립적인 목적으로 수행되는 하나의 명확한 작업 예 현금 출납/지게차 운전/계량기 측정
직위(Position)	• 수평적, 수직적 위치에 의해 한 사람에게 부여된 과업의 집단 • 종업원의 수만큼 존재 예 출납원 4명
직책(Job Responsibilities)	• 조직 내의 업무 추진을 위한 직무, 권한의 관리체계 • 직위의 개념과 결합하여 구체적인 보직명 존재 예 영업본부장
직무(Job)	동일하거나 유사한 직위들의 집합 예 출납원
직군(Job Group)	동일하거나 유사한 종업원 특성, 유사과업, 직무들의 집합(유사업무 스킬) 예 관리직군/영업직군/기술직군
직종(Job Family)	동일하거나 유사한 직무들의 집합(공통성격 직무) 예 사무직/생산직
직업(Occupation)	동일하거나 유사한 직종들의 집합

답 ①

29 공인노무사 2010

상사의 의사결정이나 계획 및 통제의 권한을 위양하여 부하의 재량권과 자율성을 강화하는 직무설계 방법은?

① 직무확대
② 직무세분화
③ 직무충실화
④ 직무전문화
⑤ 직무특성화

┃해설┃

권한의 위임, 재량권 부여, 자율성 강화, 수직적 직무확대 등은 모두 직무충실과 관련이 있다.

답 ③

30 공인회계사 2009

직무평가(job evaluation)와 관련된 서술 중 가장 적절한 것은?

① 직무평가를 통하여 직무의 절대적 가치를 산출한다.
② 직무평가는 현재의 직무 수행방식의 장점과 단점을 평가하는 과정이다.
③ 서열법은 직무의 수가 많고 직무의 내용이 복잡한 경우에 적절한 평가방법이다.
④ 분류법은 핵심이 되는 몇 개의 기준 직무를 선정하고, 평가하고자 하는 직무의 평가요소를 기준 직무의 평가요소와 비교하는 방법이다.
⑤ 직무기술서와 직무명세서를 활용하며, 직무평가의 결과는 직무급 산정의 기초자료가 된다.

┃해설┃

직무평가의 기초자료는 직무분석의 결과물인 직무기술서 및 직무명세서이다. 그리고 직무평가의 결과는 다시 직무급 산정에 활용된다.
① 직무평가를 통해 절대적 가치가 아닌 상대적 가치를 산출한다.
② 직무수행방식의 단점이 아닌 상대적 중요도를 산정하는 것이다.
③ 서열법은 직무의 수가 적을 때 활용 가능하다.
④ 핵심이 되는 몇 개의 기준 직무를 선정하고, 평가하고자 하는 직무의 평가요소를 기준 직무의 평가요소와 비교하는 방법은 요소비교법이다.

답 ⑤

01 공인회계사 2024   ☑ 확인 Check! ○ △ ✕

교육훈련 및 노사관계에 관한 설명으로 가장 적절하지 않은 것은?

① 노동조합(union)은 조직이 작업장 공정성을 지키도록 견제하고 종업원들이 공정하게 대우받도록 보장하는 기능을 한다.

② 기업이 교육훈련을 효과적으로 설계하기 위해서는 학습능력, 동기부여, 자기효능감과 같은 학습자 특성을 고려해야 한다.

③ 교차훈련(cross training)은 종업원들의 미래 직무 이동이나 승진에 도움을 준다.

④ 직무상 교육훈련(on-the-job training)은 사내 및 외부의 전문화된 교육훈련을 포함한다.

⑤ 단체교섭(collective bargaining)은 경영진과 근로자들의 대표가 임금, 근로시간 및 기타 고용 조건 등에 대해 협상하는 과정을 말한다.

┃해설┃

외부의 전문화된 교육훈련은 OJT가 아니라 Off JT(사외교육)에 해당한다.

① 노동조합은 조직이 작업장 공정성과 종업원들에 대한 공정한 대우를 보장하는 기능을 한다.

② 교육훈련의 설계시에는 학습능력, 동기부여, 자기효능감과 같은 학습자 특성을 고려해야 한다.

③ 교차훈련은 종업원들의 미래 직무 이동이나 승진에 도움을 준다.

⑤ 단체교섭은 경영진과 근로자들의 대표가 임금, 근로시간 및 기타 고용 조건 등에 대해 협상하는 과정을 말한다.

답 ④

02 공인회계사 2024

확인 Check! ○ △ ✕

인적자원의 모집 및 선발에 관한 설명으로 가장 적절하지 않은 것은?

① 직무 관련성(job relatedness)은 선발 자격이나 요건이 직무상 의무(duty)의 성공적인 수행과 관련되는 것을 의미한다.
② 모집(recruiting)은 조직의 직무에 적합한 지원자의 풀(pool)을 생성하는 과정을 말한다.
③ 사내공모제(job posting)는 조직 내 다른 직무들에 대해 현직 종업원들을 대상으로 모집할 수 있는 주요 방법의 하나이다.
④ 인지능력검사(cognitive ability test)는 언어 이해력, 수리 능력, 추론 능력 등을 측정한다.
⑤ 구조화 면접(structured interview)은 비구조화 면접(unstructured interview)보다 지원자들에 대한 비교 가능한 자료를 획득하기가 더 어렵다.

┃해설┃

구조화 면접은 사전에 미리 정해진 질문만으로 진행되는 면접이므로 지원자들간 비교 가능한 자료를 획득하기가 수월하다.
① 선발 자격이나 요건이 직무상 의무의 성공적인 수행과 관련되는 것을 직무 관련성이라 한다.
② 조직의 직무에 적합한 지원자의 풀을 생성하는 과정을 모집이라 한다.
③ 사내공모제는 조직 내 다른 직무들에 대해 현직 종업원들을 대상으로 모집할 수 있는 주요 방법의 하나이다.
④ 인지능력검사에서는 언어 이해력, 수리 능력, 추론 능력 등을 측정한다.

답 ⑤

03 경영지도사 2022

확인 Check! ○ △ ✕

실무에 종사하고 있는 직원들에게 시험문제를 풀게 하여 측정한 결과와 그들이 현재 수행하고 있는 직무와의 상관관계를 나타내는 타당도는?

① 현재타당도(concurrent validity)
② 예측타당도(predictive validity)
③ 구성타당도(construct validity)
④ 내용타당도(content validity)
⑤ 외적타당도(external validity)

┃해설┃

현직 종업원의 업무성과와 시험점수를 비교하는 것은 현재타당도이다.
② 예측타당도란 높은 점수를 얻은 신입사원이 입사 후에도 높은 성과를 내는지를 나타내는 것이다.
③ 구성타당도란 이론적인 속성을 실제 측정에서 반영하고 있는지를 확인하는 것이다.
④ 내용타당도란 측정해야 하는 내용이 실제 측정에 반영되고 있는지를 확인하는 것이다.
⑤ 외적타당도란 특정한 실험실에서의 연구결과가 실제상황에 적용될 수 있는지를 설명하는 것이다.

답 ①

04 | 서울시 7급 | 2021

확인Check! ○ △ ×

인력 선발 과정에 적용되는 일반적인 기준에 대한 설명으로 가장 옳지 않은 것은?

① 신뢰성은 성과측정이 확률적 오차로부터 자유로운 정도를 의미한다.

② 일반화는 선발도구로부터의 성과가 직무로부터의 성과를 반영하는 정도를 나타낸다.

③ 유용성은 선발방법에 의한 정보가 조직의 최종적인 효과성을 높이는 정도를 뜻한다.

④ 합법성은 선발방법이 기존의 법률과 관례에 부합해야 한다는 것을 의미한다.

┃해설┃

인력 선발 과정을 평가하는데 사용되는 기준으로는 신뢰성, 타당성, 유용성 등이 있으며, 그 밖에도 합법성, 수용률 등이 있다. 일반화는 연구결과가 일반적 조건에 적용될 수 있는지를 의미하는 용어로서 성과의 반영정도와는 무관하다.

답 ②

---

05 | 공인노무사 | 2021

확인Check! ○ △ ×

교육참가자들이 소규모 집단을 구성하여 팀워크로 경영상의 실제 문제를 해결하도록 하여 문제해결과정에 대한 성찰을 통해 학습하게 하는 교육방식은?

① Team Learning

② Organizational Learning

③ Problem Based Learning

④ Blended Learning

⑤ Action Learning

┃해설┃

교육참가자들이 소규모 집단을 구성하여 팀워크로 경영상의 실제 문제를 해결하도록 하여 문제해결과정에 대한 성찰을 통해 학습하게 하는 교육방식은 액션러닝(Action Learning)이다.

① 팀학습(Team Learning) : 특정 주제에 대해 어떠한 제약 없이 발표·토론·비판하는 등 자유로운 의사소통을 하도록 하는 교육훈련방식

② 조직학습(Organizational Learning) : 한 구성원의 개인차원의 학습결과를 다른 구성원과 공유함으로서 조직차원으로 승화시키는 교육훈련방식

③ 문제중심학습(Problem Based Learning) : 구성원들 스스로가 경영상 발생할 수 있는 가상의 실제적 문제(Authentic Problem)를 해결하는 방법을 찾도록 하는 교육훈련방식

④ 혼합학습(Blended Learning) : 오프라인교육에서 실시할 수 없는 교육훈련은 온라인교육으로 실시하고, 그 학습결과를 오프라인작업에 적용하는 교육훈련방식

답 ⑤

제2장 | 확보관리와 개발관리 **203**

고도의 전문기술이 필요한 직종에서 장기간 실무와 이론 교육을 병행하는 교육훈련 형태는?

① 오리엔테이션
② 도제제도
③ 직무순환제도
④ 정신개발 교육
⑤ 감수성 훈련

┃ 해설 ┃

일정기간 동안 작업장 내에서 선배로부터 기능을 배우는 방법으로서, 정교한 작업이 요구되는 직무에 적용되는 것은 도제제도이다. 대학원에서 교수로부터 박사과정을 거치는 경우, 의대에서 전공의들이 진료 등을 교수로부터 배우는 경우 등이 모두 이에 해당한다.

답 ②

인적자원계획, 모집 및 선발에 관한 설명으로 가장 적절하지 않은 것은?

① 현실적 직무소개(realistic job preview)란 기업이 모집단계에서 직무 지원자에게 해당 직무에 대해 정확한 정보를 제공하는 것을 말한다.
② 선발시험(selection test)에는 능력검사, 성격검사, 성취도검사 등이 있다.
③ 비구조적 면접(unstructured interview)은 직무기술서를 기초로 질문항목을 미리 준비하여 면접자가 피면접자에게 질문하는 것으로 이러한 면접은 훈련을 받지 않았거나 경험이 없는 면접자도 어려움 없이 면접을 수행할 수 있다는 이점이 있다.
④ 기업의 인력부족 대처방안에는 초과근무 활용, 파견근로 활용, 아웃소싱 등이 있다.
⑤ 외부노동시장에서 지원자를 모집하는 원천(source)에는 광고, 교육기관, 기존 종업원의 추천 등이 있다.

┃ 해설 ┃

선택지의 내용은 구조화 면접에 대한 것이며, 비구조적 면접은 지원자의 다양한 측면에 대해 중요하다고 판단되는 내용을 자유롭게 질문하고 그에 대해 지원자가 답할 수 있도록 하는 면접이다. 비구조적 면접은 훈련경험이 없는 면접자도 쉽게 면접을 수행할 수 있다는 장점이 있다.
① 현실적 직무소개는 모집시점에서 지원자에게 회사와 직무에 대한 긍정적, 부정적 측면을 모두 알려주는 것이다.
② 시험의 방법으로는 지원자의 다양한 과업수행능력을 측정하는 능력검사, 지원자의 직무태도나 조직인화력을 살펴보기 위한 성격검사, 대표과업을 수행하게 하고 그 성취도를 측정하는 실무능력검사 등이 있다.
④ 초과근무 활용, 파견근로 활용, 아웃소싱 등을 통해 인력부족에 대처할 수 있다.
⑤ 광고, 교육기관, 기존 종업원의 추천 등을 통해 외부노동시장에서 지원자를 모집할 수 있다.

답 ③

인적자원 개발 및 교육훈련에 관한 설명으로 가장 적절하지 않은 것은?

① E-learning은 인터넷이나 사내 인트라넷을 사용하여 실시하는 온라인 교육을 의미하며, 시간과 공간의 제약을 초월하여 많은 종업원을 대상으로 교육을 실시할 수 있다는 장점이 있다.

② 기업은 직무순환(job rotation)을 통해 종업원들로 하여금 기업의 목표와 다양한 기능들을 이해하게 하며, 그들의 문제해결 및 의사결정 능력 등을 향상시킨다.

③ 교차훈련(cross-training)이란 팀 구성원이 다른 팀원의 역할을 이해하고 수행하는 방법을 말한다.

④ 승계계획(succession planning)이란 조직이 조직체의 인적자원 수요와 구성원이 희망하는 경력목표를 통합하여 구성원의 경력진로(career path)를 체계적으로 계획·조정하는 인적자원관리 과정을 말한다.

⑤ 교육훈련 설계(training design)는 교육훈련의 필요성 평가로부터 시작되며, 이러한 평가는 조직분석, 과업분석, 개인분석 등을 포함한다.

┃해설┃

선지의 내용은 경력개발에 대한 것이며, 승계계획은 조직의 핵심적 직책에 대해 후임자를 사전에 선정하고 필요한 자질을 육성하는 체계적인 관리법을 의미한다.

① E-learning은 정보통신망을 이용하여 실시하는 온라인 교육을 의미하며, 시공간의 제약을 초월하여 교육을 실시할 수 있다.

② 직무순환은 구성원들이 부서나 회사 내의 여러 직무를 돌아가면서 번갈아 수행하도록 하는 직무설계 방법이며 구성원의 경력개발에 도움이 된다.

③ 교차훈련이란 다른 팀원의 역할을 수행하거나 관련지식 등을 교육받음으로써 팀 동료에 대한 이해의 폭을 넓히는 것이다.

⑤ 교육훈련 설계는 교육훈련의 필요성 평가로부터 시작되며, 이는 조직분석, 과업분석, 개인분석 등을 포함한다.

답 ④

PART 2

교육훈련 평가에 관한 커크패트릭(Kirkpatrick)의 4단계 모형에서 제시된 평가로 가장 적절하지 않은 것은?

① 교육훈련 프로그램에 대한 만족도와 유용성에 대한 개인의 반응평가

② 교육훈련을 통해 새로운 지식과 기술을 습득하였는가에 대한 학습평가

③ 교육훈련을 통해 직무수행에서 행동의 변화를 보이거나 교육훈련내용을 실무에 활용하는가에 대한 행동 평가

④ 교육훈련으로 인해 부서와 조직의 성과가 향상되었는가에 대한 결과평가

⑤ 교육훈련으로 인해 인지능력과 감성능력이 향상되었는가에 대한 기초능력평가

┃해설┃

커크패트릭은 교육훈련을 평가하는 기준으로 반응(교육에 대한 느낌이나 만족도), 학습(교육 참가자들의 역량향상 정도), 행동(교육참가자들의 업무수행 방식 변화), 결과(조직성과 증가 정도)의 네 가지를 제시하였다.

답 ⑤

모집 방법 중 사내공모제(job posting system)의 특징에 관한 설명으로 옳지 않은 것은?

① 종업원의 상위직급 승진 기회가 제한된다.

② 외부 인력의 영입이 차단되어 조직이 정체될 가능성이 있다.

③ 지원자의 소속부서 상사와의 인간관계가 훼손될 수 있다.

④ 특정부서의 선발 시 연고주의를 고집할 경우 조직 내 파벌이 조성될 수 있다.

⑤ 선발과정에서 여러번 탈락되었을 때 지원자의 심리적 위축감이 고조된다.

┃해설┃

사내공모제도에서는 주로 승진의 형태로 충원이 이루어지므로❶ 동기부여에 효과적이며, 채용에 소요되는 시간이 짧다는 점에서 효율적이다. 하지만 인재선택의 폭이 좁아지고 파벌이 형성되어❹ 조직이 정체되고❷, 이동을 희망하는 직원의 경우 현재 부서 상사와의 관계가 나빠질 수 있다❸ 는 단점도 있다. 또한 내부이동을 희망하더라도 회사측 사유로 사내공모에서 탈락될 수도 있는데, 이 경우 지원자는 조직이 자신을 원하지 않거나 유능하게 여기지 않는다고 생각할 수 있으므로 심리적 위축도 발생할 수 있다. ❺

답 ①

11 국가직 7급 2018

확인 Check! ○ △ ✕

OJT(On the Job Training)에 대한 설명으로 옳지 않은 것은?

① 보통 훈련전문가가 담당하기 때문에 훈련의 효과를 믿을 수 있다.
② 피훈련자는 훈련받은 내용을 즉시 활용하여 업무에 반영할 수 있다.
③ 기존의 관행을 피훈련자가 무비판적으로 답습할 가능성이 있다.
④ 훈련자와 피훈련자의 의사소통이 원활해진다.

┃해설┃

OJT를 진행하는 상사나 고성과자는 직급이 높거나 일을 잘 하는 사람일 뿐이지, 결코 교육훈련분야의 전문가가 아니므로 전문강사가 진행하는 Off-JT를 실시하는 것이 바람직하다. OJT는 직무현장에서 진행되는 교육이므로 훈련내용을 즉시 업무에 반영할 수 있고❷, 훈련담당자와 교육대상자간의 소통이 활성화된다.❸ 그러나 옳지 못한 업무관행이나 습관 및 부조리 등이 상사에 의해 후임 직원에게 주입될 우려도 있다.❹

답 ①

PART 2

12 공인노무사 2017

확인 Check! ○ △ ✕

질적 인력수요 예측기법에 해당하지 않는 것은?

① 브레인스토밍법   ② 명목집단법
③ 시나리오 기법   ④ 자격요건 분석법
⑤ 노동과학적 기법

┃해설┃

노동과학적 기법은 테일러의 과학적 관리론에서 실시된 것과 유사한 작업시간연구를 통해 조직의 하위 개별 작업장별로 필요한 인력을 산출하는 양적 기법이다.
① 브레인스토밍법은 떠오르는 생각을 자유로운 분위기속에서 무작위적으로 말하는 방법이다.
② 명목집단법은 커뮤니케이션이 제한된 명목적인 임시집단을 구성하여 인력수요를 예측하는 기법이다.
③ 시나리오 기법은 전문가집단의 브레인스토밍과 예측을 전담하는 프로젝트 조직에 의한 분석을 통해 미래의 직무내용의 변화와 그에 따르는 인력수요의 변동을 예측하는 기법이다.
④ 자격요건 분석법은 직무수행에 필요한 각종 지식, 기술, 능력으로 대표되는 직무수행역량에 기반하여 인력의 과부족을 판단하는 기법이다.

답 ⑤

13 공인노무사 2018

확인 Check! ○ △ ✕

교육훈련 필요성을 파악하기 위한 일반적인 분석방법이 아닌 것은?

① 전문가자문법
② 역할연기법
③ 자료조사법
④ 면접법
⑤ 델파이기법

| 해설 |

역할연기법은 관리자뿐만 아니라 일반 종업원을 대상으로 인간관계에 대한 태도개선 및 인간관계기술의 향상 목적으로 실시 가능한 교육훈련 기법으로서, 각 상황에 따른 역할을 수행함으로써 상대방의 입장을 이해하는데 도움이 된다. 하지만 역할연기법을 통해 교육훈련의 필요성을 파악하지는 않는다.

답 ②

14 공인노무사 2017

확인 Check! ○ △ ✕

종업원 선발을 위한 면접에 관한 설명으로 옳은 것은?

① 비구조화 면접은 표준화된 질문지를 사용한다.
② 집단 면접의 경우 맥락효과(context effect)가 발생할 수 있다.
③ 면접의 신뢰성과 타당성을 높이기 위해 면접내용 개발 단계에서 면접관이나 경영진을 배제한다.
④ 위원회 면접은 한명의 면접자가 여러 명의 피면접자를 평가하는 방식이다.
⑤ 스트레스 면접은 여러 시기에 걸쳐 여러 사람이 면접하는 방식이다.

| 해설 |

맥락효과는 집단 면접에 참여하는 평가자 집합의 구성에 따라 면접 결과가 달라질 수 있다는 것이다.
① 구조화 면접은 표준화된 설문지를 사용하지만, 비구조화 면접은 그렇지 않다.
③ 면접의 신뢰성과 타당성을 높이기 위해서는 오히려 면접관이나 경영진이 면접내용 개발과정에 참여해야 한다.
④ 위원회 면접은 면접관 여러 명이 피면접자를 판단하는 방식이다.
⑤ 스트레스 면접은 예상치 못한 질문을 통해 그 대응방식을 확인하는 면접이며, 여러 시기에 걸쳐 여러 사람이 면접하는 방법은 복수 면접이다.

답 ②

15 가맹거래사 2017

☑ 확인Check! ○ △ ✕

직장 내 훈련(OJT ; on-the-job training)에 관한 설명으로 옳지 않은 것은?

① 훈련이 실무와 연결되어 매우 구체적이다.
② 일을 실제로 수행하면서 학습할 수 있다.
③ 훈련비용을 절감할 수 있다.
④ 업무 우수자가 가장 뛰어난 훈련자이다.
⑤ 훈련자와 피훈련자 간 의사소통이 원활해진다.

┃해설┃

일을 잘 하는 것과 이를 다른 사람에게 잘 설명하는 것은 별개의 문제이다.

답 ④

16 서울시 7급 2016

☑ 확인Check! ○ △ ✕

다음 중 경력관리의 목적으로 가장 옳지 않은 것은?

① 인적자원의 효율적인 확보 및 배분
② 효과적인 임금제도의 설계
③ 이직 방지 및 유능한 후계자 양성
④ 종업원의 성취동기 유발

┃해설┃

경력관리란 개인의 성장목표와 조직효과성 목표가 서로 조화를 이루게끔 개인 직무를 설계하는 과정이다. 경력관리가 체계적으로 이루어진다면 인적자원의 효율적인 확보 및 배분이 가능해지고❶ 직원들의 이직을 막을 수 있을 뿐만 아니라 유능한 후계자를 양성할 수 있다.❸ 이는 결국 구성원들의 성취동기를 유발하게 되어❹ 조직성과와 구성원 만족도 모두를 향상시킬 수 있다. 그러나 임금의 설계는 경력관리와는 무관한 개념이다.

답 ②

다음 설명에 해당하는 것은?

> 전환배치시 해당 종업원의 '능력(적성)-직무-시간'이라는 세 가지 측면을 모두 고려하여 이들 간의 적합성을 극대화 시켜야 된다는 원칙

① 연공주의
② 균형주의
③ 상향이동주의
④ 인재육성주의
⑤ 적재적소적시주의

┃해설┃

전환배치시 해당 종업원의 '능력(적성)-직무-시간'이라는 세 가지 측면을 모두 고려하여 이들 간의 적합성을 극대화시켜야 된다는 원칙은 적재적소(적시)주의이다.

① 연공주의는 근무경력에 의해 승진의 우선권을 부여하는 방식이다.
② 균형주의는 개인별 직무 적합성의 극대화보다 개인, 직무간의 연결의 합이 조직 전체적으로 볼 때 조직력 증가, 협동시스템 구축, 나아가 종업원의 전체 사기의 증가를 중요시하는 원칙이다.
③ 상향이동주의는 직책 승진을 통해 전환배치시키는 방식이다.
④ 인재육성주의는 성장욕구에 초점을 둔 것으로 직무간의 적합성을 극대화시켜 자기 성장욕구 및 자기실현욕구가 충족될 수 있도록 해야 한다는 원칙이다.

답 ⑤

선발시험 합격자들의 시험성적과 입사 후 일정 기간이 지나서 이들이 달성한 직무성과와의 상관관계를 측정하는 지표는?

① 신뢰도
② 대비효과
③ 현재타당도
④ 내용타당도
⑤ 예측타당도

┃해설┃

합격자들의 시험성적과 입사 후 일정 기간이 지나서 이들이 달성한 직무성과와의 상관관계를 나타내는 것을 예측타당도라고 한다.

① 신뢰도란 선발의 일관성을 뜻하는 용어이다.
② 대비효과란 평가대상간 비교의 결과 평가결과의 왜곡이 일어나는 현상이다.
③ 현재타당도란 동일한 평가항목을 통해 현직자와 신입사원 점수를 비교하는 것을 뜻한다.
④ 내용타당도란 선발도구가 평가의 내용을 잘 반영하는지를 뜻한다.

답 ⑤

19 공인회계사 2015

☑ 확인 Check! ○ △ ✕

인력계획에 관한 설명으로 가장 적절하지 않은 것은?

① 마코프체인 기법(Markov chain method)에서는 전이확률행렬을 이용하여 인력의 수요량을 예측한다.

② 마코프체인 기법은 경영환경이 급격하게 변할 경우에는 적합하지 않다.

③ 기능목록(skill inventory)에는 종업원 개인의 학력, 직무경험, 기능, 자격증, 교육훈련 경험이 포함된다.

④ 델파이 기법(Delphi method)은 전문가들이 면대면(face to face) 토론을 통해 인력의 공급량을 예측하는 방법이다.

⑤ 조직의 규모가 급격하게 성장하고, 전략적 변화가 필요할 때에는 외부모집이 적절하다.

┃해설┃

델파이법은 참여자들이 면대면 토론이 아닌 비대면 상태에서 진행된다.

①·② 마코프체인 기법은 주어진 특정의 인사정책 하에서 종업원이 미래의 어떤 시점에 현 직위에 존재, 이동, 이직할 확률을 추정한 인력전이행렬을 통하여 인력 니즈를 파악하는 모델을 말한다. 이는 기존의 인력이동확률이 앞으로도 유지된다는 전제 하에서 의미를 가지는 것이므로, 환경이 급변할 경우에는 적합하지 않다.

③ 기능목록 또는 기술목록은 종업원 개인의 자격요건을 정리한 자료이다.

⑤ 조직규모가 급격하게 성장할 경우에는 내부에서 필요인력을 충당하는 것이 어려우므로 외부모집이 적절하다.

답 ④

---

20 국가직 7급 2014

☑ 확인 Check! ○ △ ✕

인력 채용 시에 외부 모집의 유리한 점으로 옳은 것은?

① 승진 기회 확대로 종업원 동기부여 향상

② 조직 분위기 쇄신 가능

③ 모집에 소요되는 시간, 비용 단축

④ 채용된 기업의 문화에 대한 적응이 쉬움

┃해설┃

승진기회 확대❶, 모집에 소요되는 시간과 비용의 단축❸, 문화적응의 용이성❹ 등은 모두 내부 모집의 장점이라 할 수 있다.

답 ②

21

국가직 7급 2014   ☑ 확인Check! ○ △ ✕

숙련자가 비숙련자에게 자신의 여러 가지 경영기법을 오랜 기간에 걸쳐 전수해 주는 교육·훈련 기법으로서 비공식적으로 진행되는 특징이 있는 것은?

① 코 칭   ② 멘토링
③ 직무순환   ④ 실습장 훈련

┃해설┃
숙련된 선배가 후배에게 업무 및 노하우를 비공식적으로 전수하는 기법은 멘토링이다. 반면, 코칭은 주로 공식적으로 진행되며 그 내용도 업무적 측면의 것이 많다. 실습장 훈련은 현장에서 이루어지는 작업과 동일하거나 유사한 작업을 직접 수행하게 하면서 체험하는 방식으로 진행되는 교육훈련 기법이다.

답 ②

경영지도사 2014   ☑ 확인Check! ○ △ ✕

훈련의 방법을 직장 내 훈련(OJT)과 직장 외 훈련(Off-JT)으로 구분할 때 직장 외 훈련에 해당되지 않는 것은?

① 강의실 강의   ② 영상과 비디오
③ 시뮬레이션   ④ 직무순환
⑤ 연수원 교육

┃해설┃
직장 외 훈련은 업무를 수행하는 직장이 아닌 다른 장소에서 이루어지는 교육훈련이다. 직무순환은 직장에서 다양한 기능이나 기술을 배우게 하기 위하여 활용되는 방식이므로 직장 내 훈련에 해당한다.

┃더 살펴보기┃ 실시장소에 따른 교육훈련의 구분

교육훈련은 실시장소에 따라 기업 내 훈련과 기업 외 훈련으로 구분할 수 있고, 기업 내 훈련은 다시 직장 내 교육훈련(OJT)과 직장 외 교육훈련(Off JT)으로 분류할 수 있다.
(1) 직장 내 교육훈련
   ① 직장 내 교육훈련은 구체적 직무를 수행하는 과정에서 상사에 의해 부하를 직접적, 개별적으로 지도하는 방식으로 라인 중심의 교육훈련이다.
   ② 실제 업무에 바로 적용이 가능하고 적은 비용으로 운영되는 장점이 있지만 지도자의 전문적 교육능력이 부족한 단점이 있다.
(2) 직장 외 교육훈련 : 직장 외 교육훈련은 교육훈련 전문 스태프의 책임하에 집단적으로 실시하는 교육을 의미한다.

답 ④

샤인(Schein)이 제시한 경력 닻의 내용으로 옳지 않은 것은?

① 전문역량 닻-일의 실제 내용에 주된 관심이 있으며 전문분야에 종사하기를 원한다.

② 관리역량 닻-특정 전문영역보다 관리직에 주된 관심이 있다.

③ 자율성·독립 닻-조직의 규칙과 제약조건에서 벗어나려는데 주된 관심이 있으며 스스로 결정할 수 있는 경력을 선호한다.

④ 도전 닻-해결하기 어려운 문제나 극복 곤란한 장애를 해결하는데 주된 관심이 있다.

⑤ 기업가 닻-타인을 돕는 직업에서 일함으로써 타인의 삶을 향상시키고 사회를 위해 봉사하는데 주된 관심이 있다.

┃해설┃

기업가 닻은 사업의 시작과 같은 비정형적 업무를 선호하는 사람에 해당하는 경력 닻이다. 타인을 돕는 직업에서 일함으로써 타인의 삶을 향상시키고 사회를 위해 봉사하는데 주된 관심이 있는 것은 봉사와 헌신 닻에 해당한다.

더 살펴보기	샤인의 경력의 닻
관리역량의 닻 (managerial competence)	• 능력 있는 일반관리자가 되기를 원함 • 문제 분석 및 타인을 감독, 지휘하는 대인적 능력을 중요시 여김 • 책임감/공헌도 큰 임무 선호, 상사의 인정을 원함, 승진을 최고의 가치로 여김
전문역량의 닻 (technical/ functional competence)	• 특정 종류 작업에 강한 재능, 동기유인을 가지고 있음 • 도전적 업무와 자율성 선호, 전문가적 면모 • 전문가들에게 인정받는 것을 중요시
안정성의 닻 (security)	• 자신의 직업안정, 고용안정에 강한 욕구 • 안정적이고 예측 가능한 직무 선호 • 보수인상, 작업조건의 향상, 복지향상 등 외재적 요인에 집중 • 조직에 대한 충성심으로 인정받길 원함
기업가적 창의성 닻 (entrepreneurial creativity)	• 신규조직, 신규서비스, 신제품 창출 등 창의성 중시 • 부의 축적을 사업 성공의 척도로 봄, 창조욕구, 끊임없는 도전
자율성/독립 닻 (autonomy/independence)	• 조직을 규제라고 생각하고 조직은 비이성적이고 강압적인 것으로 인식 • 자유로운 직장 선호, 계약직, 용역, 파트타임 형태 선호
봉사의 닻 (sense of service)	• 자신이 가진 특정 기준으로 직무의 가치를 평가함 • 보수 자체를 중요시 여기지 않음 • 공헌을 인정하는 승진제도를 원함
도전 닻 (pure challenge)	• 어렵고 도전적인 문제 해결기회를 경험하는 직무를 원함 • 일상의 업무는 전투이고 거기서 승리하는 것을 목표로 삼음 • 도전적인 직무를 주었을 때, 조직의 충성심이 올라감
라이프스타일 통합의 닻 (life style)	• 경력은 덜 중요, 경력의 닻이 없는 것처럼 보임 • 개인사, 가족생활, 경력의 통합을 중요시

답 ⑤

PART 2

24 공인노무사 2013

OJT(On the Job Training)에 해당하는 것은?

① 세미나   ② 사례연구
③ 도제식 훈련   ④ 시뮬레이션
⑤ 역할연기법

┃해설┃

회사 밖에서 이루어지는 교육이나 전문적 훈련방식 또는 강의는 모두 Off-JT이다(①, ②, ④, ⑤). 반면 ③과 같이 사무실(업무공간)에서 1:1로 진행되는 교육은 OJT에 해당된다.

답 ③

25 가맹거래사 2013

인사적체가 심하여 구성원 사기저하가 발생할 때 명칭만의 형식적 승진이 이루어지는 제도는?

① 직계승진   ② 자격승진
③ 조직변화 승진   ④ 대용승진
⑤ 역직승진

┃해설┃

인사적체가 심하여 구성원의 사기저하가 발생할 때 명칭만의 형식적 승진이 이루어지는 제도는 대용승진이다.
① 직계승진은 직무가치에 따라 승진하는 제도이다.
② 자격승진은 직무수행능력이나 자격수준에 따라 승진하는 제도이다.
③ 조직변화승진은 자리가 없는 경우 사람을 위해 직책을 신설하여 승진시키는 제도이다.
⑤ 역직승진은 직급에 따라 승진하는 제도이다.

답 ④

26 가맹거래사 2012

확인 Check! ○ △ ✕

조직에서 시간이 지남에 따라 업무량과 무관하게 구성원 수가 증가하는 경향을 나타내는 법칙은?

① 파킨슨 법칙

② 파레토 법칙

③ 에릭슨 법칙

④ 호손 법칙

⑤ 하인리히 법칙

┃해설┃

시간이 지남에 따라 업무량과 무관하게 구성원 수가 증가하는 경향을 나타내는 법칙을 파킨슨 법칙이라 한다.

② 파레토 법칙이란 소수의 제품이나 고객 또는 요인이 전체 매출이나 문제의 원인일 수 있음을 의미한다.

③ 에릭슨 법칙이란 1만 시간 노력을 투입하면 전문가가 된다는 것을 의미한다.

④ 호손실험을 통해 발견된 결과들을 말하며 인간관계론의 형성에 영향을 주었다.

⑤ 하인리히 법칙이란 큰 사고가 일어나기 전에 작은 사고의 경고가 있다는 법칙을 말한다.

답 ①

27 공인회계사 2003

확인 Check! ○ △ ✕

기업의 인력수요 예측에 관한 설명으로 옳지 않은 것은?

① 시계열분석이나 회귀분석에 의한 양적 인력수요예측은 경영환경의 변화를 반영하기 어렵다.

② 생산성 비율분석에 의하여 양적 인력수요 예측을 실시할 경우, 경험학습에 따른 생산성 증가를 고려함으로써 예측의 정확성을 높일 수 있다.

③ 시나리오 기법에 의한 질적 인력수요 예측을 실시하기 위해서는 현재의 경영환경과 미래의 환경변화의 요건을 포함하는 구체적인 내용을 제시하는 것이 필요하다.

④ 양적 인력수요 예측을 위한 추세분석 기법은 과거 인력변화에 영향요소로 작용했던 환경요소를 찾고, 시간에 따른 인력변화 정도를 파악하여 미래인력수요를 예측하는 것이다.

⑤ 조직환경과 구조가 불안정할 것으로 기대되는 경우에는 자격요건 분석에 의한 질적 인력수요 예측이 바람직하다.

┃해설┃

양적 기법(시계열분석, 회귀분석, 생산성 비율분석)은 경영환경이 안정적으로 지속된다는 가정하에 분석을 실시한다. 자격요건분석법은 직무수행에 필요한 각종 지식, 기술, 능력으로 대표되는 직무수행역량에 기반하여 인력의 과부족을 판단하는 기법이다. 주로 관리직종이나 연구직종에 대한 수요산정에 활용되는 방법으로서, 직무수행에 필요한 자격요건을 세밀하게 파악하여 인력수요량 추정에 필요한 정보를 제공하는데 도움이 되게끔 하는 것을 목표로 한다. 자격요건분석법은 직무기술서와 직무명세서를 토대로 분석을 실시하므로 경영환경이 안정적인 경우에 효과가 크다.

답 ⑤

제2장 | 확보관리와 개발관리 **215**

인력모집과 선발에 관한 설명으로 옳지 않은 것은?

① 사내공모제는 승진기회를 제공함으로써 기존구성원에게 동기부여를 제공한다.

② 클로즈드 숍(closed shop)제도의 경우 신규종업원 모집은 노동조합을 통해서만 가능하다.

③ 집단면접은 다수의 면접자가 한 명의 응모자를 평가하는 방법이다.

④ 외부모집을 통해 조직에 새로운 관점과 시각을 가진 인력을 선발할 수 있다.

⑤ 내부모집방식에서는 모집범위가 제한되고 승진을 위한 과다경쟁이 생길 수 있다.

┃해설┃

집단면접은 면접대상자가 여러 명인 면접이고, 면접자가 여러 명인 면접은 위원회 면접이다.

더 살펴보기	내부모집과 외부모집	
구 분	내부모집	외부모집
장 점	• 사원들에게 동기유발을 제공 • 지원자들에 대한 정확한 평가 • 채용비용 절감효과 • 능력개발 증진	• 새로운 아이디어나 방법을 접하는 기회와 많은 선택가능성 • 교육훈련비용 절감 • 신규인원 유입으로 조직 변화를 촉진 • 조직이 환경의 일부를 조직 내부로 끌어들임으로써 불확실성을 감소시킴
단 점	• 모집인원의 제한 • 승진을 위한 과다경쟁 • 승진탈락자들의 불만과 사기저하	• 적응기간 소요 • 부적격자 채용의 위험성 • 내부인력 사기저하 등

 ③

인력선발도구의 평가기준으로는 신뢰성과 타당성이 있다. 다음의 설명 중 가장 적절하지 않은 것은?

① 신뢰성은 어떤 시험을 동일한 환경에서 동일한 사람이 몇 번 다시 보았을 때, 그 결과가 서로 일치하는 정도를 말한다.

② 양분법(split-halves method)과 대체형식법(altermate form method)은 신뢰성 측정방법이다.

③ 예측타당성(predictive validity)은 선발시험 합격자들의 시험성적과 입사 후 그들의 직무성과간의 상관관계에 의해 평가된다.

④ 내용타당성(content validity)은 선발도구에 측정하고자 하는 내용이 포함되어 있는 정도를 말한다.

⑤ 동시타당성(concurrent validity)은 선발시험의 예측타당성과 내용타당성을 동시에 검사하는 것이다.

┃해설┃

동시타당성은 현재 고성과자의 속성과 선발시험 응시자들의 속성을 비교하여 판단하는 것이다. 이를 측정하기 위해서는 신입사원의 선발에 적용하려는 선발도구를 현직원에게 시험하여 그들이 획득한 점수와 인사평가 점수간의 상관관계를 조사한다. 따라서 준거치와 예측치의 적용시점은 동일하다.

더 살펴보기	선발도구의 평가

① 선발을 위한 지원자의 평가방법으로 사용된 선발도구들이 적합한 것인가를 평가하기 위해서는 선발도구의 신뢰성과 타당성을 분석하여야 한다.

② 신뢰성이란 동일한 환경에서 동일한 시험을 반복하여 보았을 때 결과가 일치하는 정도(일관성, Consistency)를 의미하는 것이고, 타당성이란 측정하고자 하는 내용을 정확하게 측정하는 정도를 말한다.

신뢰성 (Reliability)	동일한 환경에서 동일한 시험을 반복하여 보았을 때 결과가 일치하는 정도(일관성, Consistency)	
	• 시험-재시험법 • 대체형식법 • 양분법	
타당성 (Validity)	측정하고자 하는 내용을 정확하게 측정하는 정도	
	기준 타당성	• 동시타당성(현 종업원의 시험성적과 직무성과 비교) • 예측타당성(선발시험 후 합격자의 시험성적과 고용 후의 직무성과 비교)
	내용 타당성	선발도구가 측정하고자 하는 바를 얼마나 잘 측정하는가의 정도
	구성 타당성	선발도구가 무엇을 측정하느냐 하는 것

 ⑤

PART 2

신입 조직구성원의 조직사회화 과정에 대한 다음의 설명 가운데 옳지 않은 것은?

① 조직사회화는 신입 조직구성원이 조직에 진입하는 시점에서 시작된다.

② 조직사회화는 개인과 조직의 심리적 계약을 통해 조직유효성을 향상시킨다.

③ 조직사회화 과정을 거침으로써 신입 조직구성원은 새로운 과업을 학습하고 새로운 대인관계를 형성한다.

④ 조직사회화 과정은 조직과 그 하위부문에서 중요한 것들을 실제로 중요하다고 인식하도록 학습하고 훈련하는 과정이다.

⑤ 조직은 조직사회화 과정을 통해 조직구성원의 업무를 재구성할 수 있다.

|해설|

예비지원자가 언론 등을 통해 조직에 대한 정보를 수집하는 것부터가 조직사회화의 출발점이 되므로 조직사회화는 조직에 진입하기 전부터 시작된다.

답 ①

01 서울시 7급 2023

노동조합이 근로자와 조합원 자격의 관계를 근로협약에 명시하여 조합의 존립을 보장받고자 하는 제도(shop system)의 유형 중 근로자가 노동조합에 가입하지 않아도 좋으나 조합비는 납부해야 하며, 노동조합은 조합비를 받는 대가로 비조합원을 위해서도 단체교섭을 맡는 제도로 가장 옳은 것은?

① 유니온 숍(union shop)

② 에이전시 숍(agency shop)

③ 오픈 숍(open shop)

④ 클로즈드 숍(closed shop)

┃해설┃

에이전시 숍(agency shop) : 종업원들 중에서 조합가입의 의사가 없는 자에게는 조합가입이 강제되지 아니하나, 조합가입에 대신하여 조합비를 조합에 납입하여야 하는 제도

① 유니온 숍(union shop) : 사용자에게 조합원 또는 비조합원의 여부에 상관없이 종업원을 고용할 자유는 있으나, 일단 고용된 후 일정기간 이내에 종업원은 노동조합에 가입하여야 하는 제도

③ 오픈 숍(open shop) : 사용자가 조합원 또는 비조합원의 여부에 상관없이 아무나 채용할 수 있으며, 근로자 또한 노동조합에 대한 가입이나 탈퇴가 자유로운 제도

④ 클로즈드 숍(closed shop) : 사용자가 조합원만을 종업원으로 신규 채용할 수 있는 제도

답 ②

PART 2

집단 휴가 실시, 초과근무 거부, 정시 출·퇴근 등과 같은 근로자의 쟁의행위는?

① 파 업
② 태 업
③ 준법투쟁
④ 직장폐쇄
⑤ 피케팅

- -

❚ 해설 ❚

집단휴가의 실시, 시간외 근무의 거부, 정시출퇴근 등의 법 규정 그대로의 권리를 행사함으로써 그들의 주장을 관철시키고자 하는 쟁의행위를 준법투쟁이라 한다.

더 살펴보기	쟁의행위의 종류	
노조의 쟁의행위	• 파업(Strike) : 조직적, 집단적 근로제공의 거부 • 태업(Sabotage) : 형식적 근로제공, 의식적 불성실 • 불매운동(Boycott) : 사용자, 제3자의 제품 구매 거부 • 시위(Picketing) : 사업장 출입제한, 파업 동참 요구 • 준법투쟁 : 평소에 잘 지켜지지 않는 법령, 규범 준수
사용자 측의 쟁의행위	직장폐쇄(Lock out) : 노조 측의 쟁의행위에 대한 대항 수단으로 근로수령을 거부하고 임금 미지급

답 ③

인적자원의 모집, 개발 및 평등고용기회에 관한 설명으로 가장 적절하지 않은 것은?

① 내부모집(internal recruiting)은 외부모집(external recruiting)에 비해 종업원들에게 희망과 동기를 더 많이 부여한다.
② 평등고용기회(equal employment opportunity)는 조직에서 불법적 차별에 의해 영향을 받지 않는 고용을 의미한다.
③ 선발기준(selection criterion)은 한 개인이 조직에서 담당할 직무를 성공적으로 수행하기 위해 갖춰야 하는 특성을 말한다.
④ 친족주의(nepotism)는 기존 종업원의 친척이 동일한 고용주를 위해 일하는 것을 금지하는 관행이다.
⑤ 종업원이 일반적으로 직장에서 연령, 인종, 종교, 장애에 의해 차별을 받는 것은 불법적 관행에 속한다.

친족주의는 족벌주의 내지는 친족중용주의를 의미하므로 반대되는 내용이다.

① 내부노동시장을 통한 모집은 주로 승진의 형태로 이루어지므로 종업원들에게 희망과 동기를 더 많이 부여한다.

② 평등고용기회는 적극적 고용개선조치의 일환으로서, 장애여부 및 종교나 국적 등으로 인하여 고용과정과 근로환경의 제반영역에서 차별이 발생하지 않도록 하는 것이다.

③ 선발기준에는 직무성공을 위해 갖추어야 하는 종업원의 특성, 행동양식, 과거의 이력, 취미나 흥미 등이 포함된다.

⑤ 연령이나 인종 혹은 종교나 장애 여부에 의해 직장에서 부당한 대우를 받는다면 이는 모두 불법적 관행이다.

답 ④

04 공인회계사 2022

☑ 확인Check! ○ △ ✕

직무분석과 교육훈련에 관한 설명으로 가장 적절하지 않은 것은?

① 개인－직무 적합(person－job fit)은 사람의 특성이 직무의 특성에 부합한지를 판단하는 개념이다.

② 교육훈련의 전이(transfer of training)란 교육훈련에서 배운 지식과 정보를 직무에 실제로 활용하는 것을 말한다.

③ 직무순환(job rotation)은 종업원이 다양한 직무를 수행할 수 있는 능력을 개발하게 한다.

④ 비공식적 교육훈련(informal training)은 종업원간의 상호작용 및 피드백을 통해서 일어나는 교육훈련을 말한다.

⑤ 직무설계 시 고려하는 과업중요성은 직무를 성공적으로 달성하는데 있어서 여러 가지 활동을 요구하는 정도를 말한다.

선지의 내용은 기술다양성에 대한 것이다. 과업중요성은 직무가 조직의 목표달성이나 타인의 삶에 영향을 주는 정도를 의미한다.

① 개인－직무 적합성은 크게 두 영역으로 나누어 살펴볼 수 있다. 첫째는 개인이 직무수행 과정에서 활용가능한 지식, 기술, 능력과 직무수행에 필요한 제반 요건이 일치하는 정도를 뜻한다. 둘째는 개인이 가지는 다양한 욕구나 선호와 직무의 제반 특성들이 서로 일치하는 정도를 뜻한다.

② 교육의 전이란 학습내용이 업무에 적용되는 정도를 뜻한다.

③ 직무순환은 여러 직무를 일정 주기로 순환하여 수행하는 것이다. 직무 순환을 통해 스트레스와 매너리즘의 감소, 종업원의 능력 신장과 같은 효과를 얻을 수 있다.

④ 공식적 교육훈련은 교육훈련 부서에서 계획되고 진행되는 교육을 의미하며, 비공식 교육훈련은 평소 업무수행의 과정에서 구성원 간에 발생하는 상호작용과 피드백을 의미한다.

답 ⑤

노동조합에 대한 설명으로 옳은 것은?

① 산업별 노동조합은 조합원의 수가 많아 압력단체의 지위를 확보할 수 있어 교섭력을 높일 수 있다.

② 산업별 노동조합은 가장 오랜 역사를 가진 노동조합 형태이며, 노동시장의 공급통제를 목적으로 숙련도 여부에 관계 없이 동일 산업의 모든 근로자를 대상으로 조직한다.

③ 프레퍼렌셜 숍(preferential shop)은 노동조합의 조합원 수 확대를 위해 비조합원에 우선순위를 주는 제도 이다.

④ 단체교섭권은 근로조건의 유지 및 개선을 위해 근로자가 단결하여 사용자와 교섭할 수 있는 권리이며, 단체교섭권 남용에 대해서 사용자는 직장폐쇄로 맞설 수 있다.

┃해설┃

산업별 노동조합은 기업과 직종을 넘어선 조직으로서, 정책에 대한 압력단체로서의 역할을 수행할 수 있으며 산업 내에서 기업간의 교섭력을 통일할 수 있다는 장점이 있다. 그러나 이해관계의 상충으로 인하여 응집력이 약화될 수 있는 문제점도 있다.

② 가장 오랜 역사를 가진 노동조합은 직업별 노동조합이며, 같은 직업을 가진 노동자들간에 형성되었다. 숙련공의 기술이 필수적이던 생산방식 하에서 노동시장을 배타적으로 독점하여 교섭력을 높이려는 의도를 가지고 있다.

③ 프레퍼렌셜 숍은 채용시 노동조합원에게 우선순위를 부여하는 제도이다.

④ 단체교섭에 대항하는 것이 아니라 파업과 같은 노동자들의 쟁의행위에 대항하는 사측의 수단이 직장폐쇄이다.

답 ①

직무분석에 관한 설명으로 가장 적절하지 않은 것은?

① 직무분석(job analysis)은 직무의 내용, 맥락, 인적요건 등에 관한 정보를 수집하고 분석하는 체계적인 방법을 말한다.

② 직무설계(job design)는 업무가 수행되는 방식과 주어진 직무에서 요구되는 과업들을 정의하는 과정을 말한다.

③ 성과기준(performance standard)은 종업원의 성과에 대한 기대수준을 말하며 일반적으로 직무명세서로부 터 직접 도출된다.

④ 원격근무(telework)는 본질적으로 교통, 자동차 매연, 과잉 건축 등으로 야기되는 문제들을 해결한다는 장점이 있다.

⑤ 직무공유(job sharing)는 일반적으로 두 명의 종업원이 하나의 정규직 업무를 수행하는 일정관리 방식을 말한다.

직무기술서에는 직무의 명칭과 내용, 직무수행방법과 절차, 작업조건, 성과판단의 기준 등이 기록되며, 직무명세서에는 직무분석의 결과에 의거하여 직무수행에 필요한 종업원의 능력과 각종자격조건을 기록한다.

① 직무분석은 직무를 구성하는 과업내용을 구체화하고 직무 수행에 요구되는 인적 사항에 대한 정보를 수집 정리하는 체계적인 작업이다.

② 직무설계는 종업원에게 의미와 만족을 부여하는 동시에 조직목표를 효과적으로 달성하기 위하여 개별직무의 내용과 업무수행방법을 정의하고 구조화하는 활동이다.

④ 원격근무는 출퇴근으로 인한 교통, 자동차 매연, 과잉 건축 등으로 야기되는 문제들을 해결할 수 있다는 장점이 있다.

⑤ 직무공유제는 인력의 공급이 과잉인 경우에 시행된다. 이 경우 원칙적으로는 인력감축을 실시해야겠지만 경기위축 등의 부작용을 방지하기 위해서 기업들은 해고없는 인력량 감소 전략을 모색하게 된다.

답 ③

07 가맹거래사 2022

☑ 확인 Check! ○ △ ✕

파업을 효과적으로 수행하기 위하여 파업 비참가자들에게 사업장에 들어가지 말 것을 독촉하고 파업참여에 협력할 것을 요구하는 행위는?

① 태 업
② 보이콧
③ 피케팅
④ 직장폐쇄
⑤ 준법투쟁

▌해설▐

피케팅은 파업이나 불매운동을 효과적으로 수행하기 위해 근로희망자들의 사업장 혹은 공장 출입을 저지하고 파업참여에 협력할 것을 호소하는 행위이다.

① 태업은 근로자가 집단적이고 의도적으로 작업능률을 저하시키는 쟁의행위를 말한다.

② 불매운동은 사용자 또는 그와 거래관계에 있는 제3자의 제품구입을 거절하는 행위이다.

④ 직장폐쇄는 사용자가 그의 주장을 관철시키기 위한 수단으로서 근로자를 직장으로부터 집단적으로 차단하고 근로자가 제공하는 노무를 총괄적으로 거부하는 쟁의행위이다. 직장폐쇄는 사용자의 쟁의수단이다.

⑤ 준법투쟁은 법 규정 그대로의 권리를 행사함으로써 그들의 주장을 관철시키고자 하는 쟁의행위로서, 집단휴가의 실시, 시간외 근무의 거부, 정시출퇴근 등이 여기에 해당한다.

답 ③

인적자원계획 및 평등고용기회에 관한 설명으로 가장 적절하지 않은 것은?

① 인적자원계획(human resource planning)은 조직이 전략적 목표를 달성할 수 있도록 사람들의 수요와 가용성을 분석하고 확인하는 과정이다.

② 기업의 인력과잉 대처방안에는 임금의 삭감, 자발적 이직프로그램의 활용, 근로시간 단축 등이 있다.

③ 임금공정성(pay equity)은 실제 성과가 상당히 달라도 임무 수행에 요구되는 지식, 기술, 능력 수준이 유사하면 비슷한 수준의 급여가 지급되어야 한다는 개념이다.

④ 적극적 고용개선조치(affirmative action)는 여성, 소수집단, 장애인에 대해 역사적으로 누적된 차별을 해소하기 위한 적극적인 고용제도이다.

⑤ 고용주는 적법한 장애인에게 평등한 고용기회를 주기 위해 합리적인 편의(reasonable accommodation)를 제공해야 한다.

┃해설┃

지식과 기술이 비슷하더라도 성과가 다르면 임금도 달라져야 하며 그렇지 않고 비슷한 수준의 급여가 지급된다면 임금공정성을 위배하는 것이 된다.

① 인적자원계획은 조직이 목표를 달성할 수 있도록 인적자원의 필요량과 가용성을 분석하고 파악하는 과정이다.

② 인력공급과잉이 발생하면 근무시간 단축, 보상동결 및 삭감, 신규채용 억제, 희망퇴직과 해고 등을 통해 이에 대처한다.

④ 여성, 소수집단, 장애인 등의 고용률 제고를 위한 적극적 고용개선 조치제도는 선진국에서 오래 전부터 시행되어 왔으며 우리나라에서는 '남녀고용평등과 일・가정 양립지원에 관한 법률'에 근거하여 실시되고 있다.

⑤ 적극적 고용개선조치제도에서는 합리적 편의제공, 즉 편의시설이나 각종 서비스의 제공을 통해 출발선의 평등을 보장할 필요가 있다.

 ③

09 국가직 7급 2020

☑ 확인 Check! ○ △ ✕

노동조합과 노사관계에 대한 설명으로 옳지 않은 것은?

① 일반적으로 노동조합은 오픈 숍(open shop) 제도를 확립하려고 노력하고, 사용자는 클로즈드 숍(closed shop)이나 유니언(union shop) 제도를 원한다.

② 노사관계는 생산의 측면에서 보면 협조적이지만, 생산의 성과배분 측면에서 보면 대립적이다.

③ 노동조합의 경제적 기능은 사용자에 대해 직접 발휘하는 노동력의 판매자로서의 교섭기능이다.

④ 노사 간에 대립하는 문제들이 단체교섭을 통해 해결되지 않으면 노사 간에는 분쟁상태가 일어나고, 양 당사자는 자기의 주장을 관철하기 위하여 실력행사에 들어가는데 이것을 '노동쟁의(labor disputes)'라고 한다.

┃해설┃

노동조합의 힘이 가장 강력하게 발휘될 수 있는 제도는 노조가입이 채용의 전제조건이 되는 클로즈드 숍이다. 오픈 숍은 노조가입과 무관하게 채용이 가능하므로 노조입장에서는 유리한 제도가 아니다.

답 ①

10 공인노무사 2020

☑ 확인 Check! ○ △ ✕

사용자가 노동조합의 정당한 활동을 방해하는 것은?

① 태 업   ② 단체교섭

③ 부당노동행위   ④ 노동쟁의

⑤ 준법투쟁

┃해설┃

정당한 노동조합 활동을 이유로 불이익한 대우를 하거나 근로자의 노동3권을 침해하는 사용자의 행위를 부당노동행위라 한다.

① 태업은 근로자가 집단적, 의도적으로 업무능률을 저하시키는 쟁의행위이다.

② 단체교섭이란 노동조합과 사용자가 양자의 단체적 가치를 전제로 하여 근로자의 임금이나 근로시간 및 그 밖의 근로조건에 관한 협약의 체결을 위해 집단적 타협을 모색하고 또 체결된 협약을 관리하는 것이다.

④ 노동쟁의는 근로조건의 결정에 관한 상호간의 주장의 불일치로 인하여 발생한 분쟁상태를 말한다.

⑤ 준법투쟁은 피고용인들이 법 규정을 엄격하게 준수하거나 법 규정 그대로의 권리를 행사함으로써 그들의 주장을 관철시키고자 하는 쟁의행위이다.

답 ③

11 경영지도사 2020

확인Check! ○ △ ✕

고성과 작업시스템이 성공적으로 이루어지기 위한 조건이 아닌 것은?

① 분권화된 의사결정을 배제한다.
② 종업원들이 선발에 참여한다.
③ 종업원 보상은 조직의 재무성과와 연동된다.
④ 종업원들이 다양한 기술을 사용할 수 있도록 업무가 설계된다.
⑤ 지속적인 교육훈련이 이루어진다.

┃해설┃

고성과 작업시스템의 핵심은 권한위임, 즉 분권화된 의사결정에 있다. 이를 배제하고 집권화된 의사결정으로 회귀하는 것은 바람직하지 않다. 나머지는 모두 고성과 작업시스템에 적합한 조건들이다.

답 ①

12 국가직 7급 2019

확인Check! ○ △ ✕

노사협의회에 대한 설명으로 옳은 것은?

① 노사협의회는 근로자 대표와 사용자 대표로 구성되는데, 근로자 대표는 조합원이든 비조합원이든 구분 없이 전 종업원이 선출한다.
② 노사협의회는 경영참가제도의 일종으로 근로자의 지위향상 및 근로조건의 개선유지를 주요 목적으로 한다.
③ 노사협의가 결렬될 경우, 쟁의권에 의하여 쟁의행위가 수반된다.
④ 노사협의회의 주요 협의 대상이 되는 임금, 근로시간, 기타 근로조건 관련 사항에 대해서는 노사간의 이해가 대립된다.

┃해설┃

근로자 대표는 노동조합 가입여부와 무관하게 전종업원이 선출한다.
② 노사협의회는 전체 근로자를 대표하여 기업의 생산성과 근로생활의 질 향상을 도모함을 목적으로 하지만 근로조건 등에 관한 내용은 노사협의회가 아니라 단체교섭사항이다.
③ 노사협의회는 쟁의행위를 수반하지 않으며 결렬 시 쟁의행위가 발생하는 것은 단체교섭이다.
④ 임금, 근로조건 관련사항은 그 내용의 성질상 노사간 이해관계가 대립된다.

답 ①

226 공인회계사 1차 객관식 경영학

13 공인노무사 2019

노동조합의 조직형태에 관한 설명으로 옳지 않은 것은?

① 직종별 노동조합은 동종 근로자 집단으로 조직되어 단결이 강화되고 단체교섭과 임금 협상이 용이하다.

② 일반노동조합은 숙련근로자들의 최저생활조건을 확보하기 위한 조직으로 초기에 발달한 형태이다.

③ 기업별 노동조합은 조합원들이 동일기업에 종사하고 있으므로 근로조건을 획일적으로 적용하기가 용이하다.

④ 산업별 노동조합은 기업과 직종을 초월한 거대한 조직으로서 정책활동 등에 의해 압력 단체로서의 지위를 가진다.

⑤ 연합체 조직은 각 지역이나 기업 또는 직종별 단위조합이 단체의 자격으로 지역적 내지 전국적 조직의 구성원이 되는 형태이다.

┃해설┃

노동조합은 조합원의 자격에 따라 결정되는 단위노조와 노동조합이 지역이나 전국적 단위로 결합되는 연합노조❺의 두 가지 형태로 분류할 수 있다. 그중 단위노조는 노동조합에 가입하는 조합원의 자격에 따라 정해지는 노조로서, 단체교섭결정권의 귀속주체에 따라 직업별 노동조합(초기에 발달한 노조로서 동종직업 종사자간에 결성되므로 단결력 우수❶), 산업별 노동조합(특정산업 종사자간에 결성되므로 국가나 사회 수준의 정책형성에 영향을 미칠 수 있음❹) 기업별 노동조합(특정기업 근로자간에 결성❸), 일반 노동조합(숙련도나 직종에 무관하게 결성되며 대개 비숙련공 위주로 발달❷)으로 나눌 수 있다.

답 ②

14 경영지도사 2017

전국에 걸친 산업별 노조 또는 하부단위 노조로부터 교섭권을 위임받은 연합체노조와 이에 대응하는 산업별 혹은 사용자단체 간의 단체교섭은?

① 기업별 교섭   ② 집단교섭
③ 통일교섭   ④ 대각선교섭
⑤ 공동교섭

┃해설┃

통일교섭은 전국에 걸친 산업별 노조나 하부단위 노조로부터 교섭권을 위임받은 연합노조와 이에 대응하는 산업별, 지역별 사용자단체간의 교섭을 의미한다. 통상 노조의 협상력이 강하지만 협상 결렬 시 경제 전반에 미치는 손실이 크다는 단점이 있다.

답 ③

15 가맹거래사 2018

확인Check! ○ △ ✕

단체교섭의 방식 중 단위노조가 소속된 상부단체와 각 단위노조에 대응하는 개별 기업의 사용자간에 이루어지는 교섭형태는?

① 기업별 교섭
② 집단교섭
③ 대각선교섭
④ 복수사용자교섭
⑤ 통일교섭

‖해설‖

대각선 교섭은 단위노조가 소속된 상부단체(예 산별노조)와 개별 사용자간에 이루어지는 교섭형태를 말한다.

더 살펴보기	단체교섭의 유형
기업별 교섭	특정 기업 또는 사업장에 있어서 노동조합과 그 상대방인 사용자 간에 단체교섭이 행하여지는 것
공동교섭	산업별 노동조합과 그 지부가 공동으로 사용자와 교섭하는 것
대각선교섭	패턴교섭이라고도 하며, 산업별 노동조합과 개별 사용자가 행하는 교섭 또는 기업별 노동조합의 상부단체가 개별 사용자와 행하는 단체교섭의 방식
통일교섭	산업별, 직종별 노동조합과 이에 대응하는 산업별, 직종별 사용자 단체 간의 단체교섭
집단교섭	다수의 노동조합과 그에 대응하는 다수의 사용자가 서로 집단을 만들어 교섭에 응하는 형태

답 ③

16 경영지도사 2019

확인 Check! ○ △ ✕

사용자가 노동조합원이 아닌 자도 고용할 수 있지만, 일단 고용된 근로자는 일정 기간 내 노동조합에 가입해야 하는 제도는?

① 플렉스 숍(flex shop)
② 레이버 숍(labor shop)
③ 오픈 숍(open shop)
④ 클로즈드 숍(closed shop)
⑤ 유니온 숍(union shop)

┃ 해설 ┃

고용 이후 일정 기간 내 노동조합에 가입해야 하는 제도는 유니온 숍이다. 오픈 숍은 노조가입 여부와 상관없이 고용되는 형태이고, 클로즈드 숍은 노조가입이 의무가 되는 형태이다.

답 ⑤

17 공인노무사 2017

확인 Check! ○ △ ✕

노사관계에 관한 설명으로 옳지 않은 것은?

① 좁은 의미의 노사관계는 집단적 노사관계를 의미한다.
② 메인터넌스 숍(maintenance shop)은 조합원이 아닌 종업원에게도 노동조합비를 징수하는 제도이다.
③ 우리나라 노동조합의 조직형태는 기업별 노조가 대부분이다.
④ 사용자는 노동조합의 파업에 대응하여 직장을 폐쇄할 수 있다.
⑤ 채용이후 자동적으로 노동조합에 가입하는 제도는 유니온 숍(union shop)이다.

┃ 해설 ┃

메인터넌스 숍은 한 번 가입하면 일정기간동안 조합원의 지위를 유지하는 제도이다.
① 협의의 노사관계는 집단적 노사관계만을 의미한다.
③ 우리나라의 노조형태는 대부분 기업별 노조이다.
④ 사용자는 직장폐쇄, 조업계속 등을 통해 노동조합의 쟁의에 대항할 수 있다.
⑤ 채용후 일정기간이 지나면 의무적으로 노조에 가입해야 하는 것은 유니온 숍이다.

답 ②

제3장 | 노사관계관리 229

노동조합의 가입 및 운영 요건을 정하는 숍 제도(shop system) 중 채용된 후 일정한 수습 기간이 지나 정식사원이 되면 조합 가입 의무가 있는 방식은?

① 오픈 숍(open shop)
② 유니온 숍(union shop)
③ 클로즈드 숍(closed shop)
④ 에이전시 숍(agency shop)

┃해설┃

채용된 후 일정한 수습 기간이 지나면 노조가입이 의무화되는 방식은 유니온 숍이다.
① 오픈 숍은 가입이 자유로운 운영 방식이다.
③ 클로즈드 숍은 노조원이 아니면 채용이 불가능한 방식이다.
④ 에이전시 숍은 조합원과 비조합원 모두에게 조합비를 징수하는 방식이다.

더 살펴보기	노조가입과 관련한 노동조합의 종류
오픈 숍	• 조합원 여부에 상관없이 아무나 채용 • 근로자의 노동조합 가입/탈퇴가 자유 • 노동조합이 조직을 확대하기가 가장 어려우며 사용자에 대한 교섭력 약화
유니온 숍	• 종업원을 고용할 자유는 있으나, 일정 기간 이내에 노동조합에 가입하여야 하는 제도 • 근로자가 노동조합 탈퇴 시 원칙적으로 사용자는 해고 의무
클로즈드 숍	• 조합원만을 종업원으로 신규 채용 • 노동조합 조직 안정성 유지에 가장 유리한 제도 • 채용된 노동자가 해당 노동조합을 탈퇴 혹은 제명되면 종업원 지위도 상실 • 항만 및 건설업에서 가장 두드러지게 나타남
프레퍼렌셜 숍	• 채용에 있어서 조합원에 우선순위를 주는 제도 • 비조합원도 채용 가능하지만 비조합원에게는 단체협약상의 혜택을 주지 않음
메인터넌스 숍	• 일단 단체협약이 체결되면 기존 조합원 및 체결 후 가입된 조합원도 협약이 유효한 기간 동안은 조합원으로 머물러야 함 • 신규인력의 노조 가입 여부는 개별 노동자의 자유의사
에이전시 숍	노동조합 가입에 대한 강제는 없으나 비노조원은 아무 노력 없이 노조원들의 조합 활동에 의한 혜택을 받으므로 그 대가로 조합비 납부

답 ②

조합원 및 비조합원 모두에게 조합비를 징수하는 shop 제도는?

① open shop

② closed shop

③ agency shop

④ preferential shop

⑤ maintenance shop

▌해설▐

숍 제도는 기본적으로 오픈 숍, 유니온 숍, 클로즈드 숍의 세 가지가 있으며, 이의 변형 형태로서 에이전시 숍, 프레퍼렌셜 숍, 메인터넌스 숍 등의 제도가 있다.

답 ③

조직구성원들의 경영참여와 관련이 없는 것은?

① 분임조

② 제안제도

③ 성과배분제도

④ 종업원지주제도

⑤ 전문경영인제도

▌해설▐

전문경영인 제도는 조직구성원들의 경영참여와는 무관하다.

① 분임조는 품질개선활동 등에 구성원들이 참여하는 제도이다.

② 제안제도는 구성원들이 아이디어를 제안하는 제도이다.

③ 성과배분제도는 생산성의 증가 내지는 원가절감으로 인한 이익을 노사가 공유하는 제도이다.

④ 종업원지주제도는 조직의 구성원들에게 주식을 나누어주는 제도이다.

답 ⑤

21 가맹거래사 2013

✓ 확인 Check! ○ △ ✕

우리나라에서 적용하고 있는 정리해고의 요건이 아닌 것은?

① 긴박한 경영상의 필요가 있어야 한다.
② 사용자는 해고를 피하기 위한 노력을 다하여야 한다.
③ 공정한 해고의 기준을 정하고 이에 따라 그 대상을 선정하여야 한다.
④ 자질이 부족하거나 행동이 건전하지 못한 직원 해고는 인정하여야 한다.
⑤ 사용자는 해고를 피하기 위한 방법 및 해고의 기준 등에 관하여 노동조합 내지 근로자 대표와 성실하게 협의하여야 한다.

┃해설┃

자질 부족 내지는 행동의 불건전 등과 같은 자의적 기준은 정리해고의 법적인 근거가 될 수 없다. 나머지들은 모두 정리해고의 요건에 해당한다.

답 ④

22 공인노무사 2011

✓ 확인 Check! ○ △ ✕

근로자의 임금 지급시 조합원의 노동조합비를 일괄하여 징수하는 제도는?

① 유니온 숍(union shop)
② 오픈 숍(open shop)
③ 클로즈드 숍(closed shop)
④ 체크오프 시스템(check-off system)
⑤ 에이전시 숍(agency shop)

┃해설┃

노동조합비의 일괄징수제도는 체크오프 시스템이며 이는 노동조합의 존속을 가능하게 하는 제도적 장치 중 하나이다.

답 ④

23 ☑ 확인 Check! ○ △ ✕

조합원이 아니더라도 단체교섭의 당사자인 노동조합이 모든 종업원으로부터 조합비를 징수하는 제도는?

① open shop
② closed shop
③ union shop
④ agency shop
⑤ maintenance shop

▌해설▌

조합원이 아니더라도 단체교섭의 당사자인 노동조합이 모든 종업원으로부터 조합비를 징수하는 제도는 에이전시 숍이다.

① 오픈 숍은 노조 가입여부와 채용이 무관하게 결정되는 제도이다.
② 클로즈드 숍은 노조 가입을 해야만 채용이 결정되는 제도이다.
③ 유니온 숍은 노조 가입이 채용의 전제는 아니지만 채용후 일정기간 경과후 노조에 가입해야 하는 제도이다.
⑤ 메인터넌스 숍은 노조 가입 후 일정기간 동안은 조합원 자격을 유지해야 하는 제도이다.

답 ④

24 ☑ 확인 Check! ○ △ ✕

비노조원도 채용할 수 있으나, 일정기간이 경과된 후 반드시 노동조합에 가입하여야 하는 제도로 가장 적절한 것은?

① 오픈 숍(open shop)
② 클로즈드 숍(closed shop)
③ 유니온 숍(union shop)
④ 체크오프 시스템(check-off system)
⑤ 에이전시 숍(agency shop)

▌해설▌

문제의 내용은 유니온 숍에 대한 설명이다. 에이전시 숍은 노조원 여부를 떠나 종업원 모두가 노조에 조합비를 납부해야 하는 제도이다.

답 ③

01 공인회계사 2024

성과의 관리 및 평가에 관한 설명으로 가장 적절하지 않은 것은?

① 서열법(ranking)은 성과평가에 있어서 집단의 규모가 작을 때보다 클 때 더 적합하다.

② 성과평가(performance appraisal)는 종업원들의 직무를 기준과 비교하여 얼마나 잘 이행하고 있는지를 결정하고 그 정보를 종업원과 의사소통하는 과정을 말한다.

③ 성과관리(performance management)는 조직이 종업원들로부터 필요로 하는 성과를 획득하기 위해 설계하는 일련의 활동을 말한다.

④ 도식평정척도(graphic rating scale)는 평가자가 특정한 특성에 대해 낮은 수준에서 높은 수준을 나타내는 연속체에 종업원의 성과를 표시할 수 있게 하는 척도를 말한다.

⑤ 초두효과(primacy effect)는 평가자가 개인의 성과를 평가하면서 맨 처음에 접한 정보에 더 많은 가중치를 부여하는 경우에 발생한다.

┃해설┃

서열법은 종합적 성과수준별로 순서를 정하는 방법으로 평가대상이 소수일 때 활용가능한 방법이다.

더 살펴보기	인사고과 방법
서열법	능력과 업적에 대하여 순위를 매기는 방법
강제(등급)할당법	할당 비율에 따라 피고과자를 강제로 할당
표준인물비교법	기준 종업원을 정하고 그를 기준으로 피고과자를 평가
기록법	근무 성적의 기준을 객관적으로 정하고 기록
평정척도법	직무수행상 달성한 정도에 따라 사전에 마련된 척도를 근거로 하여 고과자로 하여금 체크
대조표법	설정된 평가세부 일람표에 체크하는 방법
업무보고법	피고과자가 작업 업적을 구체적으로 작성 제출
성과기준고과법	피고과자의 직무수행 결과가 사전의 성과기준에 도달하였는가에 따라 평가

답 ①

인사평가에 대한 설명으로 옳은 것은?

① 행동기준고과법(BARS ; behavioral anchored rating scale)은 목표대비 달성 정도를 체크리스트법과 중요 사건법의 결합 척도로 평가한다.

② 다면평가법에서 평가 참여자로는 상급자, 동료, 하급자 등 내부 구성원은 포함되지만 외부 고객은 고려되지 않는다.

③ 후광효과(halo effect)는 피평가자 개인의 특성보다는 출신학교와 같은 사회적 집단에 근거해 평가할 때 나타나는 오류이다.

④ 평가센터법(assessment center method)은 피평가자의 역량을 정확하게 평가할 수 있지만, 평가비용이 많이 들고 평가시간이 오래 걸린다.

┃해설┃

평가센터법은 피평가자의 역량을 비교적 정확하게 평가할 수 있는 장점이 있지만 비용이 많이 들고 평가시간이 오래 걸리는 단점이 있기 때문에 하위직보다 주로 상위 관리직 채용에 활용된다.

① 행동기준고과법은 목표의 달성 정도를 평정척도법과 주요사건기술법을 결합하여 평가한다.

② 다면평가는 상사를 포함한 본인과 동료, 하급자와 외부 이해관계자에 의해서 이루어지는 평가이다.

③ 개인의 특성보다는 출신학교와 같은 사회적 집단에 근거해 평가할 때 나타나는 오류는 상동오류이다. 상동오류는 특정한 유형의 집단에 대해 가지고 있는 편견에 근거하여 발생하는 오류를 말한다. 반면, 후광효과는 평가자가 피평가자의 하나의 특징으로 나머지 전체를 평가하는 것으로서, 특정 항목에 대한 평가가 다른 항목의 평가에 영향을 주는 것을 말한다.

더 살펴보기	현대적 인사고과방법
서술법	피고과자의 행위의 강약점을 진술
주요사건 서술법	기업 목표 달성의 주요 사건을 중점적으로 서술, 직무태도와 업무 능력 개선 유도
인사평정센터법	특별 선정된 관리자들에 의한 복수 평정절차
행태기준 평정척도법(BARS)	주요과업 분야별로 바람직한 행태의 유형 및 등급을 구분·제시한 뒤 해당 사항에 표시
자기고과법	피고과자가 자신의 능력과 희망을 서술
목표관리(MBO)	목표/결과에 대한 평가에 피고과자가 참여
토의식 고과법	현장 토의법, 면접법, 위원회 지명법
인적자원회계	인적자산을 대차대조표와 손익계산서로 평가

달 ④

PART 2

성과관리에 관한 설명으로 가장 적절하지 않은 것은?

① 평가센터(assessment center) 또는 역량평가센터는 다양한 평가기법을 사용하여 다양한 가상상황에서 피평가자의 행동을 한 명의 평가자가 평가하는 방법이다.

② 목표에 의한 관리(MBO ; management by objectives)는 평가자 뿐만 아니라 피평가자도 목표설정과정에 함께 참여한다.

③ 타인평가시 발생하는 오류 중 후광효과(halo effe(a)는 개인이 갖는 특정한 특징(예 지능, 사교성 등)에 기초하여 그 개인에 대한 일반적 인상을 형성하는 것이다.

④ 360도 피드백 평가는 전통적인 상사평가 이외에 자기평가, 동료평가, 부하평가 그리고 고객평가로 이루어진다.

⑤ 행위기준척도법(BARS ; behaviorally anchored rating scales)은 피평가자들의 태도가 아닌 관찰가능한 행동을 척도에 기초하여 평가한다.

❚ 해설 ❚

평가센터법은 주로 상위 관리직 채용에 활용되는 방법으로, 복수의 지원자들을 일정 기간 동안 특정한 장소에 머무르게 하면서 다수의 평가자가 다양한 방식의 도구를 활용하여 지원자들을 종합적으로 판단할 때 사용하는 방식이다.

② MBO는 부하가 직속상사와 협의하여 목표량을 정한 후, 실제 성과달성도를 부하와 직속상사가 함께 측정하고 평가하는 방법이다.

③ 후광효과란 외모와 같은 어느 한 가지 특성을 통해 대상 전체를 평가함으로써 발생하는 오류이다.

④ 360도 피드백 평가는 상사와 본인, 동료, 하급자와 외부이해관계자까지 포함한 사람들에 의해서 이루어지는 평가 및 피드백 방법이다.

⑤ 행위기준척도법은 평정척도법과 주요사건기술법을 결합한 것으로, 작업의 결과가 아닌 과정, 즉 관찰가능한 행동을 평가기준으로 삼는다.

답 ①

평정척도법과 중요사건기술법을 결합하여 계량적으로 수정한 인사평가기법은?

① 행동기준평가법(behaviorally anchored rating scales)

② 목표관리법(management by objectives)

③ 평가센터법(assessment center method)

④ 체크리스트법(check list method)

⑤ 강제할당법(forced distribution method)

행동기준평가법은 전통적인 인사평가 방법의 문제점을 보완하기 위해 평정척도법과 주요사건기술법을 결합한 것으로 평가에 직접적으로 적용되는 행동들을 여러 행동범주에 포함시켜 구성하는 표준평정척도법이다.

답 ①

05 국가직 7급 2022

☑ 확인Check! ○ △ ✕

인사평가방법에 대한 설명으로 옳지 않은 것은?

① 행동관찰척도법(BOS ; behavioral observation scales)은 업무수행 및 성과에 직결된 행동을 선별하여 주요 행동유형을 선정하고, 선정된 행동유형별로 우열을 가질 수 있도록 구분하여 기술하는 방법이다.

② 행동기준평정척도법(BARS ; behaviorally anchored ratingscales)은 직무와 관련하여 보편적으로 보이는 행동을 선정하고, 선정된 행동의 우열이 나타나도록 기술하여 개발이 용이한 방법이다.

③ 도식평정척도법(graphic rating scales)은 직무 유형에 따라 직무기준을 구분하고, 각각의 직무기준별로 연속적으로 척도화된 평가양식지를 만들어 평가자로 하여금 종업원의 성과를 연속선상에서 표시하는 방법이다.

④ 행동기준평정척도법은 직무행동이 직무성과와 가장 직접적인 관계가 있기 때문에 직무행동을 관찰하는 것이 객관적이라는 가정 하에 개발된 방법이다.

해설

행위기준평정척도법은 평정척도법과 주요사건기술법을 혼용하여, 평가직무에 직접적으로 적용되는 묘사문을 핵심성공 요인과 관련된 여러 행동범주에 포함시켜 구성하는 표준평정척도법이다. 그러나 이 과정에서 개발과 활용에 시간과 비용이 많이 든다는 단점이 있다.

> **더 살펴보기** **행위기준 척도법**
>
> ① 행태기준 평정척도법 : 행태기준 평정척도법(BARS ; Behaviorally Anchored Rating Scales)은 바람직한 행태의 유형 및 등급을 구분하여 제시한 뒤 평가자가 해당 사항에 표시하는 방식이다. 예를 들어 근태와 관련한 평가를 한다면 주 5일간 근무를 잘할 것으로 기대(5점), 결근−지각은 사전통보 예상(3점), 주 1회 지각 예상(1점) 등으로 행태의 유형과 등급점수를 제시하여 평가자가 선택할 수 있도록 하는 방식이다.
>
> ② 행태관찰척도법 : 행태관찰척도법(BOS ; Behaviorally Observation Scales)은 주요 행태별 척도를 제시한 뒤 해당 척도를 선택하는 방식으로, 예를 들어 종업원의 관심사에 귀를 기울인다(1~5)라는 행태를 제시하고 1~5점 사이의 점수를 평가자가 부여하는 방식이다.
>
> | BARS(행태기준) | BOS(행태관찰) |
> | --- | --- |
> | • 구체적 근무 태도가 기준 | • 실천 정도가 기준 |
> | • 서스톤 척도(유사동간척도) | • 리커트 척도 |
> | • 사례 제시−교육, 육성의 효과 | • 높은 타당성과 신뢰성 |

답 ②

06 경영지도사 2022

확인 Check! ○ △ ✕

목표관리(MBO)에 관한 설명으로 옳지 않은 것은?

① 구체적이면서 실행 가능한 목표를 세운다.

② 부하는 상사와 협의하지 않고 목표를 세운다.

③ 목표의 달성 기간을 구체적으로 명시한다.

④ 성과에 대한 정보를 피드백한다.

⑤ 업무수행 후 부하가 스스로 평가하여 그 결과를 보고한다.

∎해설∎

목표관리의 특징 중 하나가 상사와 부하의 협의에 의한 참여적 목표설정이다. 구체적인 목표설정❶, 달성 기간의 명시❸, 상사의 성과피드백❹, 부하의 자발적 보고❺ 등은 모두 목표관리의 특징에 해당한다.

답 ②

07 공인노무사 2021

확인 Check! ○ △ ✕

인사평가의 분배적 오류에 해당하는 것은?

① 후광효과

② 상동적 태도

③ 관대화 경향

④ 대비오류

⑤ 확증편향

∎해설∎

항상 오류는 평가자의 개인적 성향에 근거하여 항상 규칙적으로 발생하는 오류를 말한다. 점수의 분배시 발생한다고 하여 분배적 오류라 하기도 한다. 항상 오류에는 관대화, 가혹화, 중심화 등이 있다. 관대화 경향은 실제 능력이나 성과보다 더 높게 평가하려는 경향이며, 반대로 가혹화 경향은 실제 능력이나 성과보다 더 낮게 평가하려는 경향을, 중심화 경향은 평가척도가 가지는 범위의 중간 정도에 피평가자를 두려는 경향을 의미한다. 확증편향은 원래 가지고 있는 생각이나 신념을 거듭 확인하려는 지각오류를 뜻한다.

답 ③

238 공인회계사 1차 객관식 경영학

☑ 확인 Check! ○ △ ✕

직무분석 및 인사평가에 관한 설명으로 가장 적절하지 않은 것은?

① 직무분석은 인적자원의 선발, 교육훈련, 개발, 인사평가, 직무평가, 보상 등 대부분의 인적자원관리 업무에서 기초자료로 활용할 정보를 제공한다.

② 다면평가란 상급자가 하급자를 평가하는 하향식평가의 단점을 보완하여 상급자에 의한 평가 이외에도 평가자 자신, 부하직원, 동료, 고객, 외부전문가 등 다양한 평가자들이 평가하는 것을 말한다.

③ 설문지법(questionnaire method)은 조직이 비교적 단시일 내에 많은 구성원으로부터 직무관련 자료를 수집할 수 있다는 장점이 있다.

④ 과업(task)은 종업원에게 할당된 일의 단위를 의미하며 독립된 목적으로 수행되는 하나의 명확한 작업활동으로 조직활동에 필요한 기능과 역할을 가진 일을 뜻한다.

⑤ 대조오류(contrast errors)란 피평가자가 속한 집단에 대한 지각에 기초하여 이루어지는 것으로 평가자가 생각하고 있는 특정집단 구성원의 자질이나 행동을 그 집단의 모든 구성원에게 일반화시키는 경향에서 발생한다.

....

▌해설▐

선지의 내용은 상동적 태도이며, 대조오류란 비교나 평가되는 대상끼리 비교했을 때 상대적으로 더 돋보이거나 반대로 열등해보이는 효과를 뜻한다.

① 직무분석은 대부분의 인적자원관리 업무에서 기초자료로 활용할 정보를 제공한다.

② 다면평가란 상급자에 의한 평가 이외에도 평가자 자신, 부하직원, 동료, 고객, 외부전문가 등 다양한 평가자들이 평가하는 것을 말한다.

③ 설문지법은 면접담당자가 필요하지 않으며 적은 비용으로 단시일 내에 자료를 수집할 수 있다는 장점이 있다.

④ 과업은 종업원에게 할당된 일의 단위를 의미하며 독립된 목적으로 수행되는 하나의 명확한 작업활동이다.

 답 ⑤

관리자들은 공정하게 종업원의 성과를 평가해야 하지만, 성과 평가 시에 왜곡의 가능성이 존재한다. 성과 측정 오류에 대한 설명으로 가장 옳지 않은 것은?

① 평가자들의 정치적 성향은 성과 평가에 오류를 가져오지 않는다.
② 평가자들은 자신과 비슷하다고 생각하는 사람을 더 좋게 평가하는 경향이 있다.
③ 평가자들은 개인을 비교할 때 객관적 기준이 아니라 다른 사람과 비교하는 대조 오류를 범할 수 있다.
④ 평가자들은 하나의 특징을 가지고 다른 부분들을 판단하는 경향이 있다.

┃해설┃

정치적 성향은 평가에 상당한 영향을 미칠 수 있다. 자신과 같은 정치적 성향의 부하직원을 우호적으로 판단한다면 이는 유사성 오류를 범하는 것이고, 특정한 정치성향의 사람을 좋거나 나쁘게 판단한다면 후광효과나 상동오류를 범하는 것이다.
② 자신과 비슷하다고 생각하는 사람을 더 좋게 평가하는 것은 유사성 오류이다.
③ 가장 빈번하게 발생하는 평가 오류 중 하나가 대조 오류이다.
④ 하나의 특징을 가지고 다른 부분들을 판단하는 것은 후광효과이다.

답 ①

MBO에서 목표설정 시 SMART 원칙으로 옳지 않은 것은?

① 구체적(specific)이어야 한다.
② 측정가능(measurable)하여야 한다.
③ 조직목표와의 일치성(aligned with organizationalgoals)이 있어야 한다.
④ 현실적이며 결과지향적(realistic and result-oriented)이어야 한다.
⑤ 훈련가능(trainable)하여야 한다.

┃해설┃

목표관리법의 SMART 원칙은 목표가 구체적(Specific)이고 측정가능(Measurable)하며 성취가능(Achievable) 또는 조직목표와 정렬(Align)이 가능한 동시에 조직성과지향적(Result-oriented)이면서 시간제약이 존재하는(Time-bounded) 것이어야 한다는 것이다.

답 ⑤

11 가맹거래사 2020

☑ 확인Check! ○ △ ✕

목표에 의한 관리(MBO)에 관한 설명으로 옳지 않은 것은?

① 맥그리거(D. McGreger)의 이론에 바탕을 둔다.
② 보통 1년을 주기로 한 단기목표를 설정한다.
③ 측정 가능한 목표를 설정한다.
④ 조직의 목표 설정 시 구성원이 참여한다.
⑤ 목표달성 여부에 대한 피드백을 제공한다.

┃해설┃

목표에 의한 관리는 구성원이 상사와 협의하에❹ 특정한 목표를 수립하면 그 달성을 위해 스스로 열심히 노력할 수 있다는 관점에서 출발한 조직관리 방안이다. 이 과정에서 동기부여에 도움이 되는 목표는 측정이 가능하고❸, 1년을 기준으로 하는 단기목표❷를 뜻한다. 목표달성 과정의 중간에 상사는 부하직원의 목표달성 정도를 확인하고 피드백을 제공한다.❺ 결론적으로 목표를 중심으로 한 부하직원의 자발적 노력이 강조되는 것이므로 부하직원을 게으르고 일하기를 싫어하는 부정적 측면의 인간으로 묘사하는 맥그리거의 X이론의 관점과는 거리가 멀다.

답 ①

PART 2

12 국가직 7급 2019

☑ 확인Check! ○ △ ✕

관리자 계층의 선발이나 승진에 사용되는 평가센터법(assessment center method)에 대한 설명으로 옳지 않은 것은?

① 피평가자의 언어능력이 뛰어나면 다른 능력을 평가하는데 현혹효과(halo effect)가 나타날 가능성이 있다.
② 다른 평가기법에 비해 평가 시간과 비용이 많이 소요된다.
③ 기존 관리자들의 공정한 평가와 인력개발을 위해서도 활용될 수 있다.
④ 전문성을 갖춘 한 명의 평가자가 다수의 피평가자를 동시에 평가한다.

┃해설┃

평가센터법은 종업원의 선발, 개발, 진단에 있어 신뢰성과 타당성을 높이기 위한 목적으로 진행되는 평가방법으로서❸, 우선 각 직무단위별로 필요한 능력을 추출하여 목록화한 다음, 이들 능력이 가장 잘 발현될 수 있는 다양한 예시과제를 설정하여 후보자들에게 수행하도록 하여 그 내용에 대한 여러 평가자의 평가결과를 토대로 해당 인원의 적격 여부 등을 판단하는 평가방식이다. 하지만 시간과 비용이 많이 소요되며❷ 평가과정이 주로 토론이나 시험 및 면접 등으로 진행되므로 언어능력이 뛰어난 직원이 후광효과로 인해 높은 점수를 얻는 오류가 발생할 수도 있다.❶

답 ④

13 공인회계사 2019

☑ 확인 Check! ○ △ ✕

인사평가 및 선발에 관한 설명으로 가장 적절한 것은?

① 내부모집은 외부모집에 비하여 모집과 교육훈련의 비용을 절감하는 효과가 있고 새로운 아이디어의 도입 및 조직의 변화와 혁신에 유리하다.

② 최근효과(recency effect)와 중심화 경향(centraltendency)은 인사 선발에 나타날 수 있는 통계적 오류로서 선발도구의 신뢰성과 관련이 있다.

③ 선발도구의 타당성은 기준관련 타당성, 내용타당성, 구성타당성 등을 통하여 측정할 수 있다.

④ 행위기준고과법(BARS ; behaviorally anchored rating scales)은 개인의 성과목표대비 달성 정도를 요소 별로 상대 평가하여 서열을 매기는 방식이다.

⑤ 360도 피드백 인사평가에서는 전통적인 평가 방법인 상사의 평가와 피평가자의 영향력이 미치는 부하의 평가를 제외한다.

┃해설┃

선발도구의 타당성은 기준관련타당성(선발시험 성적과 입사 후 근무성과간의 관계), 내용타당성(선발시험의 내용과 업무수행간의 관련성), 구성타당성(선발시험의 측정내용들이 이론적이고 논리적인 특성을 갖는지의 여부) 등을 통하여 측정할 수 있다.

① 새로운 아이디어를 도입하거나 조직변화 및 혁신에 유리한 방법은 외부모집이다.

② 선발과정에서 나타나는 통계적 오류는 1종 오류와 2종 오류이며, 최근효과와 중심화 경향은 비통계적 오류이다.

④ 선지는 목표관리법(MBO)에 대한 내용이다.

⑤ 360도 피드백은 상사, 부하, 동료, 고객 등 다양한 평가자의 의견을 반영한다.

답 ③

242 공인회계사 1차 객관식 경영학

14 서울시 7급 2019
☑ 확인 Check! ○ △ ✕

행위기준고과법(BARS ; Behaviorally Anchored Rating Scales)**에 대한 설명으로 가장 옳지 않은 것은?**

① 인성적인 특질을 중시하는 전통적인 인사고과방법의 비판에 기초하여 피평가자의 실제 행동을 관찰하여 평가하는 방법이다.

② 평가범주마다 제시된 대표적인 행동패턴 가운데 하나를 선택하여 등급을 매기는 방식이다.

③ 평가방법의 개발에 시간 및 비용이 많이 들며 평가의 타당성 확보가 어렵다는 단점이 있다.

④ 척도를 실제 사용하는 평가자가 개발과정에 참여하지 않는다.

▌해설▐

행위기준고과법은 평가자와 평가를 받는 사람 모두가 척도의 개발과정에 참여한다.

① 인성이라는 주관적인 항목으로 이루어지던 인사평가에 대한 비판으로 등장하였으며, 성과에 관련된 구성원의 행동을 관찰하고 평가하는 보다 객관적인 방식이다.

② 평가범주에 해당되는 여러 문장 가운데 한 가지를 선택하고 그 문장에 해당되는 점수나 등급으로 구성원을 평가한다.

③ 바람직한 행동과 그렇지 않은 행동을 주요사건기록법을 통해 판단한 뒤, 이를 문장으로 표현하여 등급 내지 점수로 환산해야 하므로 평가방법의 개발에 시간과 비용이 많이 든다.

답 ④

15 경영지도사 2019
☑ 확인 Check! ○ △ ✕

목표관리(MBO)**의 일반적 요소가 아닌 것은?**

① 목표의 구체성(goal specificity)

② 명확한 기간(explicit time period)

③ 성과 피드백(performance feedback)

④ 참여적 의사결정(participative decision making)

⑤ 조직구조(organizational structure)

▌해설▐

목표관리법은 종업원의 평가 참여와 상사의 지원❹이 핵심요소이며, 목표관리법이 성공하기 위해서는 구체적(Specific)이며❶ 측정가능(Measurable)하고 도전적(Achievable)이며 결과지향적(Result-oriented)이고 시간제약(Time-bounded)이 있는 목표❷가 필요하다. 목표설정 이후에는 목표가 제대로 달성되고 있는지에 관한 성과 피드백이 주기적으로 진행❸된다. 하지만 조직구조는 목표관리의 요소에 해당되지 않는다.

답 ⑤

16 공인회계사 2018

☑ 확인Check! ○ △ ✕

인사선발 및 인사평가에 관한 설명으로 가장 적절하지 않은 것은?

① 동일한 피평가자를 반복 평가하여 비슷한 결과가 나타나는 것은 신뢰성(reliability)과 관련이 있다.

② 신입사원의 입사시험 성적과 입사 이후 업무성과의 상관관계를 조사하는 방법은 선발도구의 예측타당성 (predictive validity)과 관련이 있다.

③ 행위기준고과법(BARS ; behaviorally anchored rating scales)은 중요사건기술법과 평정척도법을 응용하여 개발된 인사평가 방법이다.

④ 평가도구가 얼마나 평가목적을 잘 충족시키는가는 타당성(validity)과 관련이 있다.

⑤ 선발도구의 타당성을 측정하는 방법에는 내적 일관성(intermal consistency) 측정방법, 양분법(split halfmethod), 시험 재시험(test-retest) 방법 등이 있다.

▌해설▌

지문의 방법들은 타당성이 아니라 선발의 일관성을 판단하는 신뢰성을 판단하는 것들이다.

① 신뢰성은 평가나 선발이 반복되더라도 의사결정 결과가 유사한 정도를 뜻한다.

② 예측타당성은 입사시험의 성적과 입사 후의 성과간의 상관관계이다.

③ 행위기준고과법은 가장 많이 사용되는 평가기법인 평정척도법이 후광효과나 항상 오류에 취약한 점을 보완하기 위해 중요사건기술법을 통해 도출된 중요행동문항들을 결합한 표준평정척도법이다.

④ 타당성은 선발과 평가의 도구가 그 목적을 얼마나 잘 충족시키는지와 관련이 있으며 내적 일관성 측정방법, 양분법, 시험-재시험법이 대표적인 측정방법이다.

답 ⑤

17 공인노무사 2018

☑ 확인Check! ○ △ ✕

인사평가방법 중 피평가자의 능력, 태도, 작업, 성과 등에 관련된 표준행동들을 제시하고 평가자가 해당 서술문을 대조하여 평가하는 방법은?

① 서열법   ② 평정척도법

③ 체크리스트법   ④ 중요사건기술법

⑤ 목표관리법

▌해설▌

체크리스트법은 평가에 적합하다고 판단되는 특성이나 행동을 구체적으로 기술한 문장을 리스트에 기재한 뒤 평가자가 이를 읽고 체크하여 채점 기준표상의 등급과 비교하는 방법이다.

답 ③

18 공인노무사 2018

☑ 확인 Check! ○ △ ✕

평가센터법(assessment center)에 관한 설명으로 옳지 않은 것은?

① 평가에 대한 신뢰성이 양호하다.
② 승진에 대한 의사결정에 유용하다.
③ 교육훈련에 대한 타당성이 높다.
④ 평가센터에 초대받지 못한 종업원의 심리적 저항이 예상된다.
⑤ 다른 평가기법에 비해 상대적으로 비용과 시간이 적게 소요된다.

┃해설┃

평가센터법은 관리자 선발이나 승진 결정에 활용되는 방법으로 평가의 타당성과 신뢰성을 높이기 위해 개발되었다.❶ ❸ 복수의 대상자들을 일정 기간 동안 특정 장소에 머무르게 하면서 그들의 일거수일투족을 관찰하며 다양한 방식의 도구를 활용하여 그들의 여러 측면을 종합적으로 판단하고자 할 때 사용하는 방식이므로 승진대상자의 역량을 효과적으로 검토할 수 있다.❷ 다만 평가센터에 초대된 사람들 중에서 승진대상자를 결정하게 되므로 초대가 되지 않은 후보자들의 심리적 저항감 내지는 박탈감을 유발할 수 있고❹, 비용이 많이 드는 문제가 있어❺ 하위직보다 주로 상위 관리직 채용에 활용된다.

답 ⑤

19 경영지도사 2018

☑ 확인 Check! ○ △ ✕

평가자의 사람에 대한 경직된 고정관념이 평가에 영향을 미치는 인사고과의 오류는?

① 관대화 경향(leniency tendency)
② 중심화 경향(central tendency)
③ 주관의 객관화(projection)
④ 최근효과(recency tendency)
⑤ 상동적 태도(stereotyping)

┃해설┃

평가자의 사람에 대한 경직된 고정관념이 평가에 영향을 미치는 인사고과의 오류를 상동적 태도라 한다.

답 ⑤

20

경영지도사 2018

☑ 확인Check! ○ △ ✕

관리직 인력을 선발할 때 주로 사용하며, 다수의 지원자를 특정 장소에 모아놓고 여러 종류의 선발도구를 적용하여 지원자를 평가하는 방법은?

① 서열법
② 체크리스트법
③ 중요사건기술법
④ 평가센터법
⑤ 행위관찰척도평가법

┃해설┃

평가센터법은 관리직 인력을 선발·교육·평가할 때 주로 사용하는 방법으로서, 복수의 지원자들을 일정 기간 동안 특정 장소에 머무르게 하면서 그들의 일거수일투족을 관찰하며 다양한 방식의 도구를 활용하여 지원자들의 여러 측면을 종합적으로 판단하고자 할 때 사용하는 방식이다. 평가센터법은 비용상의 문제로 하위직보다 주로 상위 관리직 채용에 활용된다.

더 살펴보기	인사평정센터법(평가센터법)

① 인사평정센터법은 제2차 세계대전 시 독일의 조종사 선발에서 최초 도입된 이후 영국의 장교 선발, 미국 전화전신공사의 인사고과에서 쓰이며 널리 활용되었다.
② 비슷한 조직계층의 평가대상자 6~12명이 인사평정센터에서 3~5일간 합숙하면서 개인면접, 심리검사, 비즈니스 게임 등의 다양한 방법을 사용하여 평가가 진행된다.
③ 개인의 미래성과에 대한 예측성이 높아 주로 중간관리층 이상의 능력 평가를 위하여 많이 활용된다.

답 ④

21

가맹거래사 2018

☑ 확인Check! ○ △ ✕

평가자가 평가항목의 의미를 정확하게 이해하지 못했을 때 나타나는 인사평가의 오류는?

① 후광효과
② 상관편견
③ 시간적 오류
④ 관대화 경향
⑤ 대비오류

┃해설┃

상관편견은 평가자가 관련성이 없는 평가항목들 간에 높은 상관성을 인지하거나 또는 이들을 구분할 수 없어서 유사, 동일하게 인지할 때 발생한다.

답 ②

인사평가의 오류 중 평가자가 평가측정을 하여 다수의 피평가자에게 점수를 부여할 때 점수의 분포가 특정방향으로 쏠리는 현상으로 인해 발생하는 분배적 오류(Distributional Error) 혹은 항상 오류(Constant Error)에 해당하는 것으로만 옳게 짝지은 것은?

① 유사성 오류, 대비 오류, 관대화 오류
② 유사성 오류, 관대화 오류, 중심화 오류
③ 대비 오류, 관대화 오류, 중심화 오류
④ 관대화 오류, 중심화 오류, 가혹화 오류

┃해설┃

항상 오류는 평가자의 개인적 성향에 근거하여 규칙적으로 발생하는 오류를 말한다. 점수의 분배시 발생한다고 하여 분배적 오류라고도 하며 세부적으로는 관대화 경향, 가혹화 경향, 중심화 경향이 있다. 관대화 경향은 실제 능력이나 성과보다 더 높게 평가하려는 경향이며, 가혹화 경향은 실제 능력이나 성과보다 더 낮게 평가하려는 경향을, 중심화 경향은 평가척도가 가지는 범위의 중간 정도에 피평가자를 두려는 경향을 의미한다.

답 ④

인사고과의 방법 중 상대평가의 기법에 해당하지 않는 것은?

① 단순서열법(simple ranking method)
② 교대서열법(alternative ranking method)
③ 쌍대비교법(paired comparison method)
④ 강제할당법(forced distribution method)
⑤ 평정척도법(rating scale method)

┃해설┃

인사고과 기법 가운데 서열법(단순서열법, 교대서열법, 쌍대비교법)과 강제할당법은 상대평가에 속하고, 평정척도법은 절대평가에 해당된다.

더 살펴보기　**서열법과 강제할당법**

① 서열법 : 종업원의 서열을 정하는 상대평가 방법으로서, 종합적인 성과수준별로 최고 성과자부터 순서대로 1위, 2위, 3위 등의 순서를 정해 나가는 직접적 서열법, 최고성과자와 최저성과자를 찾아낸 뒤 이를 기준으로 다른 종업원들을 순차적으로 찾아내어 서열을 매기는 상호적 서열법, 피고과자를 둘씩 짝지어 상대적 서열을 정한 뒤 이렇게 결정된 쌍들간의 비교결과를 종합하여 서열을 정하는 짝 비교법 등으로 나눌 수 있다.
② 강제할당법 : 정해진 특정 분포(예 정규분포)에 따라 서열을 정하는 방법으로서, 최고성과와 최저성과 사이를 몇 개의 구간으로 나눈 뒤 구간별 정규분포곡선의 면적 비율에 따라 종업원을 할당하는 방식이다.

답 ⑤

24 가맹거래사 2017

☑ 확인 Check! ○ △ ✕

A부장은 인사고과 시 부하들의 능력이나 성과를 실제보다 높게 평가하는 경향이 있다. 이와 관련된 인사고과 오류는?

① 관대화 경향(leniency error)
② 상동적 오류(stereotyping)
③ 연공오류(seniority error)
④ 후광효과(halo effect)
⑤ 대비오류(contrast error)

━━

┃해설┃

관대화 경향이란 실제의 능력이나 성과보다 높게 평가, 판단하는 것이다.
② 상동적 오류란 소속집단의 특성으로 개인의 나머지 측면을 평가하는 오류이다.
③ 연공오류란 연령이나 학력 또는 근속연수가 평가결과에 영향을 미치는 오류이다.
④ 후광효과란 개인의 한 가지 특성으로 나머지 측면을 평가하는 오류이다.
⑤ 대비오류란 평가자 자신이나 다른 평가대상과 견주어 평가대상을 판단하는 오류이다.

답 ①

25 경영지도사 2016

☑ 확인 Check! ○ △ ✕

인사고과의 오류 중 피고과자가 속한 사회적 집단에 대한 평가에 기초하여 판단하는 것은?

① 상동적 오류(stereotyping errors)
② 논리적 오류(logical errors)
③ 대비오류(contrast errors)
④ 근접오류(proximity errors)
⑤ 후광효과(halo effect)

━━

┃해설┃

상동적 오류란 피평가자가 속한 인종이나 민족, 종교, 지역, 성별 등 소속집단의 이미지에 기초하여 개인을 평가하는 오류이다.
② 논리적 오류란 서로 관련이 있는 두 측정요소 중 어느 하나만을 평가하고 이를 토대로 다른 하나의 요소를 비슷하게 판단하는 오류이다.
③ 대비오류란 비교대상이 무엇인지에 따라 실제의 평가결과가 달라지는 오류이다.
④ 근접오류란 인접한 주변 대상에 따라 평가대상에 대한 인식이 달라지는 오류이다.
⑤ 후광효과란 평가자가 피평가자의 일부의 특징으로 전체를 평가하는 오류이다.

답 ①

26 국가직 7급 2016 ☑ 확인 Check! ○ △ ✕

종업원의 동기부여와 성과관리 수단으로 기업에서 활용하는 목표관리기법(MBO ; Management By Objective)의 특징으로 적절하지 않은 것은?

① 목표달성 기간의 명시
② 개인 목표의 구체화를 위한 과정
③ 상사와 조직에 의한 하향식 목표 설정
④ 목표달성 여부에 대한 실적 및 정보의 피드백 제공

─────────────────────────────────

┃해설┃

목표관리법은 구체적 목표❷를 상사와 부하간의 합의에 따라 결정하여 제한된 기간 내에❶ 이를 달성하였는지 주기적으로 점검하고 피드백을 제공하는❹ 성과관리 수단이다. 상사와 조직에 의한 하향식 목표설정은 일방적으로 정해주는 목표이기 때문에 목표관리법의 취지에 맞지 않는다.

더 살펴보기	목표관리법(MBO ; Management By Objective)

① 목표관리법은 상사와 부하가 합의하여 목표를 설정하고 진척상황을 정기적으로 검토하여 목표의 달성 여부를 근거로 평가하는 단기적 결과중심의 양적 평가제도이다.
② MBO는 조직의 역할과 구조를 명확화하며 작업성취의욕과 자기계발욕구를 향상시키고 하급자의 참여를 촉진시키는 동기부여적 평가이며, 작업을 할 때 그 작업에 의해 초래될 결과를 고려하여 계획함으로 관리가 개선되는 장점을 가지고 있다.

답 ③

27 공인노무사 2016 ☑ 확인 Check! ○ △ ✕

다음 설명에 해당하는 인사평가기법은?

> 평가자가 피평가자의 일상 작업생활에 대한 관찰 등을 통해 특별히 효과적이거나 비효과적인 행동, 업적 등을 기록하고 이를 평가시점에 정리하여 평가하는 기법

① 서열법   ② 평정척도법
③ 체크리스트법   ④ 중요사건기술법
⑤ 강제선택서술법

─────────────────────────────────

┃해설┃

중요사건기록법은 효과적, 비효과적인 피평가자의 행동에 근거하여 업무수행에의 핵심성공요인을 추출하여 평가에 적용하는 기법이다. 조직효과성 향상에 기여할 수 있는 고과항목을 추출하여 이와 관련된 구성원의 특성이나 직무행동을 기록하여 피고과자의 직무태도와 업무수행능력을 개선하도록 유도한다.

답 ④

28 국가직 7급 2015

☑ 확인Check! ○ △ ✕

인사평가제도 중 다면평가에 대한 설명으로 옳지 않은 것은?

① 업무 성격이 고도의 지식과 기술을 요구하는 경우가 많아 다면평가가 더욱 필요하게 되었다.

② 연공 서열 위주에서 팀 성과 위주로 인적자원관리의 형태가 변화하면서 다면평가의 필요성이 증대되었다.

③ 원칙적으로 다면평가의 결과는 본인에게 공개하지 않기 때문에 인사평가 자료로는 제한적으로 사용된다.

④ 직속 상사를 포함한 관련 주변인들이 업무 측면 이외에도 여러 가지 능력을 평가하는 것이다.

┆해설┆

다면평가는 상사를 포함한 본인과 동료 팀원, 하급자와 외부이해관계자에 의해서 이루어지는 평가와 피드백이다.❹ 최근 들어 업무의 성격이 다양하고 복잡해짐에 따라❶ 상사 혼자서 부하직원의 모든 측면을 파악하기가 힘들어지고 있으며, 개인적 업무보다는 팀 단위의 협업이 강조되고 있는 추세에 따라❷ 다면평가의 필요성 또한 증가하고 있다. 하지만 다면평가는 피고과자에게 평가결과에 대한 피드백을 제공함으로써 인적자원의 개발을 촉진하는 것을 그 목표로 한다. 이를 위해서는 다면평가의 결과가 본인에게 공개되어야 한다.

답 ③

29 경영지도사 2015

☑ 확인Check! ○ △ ✕

목표관리(MBO ; Management By Objectives)에 관한 설명으로 옳지 않은 것은?

① 단기목표를 강조하는 경향이 있다.

② 결과에 의한 평가가 이루어진다.

③ 사기와 같은 직무의 무형적인 측면을 중시한다.

④ 종업원들이 역량에 비해 더 쉬운 목표를 설정하려는 경향이 있다.

⑤ 평가와 관련하여 행정적인 서류 업무가 증가하는 경향이 있다.

┆해설┆

무형적인 측면보다는 유형적이고 계량적인 목표를 중시한다.

① 구체적이고 명확한 목표설정으로 인해 주로 단기적인 목표가 설정된다.

② 과정이나 노력보다는 결과적으로 목표를 달성했는지에 초점을 둔다.

④ 목표달성도가 중요하므로 낮은 목표를 잡아 쉽게 달성하려는 경향이 있다.

⑤ 구성원 각자의 목표를 잡아주고 관리해야 하므로 서류업무가 증가한다.

답 ③

인사평가에 관한 설명으로 옳지 않은 것은?

① 조직에서 사람을 평가하는 방법을 제도화한 것으로 구성원 개개인의 잠재능력, 자질 및 업적 등을 평가하는 것이다.

② 조직에서 직무를 수행하는 구성원의 성과를 평가하고 개발지향적 의미를 포함한다.

③ 평가원칙으로는 타당성, 신뢰성, 수용성, 실용성이 있다.

④ 평가목적은 경영전략과의 연계성, 성과향상, 구성원능력개발, 공정한 보상, 적재적소 배치 등이다.

⑤ 인사평가 시 집단성과에 공헌하는 개인행위는 평가요소로 선정하지 않는다.

┃해설┃

집단성과에 공헌하는 개인의 행위는 인사평가의 중요한 요소이다. 평가관리란 인적자원의 합리적인 관리와 공정한 보상을 위하여 구성원의 제 측면을 평가하는 과정이며, 그 범위에 따라 개인에 대한 평가와 팀에 대한 평가, 조직에 대한 평가 등으로 구분된다. 합리적인 기준에 의하여 평가가 이루어진다면, 보상과 승진 및 유지관리 등에 대한 종업원의 심리적 저항이나 반감이 크게 줄어들 수 있고, 나아가 직무만족과 성과의 증진으로 이어질 수도 있다. 따라서 평가는 구성원의 능력을 개발하는 과정과 보상크기의 결정 및 부서배치 등 다양한 측면에 활용될 수 있다. 일반적으로 평가에 대한 검증기준으로는 신뢰성, 타당성, 수용성, 실용성, 구체성, 전략부합성 등이 있다.

 답 ⑤

어느 하나의 평가요소에 대한 평가의 결과가 다른 요소의 평가 결과에 영향을 미치는 평가상의 오류는?

① 관대화 경향(leniency tendency)

② 상동적 평가(stereotyping)

③ 후광효과(halo effect)

④ 중심화 경향(central tendency)

⑤ 최근효과(recency tendency)

┃해설┃

후광효과란 한 요인의 평가결과가 다른 요인의 평가에 영향을 미치는 오류이다.

① 관대화 경향이란 실제보다 후하게 평가하려는 경향이다.

② 상동적 평가란 특정한 집단에 대한 편견에 기인하여 개인을 판단하려는 태도이다.

④ 중심화 경향이란 평가점수를 중간, 즉 평균에 가깝게 주려는 경향이다.

⑤ 최근효과란 평가시점에 가까운 시기에 겪은 사건이나 항목에 대한 기억이 평가에 영향을 미치는 오류를 의미한다.

 답 ③

32 경영지도사 2014

☑ 확인 Check! ○ △ ✕

목표관리(MBO)에서 바람직한 목표설정방법이 아닌 것은?

① 약간 어려운 목표를 설정해야 한다.
② 목표설정과정에 당사자가 참여해야 한다.
③ 목표설정에 있어서 수량, 기간, 절차, 범위를 구체적으로 설정해야 한다.
④ 경영전략에 의거하여 하향식(top-down 방식)으로 목표를 설정해야 한다.
⑤ 목표설정 후 업무가 진행되어 가는 도중에도 현재까지 수행된 업무 결과를 담당자에게 알려주어야 한다.

┃해설┃

목표 설정시 종업원들이 참여하여 생산 목표를 명확하고 체계적으로 설정하여 공식적 목표를 실체화 하는 과정으로서 상향식 과정이라 할 수 있다.
① 너무 쉽거나 너무 어려운 목표는 동기유발을 하지 못해 바람직하지 못하다.
② 목표관리에서는 상사와 부하직원이 서로 의견을 교류하여 목표를 설정한다.
③ 동기부여를 위해서는 수량, 기간 등에 대해 구체적인 목표를 세워야 한다.
⑤ 업무가 진행되어 가는 도중에도 업무진행 상황을 피드백 해 준다면 목표수립이 보다 쉬워진다.

답 ④

33 공인노무사 2013

☑ 확인 Check! ○ △ ✕

인사평가 측정결과의 검증기준 중 '직무성과와 관련성이 있는 내용을 측정하는 정도'를 의미하는 것은?

① 신뢰성
② 수용성
③ 타당성
④ 구체성
⑤ 실용성

┃해설┃

직무성과와 관련성이 있는 내용을 측정하는 정도를 의미하는 것은 타당성이다.
① 신뢰성이란 평가의 일관성을 의미한다.
② 수용성이란 평가자와 피평가자가 평가내용과 과정 및 결과를 받아들이는 정도를 의미한다.
④ 구체성이란 평가결과가 피평가자의 행동개선에 필요한 구체적 방안을 담고 있는 정도를 의미한다.
⑤ 실용성이란 평가에 투입한 예산 대비 그 효과가 어느 정도인지를 의미한다.

답 ③

34 공인회계사 2013

☑ 확인 Check! ○ △ ✕

평가관리에 관한 다음 설명 중 가장 적절하지 않은 것은?

① 목표에 의한 관리(MBO ; Management by Objectives)에서는 평가자와 피평가자가 협의를 통하여 목표를 설정하고 설정된 목표와 실적을 비교하여 평가한다.

② 동일한 피평가자에 대해 여러 사람이 평가하여도 일관성 있는 평가결과가 나올 때, 평가의 신뢰성(reliability)이 높다고 한다.

③ 자신과 생각이나 행동방식이 유사한 사람을 호의적으로 평가하는 오류를 관대화 경향(leniency tendency)이라고 한다.

④ 서열법으로 평가할 경우 강제적으로 순서를 정하기 때문에 성과의 절대적 수준을 파악하거나 집단간에 평가결과를 비교하기 어렵다는 단점이 있다.

⑤ 인적평정센터법(Human Assessment Center Method)은 관리자 선발이나 승진 결정에 활용되는 방법으로 평가의 타당성과 신뢰성을 높이기 위해 개발되었다.

┃해설┃

자신과 유사한 사람에게 호의적인 평가를 행하는 것은 유사성 효과이다.

① MBO에서는 평가자와 피평가자가 협의를 통하여 목표를 설정하고 설정된 목표와 실적을 비교하여 평가한다.

② 평가의 신뢰성이 높다는 것은 동일한 피평가자에 대해 여러 사람이 평가하여도 일관성 있는 평가결과가 나온다는 것을 의미한다.

④ 서열법은 강제적으로 순서를 정해야 하는 문제 때문에 성과의 절대적 수준을 파악하거나 집단간에 평가결과를 비교하기 어렵다는 단점이 있다.

⑤ 인적평정센터법은 평가의 타당성과 신뢰성을 높이기 위해 개발된 것으로 주로 관리자 선발이나 승진 결정에 활용된다.

답 ③

35 공인노무사 2013

☑ 확인 Check! ○ △ ✕

인사고과에서 평가문항의 발생빈도를 근거로 피고과자를 평가하는 방법은?

① 직접서열법 ② 행위관찰평가법
③ 분류법 ④ 요인비교법
⑤ 쌍대비교법

┃해설┃

행위관찰평가법은 행위기준평가법을 보완한 것으로서 평가기준으로 제시되는 행동에 대한 빈도를 측정하여 평가하는 방법이다. 직접서열법❶과 쌍대비교법❺은 모두 서열법의 일종이다. 직접서열법은 각 대상들을 전체적으로 비교하는 것이고, 쌍대비교법은 두 대상을 짝을 지어 비교하는 방법이다. 분류법❸은 인사고과가 아니라 직무평가의 방법이며, 요인비교법❹은 직무평가 기법 중 요소비교법의 동의어이다.

답 ②

PART 2

제4장 | 평가관리 **253**

36 경영지도사 2013

☑ 확인 Check! ○ △ ✕

목표관리(MBO ; Management By Objectives)**의 주요 특성이 아닌 것은?**

① 관리자와 구성원 간의 공동목표 설정

② 상위목표와 하위목표의 일치

③ 목표관리의 중간시점에서 경과와 진행상황을 피드백하고 향후 방향을 조정하는 중간평가

④ 상황변화에 따른 목표의 수정과 우선순위 조정

⑤ 호봉제를 통한 안정적 보상시스템 마련

┃해설┃

목표관리법은 종업원이 직속상사와 협의하여 작업 목표량을 설정하고 이에 대한 성과달성도를 부하와 상사가 함께 측정하고 평가하는 방법을 뜻한다. 목표관리법은 상하급자간의 참여를 통하여 작업목표에 대한 합의를 도출하고, 이에 기반하여 결과지향적으로 이루어지는 평가방식이다. 구성원과 상사의 니즈가 모두 반영됨에 따라 평가가 쉬우며, 구성원의 수용도도 높은 평가라 할 수 있다. 그러나 호봉제를 통한 안정적 보상시스템은 연공급에 대한 설명이다. 연공급과 같이 시간이 경과할수록 임금이 증가하는 방식은 목표관리와 맞지 않으며 목표달성 정도에 따라 보상이 차등 지급된다.

답 ⑤

37 가맹거래사 2013

☑ 확인 Check! ○ △ ✕

다음에 해당하는 인사고과 오류는?

- 글씨 잘 쓰는 사람을 더 좋게 평가한다.
- 출근율이 높은 사람을 더 창의적이라고 평가한다.

① 후광효과   ② 중심화 경향

③ 관대화 경향   ④ 상동효과

⑤ 최근효과

┃해설┃

후광효과란 일부의 특징으로 전체를 판단하는 현상이다.

② 중심화 경향이란 피측정자들을 평균에 가까운 점수로 평가하는 경향이다.

③ 관대화 경향이란 피측정자들을 실제보다 높게 평가하는 경향이다.

④ 상동효과란 특정인이 속한 집단적 속성으로 그 사람을 판단하는 현상이다.

⑤ 최근효과란 마지막에 주어진 정보에 많은 가중치를 두어 판단하는 현상이다.

답 ①

254 공인회계사 1차 객관식 경영학

38 국가직 7급 2012
☑ 확인 Check! ○ △ ✕

성과평가 시 평가자들이 종업원들의 성과를 정확하게 측정하지 못하는 오류에 대한 설명으로 적절하지 않은 것은?

① 후광효과(halo effect)는 피평가자의 일부 특성이 전체 평가 기준에 영향을 미치는 오류이다.
② 상동효과(stereotyping)는 피평가자 간 차이를 회피하기 위해 모든 피평가자들을 유사하게 평가하는 오류이다.
③ 투사효과(projection)는 평가자의 특성을 피평가자의 특성이라고 생각하고 잘못 판단하는 오류이다.
④ 대비효과(contrast effect)는 피평가자를 평가할 때 주위의 다른 사람과 비교하여 잘못 평가하는 오류이다.

┃해설┃

상동효과는 피평가자가 속한 유형에 대한 편견에 근거하여 발생하는 오류이다.

답 ②

39 공인노무사 2012
☑ 확인 Check! ○ △ ✕

인사고과에 관한 설명으로 옳지 않은 것은?

① 인사고과란 종업원의 능력과 업적을 평가하여 그가 보유하고 있는 현재적 및 잠재적 유용성을 조직적으로 파악하는 방법이다.
② 인사고과의 수용성은 종업원이 인사고과 결과가 정당하다고 느끼는 정도이다.
③ 인사고과의 타당성은 고과내용이 고과목적을 얼마나 잘 반영하고 있느냐에 관한 것이다.
④ 현혹효과(halo effect)는 피고과자의 어느 한 면을 기준으로 다른 것까지 함께 평가하는 경향을 말한다.
⑤ 대비오차(contrast errors)는 피고과자의 능력을 실제보다 높게 평가하는 경향을 말한다.

┃해설┃

대비오차는 주변 평가대상과 비교하여 판단하는 오류를 의미하며 실제보다 더 높게 평가하는 경향은 관대화이다.
① 종업원의 능력과 업적을 평가하여 그가 보유하고 있는 현재적 및 잠재적 유용성을 조직적으로 파악하는 방법을 인사고과라 한다.
② 인사고과 결과가 정당하다고 느끼는 정도를 인사고과의 수용성이라고 한다.
③ 고과내용이 고과목적을 얼마나 잘 반영하고 있느냐에 대한 것을 인사고과의 타당성이라고 한다.
④ 피고과자의 어느 한 면을 기준으로 다른 것까지 함께 평가하는 경향을 현혹효과라 한다.

답 ⑤

제4장 ┃ 평가관리 **255**

40 가맹거래사 2012

확인Check! ○ △ ✕

목표관리에 관한 설명으로 옳지 않은 것은?

① 목표달성 정도를 정기적으로 확인
② 목표설정 과정에 구성원 참여
③ 톱다운(top-down)방식의 목표설정
④ 목표달성 방법의 자율적 결정
⑤ 동기부여의 효과

┃ 해설 ┃

목표관리는 톱다운 즉, 하향식이 아니라 바텀업 즉, 상향식 방식의 목표설정을 강조한다.

답 ③

41 공인노무사 2011

확인Check! ○ △ ✕

인사고과 시 평가자에게 흔히 나타나는 고과상의 오류로 옳지 않은 것은?

① 후광효과(halo effect)
② 서열화 경향(ranking tendency)
③ 관대화 경향(leniency tendency)
④ 논리적 오류(logical errors)
⑤ 최근효과(recency effect)

┃ 해설 ┃

서열화 경향은 일반적인 평가오류와 무관하다.
① 후광효과란 하나의 측면으로 나머지 측면을 넘겨짚는 오류를 말한다.
③ 관대화 경향이란 실제보다 후하게 평가하는 오류를 말한다.
④ 논리적 오류란 관련이 없는 요인들 간에 논리적 관계를 오해하는 오류를 말한다.
⑤ 최근효과란 마지막에 주어진 정보가 최종판단에 과도한 영향을 미치는 오류를 말한다.

답 ②

256 공인회계사 1차 객관식 경영학

42 공인노무사 2010

☑ 확인 Check! ○ △ ✕

목표에 의한 관리(MBO)의 주요 특성이 아닌 것은?

① 목표달성 기간의 명시
② 상사와 부하간의 협의를 통한 목표설정
③ 다면평가
④ 목표의 구체성
⑤ 실적에 대한 피드백

┃해설┃

목표에 의한 관리에서도 평가권자는 상사이다. 그 과정에서 피평가자의 참여가 있을 뿐이므로 이를 다면평가라고 보기에는 무리가 있다.

답 ③

43 가맹거래사 2010

☑ 확인 Check! ○ △ ✕

인사고과의 방법 중 하나인 다면평가에 관한 설명으로 옳지 않은 것은?

① 2인 이상의 고과자들이 공동으로 고과에 참여하는 방식이다.
② 고과자의 주관과 편견을 감소시키는 효과가 있다.
③ 고과자들의 개인별 고과편차를 감소시키는데 목적이 있다.
④ 특정 계층의 고과자들에 의하여 평가가 좌우된다.
⑤ 다면평가방법 중 하나인 360도 피드백은 피평가자를 전방위적 측면에서 평가하여 피드백을 주는 기법이다.

┃해설┃

360도 다면평가는 특정 계층이 아니라 상사를 포함한 본인과 동료, 하급자와 외부이해관계자에 의해서 이루어지는 평가 및 피드백을 총칭한다. 엄밀히 말하면 다면평가는 임금이나 선발 및 승진에 활용되는 평가제도라고 하기보다는 피고과자에게 피드백을 줌으로써 인적자원의 개발을 꾀하려는 목적에서 등장한 제도이다.

답 ④

44 국가직 7급 2009

인사고과를 위한 평가에서 일반적으로 많이 범하게 되는 오류 중, 평가자 자신의 감정이나 경향을 피평가자의 능력을 평가하는데 귀속시키거나 전가하는 오류는? (예를 들면, 정직하지 못한 사람이 남을 의심하거나 부정직한 의도가 있는 것으로 지각하는 경우이다)

① 주관의 객관화(projection)
② 현혹효과(halo effect)
③ 논리적 오류(logical error)
④ 관대화 경향(tendency of leniency)

┃해설┃
자신의 생각을 상대방에게 투영하는 것은 주관의 객관화 혹은 투사현상이다.
② 현혹효과 또는 후광효과는 상대방이 가진 일부 특성으로 나머지 특성을 추측하는 오류이다.
③ 논리적 오류란 고과요소간 논리적 상관성이 존재하는 경우, 어느 한 항목의 평가결과의 크기에 견주어 다른 항목을 측정하지도 않은 상태에서 임의로 추정해버리는 오류이다.
④ 관대화 경향이란 실제보다 후하게 상대방을 평가하는 현상이다.

답 ①

45 국가직 7급 2008

고과자가 피고과자를 평가함에 있어 쉽게 기억할 수 있는 최근 업적이나 능력을 중심으로 평가하려는데서 나타나는 오류는?

① 시간적 오류(recency errors)
② 논리적 오류(logical errors)
③ 후광효과(halo effect)
④ 주관의 객관화(projection)

┃해설┃
시간적 오류란 최근의 사건에 기인하여 평가하는 오류이다.
② 논리적 오류란 고과요소간 논리적 상관성이 존재하는 경우, 어느 한 항목의 평가결과의 크기에 견주어 다른 항목을 측정하지도 않은 상태에서 임의로 추정해버리는 현상이다.
③ 후광효과란 개인적인 한 측면의 요인으로 나머지 측면을 판단하는 현상이다.
④ 주관의 객관화란 자신의 생각을 다른 사람에게 투영하는 것이다.

답 ①

성과관리를 위한 평가에는 흔히 특성, 행동(역량), 그리고 결과를 평가하는 방법이 있다. 평가 방법에 대한 설명 중 가장 적절하지 않은 것은?

① 특성 평가법은 개발비용이 적게 들고 활용하기 쉬우나 평가오류의 가능성이 높다.

② 행동(역량) 평가법은 피드백을 제공하는데에 유용하다.

③ 결과 평가법은 비교적 객관적이어서 조직 구성원들의 수긍도가 높다.

④ 행동(역량) 평가법은 개발과 활용에 있어서 시간과 비용이 많이 든다.

⑤ 결과 평가법은 주로 장기적인 관점을 지향하므로 개발과 활용에 있어서 시간이 적게 든다.

▌해설▐

결과 평가법은 주로 단기적 관점을 지향한다.

① 특성 평가법은 인성 등을 검증하는 것이므로 쉽고 편하다. 하지만 후광효과 등으로 인해 평가결과가 왜곡될 수 있다.

② 행동 평가법은 업무수행 과정에 대한 평가를 하는 것이므로 만약 구성원들이 잘못된 행동을 할 경우 적절한 피드백을 제공해 줄 수 있다.

③ 결과 평가법은 실적이나 성과로만 판단하는 것이어서 상사의 주관이 비교적 적게 개입되므로 객관적이며 따라서 조직 구성원들의 수긍도가 높다.

④ 행동을 평가하기 위한 평가기법을 개발하는 과정에서 많은 시간과 비용이 든다.

답 ⑤

47 국가직 7급 2007

☑ 확인Check! ○ △ ✕

공정한 평가를 저해하는 요소에 대한 다음 설명 중 옳은 것을 모두 고른 것은?

> ㄱ. 논리적 오류-외부적 상황이 모호할수록 자신의 경험, 욕구, 동기를 근거로 눈에 먼저 들어오는 정보에 의존하고 다른 정보는 무시하려는 경향
> ㄴ. 현혹효과의 문제-피평가자의 어느 한 면을 기준으로 해서 다른 것까지 함께 평가하려는 경향
> ㄷ. 관대화 경향-피평가자의 실제 능력이나 실적보다도 더 높게 평가하려는 경향
> ㄹ. 상동적 태도-피평가자가 속한 사회적 집단 또는 계층을 기초로 피평가자를 평가하려는 경향

① ㄱ, ㄴ, ㄷ   ② ㄱ, ㄴ, ㄹ
③ ㄱ, ㄷ, ㄹ   ④ ㄴ, ㄷ, ㄹ

┃해설┃

논리적 오류는 고과요소간 논리적 상관성이 존재하는 경우, 어느 한 항목의 평가결과의 크기에 견주어 다른 항목을 측정하지도 않은 상태에서 임의로 추정해버리는 현상이다. ㄱ에서 설명하는 내용은 선택적 지각에 가깝다. 나머지는 모두 옳은 내용이다.

답 ④

48 공인회계사 2001

☑ 확인Check! ○ △ ✕

인사고과와 관련된 다음의 서술 중 가장 옳지 않은 것은?

① 자기고과는 동료고과에 비해 관대화 경향이 크게 나타난다.
② 현혹효과(halo effect)는 고과자가 고과대상자의 어느 한 면을 기준으로 다른 것까지 함께 평가해버리는 경향을 말한다.
③ 대비오류(contrast errors)란 고과자가 자신의 특성과 비교하여 고과대상자를 평가하는 경향을 말한다.
④ 강제할당법을 사용하는 경우, 고과대상자의 실제성과분포와 각 성과집단에 미리 할당된 비율분포가 일치한다.
⑤ 고과의 일관성은 동일한 고과대상자에 대한 반복고과에서 같은 결과를 얻는 정도를 가리킨다.

┃해설┃

강제할당법은 원래의 성과분포에 상관없이 정해진 특정 분포에 따라 서열을 정하는 방법으로서, 최고성과와 최저성과 사이를 몇 개의 구간으로 나눈 뒤 구간별 정규분포곡선의 면적 비율에 따라 평가대상들을 할당하는 방식이다. 평가자의 항상 오류를 방지할 수 있다는 장점이 있지만 서열의 결정 기준과 성과의 기준이 모호하다는 단점이 있다.

답 ④

인력선발에서의 타인평가 및 지각과 관련된 다음의 용어 중 설명이 가장 적절한 것은?

① 주관의 객관화(projection)는 어떤 과업의 성공적 수행에 필요한 능력을 개인 스스로 가지고 있다고 생각하는 믿음이다.

② 자존적 편견(self-serving bias)은 자존심을 지키기 위해서 주위의 사람을 후하게 평가하는 경향을 말한다.

③ 나와의 유사성(similar to me)효과는 주위사람의 기대와 자신의 기대대로 행동함으로써 결국은 예측된 결과가 이루어지는 것을 말한다.

④ 대비효과(contrast effect)는 여러 사람 중에서 처음에 평가한 사람을 나중에 평가한 사람보다 나쁘게 평가하는 경향을 말한다.

⑤ 최근효과(recency effect)는 주로 최근의 정보를 가지고 타인을 평가하는 경향을 말한다.

∥ 해설 ∥

최근효과는 상대적으로 최근에 겪은 사건에 대한 기억이 그렇지 않은 기억보다 평가시에 더 쉽게 활용될 수 있는 것을 의미한다.

① 주관의 객관화는 자신의 생각을 타인에 투영하는 것이고 어떤 과업의 성공적 수행에 필요한 능력을 개인 스스로 가지고 있다고 생각하는 믿음은 자기효능감이다.

② 자존적 편견은 자신에 대해 판단할 때, 성공했을 경우는 자신의 능력과 같은 내재적 요인에 귀인하지만, 실패했을 경우는 외재적 요인에 귀속시키려는 경향을 말한다.

③ 유사성 효과는 평가자 자신과 비슷한 평가대상에게 더 후하거나 혹은 더 박한 평가를 하는 것을 말한다.

④ 대비효과는 연속으로 평가되는 두 대상간의 평가점수 차이가 실제보다 더 크게 나타나는 것을 말한다.

답 ⑤

CHAPTER 05 | 보상관리

01 공인회계사 **2024** ☑ 확인Check! ○ △ ✕

보상에 관한 설명으로 가장 적절하지 않은 것은?

① 임금조사(pay survey)는 다른 조직들에서 유사한 직무를 수행하는 종업원들의 보상 데이터를 수집하는 것으로 외적 급여공정성을 확립하는데 중요한 요소이다.
② 성과급제(piece-rate system)는 널리 사용되는 개인 인센티브 제도 중 하나이다.
③ 스톡옵션제도(stock option plan)는 종업원에게 정해진 기간에 정해진 행사 가격으로 정해진 수량의 회사 주식을 구입할 수 있는 권리를 부여하는 것을 말한다.
④ 임금(pay) 인상은 성과 또는 연공(seniority) 기반 인상, 생계비 조정(cost-of-living adjustment)의 사용, 일시금 인상(lump-sum increase) 등의 방법에 의해 결정된다.
⑤ 이윤분배제(profit sharing plan)는 조직의 이윤에 근거하여 책정된 보상을 종업원들의 기본급의 일부로 지급하는 보상제도이다.

┃해설┃
이윤분배제란 책정된 보상을 기존의 기본급과 별개로 지급하는 보상제도이다.
① 다른 조직들에서 유사한 직무를 수행하는 종업원들의 보상 데이터를 수집하는 것을 임금조사라 하며 외적 급여공정성을 확립하는데 중요한 요소이다.
② 성과급제는 널리 사용되는 개인 인센티브 제도 중 하나이다.
③ 종업원에게 정해진 기간에 정해진 행사 가격으로 정해진 수량의 회사 주식을 구입할 수 있는 권리를 부여하는 것을 스톡옵션제도라 한다.
④ 임금 인상은 성과 또는 연공 기반 인상, 생계비 조정의 사용, 일시금 인상 등의 방법에 의해 결정된다.

답 ⑤

02 공인회계사 2023

☑ 확인Check! ○ △ ×

보상관리에 관한 설명으로 가장 적절하지 않은 것은?

① 임금수준을 결정함에 있어 선도정책(lead policy)은 시장임금과 비교하여 상대적으로 높은 임금을 지급함으로써 우수한 인재를 확보하고 유지하려는 정책이다.
② 직무급은 직무수행자의 직무몰입(job commitment)과 직무만족(job satisfaction)에 의해 결정된다.
③ 임금공정성 중 개인공정성(individual equity)은 동일조직에서 동일직무를 담당하고 있는 구성원들 간의 개인적인 특성(예 연공, 성과 수준 등)에 따른 임금격차에 대한 지각을 의미한다.
④ 기업의 지불능력, 노동시장의 임금수준 및 생계비는 임금수준의 결정요인이다.
⑤ 근속연수가 올라갈수록 능력 및 성과가 향상되는 경우에는 연공급을 적용하는 것이 적절하다.

해설

직무급에서는 직무몰입이나 직무만족과 같은 인적요소가 배제되고 오로지 직무가 조직 내에서 갖는 상대적 가치와 중요도만이 반영된다.
① 선도정책은 경쟁기업보다 상대적으로 더 높은 수준의 임금을 지급하여 유능하고 생산성이 높은 인재를 확보하고 유지하려는 정책이다.
③ 개인공정성은 동일조직 내에서 동일직무를 담당하고 있는 구성원들 간의 연공, 성과수준 등과 같은 개인적 차이가 임금격차와 관련이 있는지의 여부에 의해 지각되는 공정성이다.
④ 임금수준의 상한선은 지불능력, 하한선은 생계비, 적정선은 노동시장의 임금수준에 의해 영향을 받는다.
⑤ 근속연수가 올라갈수록 능력과 성과가 향상되는 경우에는 연공급을 적용하는 것이 적절하며 이를 통해 장기근속을 유도할 수 있다.

답 ②

03 공인노무사 2022

☑ 확인Check! ○ △ ×

스캔론 플랜(Scanlon Plan)에 관한 설명으로 옳지 않은 것은?

① 기업이 창출한 부가가치를 기준으로 성과급을 산정한다.
② 집단성과급제도이다.
③ 생산제품의 판매가치와 인건비의 관계에서 배분액을 결정한다.
④ 실제인건비가 표준인건비보다 적을 때 그 차액을 보너스로 배분한다.
⑤ 산출된 보너스액 중 일정액을 적립한 후 종업원분과 회사분으로 배분한다.

해설

기업이 창출한 부가가치를 기준으로 산정되는 집단성과급제도는 럭커 플랜이다. 반면, 스캔론 플랜은 노사협력에 의한 생산성 향상에 대한 대가를 매출액 기준으로 산정하는 방식의 집단성과배분 모형이다.

답 ①

다음과 같은 특징이 있는 보상제도는?

> • 생산의 판매가치에 대한 인건비 절감액을 종업원에게 보너스로 지급
> • 능률개선을 위해 종업원에게 직접적인 인센티브를 제공하는 효과 기대

① 스캔론플랜(Scanlon plan)
② 럭커플랜(Rucker plan)
③ 임프로쉐어(improshare)
④ 성과배분제(profit sharing)

┃해설┃

생산의 판매가치에 대한 인건비 절감액을 종업원에게 보너스로 지급하고, 능률개선을 위해 종업원에게 직접적인 인센티브를 제공하는 효과가 기대되는 것은 스캔론 플랜이다.
② 럭커플랜은 부가가치에 대비한 인건비 절감액을 배분하는 집단 인센티브 제도이다.
③ 임프로쉐어는 생산단위당 소요되는 표준노동시간과 실제노동시간을 비교하여 절약된 노동시간만큼에 해당하는 생산성 이득을 노사가 각각 1 : 1로 배분하는 제도이다.
④ 성과배분제는 발생한 이익을 노사가 협의한 기준에 따라 배분하는 제도이다.

답 ①

성과평가 및 보상에 관한 설명으로 가장 적절하지 않은 것은?

① 기본급(base pay)은 종업원이 조직에서 시급이나 급여의 형태로 받는 보상을 말한다.
② 기업들이 강제할당(forced distribution)을 적용하는 이유는 평가자 인플레이션에 대처하기 위해서이다.
③ 직무평가(job evaluation)는 조직 내 여러 가지 직무의 절대적 가치를 결정하는 공식적이며 체계적인 과정을 말한다.
④ 조직이 개인 인센티브 제도를 사용하기 위해서는 각 개인의 성과를 확인하고 측정할 수 있어야 한다.
⑤ 가장 널리 사용되는 종업원에 대한 평가방법은 직속상사가 종업원의 성과를 평가하는 것이다.

직무평가는 직무의 상대적 가치를 결정하는 과정이다.

① 기본급은 성과급과 같이 변동급의 형태로 주어지는 것이 아닌 형태의 보상을 의미한다.

② 강제할당법은 사전에 정해진 특정분포에 따라 고과대상의 서열을 정하는 방법으로서 평가자의 항상 오류를 방지할 수 있다. 평가자 인플레이션은 항상 오류 중 하나에 해당한다.

④ 개인 인센티브 제도를 도입하기 위해서는 각 개인의 성과를 확인하고 측정할 수 있는 시스템이 먼저 구축되어 있어야 한다.

⑤ 다면평가와 같은 대안적 평가방법이 도입되고 있으나 아직까지는 직속상사에 의한 평가가 주를 이룬다.

답 ③

06 공인회계사 2021 ☑ 확인 Check! ○ △ ✕

성과관리와 보상제도에 관한 설명으로 가장 적절하지 않은 것은?

① 중요사건법(critical incident method)은 평가자가 전체 평정기간 동안 피평가자에 의해 수행된 특별히 효과적인 또는 비효과적인 행동 내지 업적 모두를 작성하도록 요구한다.

② 법정 복리후생은 국가가 사회복지의 일환으로 기업의 종업원들을 보호하기 위해 법률 제정을 통해 기업으로 하여금 강제적으로 도입하도록 한 제도를 말한다.

③ 성과관리(performance management)는 경영자들이 종업원들의 활동과 결과물이 조직 목표와 일치하는지를 확인하는 과정을 말한다.

④ 변동급 체계는 직무가치와 급여조사에서 나온 정보를 사용하여 개발되며, 직무가치는 직무평가나 시장가격 책정을 사용하여 결정될 수 있다.

⑤ 종업원의 관리자 평가는 유능한 관리자를 확인하고 관리자의 경력개발 노력을 향상시키는데 기여할 수 있다.

직무가치에 의해 결정되는 임금은 직무급인데, 이는 기본급(예 직무급, 직능급, 연공급)의 일종이며 변동급과는 무관하다. 변동급은 인센티브(성과급)를 총칭하여 부르는 명칭이다.

① 중요사건법은 특별히 효과적이거나 또는 비효과적인 행동을 토대로 업무수행에의 핵심성공요인을 추출하여 평가에 적용하는 기법이다.

② 법정 복리후생에는 사회보험(의료보험, 산업재해보상보험, 연금보험, 고용보험)에 대한 지원과 법정퇴직금 및 유급휴일(휴가)제도가 있다.

③ 성과평가란 개인이 전체 성과에 기여하는 정도를 평가하는 것이다. 평가는 개별 구성원의 성과가 팀조직의 성과에 기여할 수 있는 방향으로 나갈 수 있도록 관리하는 것이기도 하므로 성과평가와 성과관리는 같은 의미이다.

⑤ 종업원의 관리자 평가는 유능한 관리자를 확인하고 관리자의 경력개발 노력을 향상시키는데 기여할 수 있다.

답 ④

07 국가직 7급 2021

☑ 확인Check! ○ △ ✕

임금에 대한 설명으로 옳지 않은 것은?

① 연공급은 근속연수에 따라 임금이 인상되며, 소극적인 근무태도를 야기하는 단점이 있다.

② 직무급은 개인별 임금격차에 대한 불만을 해소할 수 있지만 철저한 직무분석이 전제되어야 한다.

③ 직능급은 직무수행자의 역량에 따라 차별 임금을 지급하기 때문에 정확한 직무평가가 어려운 기업에서는 사용할 수 없다.

④ 성과급은 노동생산성 향상의 장점이 있지만 단기간 내 최대 산출을 위해 제품의 질을 희생시킬 수 있다는 단점이 있다.

─────────────────────────────

┃해설┃

직능급은 직무수행 능력에 대한 평가 결과에 따라 임금을 차등화하는 제도이므로 구성원의 능력에 대한 평가가 필요하다.

① 연공급은 오래 근무할수록 임금액수가 증가하므로 소극적 직무태도를 야기하는 단점이 있다.

② 직무급은 중요한 직무를 수행할수록 임금이 증가하므로 사전에 직무중요도를 파악하기 위한 철저한 직무분석과 직무평가가 선행되어야 한다.

④ 성과급을 실시하는 조직에서는 대개 단위시간당 생산량을 늘릴수록 더 많은 임금을 받게 되므로 제품의 질을 희생하여 더 많은 생산량을 추구하는 문제점이 발생할 수 있다.

답 ③

08 경영지도사 2021

☑ 확인Check! ○ △ ✕

다음과 같은 특징이 있는 임금형태는?

> • 근로자에게 합리성을 준다.
> • 생산성 제고, 원가절감, 근로자의 소득증대에 효과가 있다.
> • 근로자의 수입이 불안정하다.

① 연공급
② 직능급
③ 직무급
④ 성과급
⑤ 역량급

─────────────────────────────

┃해설┃

합리적이라는 의미는 열심히 일한 만큼 임금을 받는다는 것이며, 이 과정에서 생산성이 제고될 것이므로 이와 관련된 임금형태는 성과급이다. 일반적으로 성과급을 사용하면 단위시간당 더 많은 제품과 서비스를 생산하게 되므로 원가절감에 도움이 되는 반면, 생산량의 변동에 따라 임금 자체가 바뀌게 되므로 수입이 불안정해지는 문제가 있다.

답 ④

09 국가직 7급 2020

인사평가와 보상에 대한 설명으로 옳지 않은 것은?

① 집단성과급제도는 근로자 간의 인간관계 훼손, 협동심 저하 등 개인성과급제도의 단점을 극복하기 위해 설계된 것으로 '성과배분제도'라고도 한다.

② 균형성과표(BSC)는 임직원의 성과를 재무적 관점, 고객 관점, 내부 비즈니스 프로세스 관점, 학습과 성장 관점의 측면에서 다면적으로 평가하는 방법이다.

③ 목표에 의한 관리(MBO)는 본인을 포함한 상급자와 하급자, 동료와 외부의 이해관계자(고객, 공급업자 등)에 의해서 이루어지는 평가와 피드백을 총칭한다.

④ 선택적(카페테리아식) 복리후생은 근로자의 욕구를 반영하기 때문에 동기부여에 효과적이지만, 관리가 복잡하고 운영비용이 많이 발생한다.

┃ 해설 ┃

본인을 포함한 상급자와 하급자, 동료와 외부의 이해관계자에 의해서 이루어지는 평가와 피드백은 다면평가에 대한 설명이다. 목표에 의한 관리는 상사와 부하간의 목표협의와 그 결과에 대한 검토를 통하여 평가하는 방식이다.

답 ③

10 경영지도사 2020

직무급(job-based pay)에서 중요하게 고려하는 요소는?

① 직무의 상대적 가치

② 기업의 매출 성과

③ 근속연수

④ 최저생계비 직무수행 능력

┃ 해설 ┃

직무급은 직무의 상대적 가치에 따라 지급되는 임금체계를 뜻한다.

답 ①

11 서울시 7급 2019

직무급(job-based payment)에 대한 설명으로 가장 옳지 않은 것은?

① 직무급의 임금체계를 도입하기 위해서 직무평가가 선행적으로 요구된다.

② 직원의 연령, 근속 연수, 학력 등 속인적 요소가 강조된다.

③ 동일노동에 대한 동일임금의 원칙에 입각한 임금체계이다.

④ 조직 내 직무들 간 상대적 가치를 기준으로 임금이 결정된다.

─────────────────────────────

┃해설┃

직무급은 직무평가에 의하여 평정된 각 직무의 상대적 가치에 따라 임금이 결정되는❹ 임금체계유형의 하나이다. 이는 동일노동에 대하여 동일임금이 지급되는 원칙으로서❸, 가장 합리적인 임금체계라 할 수 있다. 직무급이 성공적으로 운영되기 위해서는 직무수행을 위해 필요한 숙련의 정도, 책임의 정도, 작업조건 등을 합리적으로 분석하고 평가하는 것, 즉 직무분석과 직무평가의 신뢰성과 타당성이 필수적으로 요청된다.❶

답 ②

12 공인노무사 2019

직무급의 특징에 관한 설명으로 옳지 않은 것은?

① 직무의 상대적 가치에 따라 개별 임금이 결정된다.

② 능력주의 인사풍토 조성에 유리하다.

③ 인건비의 효율성이 증대된다.

④ 동일노동 동일임금 실현이 가능해진다.

⑤ 시행 절차가 간단하고 적용이 용이하다.

─────────────────────────────

┃해설┃

직무급은 직무의 상대적 가치에 따라 책정되는 임금체계 유형으로서❶ 동일노동 동일임금의 원리가 실현되어❹ 근속기간이 길면 임금액수가 증가하는 연공급에 비해 인건비를 효율적으로 활용할 수 있다.❸ 중요한 직무를 수행할 때 임금이 상승하므로 보다 중요한 직무를 수행하기 위하여 구성원들이 능력개발 노력을 기울일 수 있다.❷ 다만 직무급을 실시하기 위해서는 직무의 상대적 가치를 평가하는 작업, 즉 직무평가가 선행되어야 하므로 타 임금유형에 비해 절차가 다소 복잡하다.

답 ⑤

13 경영지도사 2019

확인Check! ○ △ ✕

우리나라의 최저임금제도 운영에서 실시되지 않았던 것은?

① 업종별 차등 적용
② 지역별 차등 적용
③ 직무별 차등 적용
④ 사업체 규모별 차등 적용
⑤ 근로자 연령별 차등 적용

▌해설▐

우리나라의 최저임금제는 과거에는 업종별, 직무별, 사업체 규모별, 근로자의 근속기간 등으로 차등적용을 해 왔으나 최근에는 이러한 차등화를 하지 않고 통일된 기준으로 전국 모든 근로자에게 적용되고 있다. 하지만 지역별로 차등하여 적용한 적은 없다.

답 ②

14 공인회계사 2018

확인Check! ○ △ ✕

임금 및 보상에 관한 설명으로 가장 적절하지 않은 것은?

① 직무급은 해당기업에 존재하는 직무들을 평가하여 상대적 가치에 따라 임금을 결정하는 방식이다.
② 서열법, 분류법, 요소비교법, 점수법은 직무의 상대적 가치를 평가하는 방법이다.
③ 내재적 보상이 클수록 임금의 내부공정성이 높아지고, 외재적 보상이 클수록 임금의 외부공정성이 높아진다.
④ 직능급은 종업원이 보유하고 있는 직무수행능력을 고려하여 임금을 결정하는 방식이다.
⑤ 기업의 지불능력, 종업원의 생계비 수준, 노동시장에서의 수요와 공급 등은 기업의 임금수준을 결정하는 요인이다.

▌해설▐

③은 전혀 관련없는 단어들을 연결해놓은 선지이다. 내재적 보상은 직무를 수행하는 과정에서 느끼게 되는 만족감이며, 외재적 보상은 급여나 작업 조건 등을 의미한다. 한편, 보상의 내부공정성은 조직 내의 다른 구성원과 비교할 때 느껴지는 공정성이며, 보상의 외부공정성은 같은 산업의 다른 업체와 비교하여 임금의 차이가 있는지를 따지는 것이다. 직무의 상대적 가치를 판단하는 직무평가 방법으로는 단순하게 직무들의 순위를 결정하는 서열법, 등급에 따라 직무들을 분류하는 분류법, 평가항목을 세분화하고 등급별 점수를 매겨 직무가치를 판단하는 점수법, 평가항목별로 직무들의 서열을 매겨 이를 점수화하는 요소비교법의 4가지가 있다.

답 ③

제5장 | 보상관리 **269**

PART 2

15 국가직 7급 2018

확인 Check! ○ △ ✕

임금체계에 대한 설명으로 옳지 않은 것은?

① 연공급체계는 고용의 안정성과 직원의 귀속의식을 향상시킨다.
② 직무급체계는 각 직무의 상대적 가치를 기준으로 임금을 결정한다.
③ 직능급체계는 '동일노동 동일임금(Equal Pay for Equal Work)'이 적용된다.
④ 직능급체계는 직원의 자기개발 의욕을 자극한다.

┃ 해설 ┃

동일노동 동일임금, 즉 합리적 임금시스템을 의미하는 임금체계는 직무급이다.
① 연공급에서는 장기근속자에게 많은 임금을 지급하기 때문에 고용의 안정성 및 직원의 회사에 대한 충성도를 향상시킨다.
② 직무급은 직무의 상대적 가치에 따른 임금결정방식이다.
④ 직능급은 직무수행 능력에 따른 임금이므로 직원들의 능력 향상 욕구를 자극할 수 있다.

답 ③

16 공인노무사 2018

확인 Check! ○ △ ✕

다음에서 설명하는 것은?

- 기업이 주어진 인건비로 평시보다 더 많은 부가가치를 창출하였을 경우, 이 초과된 부가가치를 노사협동의 산물로 보고 기업과 종업원 간에 배분하는 제도
- 노무비 외 원재료비 및 기타 비용의 절감액도 인센티브 산정에 반영함

① 연봉제
③ 임금피크제
⑤ 스캔론 플랜
② 개인성과급제
④ 럭커 플랜

┃ 해설 ┃

기업이 창출한 부가가치를 기준으로 산정되는 집단성과급제도는 럭커 플랜이다. 성과배분계획은 노무비 및 원가절감에의 노력에 대하여 반대급부로 주어지는 성과참가의 한 유형이다. 여기서는 회사가 적자를 내더라도 생산성만 증가하면 그로 인한 비용감소분에 대하여 성과급을 지급한다. 대표적 예로는 구성원 대상의 제안 제도를 활성화하여 그 결과 매출액에 대비한 인건비의 감소분이 발생시 이를 집단성과급으로 지급하는 스캔론 플랜, 노사협력의 결과 부가가치에 대비한 인건비의 감소분이 발생시 이를 집단성과급으로 지급하는 럭커 플랜 등이 있다.

답 ④

17 경영지도사 2018

✓ 확인 Check! ○ △ ✕

임금체계에 관한 설명으로 옳지 않은 것은?

① 임금체계란 기업의 임금총액을 종업원 수로 나눈 것이다.

② 직무급이란 직무들을 평가하여 직무의 상대적 가치에 따라 임금을 결정하는 것이다.

③ 연공급이란 종업원의 근속연수, 학력 등을 기준으로 임금을 결정하는 것이다.

④ 직능급은 종업원이 보유하고 있는 직무수행능력을 기준으로 임금을 결정하는 것이다.

⑤ 임금의 내부공정성은 기업이 허용임금 총액을 종업원들에게 어떻게 배분하느냐와 관련이 있다.

┃해설┃

임금총액을 종업원 수로 나눈 것은 평균 총액임금, 즉 임금수준이다.

② 직무급은 직무의 상대적 가치에 따라 지급되는 임금체계이다.

③ 연공급은 근속연수와 학력 등을 반영하는 임금체계이다.

④ 직능급에서 직능이라는 단어의 의미가 직무수행능력을 뜻한다.

⑤ 임금의 내부공정성은 기업이 허용임금 총액을 종업원들에게 어떻게 배분하느냐에 대한 문제이다.

답 ①

PART 2

18 경영지도사 2017

✓ 확인 Check! ○ △ ✕

최저임금제도와 관련이 없는 것은?

① 계약자유의 존중

② 저임 근로자 보호

③ 임금인하경쟁 방지

④ 유효수요 창출

⑤ 사회 안정

┃해설┃

계약자유의 원리에 따르면 임금은 노사간 자율적으로 협의 하에 정할 수 있는 것이다. 이 경우 상대적으로 힘이 강한 사용자의 입장이 더 많이 반영되어 임금수준이 낮게 책정될 가능성이 높기 때문에 정부가 개입하여 임금수준의 하한선을 강제하는 것이다.

답 ①

직무급에 관한 설명으로 옳지 않은 것은?

① 동일노동에 대한 동일임금의 원칙에 기반한다.
② 임금을 산정하는 절차가 단순하다.
③ 능력주의 인사풍토 조성에 도움이 된다.
④ 연공주의 풍토 하에서는 직무급 도입에 저항이 크다.
⑤ 직무를 평가하여 직무의 상대적 가치를 기준으로 임금을 결정한다.

‖해설‖

직무급은 직무분석과 직무평가를 거친 이후, 직무평가점수에 기반하여 임금을 지급하는 방식이므로 임금산정의 절차가 복잡하다. 직무급은 직무의 상대적 가치에 따라 임금을 차등지급하는 제도❺이므로, 같은 직무를 수행할 경우 같은 임금을 지급한다.❶ 따라서 구성원들은 높은 임금을 받기 위해서 보다 중요한 가치를 가지는 직무를 수행할 수 있어야 하기에 자신의 능력을 개발하는데 집중하게 된다.❸ 우리나라와 같이 연공주의적 풍토가 강한 나라에서는 직무가치에 따른 임금책정에 거부감이 클 수 있는데❹, 그 이유는 근속기간이 길더라도 동일한 직무를 수행할 경우 직무급제도 하에서는 임금상승률이 연공급에 비해 크지 않기 때문이다.

답 ②

임금관리에 관한 설명으로 옳지 않은 것은?

① 임금체계는 공정성이 중요한 관심사이다.
② 연공급은 근속연수를 기준으로 임금을 차등화하는 제도이다.
③ 직무급은 직무의 표준화와 전문화가 선행되어야 한다.
④ 직능급은 동일 직무를 수행하면 동일 임금을 지불한다.
⑤ 임금수준을 결정하는 주요 요인에는 기업의 지불능력과 생산성 등이 있다.

‖해설‖

동일직무에 동일임금을 지급하는 제도는 직무급이다. 직무급을 실시하기 위해서는 직무의 분석과 평가가 선행되어야 한다. 직무의 표준화와 전문화는 합리적인 업무분업에 따라 직무가 구성되어야 한다는 것을 의미한다.

답 ④

21 공인노무사 2016

임금수준의 관리에 관한 설명으로 옳지 않은 것은?

① 대외적 공정성을 확보하기 위해서는 노동시장의 임금수준 파악이 필요하다.

② 기업의 임금 지불능력을 파악하는 기준으로 생산성과 수익성을 들 수 있다.

③ 임금수준 결정 시 선도전략은 유능한 종업원을 유인하는 효과가 크다.

④ 임금수준의 관리는 적정성의 원칙을 지향한다.

⑤ 임금수준의 하한선은 기업의 지불능력에 의하여 결정된다.

❚해설❚

기업의 지불능력과 관련있는 개념은 임금수준의 하한선이 아니라 상한선이다. 대외적 공정성은 곧 임금수준관리의 원칙이며 이 과정에서 상한선(지불능력), 하한선(생계비), 적정수준(시장임금, 전략)이 고려된다. 여기서 지불능력은 생산성과 수익성으로, 하한선은 생계비와 최저임금으로, 경영전략은 타사보다 많이 지급하는 선도전략, 타사만큼 지급하는 동행전략, 타사보다 적게 지급하는 추종전략으로 나눌 수 있다.

더 살펴보기	임금수준의 결정원리와 구조

임금수준은 적정성의 결정원리에 의하며 기업의 지불능력을 상한으로 하고 생계비나 최저임금을 하한으로 하여, 동종업계나 노동시장 등의 여타 결정요소들이 조정요인으로 작용하여 결정된다.

상 한	기업의 지불능력
조정요인	다른 회사 수준 등 사회적 임금수준 및 기타 결정 요소
하 한	생계비 또는 최저임금

目 ⑤

기업 내 직무들 간의 상대적 가치를 기준으로 임금을 결정하는 유형은?

① 직무급(Job-based pay)

② 연공급(Seniority-based pay)

③ 역량위주의 임금(Competency-based pay)

④ 스킬위주의 임금(Skill-based pay)

⑤ 개인별 인센티브(Individual incentive plan)

┃해설┃

직무급이란 직무의 상대적 가치에 따른 임금결정 방법이다.

② 연공급이란 구성원의 근속연수에 따라 임금을 결정하는 방법이다.

③·④ 역량위주의 임금은 각자의 보유역량에 따라, 스킬위주의 임금은 기술수준에 따라 임금을 차등지급하는 방법이다.

⑤ 개인별 인센티브란 개인이 달성한 성과에 따라 차등지급되는 임금이다.

더 살펴보기 | 임금의 종류

임금의 종류는 크게 기준임금과 기준 외 임금으로 구분할 수 있으며, 기준임금은 연공급, 직무급, 직능급, 자격급 등으로 나눌 수 있다.

종 류			결정기준
기준임금	연공급	연령급	생계비
		근속급	근속연수
	직무급		직무가치
	직능급(능력급)		연공급+직무급
	자격급(능력급)		연공급+직무급
기준 외 임금	상여금		성 과
	수 당		성 과
	퇴직금		근속연수

 답 ①

23 공인회계사 2014

보상관리에 관한 설명으로 가장 적절하지 않은 것은?

① 직능급을 도입할 경우 종업원들의 자기개발 노력을 유도할 수 있다.

② 스캔론 플랜(Scanlon plan)에서는 성과배분의 기준으로 부가가치를 사용하며, 럭커 플랜(Ruckerplan)에서는 매출액을 기준으로 성과배분을 한다.

③ 임금관리의 공정성을 확보하기 위하여 경쟁사의 임금수준을 조사할 필요가 있다.

④ 직무급은 '동일노동 동일임금'의 원칙에 입각하고 있으며, 기업간 노동의 이동이 자유로운 경우에 적합하다.

⑤ 성과급, 직무급을 도입할 경우 임금관리의 내적 공정성이 높아질 수 있다.

┃해설┃

럭커 플랜에서는 성과배분의 기준으로 부가가치를 사용하며, 스캔론 플랜에서는 매출액을 기준으로 성과배분을 한다.

① 직능급 하에서는 직무수행능력이 향상되어야 임금이 인상되므로 종업원들의 자기개발 노력을 유도할 수 있다.

③·⑤ 임금공정성은 대외적 공정성과 대내적 공정성으로 구분된다. 대외적 공정성은 경쟁사와의 비교를 통한 것이며, 대내적 공정성은 연공급, 직무급, 직능급, 성과급 등의 제도와 관련된 것이다.

④ 직무급은 동일노동에는 동일임금을 지급한다는 원칙에 입각하고 있으며, 노동의 이동이 자유로운 경우에 적합하다.

답②

24 국가직 7급 2014

최근 확산되고 있는 연봉제의 설명으로 옳지 않은 것은?

① 개별 종업원의 능력, 실적, 공헌도를 평가하여 연간 임금을 결정한다.

② 종업원에게 지급하는 임금을 1년분으로 묶어서 결정한다.

③ 기본급이나 수당과 같이 세분화된 임금 항목이 있고 별도로 지급되는 상여금이 있다.

④ 전년도 근무 성과를 기초로 당해 연도의 1년분 임금을 지급하는 방식이 보편적으로 사용된다.

┃해설┃

연봉제는 개별 종업원의 전년도의 공헌도를 평가하고 이를 기준으로 매년 계약에 의해 연간 임금수준을 차별화하는 능력중시형 임금결정체계이다. 공헌에 비례하는 임금지급원칙을 실현하기 위해 종업원의 동기부여와 기업의 경영효과성을 높이는 것을 그 목적으로 하고 있는 전형적인 성과형 보상제도이다. 복잡한 임금구성항목을 단순화시켜 임금관리의 간소화를 도모하기 위한 목적으로도 활용되고 있다.

답③

성과배분(gain sharing)에 관한 설명으로 옳지 않은 것은?

① 성과배분은 생산비 또는 원가의 절감효과를 측정하여 팀 또는 작업장 수준에서 배분하는데 초점을 둔다.

② 성과표준치는 스캔론플랜(Scanlon Plan)이 생산물 판매가액 대비 인건비를 사용하는데 반해 럭커플랜 (Rucker Plan)은 부가가치 대비 인건비를 사용한다.

③ 프렌치시스템(French system)은 총투입액, 기대총산출액, 총산출액을 기준으로 하여 절약액의 성과를 계산한다.

④ 스캔론플랜과 럭커플랜이 노무비 절감에 중점을 두는데 반해 프렌치시스템은 모든 비용의 절감을 목표로 한다.

⑤ 스캔론플랜에서는 발생한 이득 모두를 사원에게 배분하는데 반해 럭커플랜은 발생한 이득을 사전 합의된 비율에 따라 회사가 사원과 배분한다.

▌해설▐

스캔론플랜과 럭커플랜 모두 발생이득 중 일부를 회사와 종업원이 나누어 갖는다. 프렌치 시스템은 근로자들의 노력을 자극하기 위하여 노무비를 포함한 모든 제반비용을 줄이는 것을 목표로 하는 성과배분계획이다. 구체적으로는 매년 총 투입비용에 대비한 총산출액의 비율을 계산한 뒤, 이를 바탕으로 그 다음해의 예상 기대산출액을 도출하여 실제 산출액과의 차이를 비교한 다음 그 차이의 50%를 올해의 보너스 금액으로 상정한다. 여기서 올해의 보너스 금액을 바로 수령하는 것이 아니라 3년 전, 2년 전, 1년 전, 그리고 올해의 보너스 금액에 각각 10%, 15%, 25%, 50%를 곱하여 올해의 최종 보너스 금액을 산정한다. 이러한 이동평균법을 사용하는 이유는 올해의 최신 성과에만 기반해서 보너스가 책정될 경우 지나친 성과압력에 따른 종업원들의 불만이 누적될 수 있기 때문이다.

답 ⑤

26 가맹거래사 2014 ☑확인 Check! ○ △ ✕

보상관리에 관한 설명으로 옳지 않은 것은?

① 임금수준의 적정성을 유지하기 위하여 경쟁사 임금을 조사할 필요가 있다.

② 직무급은 '동일노동 동일임금'의 원칙에 입각하고 있으며 기업간 노동이동이 자유로운 경우에 적합하다.

③ 직능급 도입으로 종업원들의 자기개발노력을 유인할 수 있다.

④ 성과급 도입은 우수인력의 확보 및 유지에 도움이 될 수 있다.

⑤ 성과배분기준으로 스캔론 플랜에서는 부가가치를, 럭커 플랜에서는 매출액을 사용한다.

┃해설┃

설명이 반대로 되어있다. 성과배분기준으로 스캔론 플랜에서는 매출액을, 럭커 플랜에서는 부가가치를 사용한다.

① 임금수준의 결정과정에서는 상한선, 하한선, 그리고 적정선을 고려하게 되는데 그중 경쟁사의 임금을 조사하는 것은 적정선 결정과 관련이 있다.

② 직무급은 동일회사 내에서 같은 직무를 수행하는 사람들은 같은 임금을 받는 시스템이므로, 임금을 더 많이 받고자 하는 종업원은 동일 직무에 더 많은 임금을 주는 다른 기업으로 이직을 원하게 된다. 따라서 직무급 제도가 실시되기 위해서는 타기업으로 자유롭게 옮길 수 있어야 한다.

③ 직능급이 도입된다면 종업원들의 자기개발노력을 유인할 수 있다.

④ 성과급은 우수인력의 확보 및 유지에 도움이 될 수 있다.

답 ⑤

27 공인노무사 2013 ☑확인 Check! ○ △ ✕

단위당 소요되는 표준작업시간과 실제작업시간을 비교하여 절약된 작업시간에 대한 생산성 이득을 노사가 각각 50 : 50의 비율로 배분하는 임금제도는?

① 임프로쉐어 플랜

② 스캔론 플랜

③ 럭커 플랜

④ 메리크식 복률성과급

⑤ 테일러식 차별성과급

┃해설┃

임프로쉐어 플랜은 생산단위당 소요되는 표준노동시간과 실제노동시간을 비교하여 절약된 노동시간만큼에 해당하는 생산성 이득을 노사가 각각 1 : 1로 배분하는 제도이다.

② 스캔론 플랜은 생산성 이득을 매출액 대비 노무비의 절감규모에 따라 종업원에게 분배하는 제도이다.

③ 럭커 플랜은 생산성 이득을 부가가치 대비 노무비 절감규모에 따라 종업원에게 분배하는 제도이다.

④ 메리크식 복률성과급은 표준생산성의 83%와 100%를 기준으로 성과급 크기가 달라지는 제도이다.

⑤ 테일러식 차별성과급은 표준생산성의 100%를 기준으로 성과급 크기가 달라지는 제도이다.

답 ①

기업의 임금지급방법 중 성과급제에 관한 설명으로 옳지 않은 것은?

① 개인성과급제로는 단순성과급제, 차등성과급제, 할증성과급제 등이 있다.

② 성과급제의 성공을 위해서는 표준량과 성과급률이 잘 책정되어 보상 수준이 구성원의 동기를 유인할 수 있어야 한다.

③ 성과급제의 성공을 위해서는 성과급제를 설계하고 유지하는데 있어 경영진의 적극적 참여와 협조가 필요하다.

④ 집단성과급제는 구성원들 사이에 능력과 성과에 큰 차이가 존재할 때에도 공동협조와 집단의 동기부여가 장기적으로 지속될 수 있다는 장점이 있다.

⑤ 조직체성과급제로서 이윤분배제도는 경기침체기에 인건비부담을 완화함으로써 위기극복에 도움이 될 수 있다는 장점이 있다.

┃해설┃

구성원의 능력에 큰 차이가 존재함에도 불구하고 집단성과급, 즉 집단 구성원 모두를 대상으로 성과급이 지급된다면 능력과 성과가 탁월한 직원들은 불만을 가질 수 있다.

① 단순성과급제는 생산량에 성과급을 비례시키는 것이고, 차등성과급제는 생산량 수준에 따라 지급되는 성과급 지급 비율 자체가 바뀌는 것이다. 할증성과급제는 생산시간을 기준으로 더 많은 시간 절약시 더 많은 임금을 지급하는 것이다.

② 성과표준과 성과급률이 타당하게 책정되어 있어야 구성원의 예측가능성이 커지며 동기유발이 가능하다.

③ 경영진의 적극적 참여와 협조는 성과급제를 설계하고 유지하는데 있어 필수조건이다.

⑤ 이윤분배제는 이익이 날 때 성과급을 지급하는 것이므로, 경기침체시에는 인건비 지급부담이 줄어든다.

더 살펴보기	성과급제	
개인 성과급제	단순 성과급제(기준임률×생산수량)	
	복률 성과급제 (차별 성과급제)	• 일급보장 성과급제(기준수량까지 일급보장)
		• 테일러식 차별적 성과급(기준, 2개 임률)
		• 메리크식 복률성과급제(3개 임률, 83%, 100%)
집단 성과급제	• 스캔론 플랜 : 매출액을 기준으로 성과 배분	
	• 럭커 플랜 : 부가가치를 기준으로 성과 배분	
	• 프렌치 시스템 : 원가절감분을 기준으로 성과 배분	
	• 링컨 플랜 : 이윤분배+성과급, 노사 간 협력증진	
	• 임프로쉐어 플랜 : 표준 노동시간−실제 노동시간, 절감분	

답 ④

29 공인노무사 2012

확인Check! ○ △ ×

생산제품의 판매가치와 인건비와의 관계에서 배분액을 계산하는 집단성과급제는?

① 순응임금제

② 물가연동제

③ 스캔론 플랜

④ 럭커 플랜

⑤ 시간급

┃해설┃

인건비 계산시 생산제품의 판매가치 즉, 매출액을 기준으로 성과를 배분하는 것은 스캔론 플랜이다.

답 ③

30 공인회계사 2011

☑ 확인Check! ○ △ ×

보상에서 임금에 관한 설명으로 가장 적절하지 않은 것은?

① 생계비 수준, 기업의 지불능력, 사회일반적인 임금수준은 기업의 임금수준 결정에 영향을 미친다.

② 공정한 보상을 위해서는 내적 공정성과 외적 공정성을 고려해야 한다.

③ 직무급은 담당자의 직무에 대한 태도와 직무적성, 직무성과에 따라 결정된다.

④ 직능급은 기업조직이 구체적으로 필요로 하는 직무수행능력에 따라 차등적으로 지불된다.

⑤ 성과급은 생산성을 제고하지만 근로자의 수입을 불안정하게 할 요소가 있다.

┃해설┃

직무급은 직무가치에 따라 결정된다. 이는 인적인 측면에 대한 고려보다는 직무의 측면에 대한 고려가 임금결정에 있어 더욱 중요한 역할을 한다는 것이다. 종업원의 태도나 적성을 반영하는 것은 직능급에 가까우며, 직무성과를 반영하는 임금체계는 성과급이다.

답 ③

제5장 | 보상관리 **279**

31 공인노무사 2011

확인 Check! ○ △ ✕

근로자의 직무수행 능력을 기준으로 임금을 결정하는 임금체계는?

① 직무급
② 연공급
③ 직능급
④ 업적급
⑤ 성과급

┃해설┃

직능급이란 종업원의 직무수행 능력에 따라 결정되는 임금체계이다.
① 직무급이란 직무의 상대적 가치에 따라 결정되는 임금체계이다.
② 연공급이란 종업원의 근속기간에 따라 결정되는 임금체계이다.
④·⑤ 업적급과 성과급은 종업원의 실적에 따라 결정되는 임금체계이다.

답 ③

32 가맹거래사 2011

확인 Check! ○ △ ✕

임금수준 결정의 기업 내적요소에 해당하는 것은?

① 생계비
② 시장임금
③ 기업의 지불능력
④ 경쟁기업의 임금
⑤ 물가상승률

┃해설┃

지불능력은 기업이 노동력에 대해 최대로 지불할 수 있는 가격으로서, 생산성과 수익성 등의 기업내적 요인에 의해 결정되는 것이다. 나머지 요인들은 모두 기업이 통제할 수 없는 외적 요인들이다.

답 ③

33 공인노무사 2010

확인 Check! ○ △ ✕

임금수준 결정의 기업 내적 요소가 아닌 것은?

① 기업규모
② 경영전략
③ 노동조합
④ 생계비
⑤ 지불능력

| 해설 |

생계비는 기업 내부적으로 정할 수 있는 성질의 것이 아니다. 국가의 임금정책이나 종업원의 생애주기 등에 생계비가 영향을 받기 때문이다.

더 살펴보기	임금수준 결정요인
기업 외적 요소	사회일반의 임금수준, 생계비, 물가, 정부정책 등을 포함한다. 기업이 자체적으로 통제하기가 쉽지 않은 변수들이 주로 이에 해당된다.
기업 내적 요소	기업규모, 경영전략, 노동조합, 지불능력 등을 포함한다. 경영진의 의지에 따라 통제가 가능한 변수들이 주로 이에 해당한다.

답 ④

34 가맹거래사 2010

확인 Check! ○ △ ✕

정년까지 고용을 유지하는 대신 일정 연령이 되면 생산성 등을 감안하여 임금을 줄이는 제도는?

① 이익분배제
② 집단임금제
③ 임금피크제
④ 최저임금제
⑤ 차별성과급제

| 해설 |

정년을 기점으로 임금이 줄어든다는 것은 곧 정년시점에서의 임금이 정점임을 의미한다. 이러한 임금제도를 임금피크제라 한다.

답 ③

제5장 | 보상관리 **281**

35 국가직 7급 2008

☑ 확인Check! ○ △ ✕

부가급(fringe benefit)에 해당하지 않는 것은?

① 카페테리아식 복지후생제도
② 각종 보험금
③ 직능수당
④ 식당과 기숙사 등의 서비스

▌해설▐

부가급(fringe benefit)이란 임금(core benefit)의 상대 개념인 복지후생을 의미한다. 하지만 직능수당은 임금의 한 영역이므로 부가급에 해당하지 않는다.

답 ③

36 공인회계사 2005

☑ 확인Check! ○ △ ✕

기업의 임금수준을 결정할 때 고려해야 할 요소로서 가장 적절하지 않은 것은?

① 기업의 손익분기점
② 근로자의 평균 근속년수
③ 근로자의 생계비 수준
④ 경쟁사의 임금 수준
⑤ 정부의 정책이나 법규

▌해설▐

임금수준은 사용자에 의하여 지급되는 평균임률의 총액을 의미한다. 근로자의 근속년수는 임금체계를 결정할 때의 고려사항이다.

답 ②

37 공인회계사 2004 ☑ 확인Check! ○ △ ×

보상과 관련된 다음의 서술 중 가장 적절한 것은?

① 스캔론 플랜(scanlon plan)은 개인별 성과급에 속한다.
② 생산이윤분배제(gain sharing)에 따르면 회사가 적자를 내더라도 생산성 향상이 있으면 생산 이윤을 분배받을 수 있다.
③ 성과이윤분배제(profit sharing)에 따르면 원가절감, 품질향상이 발생할 때마다 금전적 형태로 종업원에게 보상한다.
④ 직무급(job based pay)은 다양한 업무기술 습득에 대한 동기 유발로 학습조직 분위기를 만들 수 있다.
⑤ 직능급(skill-based pay)의 단점은 성과향상을 위한 과다 경쟁으로 구성원간의 협동심을 저하시키는 것이다.

해설

생산이윤분배제도에서는 원가가 절감되었거나 생산성이 향상된 경우 구성원에게 성과급을 지급한다. 따라서 회사가 적자를 내더라도 생산성 향상이 있으면 생산 이윤을 분배받을 수 있다.
① 스캔론 플랜은 개인성과급이 아니라 집단성과급이다.
③ 성과이윤분배제는 원가나 품질의 향상이 아니라 이익이 발생할 때 성과급을 지급하는 것이다.
④ 업무기술 습득에 대한 동기 유발로 학습조직 분위기를 만들 수 있는 것은 기술급이다.
⑤ 성과향상을 위한 경쟁의 심화로 구성원간의 협동심을 저하시킬 수 있는 것은 성과급이다.

답 ②

PART 3
재무관리론

01 공인회계사 2024 ☑확인 Check! ○ △ ✕

투자자 A씨는 10년 후 5,000만원과 15년 후 7,000만원의 자금이 필요하다. 이를 위해서 올해 말부터 매 1년마다 납입하는 10년 만기 정기적금 가입을 고려하고 있다(즉, $t=1\sim10$까지 총 10회 납입). 처음 10년 동안의 이자율은 연 6%이고 이후 5년 동안의 이자율은 연 4%라고 할 때, 매년 말에 납입해야 할 금액으로 가장 가까운 것은? (단, $PVIF(6\%, 10년)=0.5584$, $PVIF(4\%, 5년)=0.8219$, $PVIFA(6\%, 10년)=7.3601$ 이다)

① 769.66만원   ② 815.84만원

③ 856.11만원   ④ 907.44만원

⑤ 934.44만원

▌해설▌

10년 만기정기적금의 현재가치는 10년 후 5,000만원의 현재가치와 같으므로 다음의 관계가 성립한다.

$x \times PVIFA(6\%, 10년)=5,000만원 \times PVIF(6\%, 10년)+[7,000만원 \times PVIF(4\%, 5년) \times PVIF(6\%, 10년)]$

$x \times 7.3601=5,000만원 \times 0.5584+(7,000만원 \times 0.8219 \times 0.5584)$

$\therefore \ x=815.84만원$

답②

연금에 관한 설명으로 적절한 항목만을 모두 선택한 것은? (단, 모든 현금흐름은 기말에 발생하며, 모든 현금흐름과 할인율(r)은 0보다 크다)

---

a. 영구연금은 미래 현금흐름이 영구히 지속되므로 그 현재가치는 무한대(∞)가 된다.

b. 성장연금의 미래가치는 언제나 현재가치보다 크다.

c. 연금은 성장연금에서 현금흐름의 성장률(g)이 0인 경우라고 할 수 있다.

d. 성장연금에서 현금흐름의 성장률(g)이 할인율(r)과 동일한 경우 성장연금의 현재가치는 무한대가 된다.

e. 영구성장연금에서 현금흐름의 성장률(g)이 0보다 작을 경우에는 영구성장연금의 현재가치 공식을 사용할 수 없다.

---

① a, c

② b, c

③ a, d, e

④ b, c, d

⑤ b, c, e

··

∥해설∥

a. (✕) 영구연금의 현재가치는 $\dfrac{CF}{r}$로 계산되는데, 분모와 분자가 0보다 크다면 현재가치 값은 일정한 값을 가지게 된다.

b. (○) 개념상 성장연금의 미래가치는 현재가치보다 클 수 밖에 없다.

c. (○) 연금이란 성장연금에서 현금흐름의 성장률이 0인 경우이다.

d. (✕) 성장연금의 현재가치는 $\dfrac{CF_1}{1+r}+\dfrac{CF_1\times(1+g)}{(1+r)^2}+\cdots+\dfrac{CF_1\times(1+g)^{n-1}}{(1+r)^n}$로 구할 수 있는데, 만약 g와 r이 동일하다면 $\dfrac{CF_1}{1+r}+\dfrac{CF_1}{1+r}+\cdots+\dfrac{CF_1}{1+r}=\dfrac{CF_1}{1+r}\times n$이 되어 무한대가 되지 않는다.

e. (✕) 영구성장연금의 현재가치는 $\dfrac{CF_1}{r-g}$로 계산되는데, g가 0보다 작을 경우에 상수 값으로 수렴하게 되므로 g가 r보다 같거나 클 경우 현재가치 공식을 사용할 수 없다.

답 ②

PART 3

자본예산에 관한 설명으로 가장 적절하지 않은 것은?

① 이미 투입되었으며 투자안 선택시 회수가 예상되는 비용은 투자안 선택에 관한 의사결정에서 고려되어서는 안 된다.

② 현재 개발하고 있는 신제품이 출시될 경우 이로 인하여 기존 제품의 매출액이 영향을 받을 것으로 분석된다면 동 영향은 신제품 출시에 대한 의사결정에서 고려되어야 한다.

③ 자본예산은 그 특성상 고정자산(비유동자산)에 관한 투자 결정이라고 할 수 있다.

④ 자본예산은 투자의 결과인 미래의 현금흐름이 1년 이상의 기간에 걸쳐서 나타나는 자본적 지출에 관한 의사결정을 의미한다.

⑤ 미래 현금흐름 추정에서 이자비용은 고려되지 않는다.

┃해설┃

투자안 선택시 회수가 예상되는 비용은 투자안을 기각할 경우 회수할 수 없는 현금흐름이 되므로 의사결정시 고려되어야 한다.

② 신제품이 출시될 경우 이로 인하여 기존 제품의 매출액이 영향을 받을 것으로 분석된다면 이러한 영향은 신제품 출시에 대한 의사결정에서 고려되어야 한다.

③ 자본예산은 고정자산에 관한 투자 결정이다.

④ 자본예산은 투자의 결과인 미래의 현금흐름이 1년 이상의 기간에 걸쳐서 나타나는 자본적 지출에 관한 의사결정이다.

⑤ 미래 현금흐름을 추정할 때 이자비용은 고려되지 않는다.

답 ①

(주)A기업의 1년 후 주당순이익은 3,000원으로 예상된다. 이 기업은 매년 순이익의 60%를 유보하여 재투자하고자 한다. 주식에 대한 적절한 할인율이 20%이고 현재 주가가 30,000원일 때, 이 기업의 자기자본순이익률(ROE)과 가장 가까운 것은? (단, 항상성장모형이 성립하고 현재의 주가는 이론적 가격과 같다고 가정한다)

① 20.67%   ② 22.47%

③ 24.82%   ④ 26.67%

⑤ 28.55%

┃해설┃

$$성장기업주가 = \frac{EPS_1 \times (1-b)}{k_e - ROE \times b} = \frac{3,000 \times (1-0.6)}{0.2 - ROE \times 0.6} = 30,000$$

$$\therefore ROE = 26.67\%$$

답 ④

(주)X부품은 최근 (주)Y자동차로부터 자동차용 특수부품을 연간 50개씩 개당 10억원에 매입하겠다는 제안을 받았다. (주)X부품은 특수부품 생산을 위해 250억원의 신규 설비 투자가 즉시 필요하다. 이 설비는 5년에 걸쳐 정액법으로 상각되며 잔존가치는 없다. 변동비용은 개당 5억원, 고정비용(감가상각비 제외)은 연간 150억원이 들 것으로 예상된다. 법인세율은 30%이고 투자안의 자본비용은 10%이다. 이 투자안의 연간등가가치(AEV ; Annual Equivalent Value)와 가장 가까운 것은? (단, $PVIFA(10\%, \ 5년)=3.7908$이다)

① 10.50억원　　　　　　　　　　　② 19.05억원

③ 22.07억원　　　　　　　　　　　④ 25.88억원

⑤ 29.13억원

┃해설┃

구 분	0년차	1~5년차
신기계 구입	−250억원	−
증분 OCF	−	85억원

증분 OCF=증분 $EBITA \times (1-t)+$(감가상각액$\times t$)

$$=[(5억원 \times 50)-150억원] \times (1-0.3)+\left(\frac{250억원}{5}\right) \times 0.3=85억원$$

NPV=85억원$\times PVIFA(10\%, \ 5년)-250억원=72.218억원$

72.218억원$=AEV \times PVIFA(10\%, \ 5년)$

$$\therefore \ AEV=\frac{72.218억원}{3.7908}=19.05억원$$

답 ②

$PVIF$와 $PVIFA$는 각각 현가이자요소와 연금의 현가이자요소를 의미하며, $FVIF$와 $FVIFA$는 각각 복리이자요소와 연금의 복리이자요소를 의미한다. 다음 중 성립하지 않는 경우가 있는 식은? (단, r과 n은 각각 기간이자율과 기간을 의미하며, $r > 0$이고 $n \geq 1$이다)

① $PVIFA(r, n) < n$

② $FVIFA(r, n) > n$

③ $(1+r)n \geq (1+r \times n)$

④ $PVIF(r, n) = \dfrac{1}{FVIF(r, n)}$

⑤ $PVIFA(r, n) \times (1+r)^n = FVIFA(r, n)$

┃해설┃

$n = 1$ 인 경우 $FVIFA(r, n) = n$

$n > 1$ 인 경우 $FVIFA(r, n) = (1+r)^{n-1} + (1+r)^{n-2} + \cdots + 1 > n$

① $PVIFA(r, n) = \dfrac{1}{1+r} + \dfrac{1}{(1+r)^2} + \cdots + \dfrac{1}{(1+r)^n} < n$

③ $n = 1$ 인 경우 $(1+r)^n = (1+r \times n)$

  $n > 1$ 인 경우 $(1+r)^n > (1+r \times n)$

④ $PVIF(r, n) = \dfrac{1}{(1+r)^n}$

  $FVIF(r, n) = (1+r)^n$

  $PVIF(r, n) = \dfrac{1}{FVIF(r, n)}$

⑤ $PVIFA(r, n) \times (1+r)^n = \left\{ \dfrac{1}{1+r} + \dfrac{1}{(1+r)^2} + \cdots + \dfrac{1}{(1+r)^n} \right\} \times (1+r)^n$

$\qquad\qquad\qquad\qquad = (1+r)^{n-1} + (1+r)^{n-2} + \cdots + 1 = FVIFA(r, n)$

답 ②

(주)종로는 현재 사용 중인 기계를 대체할 새로운 기계의 구입을 고려 중이다. 이 프로젝트와 관련된 자료는 다음과 같다.

- 사용 중인 기계의 현재 시장가격은 250만원임
- 사용 중인 기계는 5년 전 500만원에 구입하였으며 정액법으로 감가상각하고, 구입 당시 내용연수는 10년, 잔존가치는 없는 것으로 추정하였음
- 새로운 기계는 5년 동안 정액법으로 완전상각되며, 5년 후 처분가치는 500만원으로 추정함
- 새로운 기계를 사용할 경우 매출액은 변하지 않으나 5년 동안 매년 200만원의 영업비용(감가상각비 제외)을 절감할 수 있음

법인세율은 40%이고 자본비용은 10%일 때, 이 기업이 지불할 수 있는 새로운 기계의 최대가격과 가장 가까운 것은? (단, 인플레이션은 없다고 가정하며, $PVIF(10\%, 5)=0.6209$이고 $PVIFA(10\%, 5)=3.7908$ 이다)

① 1,170만원   ② 1,250만원

③ 1,352만원   ④ 1,480만원

⑤ 1,565만원

┃해설┃

구 분	0년차	1~4년차	5년차
증분 OCF		100만원+0.08x	100만원+0.08x
신기계 구입	x		
구기계 처분	250만원		
신기계 처분			300만원

증분OCF$=(200$만원$\times 0.6)+(\dfrac{x}{5}\times 0.4)-(50$만원$\times 0.4)=100$만원$+0.08x$

구기계 처분액 : 500만원$-\dfrac{500만원}{10}\times 5=250$만원

신기계 처분액 : 500만원$-(500$만원$-0)\times 0.4=300$만원

$(100$만원$+0.08x)\times 3.7908+300$만원$\times 0.6209-(x-250$만원$)=0$

$\therefore x=1,170.24$만원

답 ①

08 가맹거래사 2023

☑ 확인Check! ○ △ X

자본예산 기법 중 내부수익률(IRR)법에 관한 설명으로 옳지 않은 것은?

① 투자안의 연평균수익률을 의미한다.
② 순현가(NPV)가 0이 되는 할인율이다.
③ 내부수익률이 자본비용보다 크면 투자한다.
④ 자본비용으로 재투자된다고 가정한다.
⑤ 화폐의 시간적 가치를 고려한다.

▌해설▌

순현가법에서는 투자로부터 발생하는 현금흐름을 할인율로 재투자한다고 보는 반면 내부수익률법에서는 투자로부터 발생하는 현금흐름을 내부수익률로 재투자한다고 가정한다.

①・② 내부수익률은 미래현금의 순현가를 0으로 만드는, 즉 미래 현금유입의 현가와 현금유출의 현가를 같게 만드는 할인율인 내부수익률을 기준으로 투자안을 평가하는 자본예산 기법이다.
③ 내부수익률이 시장에서의 할인율보다 크면 투자한다.
⑤ 순현가법과 내부수익률법은 모두 화폐의 시간가치를 고려하는 방법들이다.

답 ④

09 공인회계사 2022

☑ 확인Check! ○ △ X

A기업은 신제품 K의 생산 및 출시를 계획하고 있으며, 자본예산기법을 사용하기 위해 증분현금흐름에 대한 분석을 진행하고 있다. 자본예산분석에 포함시켜야 할 증분현금흐름으로 가장 적절하지 않은 것은?

① 신제품 K 생산을 위해 필요한 공장 내 공간을 외부에 임대했을 경우의 기대수익(이 공간은 현재 사용하지 않고 있으며 신제품 K 생산에 사용되지 않는다면 외부에 임대할 수 있음)
② 신제품 K의 출시로 인해 고객들이 A기업의 기존 제품을 구매하지 않고 신제품 K의 구매로 이동함으로써 발생하는 기존 제품의 매출 감소분
③ 신제품 K를 생산하기 위해 사용될 신규 기계장치의 설치와 관련된 운송 및 설치비용
④ 신제품 K의 수요분석을 위해 작년에 지출된 시장조사비용(이 시장조사의 긍정적인 결과에 따라 신제품 K를 출시하기 위한 프로젝트가 착수됨)
⑤ 신제품 K의 출시로 인해 A기업의 다른 제품에 대한 수요가 증가해서 발생하는 기존 제품의 매출 증가분

▌해설▌

수요분석을 위해 지출된 시장조사비용은 매몰비용에 해당하므로 고려해서는 안 된다. 나머지 내용들은 모두 자본예산분석시 포함시켜야 한다.

답 ④

10 공인노무사 2022

☑ 확인 Check! ○ △ ✕

투자안의 경제성 평가 방법에 관한 설명으로 옳은 것은?

① 회계적이익률법의 회계적이익률은 연평균 영업이익을 연평균 매출액으로 나누어 산출한다.
② 회수기간법은 회수기간 이후의 현금흐름을 고려한다.
③ 순현재가치법은 재투자수익률을 내부수익률로 가정한다.
④ 내부수익률법에서 개별투자안의 경우 내부수익률이 0보다 크면 경제성이 있다.
⑤ 수익성지수법에서 개별투자안의 경우 수익성 지수가 1보다 크면 경제성이 있다.

▌해설▌

총현금수입합계의 현재가치가 총현금투자지출의 합계보다 크면 즉, 수익성지수가 1보다 크면 투자가치가 있는 투자안으로 분류된다.
① 회계적이익률은 연평균 순이익을 연평균 투자액으로 나누어 계산한다.
② 회수기간법은 회수기간 이후의 현금흐름을 반영하지 못한다는 단점을 지닌다.
③ 순현재가치법에서는 투자로부터 발생하는 현금흐름을 할인율로 재투자한다고 보는 반면 내부수익률법에서는 투자로부터 발생하는 현금흐름을 내부수익률로 재투자한다고 가정한다.
④ 상호배타적인 투자안의 의사결정에 있어서는 내부수익률이 이자율보다 큰 투자안들 가운데 가장 내부수익률이 큰 투자안을 선택하면 된다. 그러나 독립적인 개별투자안의 경우에는 투자안의 내부수익률이 할인율보다 큰 모든 투자안을 투자가치가 있는 것으로 평가하게 된다.

답 ⑤

11 가맹거래사 2022

☑ 확인 Check! ○ △ ✕

투자안의 경제성 분석에 관한 설명으로 옳지 않은 것은?

① 순현재가치법은 화폐의 시간적 가치를 반영한 평가방법이다.
② 순현재가치법은 가치가산의 원리가 성립한다.
③ 내부수익률은 투자안의 현금유입의 현재가치와 현금유출의 현재가치를 일치시키는 할인율이다.
④ 상호배타적 투자안 평가 시 내부수익률법과 순현재가치법의 평가결과는 항상 서로 일치한다.
⑤ 수익성지수가 1인 투자안의 순현재가치는 0이 된다.

▌해설▌

상호배타적인 투자안에 대한 평가시 순현가법에 의하여 선정되는 투자안과 내부수익률법에 의하여 선정되는 투자안이 투자규모의 차이, 투자수명의 차이, 현금흐름 양상의 차이 등에 의하여 서로 달라질 수도 있다.
① 순현재가치법은 화폐의 시간적 가치를 반영하여 논리적으로 우수하다는 평가를 받는다.
② 순현재가치법은 가치가산의 원리가 성립하지만 내부수익률법은 성립하지 않는다.
③ 투자안의 현금유입의 현재가치와 현금유출의 현재가치를 일치시키는 할인율을 내부수익률이라고 한다.
⑤ 수익성지수가 1이라면 투자액과 수익의 현재가치가 같다는 것이므로 투자안의 순현재가치는 0이 된다.

답 ④

투자규모와 내용연수가 동일한 상호배타적인 투자안 A와 투자안 B의 경제성을 평가하고자 한다. 투자안 A와 투자안 B의 자본비용은 동일하다. 두 투자안 간 증분현금흐름의 내부수익률은 15%이다. 현재시점에 현금유출이 발생하고, 이후 현금유입이 발생하는 투자형 현금흐름을 가정한다. NPV곡선(NPV profile)은 가로축이 할인율, 세로축이 NPV를 표시하는 평면에서 도출된다. 다음 표는 투자안 A와 투자안 B의 순현재가치(NPV) 및 내부수익률(IRR)을 요약한다. 다음 설명 중 가장 적절하지 않은 것은?

구 분	투자안 A	투자안 B
NPV	4억원	3억원
IRR	20%	30%

① 투자안 A와 투자안 B의 NPV를 추정할 때의 자본비용은 15% 보다 작다.
② 투자안 A의 NPV곡선이 투자안 B의 NPV곡선보다 완만하다.
③ 피셔수익률은 20%보다 작다.
④ 순현재가치법과 내부수익률법의 결과가 상이하면 순현재가치법에 따라서 투자안 A를 선택하는 것이 합리적이다.
⑤ 독립적인 투자안이라면 투자안 A와 투자안 B를 모두 선택하는 것이 바람직하다.

해설

투자안 A와 B의 NPV 곡선을 그려보면 할인율 15%인 점에서 서로 교차하며 투자안 A가 더 가파른 곡선으로 나타난다.
① 투자안 A의 NPV가 4억원이고 B의 NPV가 3억원이어서 A가 B보다 더 크므로 자본비용은 15%보다 작은 점에서 도출될 수밖에 없다.
③ 내부수익률이 15%이므로 피셔수익률도 15%이다.
④ 순현재가치법과 내부수익률법의 결과가 상이하면 순현재가치법의 결과를 선택하는 것이 합리적이다.
⑤ 두 투자안의 NPV가 모두 양수이므로 두 투자안 모두를 선택하는 것이 바람직하다.

답 ②

13 국가직 7급 2021

자본예산에 대한 설명으로 옳지 않은 것은?

① 단일 투자안의 경우에는 항상 유일한 내부수익률이 산출된다.
② 내부수익률(IRR)은 수익성지수(PI)가 1이 되도록 해주는 할인율이다.
③ 내부수익률(IRR)은 순현가(NPV)가 0이 되도록 해주는 할인율이다.
④ 상호배타적인 두 투자안에 대한 순현가법과 내부수익률법의 경제성 평가결과가 상반되는 이유는 재투자수익률에 대한 가정의 차이 때문이다.

‖해설‖

내부수익률은 투자안의 순현재가치가 0이 되게 하는 할인율이다. 따라서 순현재가치를 구하는 식이 일차함수이면 내부수익률이 1개이지만, 고차함수인 경우에는 2개 이상의 내부수익률이 산출될 수 있다.
②·③ 투자안의 순현재가치가 0인 경우의 할인율이 내부수익률이므로, 이때는 현금유입의 현재가치와 현금유출의 현재가치가 같게 된다. 따라서 수익성지수는 1이 된다.
④ 순현가법에서는 투자로부터 발생하는 현금흐름을 할인율로 재투자한다고 보는 반면 내부수익률법에서는 투자로부터 발생하는 현금흐름을 내부수익률로 재투자한다고 가정한다.

답 ①

14 가맹거래사 2021

채권의 가치평가에 관한 설명으로 옳지 않은 것은?

① 채권수익률이 하락하면 채권가격은 상승한다.
② 액면이자율이 낮은 채권은 높은 채권보다 이자율 변화에 따라 더 작은 채권가격변동율을 보인다.
③ 채권의 이자율변동에 대한 위험은 만기가 길수록 더 크다.
④ 채권수익률이 액면이자율과 동일하면 채권의 가치는 액면가와 동일하다.
⑤ 채권의 가치는 만기가 가까워질수록 액면가에 접근한다.

‖해설‖

말킬의 원리에 따르면 액면이자율이 낮은 채권은 높은 채권보다 이자율변화에 따라 채권가격이 변동되는 비율이 더욱 크다.
① 채권수익률이 하락한다는 것은 가치평가식의 분모가 작아진다는 것이므로 채권가격은 상승한다.
③ 채권의 이자율변동에 대한 위험은 만기에 정비례한다.
④ 개념상 채권수익률이 액면이자율과 동일하면 채권의 가치는 액면가와 동일하게 된다.
⑤ 채권의 가치는 만기가 가까워질수록 액면가에 접근하며 만기에는 액면가와 동일해진다.

답 ②

15 가맹거래사 2021

☑ 확인 Check! ○ △ ✕

자본예산시 현금흐름을 추정할 때 포함해야 할 항목으로 옳은 것은?

① 이자비용   ② 감가상각비
③ 배당금 지급   ④ 매몰비용
⑤ 기회비용

─────────────────────────────

┃해설┃

이자비용과 배당금은 이미 할인율(자본비용)에 반영되어 있으므로 추가로 포함시킬 필요가 없으며, 매몰비용은 경제적 의사결정에서 고려할 필요가 없다. 기회비용은 현금유출항목에 포함시킨다. 감가상각비 자체는 비용 항목이지만 현금유출을 동반하지 않으므로 법인세의 감소효과를 가져온다. 즉 감가상각비가 없을 때 냈던 법인세가 감가상각비로 인해 감소하는 것이다. 이러한 법인세 감소효과는 분명 현금유입이라 할 수 있다. 즉 자본예산에서 반영되는 것은 감가상각비로 인한 법인세 감세효과이다.

탑 ⑤

16 공인회계사 2020

☑ 확인 Check! ○ △ ✕

K기업은 새로운 투자안을 발굴하기 위해서 컨설팅비용으로 50만원을 지출하였다. 이 기업은 내용연수가 3년인 기계설비를 도입하는 투자안을 순현가(NPV)법으로 평가하고자 한다. 3,000만원인 기계설비의 구입비용은 투자시작 시점($t=0$)에서 전액 지출되며, 이 기계설비는 내용연수 동안 정액법으로 전액 감가상각되고, 투자안의 종료시점($t=3$)에서 500만원에 처분될 것으로 예상된다. 이 기계설비를 도입하면 매년($t=$ 1~3) 매출과 영업비용(감가상각비 제외)이 각각 2,000만원과 500만원 발생한다. 순운전자본은 투자시작 시점에 300만원 투하되고, 투자안이 종료되는 시점에서 전액 회수된다. 법인세율은 30%이고 투자안의 할인율은 10%이다. 이 투자안의 순현가에 가장 가까운 것은? (단, 연 1회 복리를 가정하고, $PVIF(10\%, 3)=0.7513$, $PVIFA(10\%, 3)=2.4868$이다)

① 4,955,250원   ② 5,455,250원
③ 5,582,200원   ④ 6,082,200원
⑤ 6,582,200원

─────────────────────────────

┃해설┃

[시점별 현금흐름]

구입시 : (−3,000만원)+(−300만원)=−3,300만원

3년간의 영업현금흐름 : (2,000만원−500만원)×(1−0.3)+$\dfrac{3,000만원}{3}$×0.3=1,350만원

처분시 : 500만원×(1−0.3)+300만원=650만원

[NPV]

−3,300만원+1,350만원×2.4868+650만원×0.7513=5,455,250원

탑 ②

17 국가직 7급 2020

확인 Check! ○ △ ✕

단일 투자대안의 경제성 평가방법에 대한 설명으로 옳지 않은 것은?

① 순현가법(NPV)은 투자대안의 현금흐름을 현재가치로 할인하고 투자원금과 비교하여 채택 여부를 결정한다.

② 회계적이익률법(AAR)은 장부상 연평균 회계적 이익이 장부상 총자산에서 차지하는 비율로 측정된다.

③ 내부수익률(IRR)로 투자대안의 현금흐름을 할인하면 순현재가치는 '0'이 된다.

④ 회수기간법(PB)은 투자대안의 현금흐름을 바탕으로 투자원금을 회수하는데 걸리는 기간을 측정하지만, 자의적인 판단기준이 필요하다.

❙해설❙

회계적이익률은 장부상 연평균 순이익을 연평균 투자액으로 나누어 계산한다.

① 순현가법은 투자안의 현금흐름을 현재가치로 할인한 값과 투자원금을 비교하여 채택 여부를 결정한다.

③ 내부수익률의 정의가 투자안의 현금흐름을 순현재가치를 0으로 만드는 할인율이다.

④ 회수기간법은 투자안의 현금흐름을 바탕으로 투자원금을 회수하는데 걸리는 기간을 측정하는 것이지만 판단기준이 자의적이라는 단점이 있다.

답 ②

---

18 공인회계사 2019

확인 Check! ○ △ ✕

다음 세 가지 계산결과를 큰 순서대로 가장 적절하게 나열한 것은?

> a. 1년 만기 현물이자율이 8%이고 2년 만기 현물이자율이 10.5%일 때 1년 후부터 2년 후까지의 선도이자율($_1f_2$)
>
> b. 연간 실질이자율이 10%이고 연간 인플레이션율이 2%일 때 연간 명목이자율
>
> c. 연간 표시이자율(APR)이 12%이고 매 분기 이자를 지급하는 경우(분기복리) 연간 실효이자율(EAR)

① a > b > c   ② a > c > b

③ b > a > c   ④ c > a > b

⑤ c > b > a

❙해설❙

a. $(1 + {_0}S_2)^2 = (1 + {_0}S_1)(1 + {_1}f_2)$

    $1.105^2 = 1.08 \times (1 + {_1}f_2)$,   ∴ ${_1}f_2 = 13.06\%$

b. $(1 + R) = (1 + r)(1 + p)$

    $(1 + R) = 1.1 \times 1.02$,   ∴ $R = 12.2\%$

c. $EAR = \left(1 + \dfrac{APR}{n}\right)^n - 1 = \left(1 + \dfrac{0.12}{4}\right)^4 - 1 = 12.55\%$

답 ②

제1장 | 재무관리 기초 **297**

PART 3

다음에서 설명하는 투자안의 경제적 평가방법은?

- 투자안으로부터 예상되는 미래 기대현금 유입액의 현재가치와 기대현금 유출액의 현재가치를 일치시키는 할인율을 구한다.
- 산출된 할인율, 즉 투자수익률을 최소한의 요구 수익률인 자본비용 또는 기회비용과 비교하여 투자안의 채택 여부를 결정한다.

① 순현가법
② 내부수익률법
③ 수익성지수법
④ 평균회계이익률법
⑤ 회수기간법

│해설│

미래 기대현금 유입액의 현재가치와 기대현금 유출액의 현재가치를 일치시키는 할인율을 내부수익률이라고 하며, 이를 자본비용과 비교하여 투자안의 채택이 이루어진다. 만약 내부수익률이 더 큰 경우 해당 투자안을 채택하는 것을 내부수익률법이라고 한다.

더 살펴보기	투자안의 평가방법				
구 분	전체의 현금흐름	화폐의 시간가치	가치가산	기업가치 극대화	비 고
회수기간법	✕	✕			
회계적 이익률 (ARR)	✕	✕			
순현재가치법 (NPV)	○	○	○	○	가장 합리적 분석법
내부수익률법 (IRR)	○	○	✕	✕	재투자율의 비합리성
수익성지수법 (PI)	○	○	✕	✕	NPV와 다른 결론도 도출

답 ②

20 공인회계사 2019

다음 중 자본예산에 관한 설명으로 가장 적절하지 않은 것은?

① 상호배타적인 두 투자안의 투자규모가 서로 다른 경우 순현가(NPV)법과 내부수익률(IRR)법에 의한 평가결과가 다를 수 있다.

② 순현가법은 자본비용으로 재투자한다고 가정하며, 가치의 가산원리가 적용된다.

③ IRR이 자본비용보다 큰 경우 수정내부수익률(MIRR)은 IRR보다 작은 값을 갖는다.

④ 수익성지수(PI)는 투자안의 부분적 선택이 가능한 자본할당(capital rationing)의 경우에 유용하게 사용된다.

⑤ PI법을 사용할 경우 PI가 0보다 크면 투자안을 채택하고, 0보다 작으면 투자안을 기각한다.

| 해설 |

PI가 1보다 크면 투자안을 채택하고, 1보다 작으면 투자안을 기각한다.

① 상호배타적인 두 투자안의 투자규모가 서로 다른 경우 순현가법과 내부수익률법에 의한 평가결과가 다를 수 있으며 이 경우는 순현가법에 의한 판단을 따르는 것이 합리적이다.

② 순현가법은 자본비용으로 재투자한다고 가정하며, 가치의 가산원리가 적용된다. 하지만 내부수익률법은 가치의 가산원리가 적용되지 않는다.

③ IRR은 IRR로 재투자할 때의 연평균수익률이고 수정내부수익률은 자본비용으로 재투자할 때의 연평균수익률이다. 따라서 IRR이 자본비용보다 크다면 IRR이 MIRR보다 크다.

④ 수익성지수는 투자안의 부분적 선택이 가능한 경우에는 수익성지수가 큰 투자안부터 투자금을 할당하는 것이 최적이 되어 유용하다.

답 ⑤

21 서울시 7급 2019

투자안 평가에 사용되는 현금흐름 추정에 대한 설명으로 가장 옳지 않은 것은?

① 감가상각비는 인위적으로 배분된 회계적 비용으로서 기업이 실제로 지출하는 것은 아니지만 현금유출에 포함시켜야 한다.

② 이자비용과 배당금은 할인율에 적절하게 반영되어 차감되므로 현금유출에 포함시키지 않는다.

③ 기업의 순운전자본은 현금흐름에 포함시켜야 한다.

④ 자본적 지출은 현금지출을 수반하므로 자본적 지출이 발생하는 시점의 현금유출에 포함시켜야 한다.

감가상각비는 실제로 지출되지 않은 회계상의 비용이므로 현금유입에 포함시킨다.

② 이자비용은 타인의 자본을 사용한 대가이므로 타인자본비용에 포함되며, 배당금은 자기자본을 사용한 대가이므로 자기자본비용에 포함된다. 따라서 이들은 모두 가중평균자본비용에 반영되므로 현금유출에 포함하지 않는다.

③ 유동자산이 유동부채보다 크다면 현금유입이 커지고, 그 반대가 되면 현금유출이 발생하므로 순운전자본은 현금흐름에 포함된다.

④ 자본적 지출은 자산의 구조변경이나 생산능률을 향상시키는 지출로, 해당 지출은 지출시점의 자산에 반영하여 추후 감가상각으로 안분하여 비용에 반영하게 된다. 즉 자본적 지출발생시점에는 현금유출로 기록하며, 추후 감가상각시점에는 해당금액만큼 현금유입이 된다.

답 ①

22 경영지도사 2019
☑ 확인 Check! ○ △ ✕

투자안의 경제성 평가방법에 관한 설명으로 옳은 것은?

① 회수기간법은 시간적 가치를 고려한다.

② 순현가법은 투자를 하여 얻은 현금흐름의 현재가치와 초기 투자금액을 비교하여 투자의 적정성을 평가한다.

③ 내부수익률은 미래의 현금흐름의 순현가를 1로 만드는 할인율이다.

④ 회계적이익률법에서 회계적이익률은 연평균투자액을 연평균순이익으로 나눈 것이다.

⑤ 수익성지수법에서 수익성지수는 투자비를 현금유출액으로 나눈 것이다.

순현재가치법은 현금유입의 현재가치에서 현금유출의 가치를 뺀 값이 0보다 큰 경우 투자가 적정하다고 보는 평가방법이다.

① 회수기간법은 화폐의 시간가치를 고려하지 않는다는 단점을 지닌다.

③ 내부수익률은 미래 현금흐름의 순현가를 0으로 만드는 할인율이다.

④ 회계적이익률은 연평균순이익을 연평균투자액으로 나눈 것이다.

⑤ 수익성지수는 현금유입액을 현금유출액으로 나눈 값이고, 그 값이 1보다 크면 타당한 투자로 보는 기법이다.

답 ②

자본예산에 관한 설명으로 옳지 않은 것은?

① 순현재가치는 현금유입의 현재가치에서 현금유출의 현재가치를 차감한 값이다.

② 상호배타적 투자안 평가 시 순현재가치법과 내부수익률법에 의한 평가 결과는 서로 다를 수 있다.

③ 내부수익률법을 이용한 상호배타적 투자안 평가시 최적의 투자결정은 내부수익률이 가장 큰 투자안을 선택 하는 것이다.

④ 수익성지수가 1보다 큰 투자안의 순현재가치는 0보다 크다.

⑤ 회수기간법은 사용하기에 간편하나 현금흐름에 대한 화폐의 시간적 가치를 반영하지 못한다.

┃해설┃

내부수익률법을 사용하여 상호배타적 투자안을 평가할 때는 자본비용보다 큰 투자안을 선별한 후에 그중에서 내부수익 률이 가장 큰 투자안을 선택해야 한다. 만약 내부수익률만을 따져 그 값이 가장 큰 투자안을 고른다 하여도 그때의 내부수익률이 시장할인율보다 낮다면 굳이 해당 투자안을 선택할 이유가 없다.

① 순현재가치(NPV)는 현금유입의 현재가치에서 현금유출의 현재가치를 차감한 값이다.

② 상호배타적 투자안 평가 시 순현재가치법과 내부수익률법에 의한 평가 결과는 서로 다를 수 있다.

④ 수익성지수가 1보다 크다면 이 투자안의 순현재가치는 0보다 크다.

⑤ 회수기간법은 사용하기에 간편하나 현금흐름에 대한 화폐의 시간적 가치를 반영하지 못한다는 단점을 가진다.

답 ③

(주)버젯은 내용연수가 3년인 기계를 구입하려고 한다. 이 기계는 정액법으로 상각되며, 3년 후 잔존가치는 없지만 처분가치는 1,000 만원으로 예상된다. 이 기계를 도입할 경우($t=0$), 향후 3년 동안($t=1\sim3$) 매년 6,000만원의 매출액과 3,000만원의 영업비용(감가상각비 제외)이 발생한다. 자본비용은 10%이고 법인세 율은 30%이다. 순현가(NPV)법으로 투자안을 평가할 경우, (주)버젯이 기계 구입비용으로 지불할 수 있는 최대금액과 가장 가까운 것은? (단, $PVIFA(10\%,\ 3)=2.4869$, $PVIF(10\%,\ 3)=0.7513$)

① 7,536만원   ② 7,651만원

③ 7,749만원   ④ 7,899만원

⑤ 7,920만원

┃해설┃

매년 영업현금흐름$=(6,000만원-3,000만원)\times(1-0.3)+\dfrac{x}{3}\times0.3=2,100만원+0.1x$

처분가치 회수액$=1,000만원-(1,000만원-0)\times0.3=700만원$

$NPV=(2,100만원+0.1x)\times2.4869+700만원\times0.7513-x=0$,   ∴ $x=7,651.17만원$

답 ②

할인율이 연 10%로 일정할 때, 주어진 현가표를 참조하여 계산한 세 가지 금액 a, b, c의 크기 순서로 가장 적절한 것은? (단, 현재시점은 1차년도 1월 1일이다)

구 분	$n=3$	$n=4$	$n=5$	$n=6$	$n=7$
$PVIF(10\%,\ n)$	0.7513	0.6830	0.6209	0.5645	0.5132
$PVIFA(10\%,\ n)$	2.4869	3.1699	3.7908	4.3553	4.8684

a. 현재 3,200원을 대출받고 1차년도부터 매년말 800원씩 갚아나가면 상환 마지막 해 말에는 800원보다 적은 금액을 갚게 된다. 상환 마지막 해 말에 갚아야 하는 금액

b. 4차년도부터 8차년도까지 매년말 110원씩 받는 연금의 현재가치

c. 1차년도부터 5차년도까지 매년초 70원씩 받는 연금의 현재가치

① a > b > c   ② a > c > b
③ b > a > c   ④ b > c > a
⑤ c > b > a

─────────────────────────────

∥해설∥

a. 3,200원 $=800$원 $\times PVIFA(10\%,\ 5)+x \times PVIF(10\%,\ 6)$
    $=800$원 $\times 3.7908+x \times 0.5645, \quad \therefore \ x=296.47$원

b. 110원 $\times PVIFA(10\%,\ 5) \times PVIF(10\%,\ 3)=110$원 $\times 3.7908 \times 0.7513=313.28$원

c. 70원$+70$원 $\times PVIFA(10\%,\ 4)=70$원$+70$원 $\times 3.1699=291.893$원

답 ③

26 ☑ 확인 Check! ○ △ ✕

자본예산은 투자로 인한 수익이 1년 이상에 걸쳐 장기적으로 실현될 투자결정에 관한 일련의 과정을 말한다. 투자안의 평가방법에 해당하지 않는 것은?

① 유동성분석법   ② 수익성지수법
③ 순현재가치법   ④ 내부수익률법
⑤ 회수기간법

┃해설┃

투자안의 평가방법(자본예산기법)으로는 회수기간법, 회계적이익률법, 수익성지수법, 순현재가치법, 내부수익률법 등이 있다. 유동성분석법은 자본예산기법이 아니다.

답 ①

27 ☑ 확인 Check! ○ △ ✕

투자안의 경제성 평가에 사용하는 자본예산기법에 관한 설명으로 옳은 것은?

① 회수기간법은 화폐의 시간가치를 고려한 자본예산기법이다.
② 회수기간의 역수는 항상 내부수익률의 대용치로 사용해야 한다.
③ 순현재가치법은 'NPV(A+B)=NPV(A)+NPV(B)'와 같은 가치가산의 원리가 성립하지 않는다.
④ 수익성지수는 현금유출액의 현재가치를 현금유입액의 현재가치로 나누어 산출한다.
⑤ 내부수익률은 현금유입액의 현재가치와 현금유출액의 현재가치를 일치시켜 주는 할인율을 의미한다.

┃해설┃

내부수익률은 NPV=0인 경우의 할인율을 뜻한다. 'NPV=현금유입액의 현재가치−현금유출액의 현재가치'이므로 옳은 내용이다.
① 회수기간법은 화폐의 시간가치를 고려하지 않는다는 단점을 지닌다.
② 내부수익률은 NPV(순현재가치)가 0이 되는 할인율이다.
③ 순현재가치법에서는 가치가산의 원리가 적용되지만 내부수익률법에서는 가치가산의 원리가 적용되지 않는다.
④ 수익성지수는 현금유입액의 현재가치를 현금유출액의 현재가치로 나누어 계산한다.

답 ⑤

상호배타적인 투자안 A, B가 있다. 두 투자안의 투자규모 및 투자수명은 같으며, 투자안 A의 내부수익률(IRR)은 16%, 투자안 B의 내부수익률은 20%이다. 자본비용이 7%일 때 투자안 A의 순현가(NPV)가 투자안 B의 순현가보다 높다. 다음 설명 중 가장 적절한 것은? (단, 현재(0시점)에 현금유출이 발생하고, 이후 현금유입이 발생하는 투자형 현금흐름을 가정한다)

① 자본비용이 7%보다 클 때 투자안 A의 순현가는 투자안 B의 순현가보다 항상 높다.
② 두 투자안의 순현가를 같게 하는 할인율은 7%보다 높다.
③ 자본비용이 5%일 때 투자안 B의 순현가는 투자안 A의 순현가보다 높다.
④ 투자안 B는 투자안 A에 비하여 투자기간 후기에 현금유입이 상대적으로 더 많다.
⑤ 자본비용이 16%일 때 투자안 B의 순현가는 0이다.

──────────────

┃해설┃

두 투자안의 순현가를 같게 하는 할인율 즉, 피셔의 수익률은 7%보다 높다.
① 피셔의 수익률은 7%보다 크므로 자본비용이 7%보다 클 때 투자안 A의 순현가가 투자안 B의 순현가보다 항상 높은 것은 아니다.
③ 자본비용이 5%라면, 투자안 A의 순현가가 투자안 B의 순현가보다 높다.
④ 투가기간 후기에 현금유입이 많은 투자안의 NPV곡선의 기울기가 더 크므로 투자안 A가 투자기간 후기에 현금유입이 더 많다.
⑤ 투자안 B의 순현가가 0이 되도록 하는 자본비용은 IRR인 20%이다.

답 ②

자본예산의 현금흐름 추정에 관한 설명으로 옳지 않은 것은?

① 현금흐름은 증분기준(incremental basis)으로 측정한다.

② 매몰비용은 현금유출에 포함하지 않는다.

③ 기회비용은 현금유출에 포함한다.

④ 감가상각비와 같은 비현금성 지출은 현금유출에 포함하지 않는다.

⑤ 이자비용은 현금유출에 포함하지만 배당금은 현금유출에 포함하지 않는다.

┃해설┃

이미 할인율에 반영되어 있는 이자비용이나 배당금과 같은 항목들은 현금유출에 중복적으로 포함시켜서는 안 된다.

① 현금흐름은 증분기준으로 측정한다.

② · ③ · ④ 매몰비용과 감가상각비와 같은 비현금성 지출은 현금유출에 포함하지 않으며 기회비용은 현금유출에 포함한다.

답 ⑤

자본예산(capital budgeting)을 수행하기 위한 현금흐름 추정에 관한 설명으로 옳은 것을 모두 고른 것은?

> ㄱ. 감가상각비는 현금유출에 포함한다.
> ㄴ. 감가상각비로 인한 법인세 절감효과는 현금유입에 포함한다.
> ㄷ. 주주에게 지급하는 배당금은 현금유출에 포함한다.
> ㄹ. 매몰비용(sunk cost)은 현금유출에 포함하지 않는다.

① ㄱ, ㄴ   ② ㄱ, ㄷ

③ ㄴ, ㄷ   ④ ㄴ, ㄹ

⑤ ㄴ, ㄷ, ㄹ

┃해설┃

ㄱ. (✕) 현금유출을 동반하지 않는 비용항목은 현금유입에 포함해야 한다.

ㄴ. (○) 법인세는 현금유출, 법인세 절감효과는 현금유입이므로 이들은 고려한다.

ㄷ. (✕) 배당금은 이미 자기자본비용에 반영되어 있으므로 추가로 반영할 필요가 없다.

ㄹ. (○) 매몰비용은 과거에 이미 발생한 비용이므로 향후 의사결정에 반영해서는 안 되는 비용이다.

답 ④

A 기업은 2015년에 비유동자산을 처분(장부가액 10,000원, 처분손익은 발생하지 않음)하였으며 8,000원의 장기부채를 신규로 차입하였다. 다음은 A 기업의 2014년과 2015년 재무제표 정보이며 법인세율은 30%이다. 다음 설명 중 가장 적절한 것은?

재무상태표의 일부

(단위 : 원)

자 산	2014년말	2015년말	부채와 자본	2014년말	2015년말
유동자산	5,000	5,500	유동부채	2,000	2,200
비유동자산	25,000	30,000	비유동부채	20,000	26,000

2015년도 포괄손익계산서의 일부

(단위 : 원)

매출액	150,000
매출원가	80,000
감가상각비	10,000
이자비용	2,000

① 2015년 비유동자산 취득액은 24,000원이다.
② 2015년 영업현금흐름은 53,000원이다.
③ 2015년 채권자의 현금흐름은 −5,000원이다.
④ 2015년 비유동부채 상환액은 2,000원이다.
⑤ 2015년 순운전자본은 500원 증가하였다.

│해설│

비유동부채 상환액＝기초부채−기말부채＋신규차입액
　　　　　　　＝20,000원−26,000원＋8,000원＝2,000원

① 비유동자산 취득액＝기말 비유동자산−기초 비유동자산＋감가상각비
　　　　　　　＝30,000원−25,000원＋10,000원＝15,000원

② 영업현금흐름＝$EBIT(1-t)+D$＝60,000원×(1−0.3)＋10,000원＝52,000원

③ 채권자의 현금흐름＝$I-\Delta B$＝2,000원−(26,000원−20,000원)＝−4,000원

⑤ 순운전자본 증가액＝기말 순운전자본−기초 순운전자본
　　　　　　　＝(5,500원−2,200원)−(5,000원−2,000원)＝300원

답 ④

이자율과 할인율이 연 10%로 일정할 때 아래의 세 가지 금액의 크기 순서로 가장 적절한 것은? (단, $PVIFA$ $(10\%,\ 6)=4.3553$, $FVIFA(10\%,\ 6)=7.7156$)

A : 5차년도부터 10차년도까지 매년 말 255원씩 받는 연금의 현재가치

B : 5차년도부터 10차년도까지 매년 말 96원씩 받는 연금의 10차년도 말 시점에서의 미래가치

C : 3차년도 말에서 45원을 받고 이후 매년 말마다 전년 대비 5%씩 수령액이 증가하는 성장형 영구연금의 현재가치

---

① A > B > C

② A > C > B

③ B > C > A

④ C > A > B

⑤ C > B > A

❚ 해설 ❚

A : $\dfrac{255원\times PVIFA(10\%,\ 6)}{1.1^4}=\dfrac{255원\times 4.3553}{1.1^4}=758.56원$

B : $96원\times FVIFA(10\%,\ 6)=96원\times 7.7156=740.7원$

C : $\dfrac{\dfrac{45원}{0.1-0.05}}{1.1^2}=743.8원$

답 ②

33 공인회계사 2016

☑ 확인Check! ○ △ ✕

B 출판사는 현재 사용하고 있는 구형 윤전기를 대체할 3년 수명의 신형 윤전기 구입을 고려하고 있다. 구형 윤전기는 완전상각되어 있으며 잔존 시장가치도 없다. 72억원인 신형 윤전기를 구입함으로 인해 3년 동안 연간 매출액이 구형 윤전기에 비해 28억원 증가하고, 매출원가는 변동이 없을 것으로 추정한다. 신형 윤전기는 정액법으로 3년 동안 100% 감가상각할 예정이나 3년 후($t=3$) 처분가치는 6억원일 것으로 추정하고 있다. 윤전기를 도입하면 초기($t=0$)에 3억원의 순운전자본이 소요되며, 이 순운전자본은 3년 후 시점에서 전액 회수된다. 법인세율이 30%라면 3년 후 시점에서의 증분현금흐름은 얼마인가?

① 26.3억원
② 34.0억원
③ 35.8억원
④ 50.8억원
⑤ 52.6억원

▌해설▐

증분영업현금흐름$=\Delta EBIT(1-t)+\Delta D=(28$억원$-0-24$억원$)\times(1-0.3)+24$억원$=26.8$억원
순운전자본 현금흐름$=3$억원
잔존가치 회수$=6$억원$\times(1-0.3)=4.2$억원
3년후 시점 증분현금흐름$=26.8$억원$+3$억원$+4.2$억원$=34$억원

답 ②

34 서울시 7급 2016

☑ 확인Check! ○ △ ✕

다음 중 채권에 대한 설명으로 가장 옳지 않은 것은?

① 채권의 이표율과 채권수익률이 동일한 경우 채권가격은 액면가와 같다.
② 채권의 이표율이 채권수익률보다 높은 경우 채권가격은 액면가보다 낮다.
③ 채권의 구입 가격은 채권보유로부터 얻어지는 현금흐름을 이자율로 할인한 것과 같다.
④ 만기수익률은 보통 약속수익률이라 한다.

▌해설▐

만기수익률 < 표면이자율 → 채권가격 > 액면가 → 할증채권
채권의 이표율이 시장에서의 채권수익률보다 높다면, 이 채권은 액면가보다 비싸게 거래된다.
① 채권의 이표율과 채권수익률이 동일한 경우 할인율이 같으므로 채권가격은 액면가와 같다.
③ 채권의 구입 가격은 채권보유로부터 얻어지는 현금흐름을 이자율로 할인한 것이다.
④ 만기수익률은 고객에서 약속한 수익률이므로 약속수익률이라고도 한다.

답 ②

308 공인회계사 1차 객관식 경영학

35 서울시 7급 2016 ☑확인 Check! ○ △ ✕

내부수익률(IRR)에 대한 설명으로 가장 옳은 것은?

① 현금유입의 현재가치에서 현금유출의 현재가치를 뺀 값으로 정의된다.

② 투자안으로부터 얻어지게 될 미래 순현금흐름의 현재가치를 최초투자액으로 나누어 구한다.

③ 한 가지 투자안에서 복수의 값이 얻어질 수도 있다.

④ 상호배타적인 투자안들의 우선순위를 결정하고자 할 경우, 순현재가치 방법과 항상 동일한 결론을 가져다 준다.

∥해설∥

내부수익률의 계산을 위해서 고차방정식이 사용되는데 이 과정에서 방정식의 해가 존재하지 않거나 복수해가 등장할 수 있다.

① 현금유입의 현재가치에서 현금유출의 현재가치를 뺀 값은 순현재가치이다.

② 투자안으로부터 얻어지게 될 미래 순현금흐름의 현재가치를 최초투자액으로 나누어 구한 것은 수익성지수이다.

④ 상호배타적인 투자안에 대한 경제성평가를 수행하는 과정에서는 순현가법에 의하여 선정되는 투자안과 내부수익률법에 의하여 선정되는 투자안이 투자규모의 차이, 투자수명의 차이, 현금흐름 양상의 차이 등에 의해 서로 달라질 수도 있다.

답 ③

36 국가직 7급 2016 ☑확인 Check! ○ △ ✕

100% 자기자본만으로 구성되어 있는 X회사와 Y회사의 현재 기업가치는 각각 70억원, 30억원이다. X회사가 Y회사를 합병하여 XY회사가 탄생하면 합병 후 기업가치는 120억원이 될 것으로 추정된다. X회사의 Y회사 인수가격이 40억원일 경우 X회사의 입장에서 합병의 순현가는? (단, 다른 조건은 고려하지 않는다)

① 10억원

② 20억원

③ 50억원

④ 80억원

∥해설∥

• 합병의 이익 : 인수 전의 가치는 70억원과 30억원의 합인 100억원이고 합병 후 기업가치는 120억원이다. 따라서 합병으로 인한 기업가치 증가분은 20억원이다.

• 합병의 비용 : 한편 X기업의 입장에서는 30억원짜리 가치의 Y를 40억원을 주고 인수해야 하므로 추가적으로 10억원을 투자하는 것이라 보면 된다.

• 합병의 순현가 : 합병의 순이익 20억원에서 합병의 비용 10억원을 차감하여 구하면 10억원이다.

답 ①

투자안의 경제성 평가방법에 관한 설명으로 옳은 것은?

① 회수기간법은 회수기간 이후의 현금흐름을 고려한다.

② 회계적이익률법은 화폐의 시간적 가치를 고려한다.

③ 수익성지수법에 의하면 수익성지수는 투자비/현금유입액의 현재가치이다.

④ 순현재가치법에 의하면 순현재가치는 현금유입액의 현재가치에다 투자비를 더한 것이다.

⑤ 내부수익률법에 의하면 개별 투자안의 경우 내부수익률이 자본비용보다 커야 경제성이 있다.

┃해설┃

독립적 투자안의 경우 내부수익률이 할인율(이자율, 자본비용)보다 큰 모든 투자안을 투자가치가 있는 것으로 평가하게 된다.

① 회수기간법은 회수기간 이후의 현금흐름을 고려하지 않는다.

② 회계적이익률법은 화폐의 시간적 가치를 고려하지 않는다.

③ 수익성지수법에 의하면 수익성지수는 $\dfrac{\text{현금유입액의 현재가치}}{\text{투자비의 현재가치}}$ 이다.

④ 순현재가치법에 의하면 순현재가치는 현금유입액의 현재가치에서 투자비를 뺀 것이다.

답 ⑤

투자안의 경제적 평가방법에 관한 설명으로 옳지 않은 것은?

① 현재가치지수가 1보다 작으면 투자안을 채택한다.

② 회계적 이익률이 높을수록 양호하다고 판단한다.

③ 회수기간이 짧을수록 유리하다고 판단한다.

④ 순현재가치가 0보다 크면 경제성이 있는 것으로 판단한다.

⑤ 내부수익률이 기회비용보다 크면 채택한다.

┃해설┃

수익성지수가 1보다 크면 투자안을 채택한다.

② 회계적 이익률이 높다면 그 투자안은 양호하다고 판단한다.

③ 회수기간이 짧을수록 그 투자안은 유리하다고 판단한다.

④ 순현재가치(NPV)가 0보다 크면 경제성이 있는 것으로 판단한다.

⑤ 내부수익률이 기회비용보다 크면 해당투자안을 채택한다.

답 ①

C기업은 기존의 기계설비를 새로운 기계설비로 교체할 것을 고려하고 있다. 기존의 기계설비는 3년 전 2,400만원에 취득했으며 구입시 내용연수는 8년, 잔존가치는 없는 것으로 추정하였다. 기존의 기계는 현재 시장에서 1,000만원에 처분할 수 있다. 내용연수가 5년인 새로운 기계설비는 2,500만원이며 투자종료시점에서의 잔존가치 및 매각가치는 없다. 기존의 기계설비를 사용하는 경우에 매출액은 1,500만원, 영업비용은 700만원이고, 새로운 기계설비를 사용하는 경우 매출액은 1,800만원, 영업비용은 600만원이다. C기업의 감가상각방법은 정액법, 법인세율은 30%로 가정하였을 때, 새로운 기계설비를 도입할 경우 5년 후 시점($t=5$)에서 발생하는 증분현금흐름은 얼마인가?

① 310만원   ② 340만원

③ 370만원   ④ 400만원

⑤ 430만원

┃ 해설 ┃

$$증분현금흐름 = (\Delta S - \Delta O)(1-t) + \Delta D \cdot t$$
$$= (300만원 + 100만원) \times (1 - 0.3) + 200만원 \times 0.3 = 340만원$$

답 ②

올해로 31세가 된 투자자 A는 32세말($t=2$)부터 매 1년마다 납입하는 4년 만기의 정기적금 가입을 고려하고 있다(즉, $t=2\sim5$ 기간에 4회 납입). 투자자 A는 36세말($t=6$)부터 40세말($t=10$)까지 매년 3,000만원이 필요하다. 이자율과 할인율이 연 10%일 때, 투자자 A가 32세말부터 4년간 매년 말에 납입해야 할 금액에 가장 가까운 것은? (단, PVFA(10%, 4년)=3.1699, PVFA(10%, 5년)=3.7908, PVF(10%, 5년)=0.6209이다)

① 2,450만원   ② 2,475만원

③ 2,500만원   ④ 2,525만원

⑤ 2,550만원

┃ 해설 ┃

$$x \times 3.1699 \times \frac{1}{1.1} = 3,000만원 \times 3.7908 \times 0.6209, \quad \therefore \ x = 2,450만원$$

답 ①

41 국가직 7급 2015 ☑ 확인 Check! ○ △ ✕

투자안의 경제성 평가 방법에서 상호배타적 투자안에 대한 의사 결정으로 적절한 것은?

① 투자안의 수익성지수(PI)가 0보다 큰 투자안 중에서 가장 낮은 투자안을 선택한다.

② 투자안의 내부수익률(IRR)이 할인율보다 낮은 투자안 중에서 가장 높은 투자안을 선택한다.

③ 투자안의 평균회계이익률(AAR)이 목표 AAR보다 큰 투자안 중에서 가장 낮은 투자안을 선택한다.

④ 투자안의 순현재가치(NPV)가 0보다 큰 투자안 중에서 가장 높은 투자안을 선택한다.

┃해설┃

순현재가치법에서는 순현재가치가 0보다 큰 투자안들 중에서 최대값을 제공하는 투자안을 선택한다.

① 수익성지수 기준에서는 1보다 큰 투자안 중에서 가장 그 값이 큰 투자안을 선택한다.

② 내부수익률 기준에서는 그 값이 할인율보다 큰 것들 중에서 최대의 투자대안을 선택한다.

③ 평균회계이익률은 그 값이 커야 좋다.

답 ④

42 공인노무사 2014 ☑ 확인 Check! ○ △ ✕

투자안의 경제성 평가방법에 관한 설명으로 옳은 것은?

① 회계적이익률법은 화폐의 시간적 가치를 고려한다.

② 회수기간법은 회수기간 이후의 현금흐름을 고려한다.

③ 내부수익률법은 평균이익률법이라고도 한다.

④ 순현재가치법에서는 가치의 가산원리가 적용된다.

⑤ 수익성지수법은 수익성지수가 0보다 커야 경제성이 있다.

┃해설┃

투자안의 순현재가치는 발생되는 개별투자안의 순현재가치를 합산한 것이다.

① 회계적이익률법은 화폐의 시간가치를 고려하지 않는다는 단점을 지닌다.

② 회수기간법은 회수기간까지의 현금흐름을 고려하며 그 이후의 현금흐름은 고려하지 않는다.

③ 내부수익률은 평균이익률은 무관한 개념이다.

⑤ 수익성지수는 1보다 커야 경제성이 있다고 본다.

답 ④

43 공인노무사 2013

☑ 확인 Check! ○ △ ✕

투자안 분석기법으로서의 순현가(NPV)법에 관한 설명으로 옳은 것은?

① 순현가는 투자의 결과 발생하는 현금유입의 현재 가치에서 현금유입의 미래가치를 차감한 것이다.

② 순현가법에서는 수익과 비용에 의하여 계산한 회계적 이익을 사용한다.

③ 순현가법에서는 투자안의 내용연수 동안 발생할 미래의 모든 현금흐름을 반영한다.

④ 순현가법에서는 현금흐름을 최대한 큰 할인율로 할인한다.

⑤ 순현가법에서는 투자의 결과 발생하는 현금유입이 투자안의 내부수익률로 재투자될 수 있다고 가정한다.

┃해설┃

순현가법에서는 미래현금흐름을 사전에 수집된 정보에 의해 결정되는 수익률로 할인한 현재가치를 사용한다.

① 순현가는 현금유입의 현재가치에서 최초 투자액을 차감한 것이다.

② 순현가법에서는 투자액과 순이익의 차이로 계산되는 회계적 이익이 아니라 현재가치를 이용하여 판단한다.

④ 순현가법에서 할인율은 사전에 수집된 정보에 의해 결정된다.

⑤ 투자의 결과 발생하는 현금유입이 투자안의 내부수익률로 재투자될 수 있다고 가정하는 것은 내부수익률법에 대한 설명이다.

답 ③

44 가맹거래사 2013

☑ 확인 Check! ○ △ ✕

자본예산기법에 관한 설명으로 옳은 것은?

① 회계적이익률법은 화폐의 시간적 가치를 고려한다.

② 회수기간법은 회수기간 이후의 현금흐름을 고려한다.

③ 순현가법은 개별투자안의 경우 순현가가 0보다 크면 경제성이 있다.

④ 내부수익률법은 화폐의 시간적 가치를 고려하지 않는다.

⑤ 수익성지수법은 개별투자안의 경우 수익성지수가 1보다 작으면 경제성이 있다.

┃해설┃

순현가법에서 개별투자안의 경우 순현가가 0보다 크면 경제성이 있다.

① 회계적이익률법은 화폐의 시간적 가치를 고려하지 않는다.

② 회수기간법은 회수기간 이전의 현금흐름만을 고려한다.

④ 내부수익률법은 화폐의 시간적 가치를 고려한다.

⑤ 수익성지수법은 개별투자안의 경우 수익성지수가 1보다 크면 경제성이 있다.

답 ③

PART 3

45 국가직 7급 2012

☑ 확인 Check! ○ △ ✕

투자안 분석에서 순현가법(net present value method)**과 내부수익률법**(internal rate of return method)**을 비교한 설명으로 적절하지 않은 것은?**

① 투자안에서 발생하는 현금유입을 순현가법에서는 할인율로, 내부수익률법에서는 내부수익률로 재투자한다고 가정한다.

② 순현가법에서는 순현가가 하나 존재하고, 내부수익률법에서는 내부수익률이 전혀 존재하지 않거나 여러 개의 내부수익률이 나타날 수 있다.

③ 순현가법에서는 가치의 가산법칙이 적용되지 않고, 내부수익률법에서는 가치의 가산법칙이 적용된다.

④ 독립적 투자안의 경우 순현가법이나 내부수익률법에 의한 투자평가 결과가 항상 같지만, 상호배타적 투자안의 경우 두 방법의 투자평가 결과가 서로 다를 수 있다.

┃해설┃

순현가법에서는 가치의 가산원리가 적용되지만 내부수익률법에서는 그렇지 않다. 이는 곧 상호독립적 투자안들의 의사결정에 있어 순현재가치는 각 투자대안의 순현재가치의 합이지만 내부수익률의 경우 그렇지 않다는 의미이다.

① 순현가법에서는 투자안에서 발생하는 현금유입을 할인율로, 내부수익률법에서는 내부수익률로 재투자한다고 가정한다.

② 순현가법에서는 단일의 순현가가 존재하지만, 내부수익률법에서는 내부수익률이 전혀 존재하지 않거나 여러 개의 내부수익률이 나타날 수 있다.

④ 독립적 투자안의 경우에는 순현가법과 내부수익률법에 의한 투자평가 결과가 항상 같지만, 상호배타적 투자안의 경우에는 두 방법의 투자평가 결과가 서로 다를 수 있으며 이 경우에는 순현가법에 의한 결과를 따르는 것이 합리적이다.

 답 ③

46 가맹거래사 2012

☑ 확인Check! ○ △ ✕

투자안의 경제성 평가 방법에 관한 설명으로 옳지 않은 것은?

① 회수기간법과 회계적 이익률법은 화폐의 시간적 가치를 무시한다.
② 순현가법의 경우 순현가는 현금유입의 현재가치에서 현금유출의 현재가치를 차감하여 구한다.
③ 수익성지수법은 현금유입의 현재가치와 현금유출의 현재가치의 비율로 구한다.
④ 순현가법과 내부수익률법에 의한 개별투자안의 경제성평가 결과는 상이할 수 있다.
⑤ 순현가법이 내부수익률법에 비해 재투자수익률에 대한 가정이 더 합리적이다.

┃해설┃

순현가법과 내부수익률법에 의한 개별투자안의 경제성평가 결과는 동일하지만, 상호배타적 투자안의 경제성 평가결과는 달라질 수 있다.
① 회수기간법과 회계적 이익률법은 화폐의 시간적 가치를 무시한다는 단점을 가진다.
② 순현가법의 경우 현금유입의 현재가치에서 현금유출의 현재가치를 차감하여 순현재가치를 구한다.
③ 수익성지수법에서 수익성지수는 현금유입의 현재가치와 현금유출의 현재가치의 비율로 구한다.
⑤ 순현가법이 내부수익률법에 비해 재투자수익률에 대한 가정이 더 합리적이다. 따라서 둘의 결과가 다를때에는 순현가법의 판단을 따르는 것이 합리적이다.

답 ④

47 공인노무사 2011

☑ 확인Check! ○ △ ✕

투자안의 평가방법에 관한 설명으로 옳지 않은 것은?

① 순현재가치(NPV)법에서 투자안의 NPV가 0보다 크면 투자안을 채택한다.
② 수익성지수(PI) 법에서 투자안의 PI가 0보다 크면 투자안을 채택한다.
③ 내부수익률(IRR)법에서 투자안의 IRR이 자본비용보다 크면 투자안을 채택한다.
④ 회계이익률법에서 투자안의 회계이익률이 목표회계이익률보다 크면 투자안을 채택한다.
⑤ 회수기간법에서 투자안의 회수기간이 목표회수기간보다 짧으면 투자안을 채택한다.

┃해설┃

수익성지수가 1보다 클 때 투자안을 채택한다.
① 순현재가치법에서는 투자안의 NPV가 0보다 크면 투자안을 채택한다.
③ 내부수익률법에서는 투자안의 IRR이 자본비용보다 크면 투자안을 채택한다.
④ 회계이익률법에서는 투자안의 회계이익률이 목표회계이익률보다 크면 투자안을 채택한다.
⑤ 회수기간법에서는 투자안의 회수기간이 목표회수기간보다 짧으면 투자안을 채택한다.

답 ②

투자안의 경제성 분석을 위한 자본예산기법에 관한 설명으로 옳은 것을 모두 고른 것은?

> ㄱ. 독립적인 투자안의 경우, 순현재가치법에서는 투자안의 순현재가치가 투자비용보다 크면 채택한다.
> ㄴ. 순현재가치법과 내부수익률법은 화폐의 시간적 가치를 고려한다.
> ㄷ. 내부수익률법에서 내부수익률은 투자로부터 기대되는 현금유입의 현가와 현금유출의 현가를 같게 하는 할인율이다.
> ㄹ. 상호배타적인 투자안의 경우 순현재가치법과 내부수익률법은 상반된 결론이 나올 수도 있다.

① ㄱ, ㄴ   ② ㄴ, ㄷ

③ ㄱ, ㄷ, ㄹ   ④ ㄴ, ㄷ, ㄹ

⑤ ㄱ, ㄴ, ㄷ, ㄹ

┃해설┃

ㄱ. (✕) 독립적 투자안의 경우 순현재가치가 0보다 크면 채택한다.

ㄴ. (○) 순현재가치법과 내부수익률법은 화폐의 시간가치를 고려한다.

ㄷ. (○) 내부수익률법에서 내부수익률은 투자로부터 기대되는 현금유입의 현가와 현금유출의 현가를 같게 하는 할인율이다.

ㄹ. (○) 순현재가치법과 내부수익률의 경우 상호독립적인 투자안의 경우에는 그 결과가 같지만 상호배타적 투자의 경우에는 상반된 결론이 나올 수 있다.

더 살펴보기   **독립적 투자안 vs 종속적 투자안**

① 독립적 투자안 : 독립적 투자안(independent investment)은 여러 투자안 중 하나의 투자안으로부터 기대되는 현금흐름이 다른 투자안의 채택 여부와는 관련이 없는 경우를 말한다. 이는 하나의 투자안에 대한 의사결정이 다른 투자안의 의사결정에 영향을 미치지 않는 투자안이기에 각각의 투자안을 별개의 것으로 보고 각각의 현금흐름을 평가하여 투자안을 채택 혹은 기각할 수 있다.

② 종속적 투자안 : 종속적 투자안(dependent investment)은 한 투자안을 선택하는 것이 다른 투자안의 채택 여부에 영향을 미치는 경우로, 종속적 투자안은 상호배타적 투자(mutually exclusive investment)와 상호인과적 투자(contingent investment)로 구분할 수 있다. 상호배타적 투자는 같은 목표를 달성할 수 있는 투자안들이 여러 개 있을 때 특정 투자안이 채택되면 다른 투자안들은 자동적으로 기각되어 채택이 될 수 없는 경우를 말하고, 상호인과적 투자는 한 투자안이 결정되면 이와 더불어 다른 투자안에 대한 투자가 필연적으로 따르는 경우를 말한다.

답 ④

49 가맹거래사 2008

확인Check! ○ △ ✕

수익률의 변화에 따른 채권가격의 변화에 관한 설명으로 옳지 않은 것은?

① 다른 조건이 동일하면 표면이자율이 높을수록 채권수익률 변화에 따른 채권가격의 변화가 크다.
② 채권수익률이 상승하면 채권의 가격은 하락한다.
③ 잔존만기가 길수록 수익률변화에 따른 채권가격의 변화가 크다.
④ 변동금리부 채권은 확정금리부 채권보다 수익률 변화에 따른 채권가격의 변화가 작다.
⑤ 수익률변화에 따른 채권가격의 변화는 현재 수익률이 낮을수록 크다.

┃해설┃

표면이자율이 낮을수록 채권수익률 변화에 따른 채권가격 변동폭이 커진다.
① 다른 조건이 동일하면 표면이자율이 높을수록 현금흐름액이 더 커지므로 채권수익률 변화에 따른 채권가격이 민감하게 반응하게 된다.
③ 잔존만기가 길수록 만기에 가까운 현금흐름이 수익률변화에 민감하게 반응하므로 채권가격의 변화가 크다.
④ 변동금리부 채권은 수익률 변화를 금리의 변동으로 흡수하므로 확정금리부 채권보다 수익률 변화에 따른 채권가격의 변화가 작다.
⑤ 현재 수익률이 낮다면 수익률이 적게 변화하더라도 수익률의 변화율이 크므로, 현재 수익률이 낮을수록 수익률변화에 따른 채권가격의 변화가 크다.

답 ①

50 국가직 7급 2007

확인Check! ○ △ ✕

자본예산(capital budgeting)을 위한 현금흐름 측정의 기본 원칙에 대한 설명으로 옳지 않은 것은?

① 감가상각비는 손익계산서에서는 비용항목이지만 장부상으로만 발생하는 비용이므로 현금유출로 취급해서는 안 된다.
② 이자비용은 현금흐름의 할인과정에서 고려되므로 현금유출로 취급해서는 안 된다.
③ 기회비용, 부수효과, 매몰비용 등 간접적으로 발생하는 수익과 비용도 모두 고려해야 한다.
④ 기존 투자설비로부터 발생하는 현금흐름에 비해 증가하거나 감소한 증분 현금흐름으로 투자안을 평가해야 한다.

┃해설┃

자본예산에서는 매몰비용 등 직접적으로 발생하지 않은 비용들을 고려하지 않는다.
① 감가상각비는 수익-비용 대응 원칙을 실현하기 위해 장부상으로만 설정된 비용이다.
② 자본예산은 기본적으로 타인자본 없이 자기자본만으로 자금을 조달한다는 가정 하에 논의를 진행하는 것이므로 이자비용은 고려될 필요가 없다.
④ 투자안의 평가는 항상 기존에 비해 변화된 현금흐름을 토대로 판단해야 한다.

답 ③

제1장 | 재무관리 기초 **317**

01 공인회계사 2024 ☑ 확인 Check! ○ △ ✕

주식 A의 수익률(종속변수)과 시장포트폴리오의 수익률(독립변수)을 이용한 회귀분석의 결과는 다음과 같다.

변 수	회귀계수	t 통계량
상 수	$(-)0.158$	$(-)0.51$
시장포트폴리오	1.524	5.99

시장포트폴리오 수익률의 표준편차가 1.45%이고 주식 A와 시장포트폴리오 수익률 간의 상관계수가 0.788 일 때, 주식 A 수익률의 표준편차와 가장 가까운 것은? (단, 시장모형이 성립한다고 가정한다)

① 2.12%
② 2.35%
③ 2.54%
④ 2.60%
⑤ 2.80%

┃해설┃

$$\beta_A = \frac{\rho_{Am} \times \sigma_A}{\sigma_m}$$

$$1.524 = \frac{0.788 \times \sigma_A}{1.45}$$

$$\therefore \ \sigma_A = 2.80\%$$

답 ⑤

주식 X와 주식 Y의 수익률은 정규분포를 따르며 수익률의 표준편차는 각각 10%로 동일하다. 주식 X와 주식 Y를 사용하여 포트폴리오를 구성할 때 이와 관련된 설명으로 적절하지 않은 항목만을 모두 선택한 것은? (단, 공매가 허용되고 주식 X와 주식 Y의 기대수익률은 같지 않으며, %는 소수점 셋째 자리에서 반올림한다)

---

a. 두 주식 수익률 간의 상관계수가 0일 경우에 최소분산포트폴리오(MVP ; Minimum Variance Portfolio)를 구성하기 위해서는 주식 X에 50%의 자금을 투자하여야만 한다.

b. 두 주식 수익률 간의 상관계수가 1일 경우에 최소분산포트폴리오를 구성하기 위해서는 주식 X에 50%의 자금을 투자하여야만 한다.

c. 두 주식 수익률 간의 상관계수가 (−)1일 경우에 두 주식을 사용하여 수익률의 표준편차가 0이 되는 포트폴리오를 구성할 수 있으며 이때의 주식 X에 대한 가중치는 50%이다.

d. 주식 X와 주식 Y를 사용하여 수익률의 표준편차가 0이 되는 포트폴리오를 상관계수의 값과 상관없이 항상 구성할 수 있다.

e. 두 주식 수익률 간의 상관계수가 0일 경우에 주식 X와 주식 Y에 각각 60%와 40%의 자금을 투자하여 구성한 포트폴리오 수익률의 표준편차는 7.21%이다.

---

① b
② d
③ a, c
④ b, d
⑤ a, d, e

┃해설┃

$$w_X(MVP) = \frac{\sigma_Y^2 - \rho_{XY} \times \sigma_X \times \sigma_Y}{\sigma_X^2 + \sigma_Y^2 - 2 \times \rho_{XY} \times \sigma_X \times \sigma_Y}$$

a. (○) 두 주식 수익률 간의 상관계수가 0일 경우에는 $w_X(MVP)$값이 50%가 된다.

b. (✕) 두 주식 수익률 간의 상관계수가 1일 경우에는 분모와 분자가 모두 0이 되어 $w_X(MVP)$를 구할 수 없다.

c. (○) 두 주식 수익률 간의 상관계수가 −1일 경우에는 표준편차가 0인 무위험 포트폴리오를 구성할 수 있으며 이때의 주식에 대한 가중치는 50%가 된다.

d. (✕) 만약 공매도가 허용되는 경우, 표준편차가 0인 포트폴리오를 구성할 수 있는 경우는 상관계수가 1과 −1인 경우 뿐이다.

e. (○) $\sigma_P = \sqrt{0.6^2 \times 0.1^2 + 0.4^2 \times 0.1^2} = 7.21\%$

답 ④

자본시장선(CML)과 증권시장선(SML)에 관한 설명으로 가장 적절하지 않은 것은?

① 개별증권의 수익률과 시장포트폴리오의 수익률 간의 상관계수가 1일 경우 CML식은 SML식과 일치한다.

② 시장포트폴리오의 위험보상률(reward-to-variability ratio)은 비효율적 포트폴리오의 위험보상률보다 항상 크다.

③ SML로 산출된 균형 기대수익률보다 낮은 수익률이 기대되는 자산은 과소평가 되었다고 할 수 있다.

④ SML은 효율적 포트폴리오뿐만 아니라 비효율적 포트폴리오의 기대수익률과 체계적 위험의 관계를 설명할 수 있다.

⑤ CML상의 포트폴리오의 베타는 시장포트폴리오의 투자비중과 동일하다.

∥해설∥

SML로 산출된 균형 기대수익률보다 낮은 수익률로 기대되는 자산은 과대평가되었다고 할 수 있다.

① 일반적인 자본시장선에서 개별증권의 수익률과 시장포트폴리오의 수익률 간의 상관계수가 1일 경우를 나타낸 것이 증권시장선이다.

② 포트폴리오 이론에 따르면 시장포트폴리오의 위험보상률은 비효율적 포트폴리오의 위험보상률보다 항상 크다.

④ 증권시장선은 효율적 포트폴리오뿐만 아니라 비효율적 포트폴리오의 기대수익률과 체계적 위험의 관계를 설명할 수 있다는 장점을 가진다.

⑤ 자본시장선상의 베타는 시장포트폴리오의 투자비중과 같은 값을 가진다.

답 ③

현재 3,000만원의 가치가 있는 차량을 보유하고 있는 K씨는 차량파손에 따른 손실에 대비하여 보험 가입을 고려하고 있다. 사고가 발생할 확률은 5%이며, 사고 발생 시 차량의 가치가 1,000만원이 될 가능성은 40%이고, 100만원이 될 가능성은 60%이다. 차량파손 시 그 손실액을 전액 보상하는 보험에 대하여 K씨가 지불할 수 있는 최대 보험료와 가장 가까운 금액은? (단, K씨의 효용함수는 $\sqrt{W}$ 이며, W의 단위는 만원이다)

① 108만원   ② 138만원
③ 158만원   ④ 172만원
⑤ 195만원

먼저 각각의 상황에 대한 확률을 구하면

사고가 발생하지 않아 가치가 3,000만원인 경우 : 0.95

사고가 발생하여 가치가 1,000만원인 경우 : $0.05 \times 0.4 = 0.02$

사고가 발생하여 가치가 100만원인 경우 : $0.05 \times 0.6 = 0.03$

확실성등가 : $(\sqrt{3,000만원} \times 0.95 + \sqrt{1,000만원} \times 0.02 + \sqrt{100만원} \times 0.03)^2 = 2,805만원$

최대보험료 : $3,000만원 - 2,805만원 = 195만원$

답 ⑤

---

05 공인회계사 2023

☑ 확인 Check! ○ △ ✕

주식 A의 수익률 기대값과 표준편차는 각각 12%와 4%이고, 주식 B의 수익률 기대값과 표준편차는 각각 15%와 8%이다. 이 두 주식에 분산투자하여 포트폴리오를 구성하는 경우 적절한 항목만을 모두 선택한 것은? (단, 주식의 공매도가 가능하다)

> a. 두 주식 수익률간의 상관계수가 (−)1인 경우 표준편차가 7%인 모든 포트폴리오의 기대수익률 평균은 13%이다.
> b. 두 주식 수익률의 공분산이 0인 경우 포트폴리오의 기대수익률은 0%가 될 수 있다.
> c. 포트폴리오의 기대수익률은 투자비율 뿐만 아니라 두 주식의 상관계수에도 영향을 받는다.
> d. 두 주식 수익률간의 상관계수가 1인 경우 최소분산 포트폴리오를 구성할 때 주식 A의 투자비율은 150%이다.

① a, b
② a, d
③ b, c
④ a, b, d
⑤ b, c, d

해설

a. (○) $w_A = \dfrac{\sigma_B}{\sigma_A + \sigma_B} = \dfrac{8\%}{4\% + 8\%} = \dfrac{2}{3}$

$\therefore E(R_p) = (\dfrac{2}{3} \times 12\%) + (\dfrac{1}{3} \times 15\%) = 13\%$

b. (○) 주식 수익률의 기댓값이 서로 다르고 공매도가 가능한 상황이므로 포트폴리오의 기대수익률이 0%가 될 수 있다.

c. (✕) 포트폴리오의 기대수익률은 투자비율의 영향을 받을 뿐이며, 상관계수의 영향을 받지 않는다.

d. (✕) $w_A = \dfrac{\sigma_B{}^2 - \sigma_{AB}}{\sigma_A{}^2 + \sigma_B{}^2 - 2\sigma_{AB}} = \dfrac{8^2 - 1 \times 4 \times 8}{4^2 + 8^2 - 2 \times (1 \times 4 \times 8)} = 2$

답 ①

시장에 위험자산 A, B 그리고 무위험자산만이 존재하며 각 자산의 수익률 분포는 다음과 같다.

구 분	기대수익률	수익률의 표준편차(위험수준)
자산 A	30%	40%
자산 B	15%	20%
무위험자산	10%	0%

모든 투자자는 이자율 10%로 대출과 차입을 할 수 있으며 시장포트폴리오의 위험수준은 27%이다. 17%의 수익을 기대하는 투자자 갑은 총 투자금액 1억원을 자산 A에 3,000만원, 자산 B에 2,000만원, 그리고 무위험자산에 5,000만원씩 투자하는 최적포트폴리오를 구성하고 있다. 다음 설명 중 가장 적절한 것은? (단, 소수점 셋째자리에서 반올림한다)

① 시장포트폴리오의 기대수익률은 21%이다.
② 투자자 갑의 투자 위험수준은 15.5%이다.
③ 시장포트폴리오 샤프비율은 0.52이며, 투자자 갑의 최적포트폴리오 샤프비율은 0.26이다.
④ 5,000만원의 투자금을 가지고 있는 투자자 을이 수익률 38%를 목표로 하는 최적포트폴리오를 구성하는 경우, 자산 B에 4,000만원이 배분된다.
⑤ 총 투자금액 1억원을 가지고 있는 투자자 병이 위험수준 21.6%를 목표로 하는 최적포트폴리오를 구성하는 경우, 자산 A에 5,800만원이 배분된다.

┃해설┃

$E(R_P) = (w_M \times 24\%) + (1 - w_M) \times 10\% = 38\%$

$\therefore w_M = 2$

$\therefore 5,000만원 \times 2 \times 0.4 = 4,000만원$

① $E(R_M) = 0.6 \times E(R_A) + 0.4 \times E(R_B) = 0.6 \times 30\% + 0.4 \times 15\% = 24\%$

② $\sigma_P = w_M \times \sigma_M = 0.5 \times 27\% = 13.5\%$

③ 시장포트폴리오 샤프비율 $= \dfrac{E(R_M) - R_f}{\sigma_M} = \dfrac{24\% - 10\%}{27\%} = 0.52$

   $\therefore$ 갑 샤프비율 $= \dfrac{E(R_P) - R_f}{\sigma_P} = \dfrac{17\% - 10\%}{13.5\%} = 0.52$

⑤ $\sigma_P = w_M \times \sigma_M = w_M \times 27\% = 21.6\%$, $\quad \therefore w_M = 0.8$

   $\therefore 1억원 \times 0.8 \times 0.6 = 4,800만원$

답 ④

주식 A와 B의 베타와 수익률의 표준편차는 다음과 같다.

주 식	베 타	수익률의 표준편차
A	1.8	0.3
B	0.8	0.2

두 주식 수익률의 공분산(σ_{AB})은 0.0324이다. 포트폴리오 X는 주식 A와 B로 구성된 포트폴리오이며 베타가 1.3이다. 시장모형이 성립한다고 가정할 때 다음 설명 중 가장 적절하지 않은 것은? (단, 소수점 다섯째자리에서 반올림한다)

① 주식 A의 체계적 위험은 0.0729이다.

② 주식 B의 결정계수(R^2)는 0.36이다.

③ 주식 A와 주식 B의 상관계수는 0.54이다.

④ 포트폴리오 X의 비체계적 위험은 0.0427이다.

⑤ 포트폴리오 X의 수익률의 분산은 0.0487이다.

┃해설┃

$\beta_X = 1.8 w_A + 0.8(1 - w_A) = 1.3$

$w_A = 0.5, \ w_B = 0.5$

$Var(e_A) = Var(R_A) - \beta_A^2 \cdot Var(R_M) = 0.3^2 - 1.8^2 \times 0.0225 = 0.0171$

$Var(e_B) = Var(R_B) - \beta_B^2 \cdot Var(R_M) = 0.2^2 - 0.8^2 \times 0.0225 = 0.0256$

$\therefore \ Var(e_X) = 0.5^2 \times 0.0171 + 0.5^2 \times 0.0256 = 0.010675$

① $\sigma_{AB} = 1.8 \times 0.8 \times Var(R_M) = 0.0324, \ \therefore \ Var(R_M) = 0.0225$

　　$\beta_A^2 \cdot Var(R_M) = 1.8^2 \times 0.0225 = 0.0729$

② $R^2(B) = \dfrac{\beta_B^2 \cdot Var(R_M)}{Var(R_B)} = \dfrac{0.8^2 \times 0.0225}{0.2^2} = 0.36$

③ $\rho_{AB} = \dfrac{\sigma_{AB}}{\sigma_A \cdot \sigma_B} = \dfrac{0.0324}{0.3 \times 0.2} = 0.54$

⑤ $Var(R_X) = \beta_X^2 \cdot Var(R_M) + Var(e_X) = 1.3^2 \times 0.0225 + 0.010675 = 0.0487$

답 ④

펀드매니저 A는 베타가 1.1인 300억원 규모의 포트폴리오를 운영하고 있으며 추가로 450억원 규모의 자금 운용을 맡아 신규 자산에 투자하려고 한다. 추가 자금의 투자로 재구성된 수정 포트폴리오의 기대수익률은 14%를 목표로 하고 있으며, 무위험이자율은 4.6%, 시장위험프리미엄은 5%이다. 수정 포트폴리오의 목표 기대수익률을 달성하기 위해 추가로 투자되는 새로운 자산들의 평균 베타에 가장 가까운 것은? (단, CAPM이 성립한다)

① 1.5

② 1.9

③ 2.4

④ 2.8

⑤ 3.1

▌해설▐

$$E(R_P) = 4.6\% + 5\% \times \beta_P = 14\%, \quad \therefore \ \beta_P = 1.88$$

$$\beta_P = \left(\frac{300억원}{300억원 + 450억원} \times 1.1 \right) + \left(\frac{450억원}{300억원 + 450억원} \times x \right) = 1.88, \quad \therefore \ x = 2.4$$

답 ③

자본시장 전체의 수익률 변동과 무관하게 자산 자체 고유 요인의 영향을 받아 변동하는 위험에 해당하는 것은?

① 체계적 위험(systematic risk)

② 채무불이행위험(default risk)

③ 이자율위험(interest rate risk)

④ 비체계적 위험(unsystematic risk)

▌해설▐

분산투자를 해도 제거되지 않는 자본시장 전체의 위험을 체계적 위험이라 하고, 반대로 분산투자를 하여 제거할 수 있는 자산의 고유위험을 비체계적 위험으로 정의한다.

답 ④

10 국가직 7급 2023 ☑ 확인 Check! ○ △ ✕

자본자산가격결정 모형(CAPM ; capital asset pricingmodel)에 대한 설명으로 옳지 않은 것은?

① 무위험 자산의 베타는 0이다.
② 시장 포트폴리오의 베타는 1이다.
③ 개별 주식의 위험 중에서 시장 포트폴리오를 구성하여도 제거되지 않는 위험을 그 주식의 비체계적 위험이라고 한다.
④ CAPM에 따르면, 주식의 기대수익률은 무위험 수익률과 시장 위험프리미엄에 체계적 위험의 측정치를 곱한 위험프리미엄의 합으로 결정된다.

┃ 해설 ┃

시장포트폴리오를 구성하여도 제거되지 않는 위험을 체계적 위험이라고 한다.
① 베타는 시장 전체의 위험을 1로 보았을 때 개별주식이 갖는 위험의 크기를 나타낸다. 무위험자산은 말 그대로 위험이 0이므로 베타도 0이다.
② 베타는 시장 전체의 위험을 1로 보았을 때 개별 주식이 갖는 위험의 크기를 나타내므로 시장포트폴리오의 베타는 '시장위험에 대비한 시장포트폴리오의 위험'이 된다. 시장포트폴리오는 위험자산(주식)의 시장가치를 모두 가중평균한 분산투자자산이므로 그 위험은 시장위험과 동일하다. 따라서 이 경우의 베타는 1이 된다.
④ 증권시장선 하에서 주식의 기대수익률은 무위험이자율에 위험프리미엄을 더한 값으로 결정되며, 위험프리미엄의 크기는 시장 위험프리미엄에 체계적 위험의 측정치인 베타를 곱하여 결정된다.

답 ③

11 가맹거래사 2023 ☑ 확인 Check! ○ △ ✕

자본자산가격결정모형(CAPM)에서 베타계수에 관한 설명 중 옳지 않은 것은?

① 시장포트폴리오 베타 값은 1이다.
② 증권시장선(SML)의 기울기를 의미한다.
③ 개별 주식의 체계적 위험을 계산할 때 사용한다.
④ 베타 값이 1보다 크면 공격적 자산, 1보다 작으면 방어적 자산이라 한다.
⑤ 개별 주식과 시장포트폴리오의 공분산을 시장포트폴리오의 분산으로 나눈 값이다.

┃ 해설 ┃

증권시장선의 기울기는 베타계수가 아니라 시장 위험프리미엄이다.
① 시장전체를 하나로 묶은 포트폴리오의 베타계수 값은 1이다.
③ · ④ 베타는 시장위험에 대비한 개별주식의 위험도이므로 이 값이 가장 큰 자산일수록 경기에 민감하다고 볼 수 있다.
⑤ 개별 주식의 체계적 위험은 그 주식과 시장포트폴리오와의 공분산을 시장포트폴리오의 분산으로 나누어 표준화한 값이다.

답 ②

PART 3

12 공인회계사 2022

☑ 확인Check! ○ △ ✕

25개 종목의 주식에 동일한 비중으로 투자하여 구성된 포트폴리오 A의 베타가 1.12이다. 이 포트폴리오에서 베타가 0.8인 주식 X를 전량 매도함과 동시에 그 금액만큼 베타가 2.3인 주식 Y를 매입한다면 구성종목 변경 후 포트폴리오 A의 베타에 가장 가까운 것은?

① 1.18

② 1.20

③ 1.22

④ 1.24

⑤ 1.26

┃해설┃

β변경후 $= 1.12 - (0.04 \times 0.8) + (0.04 \times 2.3) = 1.18$

답 ①

---

13 공인노무사 2022

☑ 확인Check! ○ △ ✕

증권시장선(SML)에 관한 설명으로 옳은 것을 모두 고른 것은?

> ㄱ. 개별주식의 기대수익률과 체계적 위험간의 선형관계를 나타낸다.
> ㄴ. 효율적 포트폴리오에 한정하여 균형가격을 산출할 수 있다.
> ㄷ. 증권시장선보다 상단에 위치하는 주식은 주가가 과소평가된 주식이다.
> ㄹ. 증권시장선은 위험자산만을 고려할 경우 효율적 투자기회선이다.

① ㄱ, ㄴ

② ㄱ, ㄷ

③ ㄱ, ㄹ

④ ㄴ, ㄷ

⑤ ㄷ, ㄹ

┃해설┃

ㄱ. (○) 증권시장선은 개별주식의 수익률과 베타 사이의 관계를 나타낸 것이다.

ㄴ. (✕) 증권시장선은 비효율적인 포트폴리오 혹은 개별증권들에 대한 위험과 수익률간의 관계를 설명할 수 있다는 점에서 자본시장선(CML)과 구분된다.

ㄷ. (○) 특정한 주식이 증권시장선의 위쪽에 위치한다면 같은 위험을 가진 주식에 비해 시장참여자들의 예상수익률이 증권시장선이 예측하는 기대수익률보다 높다고 볼 수 있다. 따라서 시장가격이 균형가격보다 낮아서 과소평가되었다고 볼 수 있다.

ㄹ. (✕) 증권시장선에서는 무위험자산과 위험자산을 함께 고려한다.

답 ②

다음 조건을 만족하는 경우에 관한 설명으로 적절한 항목만을 모두 선택한 것은?

〈조 건〉
- CAPM이 성립하며, 포트폴리오 A와 포트폴리오 B는 최적포트폴리오이다.
- 무위험이자율은 4%이며, 시장포트폴리오의 기대수익률 및 수익률 표준편차는 각각 15% 및 10%이다.
- 포트폴리오 A의 베타는 0.6이고, 포트폴리오 B의 베타는 0.4이다.

a. 포트폴리오 A와 포트폴리오 B의 사전적(ex-ante) 수익률은 항상 같은 방향으로 움직인다.
b. 포트폴리오 B의 샤프비율은 1.5이다.
c. 포트폴리오 A의 수익률 표준편차는 포트폴리오 B의 수익률 표준편차보다 1.5배 크다.
d. 시장포트폴리오에 대한 포트폴리오 A의 투자비중은 60%이다.

① c
② c, d
③ a, c, d
④ b, c, d
⑤ a, b, c, d

∥ 해설 ∥

a. (○) 포트폴리오 A와 포트폴리오 B는 CML상에 위치하는 포트폴리오이므로 상관계수가 1이다. 따라서 A와 B의 사전적 수익률은 항상 같은 방향으로 움직인다.

b. (✕) $\dfrac{E(R_M)-R_f}{\sigma_M}=\dfrac{0.15-0.04}{0.1}=1.1$

c. (○) $\beta_P=\dfrac{1\times\sigma_P}{\sigma_M}$, $\sigma_P=\beta_P\times\sigma_M$, $\sigma_A=0.6\sigma_M$, ∴ $\sigma_B=0.4\sigma_M$

d. (○) CML 상에 존재하는 포트폴리오의 시장포트폴리오에 대한 투자비중은 베타와 동일하다.

답 ③

PART 3

자본자산가격결정모형(CAPM)이 성립할 때, 다음 중 가장 적절한 것은?

① 공매도가 허용될 때, 기대수익률이 서로 다른 두 개의 효율적 포트폴리오를 조합하여 시장포트폴리오를 복제할 수 있다.

② 시장포트폴리오의 위험프리미엄이 음(−)의 값을 가지는 경우가 발생할 수 있다.

③ 수익률의 표준편차가 서로 다른 두 포트폴리오 중에서 더 높은 표준편차를 가진 포트폴리오는 더 높은 기대수익률을 갖는다.

④ 비체계적 위험을 가진 자산이 자본시장선 상에 존재할 수 있다.

⑤ 베타가 0인 위험자산 Z와 시장포트폴리오를 조합하여 위험자산 Z보다 기대수익률이 높고 수익률의 표준편차가 작은 포트폴리오를 구성할 수 없다.

▌해설▐

기대수익률이 서로 다른 두 개의 효율적 포트폴리오를 이용하면, 시장포트폴리오와 기대수익률 및 표준편차가 동일한 복제포트폴리오를 구성할 수 있다.

② 시장포트폴리오의 위험프리미엄은 항상 양(+)의 값을 가진다.

③ 표준편차가 더 크더라도 체계적 위험이 작을 경우 기대수익률이 낮을 수 있다.

④ 자본시장선 상에 존재하는 포트폴리오는 모두 효율적 포트폴리오이다. 따라서 비체계적 위험을 가진 자산이 자본시장선 상에 존재할 수 없다.

⑤ 베타가 0인 위험자산 Z가 최소분산포트폴리오보다 아래에 위치한 경우 위험자산 Z와 시장포트폴리오를 조합하여 위험자산 Z보다 기대수익률이 높고 수익률의 표준편차가 작은 포트폴리오를 구성할 수 있다.

탑 ①

다음 표는 2개의 공통요인만이 존재하는 시장에서, 비체계적위험이 모두 제거된 포트폴리오 A, B, C, D의 기대수익률과 각 요인에 대한 민감도를 나타낸다. 차익거래가격결정이론(APT)이 성립할 때, 포트폴리오 D의 요인 1에 대한 민감도에 가장 가까운 것은?

포트폴리오	요인 1에 대한 민감도	요인 2에 대한 민감도	기대수익률
A	1	1	7%
B	2	1	10%
C	2	2	12%
D	( )	3	20%

① 2   ② 3

③ 4   ④ 5

⑤ 6

$\lambda_0 + \lambda_1 + \lambda_2 = 7\%$

$\lambda_0 + 2\lambda_1 + \lambda_2 = 10\%$

$\lambda_0 + 2\lambda_1 + 2\lambda_2 = 12\%$

$\lambda_0 = 2\%, \quad \lambda_1 = 3\%, \quad \lambda_2 = 2\%$

$0.2 = 0.02 + 0.03 \times b_{D1} + 0.02 \times 3, \quad \therefore \ b_{D1} = 4$

답 ③

17 공인회계사 2021

☑ 확인 Check! ○ △ ✕

다음 표는 자산 A, B, C, D의 젠센(Jensen)지수를 나타낸다. 공매도가 허용된다고 가정할 때, 다음 중 가능한 경우만을 모두 선택한 것은?

자 산	A	B	C	D
젠센지수(%)	−2	−1	1	2

a. 자산 A와 자산 B로만 구성된 포트폴리오의 젠센지수가 1%인 경우
b. 자산 C의 샤프(Sharpe)지수가 자산 D의 샤프지수보다 큰 경우
c. 자산 C의 트레이너(Treynor)지수가 자산 D의 트레이너지수보다 큰 경우

① a
② c
③ a, b
④ a, c
⑤ a, b, c

▌해설▐

a. (○) 자산 A를 2만큼 공매도하고, 자산 B를 3만큼 매입하는 경우 포트폴리오의 젠센지수가 1%가 된다.
b. (○) 샤프지수와 젠센지수 사이에는 일정한 관계가 없으므로 어떤 경우든 가능하다.
c. (○) 트레이너지수는 상대적 척도이고 젠센지수는 절대적 척도이므로 두 자산간의 순위는 다를 수 있다.

답 ⑤

18 서울시 7급 2021

☑ 확인Check! ○ △ ✕

자본자산가격결정모형(CAPM)을 도출하기 위한 가정으로 가장 옳지 않은 것은?

① 자본시장의 수요와 공급이 항상 일치하지는 않는다.
② 모든 투자자는 투자기간이 같고 미래 증권수익률의 확률분포에 대해 동질적으로 예측한다.
③ 자본시장에서 정보의 흐름이 원활하고 거래비용과 세금이 없다.
④ 투자자는 단일기간에 걸쳐 기대수익과 분산기준에 의해서 포트폴리오를 선택한다.

┃해설┃

자본자산가격결정모형(CAPM)에서는 특정 자산에 대한 초과수요나 초과공급이 없는 즉, 특정자산의 위험보상비율이 다른 자산의 그것보다 크거나 작지 않은 균형상태를 상정한다. 또한 CAPM에서는 완전경쟁시장에서의 가정과 같이 투자자들의 투자기간이 동일하고 또한 증권수익률의 확률분포에 대해 같은 수준으로 예측하며, 정보의 완전성, 거래비용과 세금의 부존재를 가정한다. 마지막으로 CAPM에서 투자자는 복수의 기간이 아닌 단일기간에 걸쳐 기대수익과 분산기준에 의해 포트폴리오를 선택하게 된다.

답 ①

19 공인노무사 2021

☑ 확인Check! ○ △ ✕

증권시장선(SML)과 자본시장선(CML)에 관한 설명으로 옳지 않은 것은?

① 증권시장선의 기울기는 표준편차로 측정된 위험 1단위에 대한 균형가격을 의미한다.
② 증권시장선 아래에 위치한 자산은 과대평가된 자산이다.
③ 자본시장선은 효율적 자산의 기대수익률과 표준편차의 선형관계를 나타낸다.
④ 자본시장선에 위치한 위험자산은 무위험자산과 시장포트폴리오의 결합으로 구성된 자산이다.
⑤ 자본시장선에 위치한 위험자산과 시장포트폴리오의 상관계수는 1이다.

┃해설┃

증권시장선의 기울기는 체계적 위험(베타)값의 증가분에 대해 요구되는 위험프리미엄이고, 표준편차로 측정된 위험 1단위에 대한 추가수익은 자본시장선의 기울기이다.
② 증권시장선을 기준으로 증권시장선 상에 위치한 자산은 적정하게 평가된 자산이며, 아래에 위치한 자산은 과대평가된 자산이다.
③ 자본시장선은 효율적 자산의 기대수익률과 표준편차의 선형관계를 함수관계로 나타낸 그래프이다.
④ 자본시장선에 위치한 위험자산은 무위험자산과 시장포트폴리오의 결합으로 구성된 자산이다.
⑤ 동질적 기대의 가정하에서 모든 투자자의 접점포트폴리오 즉, 모든 투자자가 선택한 포트폴리오는 시장포트폴리오와 같은 구성비율을 갖게 되므로 자본시장선에 위치한 위험자산과 시장포트폴리오의 상관계수는 1이다.

답 ①

포트폴리오 이론에 관한 설명으로 옳지 않은 것은?

① 체계적 위험을 측정하는 방법으로 베타계수를 사용할 수 있다.

② '계란을 한 바구니에 담지 말라'는 포트폴리오 투자를 대표하는 격언이다.

③ 포트폴리오의 구성자산 수를 늘릴수록 제거할 수 있는 위험을 체계적 위험이라고 한다.

④ 구성자산들간의 상관계수가 낮을수록 분산투자효과가 높은 편이다.

⑤ KODEX200 ETF에 투자하는 것은 분산투자의 일종이다.

❚ 해설 ❚

구성자산의 수를 늘릴수록 감소하는 위험은 비체계적 위험이며 구성자산의 수를 늘려도 제거되지 않는 위험은 체계적 위험이다.

① 체계적 위험이란 각 자산이 시장포트폴리오의 위험에 기여한 부분으로, 시장포트폴리오의 위험을 1로 보고 각 자산의 기여도를 표준화하여 계산한 값을 베타라고 한다.

② '계란을 한 바구니에 담지 말라'는 개별 자산들을 서로 다른 묶음으로 분산투자하라는 의미로 포트폴리오 투자를 대표하는 격언이다.

④ 구성자산들간의 상관계수가 낮다면 위험이 여러 자산으로 분산되므로 투자효과가 높은 편이다.

⑤ KODEX200 ETF는 KODEX200에 포함된 종목 비율을 추종하여 투자하는 ETF이므로 이것도 분산투자의 일종으로 볼 수 있다.

더 살펴보기　　**포트폴리오와 위험**

① 포트폴리오를 구성하는 이유 : 분산투자에 의해 위험을 감소시키기 위함으로 볼 수 있는데, 포트폴리오를 구성하는 자산의 수가 증가할수록 위험이 감소하지만 모든 위험이 없어지지는 않게 되며 포트폴리오를 구성하여도 사라지지 않는 위험을 체계적 위험이라고 하고, 포트폴리오의 구성을 통해 분산 가능한 위험을 비체계적 위험이라고 한다.

> 총 위험＝체계적 위험(분산투자로 극복 불가능)＋비체계적 위험(분산 가능 위험)

② 체계적 위험 : 투자에 내재된 위험으로, 금리나 환율의 변동 등에 의하여 증권시장이나 투자시장의 가격 전반에 영향을 미치게 되는 투자 위험이자 시장의 위험을 의미한다.

③ 비체계적 위험 : 개별 기업의 경영진의 변동이나 파업, 법적 소송 등 특정 사건으로 인하여 특별히 발생되는 위험으로, 여러 회사나 여러 사업에의 투자로 포트폴리오를 구성함으로써 축소시키거나 제거시킬 수 있는 위험이다.

 답 ③

다음의 조건을 만족하는 위험자산 A와 위험자산 B로 구성된 포트폴리오 p에 관한 설명으로 적절한 항목만을 모두 선택한 것은? (단, $E(R_A)$, $E(R_B)$ 그리고 $E(R_p)$는 각각 위험자산 A, 위험자산 B 그리고 포트폴리오 p의 기대수익률을 나타내고, σ_A와 σ_B는 각각 위험자산 A와 위험자산 B 수익률의 표준편차를 나타낸다)

〈조 건〉
- 위험자산 A 수익률과 위험자산 B 수익률 간의 상관계수(ρ)는 −1보다 크고 1보다 작다.
- 공매도(short sale)는 허용되지 않는다.

a. $0 < E(R_A) \leq E(R_B)$의 관계가 성립한다면, 상관계수(ρ)의 크기에 관계없이 $E(R_A) \leq E(R_p) \leq E(R_B)$ 이다.

b. $\sigma_A = \sigma_B$인 경우, 상관계수(ρ)의 크기에 관계없이 두 위험자산에 투자자금의 50%씩을 투자하면 최소분산포트폴리오를 구성할 수 있다.

c. 위험자산 A와 위험자산 B에 대한 투자비율이 일정할 때, 상관계수(ρ)가 작아질수록 포트폴리오 p 수익률의 표준편차는 작아진다.

① a   ② a, b
③ a, c   ④ b, c
⑤ a, b, c

⋯⋯⋯

▌해설▌

a. (○) 공매도가 불가능하므로 포트폴리오의 기대수익률($E(R_P)$)은 A의 수익률($E(R_A)$)과 B의 수익률($E(R_B)$) 사이에 존재한다.

b. (○) $w_A = \dfrac{\sigma_B^2 - \sigma_{AB}}{\sigma_A^2 + \sigma_A^2 - 2\sigma_{AB}} = \dfrac{\sigma_B^2 - \sigma_{AB}}{\sigma_B^2 + \sigma_B^2 - 2\sigma_{AB}} = \dfrac{\sigma_B^2 - \sigma_{AB}}{2(\sigma_B^2 - \sigma_{AB})} = \dfrac{1}{2}$

c. (○) 공매도가 불가능하면 두 자산에 대한 상관계수가 작아질수록 포트폴리오의 표준편차도 작아진다.

답 ⑤

시장포트폴리오와 무위험자산에 대한 투자비율이 각각 80%와 20%인 최적포트폴리오 A가 있다. CAPM이 성립한다고 가정할 때, 시장포트폴리오의 샤프비율과 최적포트폴리오 A의 샤프비율 사이의 차이 $\left(\dfrac{E(R_m)-R_f}{\sigma_m} - \dfrac{E(R_A)-R_f}{\sigma_A} \right)$는 얼마인가? (단, 시장포트폴리오의 기대수익률($E(R_m)$)과 무위험수익률(R_f)은 각각 20%와 5%이며, 시장포트폴리오 수익률의 표준편차(σ_m)는 15%이다. $E(R_A)$와 σ_A는 각각 최적포트폴리오 A의 기대수익률과 수익률의 표준편차를 나타낸다)

① -1.0 ② -0.5

③ 0 ④ 0.5

⑤ 1.0

∥해설∥

$E(R_A)=0.8E(R_m)+0.2R_f=0.8\times20\%+0.2\times5\%=17\%$

$\sigma_A=\omega_m\times\sigma_m=0.8\times15\%=12\%$

$\dfrac{E(R_m)-R_f}{\sigma_m} - \dfrac{E(R_A)-R_f}{\sigma_A} = \dfrac{20\%-5\%}{15\%} - \dfrac{17\%-5\%}{12\%} = 0$

 답 ③

23 공인회계사 2020

☑ 확인 Check! ○ △ ✕

CAPM이 성립한다는 가정 하에 다음 문장의 (a)와 (b)에 들어갈 값으로 적절한 것은?

> 주식 A 수익률과 주식 B 수익률의 표준편차는 각각 10%와 20%이며, 시장포트폴리오 수익률의 표준편차는 10%이다. 시장포트폴리오 수익률은 주식 A 수익률과 상관계수가 0.4이고, 주식 B 수익률과는 상관계수가 0.8이다. 주식 A와 주식 B의 베타는 각각 0.4와 (a)이며, 주식 A와 주식 B로 구성된 포트폴리오의 베타가 0.76이기 위해서는 주식 B에 대한 투자비율이 (b)이어야 한다.

	(a)	(b)
①	0.8	30%
②	0.8	70%
③	1.0	30%
④	1.6	30%
⑤	1.6	70%

▌해설▐

(a) $\beta_B = \dfrac{\rho_{BM} \times \sigma_B}{\sigma_M} = \dfrac{0.8 \times 20}{10} = 1.6$

(b) $\beta_P = (1 - \omega_B) \times 0.4 + w_B \times 1.6 = 0.76$, ∴ $w_B = 30\%$

답 ④

24 공인회계사 2019

☑ 확인 Check! ○ △ ✕

두 투자자 각각의 최적 포트폴리오 A와 B의 베타는 0.8과 0.4이다. 다음 설명 중 가장 적절하지 않은 것은? (단, CAPM이 성립하고, 모든 투자자들은 CAPM에 따라 최적 포트폴리오를 구성하고 있다)

① 포트폴리오 A의 베타 1단위당 위험프리미엄 $\left(\dfrac{E(R_A) - R_f}{\beta_A} \right)$ 은 시장포트폴리오의 위험프리미엄과 같다. 단, $E(R_A)$와 β_A는 포트폴리오 A의 기대수익률과 베타이고, R_f는 무위험수익률이다.

② 포트폴리오 B의 위험프리미엄이 4%이면, 포트폴리오 A의 위험프리미엄은 8%이다.

③ 포트폴리오 A 수익률의 표준편차는 포트폴리오 B 수익률의 표준편차의 2배이다.

④ 포트폴리오 A와 B의 기대수익률이 각각 6%와 4%가 되기 위해서는 무위험수익률은 3%이어야 한다.

⑤ 무위험수익률이 5%이고 시장포트폴리오의 위험프리미엄이 5%이면, 포트폴리오 A의 기대수익률은 9%이다.

┃해설┃

$$E(R_A) = R_f + [E(R_M) - R_f] \times 0.8 = 0.06$$
$$E(R_B) = R_f + [E(R_M) - R_f] \times 0.4 = 0.04$$
$$\therefore \ E(R_M) = 7\%, \ R_f = 2\%$$

① 포트폴리오 A의 베타 1단위당 위험프리미엄 $\left(\dfrac{E(R_A) - R_f}{\beta_A} \right)$ 은 시장포트폴리오의 위험프리미엄과 같다. 단, $E(R_A)$

　와 β_A는 포트폴리오 A의 기대수익률과 베타이고, R_f는 무위험수익률이다.

② A의 베타가 B의 베타보다 2배 크기 때문에, A의 위험프리미엄도 B의 위험프리미엄보다 2배 크다.

③ $\beta_A = \dfrac{\sigma_{Am}}{\sigma_m^2} = \dfrac{\sigma_A}{\sigma_m} \times \rho_{Am} = 0.8$ 이며, 같은 논리로 B의 베타는 0.4로 계산된다. 시장포트폴리오의 수익률과 최적포트

　폴리오 사이의 상관계수는 1이므로 σ_A는 σ_B의 2배가 된다.

⑤ $E(R_A) = R_f + [E(R_M) - R_f]\beta_A = 0.05 + 0.05 \times 0.8 = 9\%$

답 ④

25 　공인회계사 2020 　　　　　　　　　　　　　　　　☑ 확인 Check! ○ △ ✕

다음 표는 1개의 공통요인만 존재하는 시장에서 포트폴리오 A와 포트폴리오 B의 기대수익률과 공통요인에 대한 베타를 나타낸다. 차익거래의 기회가 존재하지 않는다고 할 때, 포트폴리오 B의 기대수익률은 얼마인가? (단, 무위험수익률은 5%이고, 포트폴리오 A와 포트폴리오 B는 모두 잘 분산투자된 포트폴리오이며 비체계적 위험이 없다고 가정한다)

포트폴리오	기대수익률	베 타
A	15%	0.8
B	(　)	1.2

① 15% 　　　　　　　　　　　　　② 20%

③ 25% 　　　　　　　　　　　　　④ 27.5%

⑤ 30%

┃해설┃

$$E(R_A) = R_f + [E(R_M) - R_f] \times \beta = 0.05 + [E(R_M) - 0.05] \times 0.8 = 15\%, \quad \therefore \ E(R_M) = 17.5\%$$
$$E(R_B) = 0.05 + (0.175 - 0.05) \times 1.2 = 20\%$$

답 ②

26 공인회계사 2019

두 개의 주식(A와 B)으로 포트폴리오를 구성하고자 한다. 공매도(short sale)가 허용된다고 가정할 때, 다음 중 수익률의 표준편차가 0인 포트폴리오를 구성할 수 있는 경우만을 모두 선택한 것은? (단, 두 주식 수익률의 표준편차는 모두 0보다 크다고 가정한다)

> a. 주식 A와 B 수익률의 상관계수가 −1인 경우
> b. 주식 A와 B 수익률의 상관계수가 0인 경우
> c. 주식 A와 B 수익률의 상관계수가 1인 경우

① a
② a, b
③ a, c
④ b, c
⑤ a, b, c

┃해설┃

공매도가 허용된다면 주식 A와 B 수익률의 상관계수가 1인 경우 표준편차가 0인 포트폴리오를 구성할 수 있으며, 상관계수가 −1인 경우는 공매도 허용여부와 무관하게 구성할 수 있다.

답 ③

27 국가직 7급 2019

주식 또는 포트폴리오의 기대수익률과 체계적 위험인 베타 사이의 관계를 보여 주는 증권시장선(SML ; securitymarket line)에 대한 설명으로 옳은 것은?

① 증권시장선의 기울기를 나타내는 베타는 체계적 위험의 크기를 의미한다.
② 베타는 체계적 위험을 나타내는 척도이므로 0이상의 값을 가져야 한다.
③ 증권시장선의 기울기는 음(−)이 될 수 없다.
④ 시장포트폴리오의 베타는 증권시장의 호황 또는 불황 여부에 따라 그 값이 달라진다.

┃해설┃

위험자산은 항상 무위험자산보다 높은 수익률을 갖게 되므로 증권시장선의 기울기는 음(−)이 될 수 없다.
① 베타는 증권시장선 그래프의 가로축이고 증권시장선의 기울기는 위험프리미엄을 나타낸다.
② 베타는 개별주식과 시장포트폴리오의 공분산을 시장포트폴리오의 분산으로 나눈 값이다.
④ 시장포트폴리오의 베타는 개별 주식자산이 전체 시장의 수익성과 같은 방향으로 움직이는 정도를 뜻하므로 증권시장의 호불황에 영향을 받지 않는다.

답 ③

투자자 갑은 시장포트폴리오에 1,000만원을 투자하고 있으며, 그 가운데 주식 A와 B에 각각 100만원과 200만원을 투자하고 있다. 다음 문장의 빈칸 (a)와 (b)에 들어갈 내용으로 적절한 것은? (단, CAPM이 성립하고, 두 투자자(갑과 을)를 포함한 모든 투자자들은 CAPM에 따라 최적 포트폴리오를 구성한다고 가정한다)

> 투자자 을은 1,000만원을 시장포트폴리오와 무위험자산에 나누어 투자하고 있다. 전체 투자금액 가운데 300만원을 시장포트폴리오에 투자한다면, 투자자 을의 시장포트폴리오에 대한 투자금액 가운데 주식 A에 투자하는 비중은 (a)이다. 그리고 시장 전체에서 볼 때, 주식 A의 시가총액은 주식 B의 시가총액의 (b)이다.

	(a)	(b)
①	3%	$\frac{1}{2}$ 배
②	3%	2배
③	10%	$\frac{1}{2}$ 배
④	10%	2배
⑤	30%	$\frac{1}{2}$ 배

▮해설▮

(a) 갑과 을의 시장포트폴리오에 대한 투자금액 중 주식 A에 투자하는 비중은 같다. 따라서 을의 투자비중은 10%이다.

(b) 각 주식이 시가총액에서 차지하는 비중은 갑이 각각의 주식에 대해 투자한 비중과 같다. 따라서 주식 A의 시가총액은 B의 절반이다.

답 ③

자본자산가격결정모형(CAPM)에 관한 설명으로 옳은 것을 모두 고른 것은?

> ㄱ. 증권시장선(SML)은 위험자산의 총위험과 기대수익률 간의 선형적인 관계를 나타낸다.
> ㄴ. 증권시장선의 균형기대수익률보다 낮은 수익률이 기대되는 자산은 과대평가된 자산이다.
> ㄷ. 무위험자산의 베타는 0이다.
> ㄹ. 증권시장선에 위치한 위험자산과 시장 포트폴리오 간의 상관계수는 항상 1이다.

① ㄱ, ㄴ
② ㄴ, ㄷ
③ ㄱ, ㄴ, ㄷ
④ ㄱ, ㄷ, ㄹ
⑤ ㄱ, ㄴ, ㄷ, ㄹ

┃해설┃
ㄱ. (✕) 증권시장선은 위험자산의 체계적 위험과 기대수익률간의 선형관계를 나타낸다.
ㄴ. (○) 기대수익률보다 낮은 수익률이 기대되는 자산은 증권시장선 아래에 위치하게 되므로 과대평가된다.
ㄷ. (○) 무위험자산은 증권시장선의 y축 절편을 의미하므로 베타는 0이 된다.
ㄹ. (✕) 증권시장선에 위치한 위험자산과 '효율적' 시장포트폴리오간의 상관계수가 1이다.

답 ②

다음 표는 시장모형을 만족시키는 두 주식 A와 B에 대한 정보를 보여준다. 시장포트폴리오의 표준편차는 20%이다. 다음 설명 중 가장 적절하지 않은 것은?

주 식	베 타	표준편차
A	0.4	30%
B	1.2	40%

① 주식 A와 주식 B 간의 공분산은 0.0192이다.
② 주식 B와 시장포트폴리오 간의 공분산은 0.048이다.
③ 분산으로 표시된 주식 B의 체계적 위험은 0.0576이다.
④ 분산으로 표시된 주식 B의 비체계적 위험은 0.1224이다.
⑤ 주식 A에 80%, 주식 B에 20% 투자된 포트폴리오의 베타는 0.56이다.

❚ 해설 ❚

$Var(e_B) = 0.4^2 - 0.0576 = 0.1024$

① $\sigma_{AB} = \beta_A \times \beta_B \times \sigma_m^2 = 0.4 \times 1.2 \times 0.2^2 = 0.0192$

② $\sigma_{BM} = \beta_B \times \beta_M \times \sigma_m^2 = 1.2 \times 1 \times 0.2^2 = 0.048$

③ $\beta_B^2 \times \sigma_m^2 = 1.2^2 \times 0.2^2 = 0.0576$

⑤ $\beta_P = 0.8 \times 0.4 + 0.2 \times 1.2 = 0.56$

답 ④

31 공인회계사 2018
☑ 확인 Check! ○ △ ✕

두 위험자산 A와 B의 기대수익률과 표준편차가 다음 표와 같다. 시장에서 CAPM이 성립하고 차익거래의 기회가 없다고 가정한다. 다음 중 적절하지 않은 것은?

자 산	기대수익률	표준편차
A	12%	6%
B	10%	15%

① 자산 A의 베타가 자산 B의 베타보다 크다.
② 자산 A의 비체계적위험이 자산 B의 비체계적위험보다 작다.
③ 무위험자산과 자산 A를 각각 40%와 60%의 비율로 구성한 포트폴리오의 표준편차는 2.4%이다.
④ 무위험이자율이 4.5%인 경우, 자산 A의 샤프지수는 1.25이다.
⑤ 시장포트폴리오의 표준편차가 5%인 경우, 자산 A의 베타는 1.2보다 크지 않다.

❚ 해설 ❚

$\sigma_P = w_A \times \sigma_A = 0.6 \times 6\% = 3.6\%$

① CAPM이 성립하므로 기대수익률과 베타의 크기는 비례한다. 따라서, 자산 A의 기대수익률이 자산 B보다 큰 것과 같이, 자산 A의 베타도 자산 B보다 크다.

② 자산 A의 총위험이 자산 B보다 작은 상황인데, 자산 A의 체계적 위험이 더 크다. 따라서 비체계적 위험은 자산 A가 자산 B보다 작다.

④ $\dfrac{E(R_A) - R_f}{\sigma_A} = \dfrac{0.12 - 0.045}{0.06} = 1.25$

⑤ $\beta_A = \dfrac{\rho_{AM} \times \sigma_A}{\sigma_M} = \dfrac{\rho_{AM} \times 6}{5} = 1.2 \times \rho_{AM}$인데, ρ_{AM}이 1보다 크지 않으므로 β_A는 1.2보다 크지 않다.

답 ③

32 공인회계사 2018

확인 Check! ○ △ ✕

CAPM과 APT 등 위험프리미엄의 가격모형에 관한 다음 설명 중 적절하지 않은 것은? (단, CAPM에서 시장이 균형상태라고 가정한다)

① 자본시장선에 존재하는 두 위험포트폴리오 간의 상관계수는 1이다.
② CAPM에서 시장포트폴리오는 효율적 포트폴리오이다.
③ APT모형은 차익거래의 기회가 지속되지 않는다는 조건 등을 이용하여 적정 위험프리미엄을 도출한다.
④ 파마−프렌치의 3요인모형은 시장포트폴리오의 수익률, 기업규모, 주가순자산비율(PBR)을 반영한 세 가지 공통요인으로 주식의 수익률을 설명한다.
⑤ 자본시장선보다 아래에 존재하는 자산은 증권시장선에 놓이지 않을 수 있다.

▌해설▐

시장이 균형상태라고 가정하였으므로 자본시장선보다 아래에 존재하는 자산이라도 증권시장선 상에 놓인다.
① 자본시장선에 존재하는 모든 위험포트폴리오는 무위험자산과 시장포트폴리오로 구성되어 있으므로 자본시장선에 존재하는 두 위험포트폴리오 간의 상관계수는 1이다.
② 시장포트폴리오는 완전히 분산투자된 효율적 포트폴리오이다.
③ APT모형은 차익거래로 인해 시장이 균형이 되면, 더 이상 차익거래의 기회가 존재하지 않는다는 논리를 적용하여 위험프리미엄 및 기대수익률을 결정하는 모형이다.
④ 파마−프렌치의 3요인모형은 시장포트폴리오의 수익률, 기업규모, 주가순자산비율(PBR)을 반영한 가치요인 등 세 가지 공통요인으로 주식의 수익률을 설명한다.

답 ⑤

33 서울시 7급 2018

확인 Check! ○ △ ✕

(주)서울은 올해 말에 배당을 2,000원 지급할 예정이고, 배당은 매년 일정할 것으로 예상된다. 이 회사의 베타계수가 1.6, 시장포트폴리오(market portfolio)의 기대수익률이 14%이고, 무위험이자율이 4%일 경우에 자본자산가격결정모형(CAPM)과 배당평가모형(dividenddiscount model)을 이용하여 계산한 올해 초 (주)서울의 적정주가는?

① 10,000원
② 12,500원
③ 100,000원
④ 125,000원

▌해설▐

주식수익률 $= 4\% + (14\% - 4\%) \times 1.6 = 20\%$

(주)서울의 적정주가는 $\left(\dfrac{\text{배당금}}{\text{할인율}} \right) = \left(\dfrac{2,000원}{20\%} \right) = 10,000원$이다.

답 ①

340 공인회계사 1차 객관식 경영학

지배원리를 이용하여 두 위험자산 A, B에서만 자산을 선택하려고 한다. 두 자산 A와 B의 기대수익률과 표준편차가 다음 표와 같다. 두 자산 간의 상관계수가 0이라고 가정할 때, 다음 설명 중 적절하지 않은 것은?

자 산	기대수익률	표준편차
A	12%	10%
B	5%	20%

① 상호배타적 투자의 경우, 모든 위험회피적 투자자는 자산 A를 선택한다.
② 상호배타적 투자의 경우, 모든 위험중립적 투자자는 자산 A를 선택한다.
③ 상호배타적 투자의 경우, 자산 A를 선택하는 위험선호적 투자자가 존재할 수 있다.
④ 두 자산으로 분산투자하는 경우, 모든 위험회피적 투자자는 자산 A를 양의 비율로 보유한다.
⑤ 두 자산으로 분산투자하는 경우, 자산 A와 B를 각각 70%와 30%의 비율로 보유하는 위험회피적 투자자가 존재할 수 있다.

┃해설┃

$$w_A = \frac{\sigma_B^2 - \sigma_{AB}}{\sigma_A^2 + \sigma_B^2 - 2\sigma_{AB}} = \frac{0.2^2 - 0}{0.1^2 + 0.2^2 - 2 \times 0} = 0.8,$$ 따라서 위험회피적 투자자라면 A를 최소 80%의 비율로 보유하게 된다.

① 자산 A의 기대수익률이 더 크고 표준편차가 더 작으므로 위험회피적 투자자는 자산 A를 선택한다.
② 위험중립적 투자자의 판단기준은 기대수익률인데, 자산 A의 기대수익률이 가장 크므로 위험중립적 투자자는 자산 A를 선택한다.
③ 기대수익률은 자산 A가 더 크고, 표준편차는 자산 B가 더 큰 상황이므로 위험선호적 투자자는 두 자산 모두를 선택할 수 있다.
④ 만약 자산 A를 음의 비율로 투자한다면 이 포트폴리오의 기대수익률은 5%보다 작아지고, 표준편차는 20%보다 커지기 때문에 오히려 자산 A나 자산 B만 각각 선택한 것보다 못한 결과를 가져온다. 따라서 자산 A를 양의 비율로 보유해야 한다.

 탑 ⑤

PART 3

35 국가직 7급 2018

포트폴리오의 위험분산효과에 대한 설명으로 옳지 않은 것은?

① 자산을 결합하여 포트폴리오를 구성함으로써 위험이 감소하는 현상이다.

② 위험분산효과가 나타나는 이유는 포트폴리오를 구성하는 자산들의 변동성이 상쇄되기 때문이다.

③ 포트폴리오의 위험 중에서 분산투자로 줄일 수 없는 위험을 체계적 위험이라고 한다.

④ 포트폴리오의 위험은 일반적으로 포트폴리오를 구성하는 투자종목수가 많을수록 증가한다.

┃해설┃

포트폴리오의 위험분산효과는 여러 자산에 함께 투자할수록 그들간의 위험이 상쇄되어 발생하는 것이다. 따라서, 포트폴리오를 구성하는 자산의 숫자가 늘어날수록 포트폴리오의 위험은 감소한다. 이때 분산투자를 통해서도 줄일 수 없는 위험을 체계적 위험이라고 한다.

답 ④

36 공인회계사 2017

투자자 갑이 구성한 최적포트폴리오(optimal portfolio)의 기대수익률과 표준편차는 각각 10%와 12%이다. 시장포트폴리오의 표준편차는 15%이고 무위험수익률은 5%라면, 시장포트폴리오의 기대수익률은? (단, CAPM이 성립한다고 가정한다)

① 6.50% ② 8.25%
③ 11.25% ④ 12.50%
⑤ 17.50%

┃해설┃

$$E(R_P) = R_f + \left[\frac{E(R_M) - R_f}{\sigma_M} \right] = 0.05 + \left[\frac{E(R_M) - 0.05}{0.15} \right] \times 0.12 = 0.1, \quad \therefore \ E(R_M) = 11.25\%$$

답 ③

37 공인회계사 2017

☑ 확인 Check! ○ △ ✕

주식 A와 주식 B의 기대수익률은 동일하다. 주식 A와 시장포트폴리오의 상관계수는 주식 B와 시장포트폴리오의 상관계수의 2배이다. CAPM이 성립하고 주식 A의 표준편차가 10%라면, 주식 B의 표준편차는?

① 5%

② 10%

③ 15%

④ 20%

⑤ 25%

▌해설▐

기대수익률이 동일하므로 베타가 동일해야 하는데, $\beta_i = \dfrac{\rho_{iM} \times \sigma_i}{\sigma_M}$ 에서 주식 A의 상관계수가 주식 B의 2배이므로, B의 표준편차는 A의 2배인 20%가 되어야 한다.

답 ④

38 공인노무사 2017

☑ 확인 Check! ○ △ ✕

자본시장선(CML)에 관한 설명으로 옳은 것을 모두 고른 것은?

> ㄱ. 위험자산과 무위험자산을 둘 다 고려할 경우의 효율적 투자 기회선이다.
> ㄴ. 자본시장선 아래에 위치하는 주식은 주가가 과소평가된 주식이다.
> ㄷ. 개별주식의 기대수익률과 체계적 위험 간의 선형관계를 나타낸다.
> ㄹ. 효율적 포트폴리오의 균형가격을 산출하는데 필요한 할인율을 제공한다.

① ㄱ, ㄴ

② ㄴ, ㄷ

③ ㄱ, ㄹ

④ ㄷ, ㄹ

⑤ ㄴ, ㄷ, ㄹ

▌해설▐

ㄱ·ㄹ. (○) 자본시장선은 위험자산과 무위험자산에 대한 자산을 배분한 결과 구성되는 효율적포트폴리오에 관한 정보를 제공한다.

ㄴ·ㄷ. (✕) 개별주식의 과대/과소평가 여부와 기대수익률과 체계적 위험 간의 관계는 자본시장선이 아니라 증권시장선을 통해 판단할 수 있다.

답 ③

위험회피적인 투자자 갑은 무위험자산과 위험자산 A를 이용하여 자신의 효용을 극대화하는 포트폴리오를 구성하고자 한다. 투자자 갑의 효용을 극대화하는 포트폴리오에서 위험자산 A가 차지하는 투자비중에 관한 다음 설명 중 옳은 것만을 모두 선택한 것은? (단, 위험자산 A의 기대수익률은 무위험수익률보다 높고, 투자자 갑의 효용함수는 $U = E(R_p) - \frac{1}{2} \times \gamma \times \sigma_p^2$ 과 같다고 가정한다. 여기서, $E(R_p)$와 σ_p는 각각 위험자산 A와 무위험자산이 결합한 포트폴리오의 기대수익률과 표준편차이다. 그리고 γ는 투자자 갑의 위험회피도 (위험회피계수)이다)

> a. 다른 조건은 일정할 때, 위험자산 A의 기대수익률이 높을수록 위험자산 A에 대한 투자비중도 높다.
> b. 다른 조건은 일정할 때, 투자자 갑의 위험회피도가 클수록 위험자산 A에 대한 투자비중도 높다.
> c. 다른 조건은 일정할 때, 위험자산 A의 표준편차가 클수록 위험자산 A에 대한 투자비중도 높다.

① a
② b
③ c
④ a, c
⑤ b, c

┃해설┃

a. (○) 위험자산 A의 기대수익률이 높을수록 위험자산 A에 대한 투자비중을 높여서 포트폴리오의 기대수익률을 높여야 한다.
b. (✕) 위험회피도가 클수록 위험자산 A에 대한 투자비중을 낮추어서 포트폴리오의 표준편차를 감소시켜야 한다.
c. (✕) 위험자산 A의 표준편차가 클수록 위험자산 A에 대한 투자비중을 낮춰서 포트폴리오의 표준편차를 감소시켜야 한다.

답 ①

자본자산가격결정모형(CAPM)의 가정으로 옳지 않은 것은?

① 투자자는 위험회피형 투자자이며 기대효용 극대화를 추구한다.
② 무위험자산이 존재하며, 무위험이자율로 무제한 차입 또는 대출이 가능하다.
③ 세금과 거래비용이 존재하는 불완전 자본시장이다.
④ 투자자는 평균-분산 기준에 따라 포트폴리오를 선택한다.
⑤ 모든 투자자는 투자대상의 미래 수익률의 확률분포에 대하여 동질적 예측을 한다.

┃해설┃

자본자산가격결정모형(CAPM)에서는 세금과 거래비용이 존재하지 않는다고 가정한다. 나머지는 모두 CAPM의 기본가정들이다.

더 살펴보기 **자본자산가격결정모형(CAPM)**

① 자본자산가격결정모형(Capital Asset Pricing Model)은 자산의 위험에 따라 기대수익률이 어떻게 결정되는지를 보여주는 이론으로, 기대수익률이 어떻게 결정되는지를 보이는 것은 결국 해당 자산의 균형가격이 어떻게 결정되는지를 의미하는 것으로 볼 수 있다.

② CAPM은 마코위츠의 평균–분산 포트폴리오이론의 가정에 기반하여 증권시장 참여자 간의 경쟁이 치열하여 개인의 거래행위가 증권의 가격에 영향을 미치지 않는다는 완전경쟁가정과 모든 투자자들이 증권의 미래수익률분포에 대해 동질적 기대를 한다는 가정하에 위험과 기대수익률의 균형관계를 보여주는 가격결정이론이다.

③ CAPM에 의하면 동질적 기대의 가정하에서 모든 투자자의 접점포트폴리오, 즉 모든 투자자가 선택한 포트폴리오는 시장포트폴리오와 같은 구성비율을 갖게 되며 각 자산의 구성비율은 결국 시장에서 거래되는 모든 자산들의 시가총액에서 개별자산의 시가총액이 차지하는 비율로 결정된다.

답 ③

---

41 경영지도사 **2017** ☑ 확인 Check! ○ △ ✕

분산투자를 함으로써 제거할 수 있는 위험은?

① 베타위험(beta risk)

② 시장위험(market risk)

③ 체계적위험(systematic risk)

④ 비체계적위험(unsystematic risk)

⑤ 분산불가능위험(non-diversifiable risk)

┃해설┃

포트폴리오의 위험 중에서 자산 종류의 다양화, 즉 분산투자로써 제거할 수 있는 위험을 비체계적 위험이라 하며, 분산투자로써 감소시킬 수 없는 위험을 체계적 위험이라 한다. 체계적 위험은 시장의 전반적 상황에 의해 영향을 받기 때문에 분산투자를 하여도 제거할 수 없다.

답 ④

42

☑ 확인Check! ○ △ ✕

증권시장선(security market line)이 성립한다고 할 경우 시장포트폴리오(market portfolio)의 베타는?

① −1

② −0.5

③ 0

④ 0.5

⑤ 1

┃해설┃

베타는 개별주식과 시장포트폴리오와의 공분산을 시장포트폴리오의 분산으로 나누어 표준화한 값이다. 이 정의에 의하면 시장포트폴리오의 베타는 '시장포트폴리오와 시장포트폴리오의 공분산'을 '시장포트폴리오의 분산'으로 나눈 값이된다. 공분산은 서로 다른 두 변수가 함께 움직이는 정도인데, 시장포트폴리오와 시장포트폴리오의 공분산은 결국 둘이 같은 변수이므로 분산 그 자체가 된다. 따라서 베타는 분산과 분산의 비율로 표현되어 그 값은 1이 된다.

더 살펴보기   베타(β)의 의미

위험은 체계적 위험과 비체계적 위험으로 구분할 수 있고, 비체계적 위험은 분산투자를 통하여 제거할 수 있다는 것을 확인하였기 때문에 위험프리미엄은 체계적 위험만을 대상으로 함을 알 수 있다. 또한 비체계적 위험을 제거하기 위해서는 최대한 많은 자산에 투자를 하여야 하기 때문에 결국 시장에 구성된 모든 자산으로 포트폴리오를 구성하므로, 결국 체계적 위험이란 각 자산이 시장포트폴리오의 위험에 기여한 부분으로 시장포트폴리오의 위험을 1로 보고 각 자산의 기여도를 표준화하여 계산한 값을 베타(β)라고 한다. 이를 반대로 보면 베타는 시장포트폴리오의 수익률 변화에 대하여 개별 주식의 수익률이 얼마나 민감하게 변화하는지를 나타내는 의미로도 볼 수 있는데, 이는 특정 포트폴리오의 베타 값이 2라면 시장 전체 포트폴리오의 수익률이 1% 증감할 때 특정 포트폴리오의 수익률은 2%가 변동한다는 것으로 볼 수 있다.

답 ⑤

43 공인회계사 2016

☑ 확인Check! ○ △ ✕

다음 설명 중 옳은 항목만을 모두 선택한 것은? (단, 자본자산가격 결정모형(CAPM)이 성립한다고 가정한다)

> a. 투자자의 효용을 극대화시키는 최적포트폴리오의 베타 값은 그 투자자의 시장포트폴리오에 대한 투자비율과 동일하다.
> b. 투자자의 위험회피성향이 높아질수록 최적포트폴리오를 구성할 때 시장포트폴리오에 대한 투자비율이 낮아진다.
> c. 시장포트폴리오와 개별 위험자산의 위험프리미엄은 항상 0보다 크다.

① a
② b
③ a, b
④ a, c
⑤ a, b, c

┃해설┃

a. (○) 투자자의 효용을 극대화시키는 최적포트폴리오는 자본시장선 상에 존재하는 포트폴리오이며, 자본시장선 상에 존재하는 포트폴리오의 베타는 시장포트폴리오에 대한 투자비율과 같다.
b. (○) 투자자의 위험회피성향이 높아질수록 시장포트폴리오에 대한 투자비율이 낮아지고 무위험자산에 대한 투자비율이 높아진다.
c. (✕) 시장포트폴리오의 위험프리미엄은 항상 0보다 크지만, 개별 위험자산은 베타가 음(−)인 경우 위험프리미엄이 0보다 작다.

답 ③

---

44 공인회계사 2016

☑ 확인Check! ○ △ ✕

시장포트폴리오와 상관계수가 1인 포트폴리오 A의 기대수익률은 12%이고, 무위험수익률은 5%이다. 시장포트폴리오의 기대수익률과 수익률의 표준편차는 각각 10%와 25%이다. 포트폴리오 A 수익률의 표준편차에 가장 가까운 것은? (단, CAPM이 성립한다고 가정한다)

① 30%
② 35%
③ 40%
④ 45%
⑤ 50%

┃해설┃

$$E(R_P) = R_f + \left[\frac{E(R_M) - R_f}{\sigma_M} \right] \times \sigma_P = 0.05 + \left[\frac{0.1 - 0.05}{0.25} \right] \times \sigma_P = 0.12, \quad \therefore \ \sigma_P = 35\%$$

답 ②

주식 A와 주식 B로 위험포트폴리오를 구성하고자 한다. 주식 A와 주식 B의 기대수익률은 10%로 같으며, 주식 A 수익률의 표준편차와 주식 B 수익률의 표준편차는 각각 20%와 40%이다. 샤프비율$\left(\dfrac{E(R_i) - R_f}{\sigma_i} \right)$에 관한 다음 설명 중 옳은 것만을 모두 선택한 것은? (단, $E(R_i)$와 σ_i는 각각 주식(포트폴리오) i의 기대수익률과 수익률의 표준편차이고, 주식 A와 주식 B에 대한 투자비율의 합은 1이며, 무위험수익률(R_f)은 5%이다. 공매도는 허용하지 않는다고 가정한다)

---

a. 주식 A의 샤프비율은 주식 B의 샤프비율의 두 배이다.
b. 주식 A와 주식 B 사이의 상관계수가 1인 경우, 주식 B에 대한 투자비율이 높아질수록 위험포트폴리오의 샤프비율은 하락한다.
c. 주식 A와 주식 B 사이의 상관계수가 0인 경우, 위험포트폴리오 가운데 최소분산포트폴리오의 샤프비율이 가장 크다.

---

① a
② b
③ a, c
④ b, c
⑤ a, b, c

‖해설‖

a. (○) 주식 A의 샤프비율 $= \dfrac{0.1 - 0.05}{0.2} = 0.25$

주식 B의 샤프비율 $= \dfrac{0.1 - 0.05}{0.4} = 0.125$

b. (○) 주식 A와 주식 B로 구성된 포트폴리오의 기대수익률은 투자비율과 관계없이 10%로 일정하고, 표준편차는 주식 B에 대한 투자비율이 높아질수록 커진다. 따라서 주식 B에 대한 투자비율이 높아질수록 위험포트폴리오의 샤프비율은 하락한다.

c. (○) 주식 A와 주식 B로 구성된 포트폴리오의 기대수익률은 투자비율과 관계없이 10%로 일정하므로, 표준편차가 가장 작은 최소분산포트폴리오의 샤프비율이 가장 크다.

답 ⑤

위험자산 A, B, C의 기대수익률과 수익률의 표준편차는 다음과 같다. 지배원리를 이용하여 투자자 갑은 이들 세 가지 위험자산 가운데 두 가지 효율적 자산을 선택하고, 이 두 가지 효율적 자산에 각각 50%씩 투자하여 포트폴리오 K를 구성하고자 한다. 포트폴리오 K 수익률의 표준편차에 가장 가까운 것은? (단, 각 위험자산 사이의 상관계수는 모두 0이라고 가정한다)

위험자산	A	B	C
기대수익률	9%	12%	10%
표준편차	13%	15%	10%

① 7%   ② 8%

③ 9%   ④ 10%

⑤ 11%

⎮해설⎮

$$\sigma_K = \sqrt{w_B^2 \sigma_B^2 + w_C^2 \sigma_C^2 + 2 w_B w_C \sigma_{BC}} = \sqrt{0.5^2 \times 15^2 + 0.5^2 \times 10^2 + 0} = 9.01\%$$

답 ③

시장에는 두 개의 위험자산 A와 B만 존재한다고 가정하자. 이 두 위험자산의 기대수익률은 동일하며, 위험(표준편차) 역시 서로 동일하다. 위험회피적인 투자자 갑은 두 개의 위험자산 A와 B로 포트폴리오를 구성하려고 한다. 투자자 갑의 최적 포트폴리오에서 위험자산 A에 대한 투자비율은 얼마인가? (단, 이 두 자산 사이의 공분산($Cov(R_A, R_B)$은 0이다)

① 0   ② $\dfrac{1}{4}$

③ $\dfrac{1}{3}$ ④ $\dfrac{1}{2}$

⑤ $\dfrac{2}{3}$

⎮해설⎮

$$w_A = \frac{\sigma_B^2 - \sigma_{AB}}{\sigma_A^2 + \sigma_B^2 - 2\sigma_{AB}} = \frac{\sigma_B^2}{\sigma_A^2 + \sigma_B^2} = \frac{1}{2}$$

답 ④

PART 3

CAPM을 이용하여 주식 A, B, C의 과대/과소/적정 평가 여부를 판단하고자 한다. 주식 A, B, C의 베타와 현재 가격에 내재된 기대수익률은 다음과 같다. 다음 설명 중 가장 적절하지 않은 것은? (단, 시장포트폴리오의 기대수익률과 무위험수익률(R_f)은 각각 10%와 5%이다)

주 식	베 타	현재 가격에 내재된 기대수익률
A	0.5	8.5%
B	0.8	7.0%
C	1.2	11.0%

① 주식 A는 과소평가되어 있다.

② 주식 A의 위험보상률$\left(\dfrac{E(R_A) - R_f}{\beta_A} \right)$은 시장위험프리미엄과 같다(단, β_A와 $E(R_A)$는 각각 주식 A의 베타와 현재 가격에 내재된 기대수익률이다).

③ 주식 B는 증권시장선(SML)보다 아래에 위치한다.

④ 주식 B의 현재 가격에 내재된 기대수익률은 균형수익률(요구수익률)보다 작다.

⑤ 주식 C의 알파 값은 0이다.

┃해설┃

주식 A가 과소평가되어 있으므로 증권시장선 위에 존재한다. 따라서 주식 A의 위험보상률은 시장위험프리미엄보다 크다.

① 주식 A의 균형수익률 : $0.05 + (0.1 - 0.05) \times 0.5 = 7.5\%$

　　주식 A의 기대수익률(8.5%)이 균형수익률(7.5%)보다 크므로 과소평가되어 있다.

③ · ④ B주식은 균형수익률이 9%인데 현재 기대수익률은 7%이므로 기대수익률이 균형수익률보다 작아 증권시장선 아래에 위치한다.

⑤ 주식 균형수익률과 기대수익률이 동일하므로 젠센지수(알파값)는 0이다.

답 ②

시장포트폴리오의 기대수익률과 표준편차는 각각 15%와 20%이다. 그리고 무위험자산의 수익률은 5%이다. 효율적 포트폴리오 A의 기대수익률이 10%라고 하면, 포트폴리오 A의 베타는 얼마인가? 그리고 포트폴리오 A와 시장포트폴리오와의 상관계수는 얼마인가? (단, CAPM이 성립한다고 가정한다)

	베 타	상관계수
①	$\dfrac{1}{3}$	0.5
②	$\dfrac{1}{3}$	1.0
③	$\dfrac{1}{2}$	0.5
④	$\dfrac{1}{2}$	1.0
⑤	$\dfrac{2}{3}$	0.5

┃해설┃

$$E(R_A) = R_f + [E(R_M) - R_f]\beta_A = 0.05 + (0.15 - 0.05)\beta_A = 10\%, \quad \therefore \beta_A = \frac{1}{2}$$

$$\beta_A = \frac{\rho_{AM} \times \sigma_A}{\sigma_M} = \frac{\rho_{AM} \times 0.1}{0.2} = \frac{1}{2}, \quad \therefore \rho_{AM} = 1$$

답 ④

PART 3

증권시장선(SML)에 관한 설명으로 가장 적절하지 않은 것은?

① 위험자산의 기대수익률은 베타와 선형관계이다.

② 개별 위험자산의 베타는 0보다 작을 수 없다.

③ 개별 위험자산의 위험프리미엄은 시장위험프리미엄에 개별 위험자산의 베타를 곱한 것이다.

④ 균형상태에서 모든 위험자산의 $\dfrac{E(R_j) - R_f}{\beta_j}$ 는 동일하다. 단, $E(R_j)$와 β_j는 각각 위험자산 j의 기대수익률 과 베타이며, R_f는 무위험수익률이다.

⑤ · 어떤 위험자산의 베타가 1% 변화하면, 그 자산의 위험프리미엄도 1% 변화한다.

┃해설┃

베타란 시장포트폴리오 수익률에 대한 개별 위험자산 수익률의 민감도이다. 따라서 시장포트폴리오의 수익률과 역행하는 개별 위험자산 수익률의 베타는 음(−)이 된다.

① 위험자산의 기대수익률과 베타는 선형관계에 있다.

③ · ⑤ 개별 자산의 위험프리미엄은 시장위험프리미엄에 개별 자산의 베타를 곱한 값이므로 개별 자산의 베타가 1% 변화하면 그 자산의 위험프리미엄도 1% 변화하게 된다. 개별 위험자산의 위험프리미엄은 시장위험프리미엄에 개별 위험자산의 베타를 곱한 것이다.

④ 모든 위험자산의 체계적 위험 1단위당 위험프리미엄은 시장포트폴리오의 위험프리미엄으로 동일하다.

目 ②

자본자산가격결정모형(CAPM)의 가정으로 옳지 않은 것은?

① 투자자들은 기대효용을 극대화하고자 하는 위험회피자이다.

② 투자자들의 투자기간은 1기간이다.

③ 투자자들은 투자대상의 미래수익률 확률분포에 대하여 동질적으로 예측(homogeneous expectation)한다.

④ 세금과 거래비용이 존재한다.

⑤ 투자자들은 무위험이자율로 아무런 제한 없이 차입과 대출이 가능하다.

┃해설┃

자본자산가격결정모형(CAPM)에서는 세금과 거래비용이 존재하지 않는다고 가정한다. 나머지는 모두 CAPM의 기본가정들이다.

目 ④

다음은 세 가지 위험자산(A, B, C)의 기대수익률과 표준편차이다.

구 분	A	B	C
기대수익률	10%	15%	20%
표준편차	5%	?	15%

지배원리를 적용하였을 때, 옳은 것만을 모두 고르면? (단, 투자자는 위험회피형이고, 투자자의 효용함수는 2차함수의 형태를 가지며, 수익률은 정규분포를 따른다고 가정한다)

> a. B의 표준편차가 3%이면, A가 B를 지배한다.
> b. B의 표준편차가 18%이면, B가 C를 지배한다.
> c. B의 표준편차가 13%이면, A, B, C 사이에는 지배관계가 성립하지 않는다.

① a　　　　　　　　　　　　　② b
③ c　　　　　　　　　　　　　④ a, b
⑤ b, c

┈┈

┃해설┃

a. (✕) 자산 B의 기대수익률은 자산 A보다 크지만 표준편차는 자산 B가 더 작으므로 B가 A를 지배한다.

b. (✕) 자산 C의 기대수익률은 자산 B보다 크지만 표준편차는 자산 C가 더 작으므로 C가 B를 지배한다.

c. (○) 자산 B의 표준편차가 13%라면 A와 B, B와 C, A와 C 어느 경우에도 둘중 하나의 자산의 기대수익률이 크고 표준편차는 작은 경우가 존재하지 않는다. 따라서 지배관계가 성립하지 않는다.

답 ③

PART 3

53 가맹거래사 2015

☑ 확인 Check! ○ △ ✕

포트폴리오의 기대수익률과 표준편차 간의 선형관계를 나타내는 선은?

① 자본시장선

② 증권시장선

③ 증권특성선

④ 순현가곡선

⑤ 무차별곡선

┃해설┃

시장포트폴리오의 기대수익률과 표준편차간의 선형관계를 나타내는 선을 자본시장선이라고 하고 개별 주식의 수익률과 표준편차간의 선형관계를 나타내는 선을 증권시장선이라고 한다.

> **더 살펴보기   자본시장선(CML ; Capital Market Line)**
>
> ① 동질적 기대하에서 각 투자자의 접점포트폴리오가 시장포트폴리오와 일치한다는 사실은 각 투자자가 접점포트폴리오 대신 시장포트폴리오를 무위험자산과 결합하여도 지배원리를 만족시키는 효율적 포트폴리오가 구성된다는 것으로, 위험자산인 시장포트폴리오와 무위험자산을 결합하여 효율적 투자 포트폴리오만으로 구성된 효율적투자선을 자본시장선(CML ; Capital Market Line)이라고 한다.
>
> ② 자본시장선의 기대수익률은 무위험자산(예금, 국채 등)의 수익률과 시장 포트폴리오에 투자하여 발생하는 위험 프리미엄의 합으로 계산된다.
>
> $$CML\text{ 의 기대수익률}=\text{무위험 수익률}+\text{위험 프리미엄}$$
>
> ③ 위험 프리미엄은 베타 값(β)에 시장수익률에서 무위험 수익률을 뺀 시장위험 프리미엄을 곱해서 산출하므로 CML의 기대수익률을 아래의 식과 같이 바꾸어 표시할 수 있다.
>
> $$CML\text{ 의 기대수익률}=\text{무위험 수익률}+\beta(\text{시장수익률}-\text{무위험 수익률})$$

 답 ①

☑ **확인 Check!** ○ △ ✕

마코위츠(Markowitz)가 제시한 포트폴리오 이론의 가정으로 옳은 것은?

① 투자자들은 기대수익극대화를 추구한다.

② 거래비용과 세금을 고려한다.

③ 투자자들은 포트폴리오 구성 시 무위험자산을 고려한다.

④ 완전자본시장이 고려된다.

⑤ 투자자들은 투자대상의 미래수익률 확률분포에 대하여 같은 예측을 한다.

┃해설┃

포트폴리오 이론에서는 투자자들이 투자대상의 미래수익률 확률분포에 대하여 같은 예측을 한다고 본다.

① 투자자들은 기대수익의 극대화가 아니라 기대효용의 극대화를 추구한다.

② 포트폴리오 이론에서는 거래비용과 세금은 없다고 가정한다.

③ 투자자들이 구성하는 포트폴리오에는 위험자산만을 고려한다. 무위험자산까지 고려하여 자산을 배분하는 경우는 포트폴리오 이론이 아니라 자본가산가격결정모형(CAPM)이다.

④ 완전자본시장의 가정은 자본자산가격결정모형(CAPM)의 기본가정이다.

더 살펴보기	마코위츠의 포트폴리오이론

(1) 포트폴리오이론의 개념 : 마코위츠는 둘 이상의 자산을 결합하여 구성한 포트폴리오의 기대수익률과 위험을 측정하여 포트폴리오를 구성함으로써 위험을 제거하거나 줄일 수 있는 원리에 입각하여 불확실성하의 문제를 평균과 분산을 이용하여 계량화하고, 자산 간의 상관관계를 고려하여 분산투자의 이점을 증명한 평균–분산 포트폴리오이론을 제시하였으며 이는 이후 자본자산가격결정모형의 기반이 되었다.

(2) 포트폴리오이론의 가정 : 마코위츠의 포트폴리오이론에서는 포트폴리오의 기대수익률과 위험을 측정하기 위하여 몇 가지 가정을 하였다.

  ① 모든 투자자의 투자기간은 1기간이다(단일기간 모형).

  ② 모든 투자자는 위험회피형이고, 자신의 기대효용을 극대화 하려고 한다.

  ③ 투자의 결정은 투자대상의 기대수익률과 표준편차에 의존하여 평균–분산 모형의 지배원리에 따라 투자대상을 선택한다.

  ④ 자본시장에 마찰요인이 없어 거래비용과 세금이 없으며 모든 투자자가 하나의 무위험이자율로 대출과 차입을 무한정 할 수 있다.

답 ⑤

55 가맹거래사 2013

확인Check! ○ △ ✕

자본시장선에 관한 설명으로 옳은 것은?

① 위험자산과 무위험자산을 모두 고려할 경우 효율적 투자기회선이다.
② 포트폴리오 기대수익률과 시장수익률 간의 선형관계를 나타낸다.
③ 개별주식의 기대수익률과 체계적 위험 간의 선형관계를 나타낸다.
④ 모든 포트폴리오들의 균형가격을 산출할 수 있다.
⑤ 개별주식의 균형가격을 산출할 수 있다.

┃해설┃

자본시장선은 위험자산과 무위험자산을 모두 고려할 경우의 효율적 투자기회선이다.
② 자본시장선은 포트폴리오 기대수익률과 위험 간의 선형관계를 나타낸다.
③ 증권시장선은 개별주식의 기대수익률과 체계적 위험 간의 선형관계를 나타내는 것은 증권시장선이다.
④ 자본시장선은 효율적 포트폴리오와 관련된 것이므로 비효율적 포트폴리오의 균형가격 산정에는 적절치 않다.
⑤ 개별주식의 균형가격은 증권시장선(SML)에서 도출할 수 있다.

답 ①

56 공인노무사 2012

확인Check! ○ △ ✕

자본예산기법과 포트폴리오에 관한 설명으로 옳지 않은 것은?

① 포트폴리오의 분산은 각 구성주식의 분산을 투자비율로 가중평균하여 산출한다.
② 비체계적 위험은 분산투자를 통해 제거할 수 있는 위험이다.
③ 단일 투자안의 경우 순현가법과 내부수익률법의 경제성 평가 결과는 동일하다.
④ 포트폴리오 기대수익률은 각 구성주식의 기대수익률을 투자비율로 가중평균하여 산출한다.
⑤ 두 투자안 중 하나의 투자안을 선택해야 하는 경우 순현가법과 내부수익률법의 선택 결과가 다를 수 있다.

┃해설┃

포트폴리오의 분산은 각 구성주식과 포트폴리오의 공분산을 각 자산의 투자비율로 가중평균하여 계산한다.
② 분산투자를 통해 제거할 수 있는 위험을 비체계적 위험이라 한다.
③ 단일 투자안의 경우 순현가법과 내부수익률법의 경제성 평가 결과는 동일하지만 복수의 투자산의 경우는 둘의 결과가 다를 수 있다.
④ 구성주식의 기대수익률을 투자비율로 가중평균하여 계산한 것이 포트폴리오의 기대수익률이다.
⑤ 두 투자안 중 하나의 투자안을 선택해야 하는 경우 즉, 두 투자안이 배타적 관계를 갖는 경우 순현가법과 내부수익률법의 선택 결과가 다를 수 있다.

답 ①

57 공인노무사 2012

자본시장선(CML)과 증권시장선(SML)에 관한 설명으로 옳은 것은?

① 자본시장선을 이용하여 타인자본 비용을 산출할 수 있다.

② 자본시장선을 이용하여 비효율적 포트폴리오의 균형가격을 산출할 수 있다.

③ 자본시장선은 위험자산만을 고려할 경우의 효율적 투자기회선이다.

④ 증권시장선은 포트폴리오 기대수익률과 포트폴리오 표준편차간의 선형관계를 나타낸다.

⑤ 증권시장선 위에 존재하는 주식은 주가가 과소평가된 주식이다.

┃ 해설 ┃

증권시장선 위에 존재하는 주식은 주가가 과소평가된 주식이며, 증권시장선 아래에 존재하는 주식은 주가가 과대평가된 주식이다.

① 자본시장선은 자기자본비용 산출에 활용된다.

② 자본시장선을 이용하여 효율적 포트폴리오의 균형가격을 산출할 수 있다.

③ 자본시장선은 위험자산과 무위험자산을 결합한 포트폴리오를 상정한다.

④ 증권시장선은 개별주식의 기대수익률과 베타와의 선형관계를 나타낸다.

답 ⑤

58 가맹거래사 2012

위험회피형 투자자의 평균–분산 무차별곡선에 관한 설명으로 옳지 않은 것은?

① 우상방으로 올라갈수록 더 큰 효용을 나타낸다.

② 특정 개인의 무차별곡선은 서로 교차하지 않는다.

③ 무차별곡선은 양(+)의 기울기를 가지며 원점에 대하여 볼록하다.

④ 위험회피성향이 큰 투자자는 작은 투자자에 비하여 무차별곡선의 기울기가 더 커진다.

⑤ 동일한 효용을 갖기 위해 위험이 한 단위 증가할 때마다 요구하는 기대수익률의 크기는 증가한다.

┃ 해설 ┃

무차별곡선상의 모든 점들은 동일한 크기의 효용을 가진다. ❶ 무차별곡선은 동일한 효용을 주는 지점을 연결한 선이므로, 서로 다른 효용을 의미하는 두 개의 무차별곡선끼리 교차할 수는 없다. ❷ 무차별곡선의 모양은 위험이 증가함에 따라 이에 상응하는 요구기대수익률이 커지기 때문에❺ 원점에 대하여 볼록하며 양의 기울기를 갖고❸ 투자자의 위험회피성향이 증가함에 따라 기울기 역시 증가한다. ❹

답 ①

증권시장선에 관한 설명으로 옳은 것은?

① 증권시장선에 의하면 주식의 균형수익률을 결정하는 것은 배당수익률이다.

② 어떤 주식이 증권시장선보다 위쪽에 위치하면 이 주식은 저평가된 것이다.

③ 증권시장선을 이용하더라도 비효율적 포트폴리오의 균형가격은 구할 수 없다.

④ 증권시장선은 시장포트폴리오 수익률과 개별주식수익률간의 선형관계를 나타내는 선이다.

⑤ 증권시장선은 포트폴리오 수익률의 표준편차와 포트폴리오 기대수익률간의 선형관계를 나타내는 선이다.

┃해설┃

증권시장선 위쪽에 위치하는 주식은 균형수익률 이상의 할인율을 가지는 것이므로 저평가된 것이다.

① 주식의 균형수익률은 시장포트폴리오의 수익률과 베타에 의해 결정된다.

③ 증권시장선은 비효율적 포트폴리오까지 고려하여 도출된 것이다.

④ · ⑤ 증권시장선은 개별주식의 수익률과 개별주식 위험(베타)간의 선형관계를 나타내는 선이다.

더 살펴보기   증권시장선(SML ; Security Market Line)

① 증권시장선의 개념 : 증권시장선은 개별자산의 기대수익률을 도출해내는 모형으로, 균형자본시장이 효율적이라면 기대수익률과 베타 사이에 비례관계가 성립하여 체계적 위험이 높으면 기대수익률도 높아지고 체계적 위험이 낮으면 기대수익률도 낮아지게 된다.

$$E(R_i) = r_f + [E(R_m) - r_f] \times \beta_i$$

(r_f : 무위험 이자율, $[E(R_m) - r_f]$: 시장위험 프리미엄, β_i : 체계적 위험)

② 증권시장선의 적용 : 증권시장선을 이용하면 개별 자산에 대한 시장의 평가 상태를 알 수 있는데, CAPM에 의하면 균형상태에서 모든 주식들의 기대수익률은 증권시장선상에 존재하게 되고, 이는 증권시장선상에 존재하는 주식은 시장에서 적정하게 평가되고 있음을 의미하게 된다. 그런데 만일 증권시장선의 위에 개별 증권이 위치해 있다면, 이 자산은 시장에서 과소평가되어 있는 자산으로 시장참여자들의 예상수익률이 CAPM에 의해 예측되는 기대수익률보다 더 높다는 것으로 시장가격이 균형가격보다 낮다는 것을 의미한다. 따라서 투자자들은 과소평가된 주식을 매입하면 추후 주가가 정상적인 상태로 상승할 때 초과수익을 얻을 수가 있다. 반대로 아래 그림의 Z와 같이 증권시장선 아래에 있는 주식은 과대평가된 자산으로 공매도를 통해서 초과수익을 얻을 수가 있다.

답 ②

증권시장선과 자본시장선에 대한 설명으로 옳은 것은?

① 증권시장선은 체계적 위험과 보상과의 관계를 나타내며, 보상은 체계적 위험이 커짐에 따라 작아진다.

② 자본시장선은 효율적인 포트폴리오 뿐 아니라 비효율적인 포트폴리오의 위험과 기대수익률간의 관계도 설명할 수 있다.

③ 효율적 포트폴리오는 증권시장선과 자본시장선 모두에 적용된다.

④ 증권시장선과 자본시장선은 위험을 총위험으로 정의한다.

해설

자본시장선을 통해서는 효율적 포트폴리오를, 증권시장선을 통해서는 효율적 포트폴리오와 비효율적 포트폴리오를 설명할 수 있다.

① 체계적 위험과 보상의 크기는 비례하므로 체계적 위험이 커짐에 따라 보상도 커진다.

② 자본시장선은 효율적 포트폴리오에서만 적용된다.

④ 위험은 체계적 위험과 비체계적 위험으로 구분되며, 그중 증권시장선과 자본시장선 모두 체계적 위험만을 고려한다.

더 살펴보기　**자본시장선과 증권시장선의 비교**

① 자본시장선과 증권시장선은 매우 유사한데 이는 증권시장선이 자본시장선에 근거하여 도출되었기 때문이다.

② 증권시장선은 효율적 포트폴리오뿐만 아니라 시장에서 거래되는 모든 자산에 대하여 위험과 수익률의 관계를 규명해 주는 반면, 자본시장선은 단지 효율적인 포트폴리오에 대해서만 성립하는 것으로 증권시장선을 효율적인 포트폴리오의 경우에 적용한 특수한 경우로 볼 수 있다.

구 분	자본시장선(CML)	증권시장선(SML)
대 상	완전 분산투자가 된 효율적 포트폴리오	효율적 자산과 비효율적 자산을 모두 포함
비 교	시장 포트폴리오의 총위험과 기대수익률	개별증권의 체계적 위험과 기대수익률

답 ③

CHAPTER
03 | 자본구조

01 공인회계사 **2024**   ☑ 확인Check! ○ △ X

(주)P기업은 시장가치 기준으로 400%의 자기자본 대비 부채비율$\left(=\dfrac{\text{부채}}{\text{자기자본}}\right)$을 가지고 있다. (주)P기업

이 연 1회 매년 말에 지급하는 보통주 배당금은 향후 영구적으로 2%의 성장률을 보일 것으로 예상되며, 현재 (주)P기업의 보통주는 30,000원의 주당 내재가치와 2의 베타를 가진다. 시장포트폴리오의 기대수익률은 15%이며 무위험이자율은 5%이고, 법인세율은 20%이다. (주)P기업의 부채는 전액 채권으로 구성되어 있으며 채권의 액면이자율은 10%, 채권의 시장가격은 액면가와 동일한 상태이다. 다음 중 (주)P기업의 가중평균자본비용(WACC)에 가장 가까운 것은? (단, CAPM이 성립한다고 가정하며 (주)P기업은 우선주를 보유하고 있지 않다)

① 11.40%   ② 12.05%

③ 12.25%   ④ 13.00%

⑤ 13.75%

❚ 해설 ❚

$WACC = k_d \times (1-t) \times \dfrac{B}{V} + k_e \times \dfrac{S}{V}$

$\qquad\quad = 10\% \times (1-0.2) \times \dfrac{4}{5} + 25\% \times \dfrac{1}{5} = 11.4\%$

$\therefore\ k_e = 5\% + (15-5) \times 2\% = 25\%$

답 ①

02 공인회계사 2024

☑ 확인 Check! ○ △ ✕

(주)서해는 2억원을 투자하여 사업을 시작하려고 한다. 자금조달을 위하여 보통주 10,000주를 발행하는 방안과 1억원의 부채를 10%의 이자율로 조달하고 보통주 5,000주를 발행하는 방안을 고려하고 있다. 법인세율이 40%일 때, 두 방안의 주당순이익을 동일하게 하는 자본조달분기점에서의 주당순이익은 얼마인가?

① 1,200원

② 1,350원

③ 1,400원

④ 1,570원

⑤ 1,640원

▌해설▐

$$\frac{EBIT \times (1-0.4)}{10,000주} = \frac{(EBIT - 1억원 \times 0.1) \times (1-0.4)}{5,000주}, \quad \therefore \ EBIT = 2,000만원$$

$$\therefore \ EPS = \frac{2,000만원 \times (1-0.4)}{10,000주} = 1,200원/주$$

답 ①

03 공인회계사 2024

☑ 확인 Check! ○ △ ✕

기업의 자본구조에 관한 설명으로 적절한 항목만을 모두 선택한 것은?

> a. MM(1963)에 의하면 부채사용 기업은 무부채 기업과 비교할 때 부채사용으로 인한 절세효과의 현재가치만큼 기업가치가 증가한다.
>
> b. 상충이론(또는 파산비용이론)은 기대파산비용의 존재를 주장하면서 부채사용으로 인한 절세효과를 부정한다.
>
> c. 자본구조이론에서 대리인 비용(agency cost)은 감시비용(monitoring cost)과 확증비용(bonding cost) 등을 말한다.
>
> d. MM(1958)에 의하면 기업가치를 극대화하는 최적자본구조가 존재한다.
>
> e. 기업의 영업활동과 영업현금흐름에 변화가 없다고 가정할 때, 최적자본구조에서는 기업의 가중평균자본비용이 극소화된다.

① b, c

② c, e

③ a, b, c

④ a, c, e

⑤ b, d, e

해설

a. (○) MM(1963)에 의하면 부채사용 기업은 부채사용으로 인해 발생하는 이자가 유발하는 절세효과의 현재가치만큼 기업가치가 증가한다.

b. (×) 상충이론에서는 법인세와 파산비용을 동시에 고려하여 이자비용의 법인세 절감효과로 인한 기업가치 증대효과와, 파산비용으로 인한 기업가치 감소효과를 동시에 고려한 기업가치를 극대화할 수 있는 최적자본구조가 존재한다고 본다.

c. (○) 자본구조이론에서 대리인 비용은 감시비용과 확증비용 등과 같이 기존의 비용에서 대리인이 존재함으로 인해 추가로 발생하는 비용을 말한다.

d. (×) MM(1958)은 부채사용으로 인한 절세효과가 없으므로 기업가치가 일정하다. 따라서 최적자본구조가 존재하지 않는다.

e. (○) 기업의 영업활동과 영업현금흐름에 변화가 없다면, 기업의 가중평균자본비용은 극소화되는 점에서 최적자본구조가 달성된다.

답 ④

---

04 공인회계사 2024

☑ 확인Check! ○ △ ✕

주주환원정책에 관한 설명으로 가장 적절하지 않은 것은?

① 정보비대칭하에서 경영자의 정보를 투자자들에게 전달하기 위하여 배당과 자사주 매입이 이용될 수 있다.

② 기업의 이익이 일시적으로 변동하더라도 주당배당금을 일정하게 유지하려는 정책을 배당안정화 정책이라고 한다.

③ 자본소득세율이 배당소득세율보다 낮은 상황에서 자사주 매입은 주주의 개인소득세를 절약시켜 주는 역할을 한다.

④ 완전자본시장을 가정할 경우 주식배당, 주식분할, 자사주 매입 등에 의해 주주의 부는 변하지 않는다.

⑤ 로제프(Rozeff)는 배당 증가시 외부자금 조달비용이 감소하고 대리인 비용이 증가함에 따라 최적배당수준이 존재한다고 주장하였다.

해설

배당이 증가하면 유보자금이 줄어들게 되며 이로 인해 외부로부터 조달해야 하는 자금이 늘게 되어 조달비용이 증가한다.

① 정보비대칭하에서 경영자는 배당과 자사주 매입을 통해 이윤현황과 주가부양의지 등을 정보를 투자자들에게 전달할 수 있다.

② 배당안정화 정책이란 기업의 이익이 일시적으로 변동하더라도 주당배당금을 일정하게 유지하려는 정책이며 주주친화적인 정책 중 하나이다.

③ 자본소득세율이 배당소득세율보다 낮은 상황에서 자사주를 매입하는 경우 주식매각을 통한 보유차익의 실현을 통해 주주의 개인소득세를 절약시켜 주는 역할을 한다.

④ 완전자본시장을 가정한다면 주식배당, 주식분할, 자사주 매입 등을 실시하더라도 이미 주가에 해당 정책의 효과가 반영되어 있는 상태이므로 주주 부는 변하지 않는다.

답 ⑤

효율적 시장가설(EMH ; Efficient Market Hypothesis)**에 관한 설명으로 가장 적절하지 않은 것은?**

① 효율적 시장은 증권의 현재 가격이 해당 증권의 가치에 대한 이용 가능한 정보를 완전히 반영하는 시장을 의미한다.

② 시장의 효율성은 가격이 반영하는 이용 가능한 정보의 범위에 따라 약형(weak form)과 강형(strong form) 효율성의 두 가지 유형으로 구분된다.

③ 시장이 효율적이 될 수 있는 근본적인 원인은 시장에 참가하여 본인의 투자수익을 극대화하려는 투자자 간의 경쟁이라고 할 수 있다.

④ 강형 효율적 시장에서는 현재의 증권 가격이 내부자 정보를 포함하여 해당 증권과 관련된 모든 정보를 완전히 반영한다.

⑤ 약형 효율적 시장에서는 현재의 증권 가격이 해당 증권과 관련된 과거의 역사적 정보를 완전히 반영한다.

┃해설┃

효율적 시장가설은 이용가능한 정보의 범위에 따라 약형, 준강형, 강형의 세 가지 유형으로 구분된다.

① 효율적 시장은 해당 증권에 대한 이용 가능한 정보가 해당 증권의 가치에 완전히 반영되어 있는 시장을 의미한다.

③ 투자자들이 자신의 투자수익을 극대화하기 위해 경쟁하는 것은 시장이 효율적이 될 수 있는 근본적인 동인이다.

④ 강형 효율적 시장에서는 현재의 증권 가격에 외부에 공개된 정보 외에 내부자 정보까지의 모든 정보를 완전히 반영한다.

⑤ 약형 효율적 시장에서는 현재의 증권 가격에 해당 증권과 관련된 과거의 역사적 정보만이 반영되어 있다.

답 ②

PART 3

채권의 듀레이션(duration)에 관한 설명으로 가장 적절하지 않은 것은? (단, %는 소수점 셋째 자리에서 반올림한다)

① 듀레이션은 채권보유자가 채권으로부터의 현금흐름을 통하여 자신의 투자액을 회수하는데 소요되는 가중평균회수기간으로 해석할 수 있다.

② 만기수익률이 20%이며 매년 말에 이자를 지급하는 영구채(perpetual bond)의 듀레이션은 12년이다.

③ 만기수익률이 20%이며 매년 말에 이자를 지급하는 이표채 A의 듀레이션은 5년이다. 동 채권의 만기수익률이 21%로 상승하는 경우 듀레이션을 이용하여 추정한 채권의 가격변화율은 (−)4.17%이다.

④ 무이표채(zero coupon bond)의 듀레이션은 채권 만기와 동일하다.

⑤ 이표채(coupon bond)의 듀레이션은 채권 만기보다 짧은 것이 일반적이나 항상 그렇지는 않다.

┃ 해설 ┃

영구채 듀레이션 $= \dfrac{1+R_M}{R_M} = \dfrac{1+0.2}{0.2} = 6$

① 듀레이션은 채권보유자가 채권으로부터의 현금흐름을 통하여 투자액을 회수하는데 소요되는 가중평균회수기간이다.

③ $\dfrac{\Delta P}{P_0} = -\dfrac{D}{1+R} \times \Delta R = -\dfrac{50}{1+0.2} \times 0.01 = -4.17\%$

④ 무이표채의 경우 만기 이전에는 발생하는 현금흐름이 없기 때문에 듀레이션과 만기가 같게 된다.

⑤ 영구채의 경우 만기와 상관없이 듀레이션이 일정하게 되며, 할인이표채의 경우 만기가 길어질수록 듀레이션이 짧아지는 경우가 존재할 수 있다.

답 ②

증권의 발행에 관한 설명으로 가장 적절하지 않은 것은?

① 보유하고 있는 자산을 결합하여 포트폴리오를 구성하고 이로부터 발생하는 현금흐름을 기초로 새로운 증권을 발행하는 것을 자산유동화라고 한다.

② 무상증자는 자기자본과 총자산의 변동없이 발행주식 수만 증가하는 증자방식이다.

③ 증권 발행회사와 주관회사 간 이루어지는 인수계약 중 발행된 증권을 일반투자자들에게 판매하고 판매가 안 된 증권을 인수단이 매입하는 방식을 총액인수라고 한다.

④ 증권거래소에 상장되지 않은 기업이 처음으로 공모를 통해 주식을 발행하는 것을 최초주식공모(IPO ; initial public offerings)라고 한다.

⑤ 공적모집(또는 공모)은 일반대중을 대상으로 증권을 판매하는 일반공모와 기존의 주주에게 주식을 판매하는 주주배정으로 분류할 수 있다.

선지의 내용은 잔액인수에 대한 것이다. 총액인수는 인수기관이 공모액 전액을 자신의 명의로 인수하여 투자자들에게 판매하는 것이다.

① 자산유동화란 보유하고 있는 자산을 결합하여 포트폴리오를 구성하고 이로부터 발생하는 현금흐름을 기초로 새로운 증권을 발행하는 것을 말한다.

② 자기자본과 총자산의 변동없이 발행주식 수만 증가하는 증자방식을 무상증자라고 한다.

④ 증권거래소에 상장되지 않은 기업이 처음으로 공모를 통해 주식을 발행하는 것을 최초주식공모(IPO)라고 한다.

⑤ 공적모집은 일반대중을 대상으로 증권을 판매하는 일반공모와 기존의 주주에게 주식을 판매하는 주주배정으로 분류할 수 있다. 흔히 공모주 청약이라고 하면 일반공모를 의미한다.

답 ③

08 공인회계사 2023

☑ 확인Check! ○ △ ✕

M&A 시장에 관한 다음 설명 중 가장 적절하지 않은 것은?

① 인수대상기업의 주식을 대량 매입하기 이전에 일부의 주식을 매입하는 것을 발판매입(toehold acquisitions)이라고 한다.

② 인수기업 입장에서 합병의 성과가 좋게 나타날 가능성이 높을 경우 현금에 의한 인수가 보통주에 의한 인수보다 유리하다.

③ 공개매수(tender offer) 시 피인수기업 주주들의 무임승차문제(free riding problem)가 발생할 수 있다.

④ 적대적 M&A는 지분의 대리인문제를 완화시키는 수단으로 사용될 수 있다.

⑤ 인수를 시도하는 투자자들로부터 프리미엄이 붙은 높은 가격으로 자사주식을 재매입하는 것을 LBO(leveraged buyout)라고 한다.

선지의 내용은 그린메일에 대한 것이다. LBO는 인수대상기업의 자산이나 수익력을 담보로 인수대금을 차입으로 조달하여 인수하는 것이다.

① 인수대상기업의 주식을 대량 매입하기 이전에 일부의 주식을 매입하여 이를 기반으로 매입을 시작하려고 하는 것을 발판매입이라고 한다.

② 합병대가를 현금으로 지급할 경우에는 인수가격에 변화가 없으나, 주식으로 지급하는 경우에는 합병의 성과에 따라 인수가격이 달라지기 때문이다.

③ 만약 공개매수에 참여하지 않는 것이 더 유리한 경우 피인수기업 주주들이 공개매수에 참여하는 주주들에게 무임승차해서 이익을 얻으려 할 수 있다.

④ 적대적 M&A가 발생할 가능성이 있다면 경영자 입장에서는 주주의 이익을 극대화하여 주주들을 우군으로 만든 후 자신의 지위를 유지하려 할 수 있다.

답 ⑤

무부채기업인 (주)한성의 베타는 2이고, 자기자본비용은 20%이며, 시장가치는 200억원이다. 이 기업은 50억원을 무위험이자율 5%로 차입하여 전액 자기주식을 매입소각하는 방법으로 자본구조를 변경하고자 한다. 법인세율은 40%이며, 부채의 베타는 0이다. MM의 수정이론(1963)과 CAPM이 성립한다고 가정할 때, 자본구조 변경 후 다음 설명 중 옳지 않은 항목만을 모두 선택한 것은? (단, 자본비용은 % 기준으로 소수점 셋째 자리에서 반올림하며, 베타는 소수점 셋째 자리에서 반올림한다)

> a. 자기자본비용은 22.65%이다.
> b. 가중평균자본비용은 17.65%이다.
> c. 기업가치는 220억원이다.
> d. 주식베타는 2.27이다.
> e. 자산베타는 1.82이다.

① a, d
② a, e
③ b, c
④ b, d
⑤ d, e

┃해설┃

a. (○) $k_e = \rho + (\rho - k_d)(1-t)\dfrac{B}{S} = 20\% + (20\% - 5\%) \times (1-0.4) \times \dfrac{50억원}{170억원} = 22.65\%$

b. (✕) $k_0 = \rho\left(1 - t\dfrac{B}{V}\right) = 20\% \times \left(1 - 0.4 \times \dfrac{50억원}{220억원}\right) = 18.18\%$

c. (○) $V_L = V_U + B \times t = 200억원 + 50억원 \times 0.4 = 220억원$

d. (✕) $\beta_L = \beta_U\left\{1 + (1-t)\dfrac{B}{S}\right\} = 2 \times \left\{1 + (1-0.4) \times \dfrac{50억원}{170억원}\right\} = 2.35$

e. (○) $\beta_A = \beta_U\left(1 - t\dfrac{B}{V}\right) = 2 \times \left(1 - 0.4 \times \dfrac{50억원}{220억원}\right) = 1.82$

답 ④

(주)알파는 (주)감마를 주식교환방식으로 흡수합병하고자 하며, 두 기업의 합병 전 재무자료는 다음과 같다.

항 목	(주)알파	(주)감마
주당순이익	1,000원	400원
발행주식수	100주	50주
주가수익비율(PER)	10	20

두 기업은 모두 자기자본만을 사용하며, 합병에 의한 시너지효과는 없다. 자본시장이 효율적이고 주식교환비율이 합병 전 주가를 기준으로 정해질 경우, 합병 후 PER에 가장 가까운 것은?

① 14.89
② 13.65
③ 12.43
④ 11.67
⑤ 10.66

┃해설┃

$$ER = \frac{P_{감마}}{P_{알파}} = \frac{400 \times 20}{1,000 \times 10} = \frac{8,000}{10,000} = 0.8$$

$$P_{합병} = (10,000원/주 \times 100주) + (8,000원/주 \times 50주) = 1,400,000원$$

$$EPS_{합병} = (1,000원/주 \times 100주) + (400원/주 \times 50주) = 120,000원$$

$$\therefore \ PER_{합병} = \frac{P_{합병}}{EPS_{합병}} = \frac{1,400,000원}{120,000원} = 11.67$$

답 ④

11 공인회계사 2023

채권의 투자관리 전략에 관한 설명으로 가장 적절한 것은?

① 이자율이 하락할 것으로 예상될 때 만기가 같은 채권의 경우 표면이자율이 낮은 채권을 매도하고 표면이자율이 높은 채권을 매입하는 것이 유리하다.

② 채권가격이 하락할 것으로 예상될 때 만기가 짧고 표면이자율이 높은 채권을 매도하고 만기가 길고 표면이자율이 낮은 채권을 매입하는 것이 유리하다.

③ 신용등급이 높은 채권과 낮은 채권 간의 수익률 차이가 커질 것으로 예상될 때 수익률이 높은 채권을 매도하고 수익률이 낮은 채권을 매입하는 것이 유리하다.

④ 경기가 불황에서 호황으로 전환될 때 회사채를 매도하고 국채를 매입하는 것이 유리하다.

⑤ 동일한 위험과 만기를 갖는 동종채권들이 일시적으로 서로 다른 가격으로 거래될 때 높은 수익률의 채권을 매도하고 낮은 수익률의 채권을 매입하는 것이 유리하다.

▮해설▮

수익률 차이가 커지면 신용등급이 낮은 채권의 수익률은 더 높아져서 가격이 하락하고, 신용등급이 높은 채권의 수익률은 더 낮아져서 가격이 상승하기 때문이다.

① 이자율이 하락할 것으로 예상될 때에는 표면이자율이 낮은 채권을 매입하는 것이 유리하다.

② 채권가격이 하락할 것으로 예상될 때에는 만기가 짧고 표면이자율이 높은 채권을 매입하는 것이 유리하다.

④ 불황에서 호황으로 전환되면 스프레드가 감소하기 때문이다.

⑤ 동종채권들이 다른 가격으로 거래된다는 것은 수익률이 높은 채권이 과소평가되어있고, 수익률이 낮은 채권이 과대평가되어있는 것이기 때문이다.

답 ③

---

12 국가직 7급 2023

자본구조이론(capital structure theory)에 대한 설명으로 옳지 않은 것은?

① 모딜리아니와 밀러(MM ; Modigliani and Miller) 제1명제에 의하면, 완전자본시장에서 기업의 가치는 자본구조와 무관하다.

② MM에 의하면, 법인세를 고려할 경우 차입 기업의 전체가치는 무차입 기업의 가치와 이자 비용의 법인세 절감효과의 현재가치를 더한 것과 같다.

③ 자본조달순위이론(pecking-order theory)에 따르면, 경영진은 투자 자금을 조달하기 위해서 주식발행, 전환사채, 일반사채, 이익잉여금의 순으로 선택한다.

④ 부채의 신호이론(signaling theory of debt)은 투자자에게 좋은 정보를 알리기 위해 부채를 사용한다는 이론이다.

▮해설▮

주주와 외부투자자간에 정보비대칭이 존재하는 상황에서 기업은 내부금융-부채-자기자본의 순서로 자본을 조달하는 것이 바람직하다고 한다. 따라서 선지에서처럼 주식발행을 먼저 하는 것보다는 내부금융, 채권, 주식발행의 순으로 자본을 조달하는 것이 적절하다.

① MM의 제1명제에 따르면 법인세를 고려하지 않는 경우에는 완전자본시장 하에서 기업가치가 자본구조와 무관하게 결정된다. 완전자본시장이란 시장참여자가 무수히 많고 세금과 각종 거래비용이 없으며 모든 정보가 투자자에게 정확하게 전달되는 시장을 의미한다.

② 수정된 MM의 제1명제에 따르면 법인세를 고려하는 경우에는 이자비용의 법인세 절감효과가 발생하므로 부채를 사용하는 기업의 가치가 무부채기업의 가치보다 크며, 그 차이는 부채사용에 따른 이자의 감세효과만큼이 된다.

④ 듀퐁방정식(자기자본이익률＝매출액순이익률×총자산회전율×재무레버리지) 하에서 부채의 사용은 재무레버리지를 높여서 자기자본이익률(ROE)을 높인다. 또한 수정된 MM의 제1명제에 따르면 부채사용은 법인세를 줄여줘서 기업가치를 높일 수 있다. 마지막으로 자본조달순위이론에 따르면 부채사용은 자기자본의 사용보다 자본조달 순서상 더 앞선다. 이상의 이유로 인해 부채의 사용은 투자자에게 긍정적인 신호로 받아들여질 수 있다.

답 ③

13 국가직 7급 2023
☑ 확인Check! ○ △ ✕

효율적 시장가설(EMH ; efficient market hypothesis)**은 주가에 반영되는 정보의 성격에 따라 약형**(weak form), **준강형**(semi-strong form), **강형**(strong form)**의 효율적 시장으로 구분된다. 다음 중 옳지 않은 것은?**

① 약형에서는 과거 주식가격의 패턴을 보고 시장평균 이상의 초과수익을 얻을 수 있다.
② 준강형에서는 증권분석가가 공개된 재무제표의 정보를 분석하여 미래 주가의 움직임을 예측하려는 노력은 의미가 없다.
③ 준강형에서는 주가는 이미 공개적으로 이용 가능한 모든 정보를 반영한다.
④ 강형에서는 주가는 기업의 내부자만이 이용 가능한 정보까지 포함하여 기업에 관련된 모든 정보를 반영한다.

▮해설▮

약형 효율성이란 과거의 역사적인 정보를 증권의 현재가격이 반영하는 것이다. 과거의 역사적 정보에는 거래량, 수익률의 패턴이나 기존가격의 변동추이 등이 포함된다. 약형 효율성 시장에서는 과거의 가격패턴이 이미 주식가격에 반영되어 있으므로 이를 활용하여 미래의 가격을 예측하거나 초과수익률을 달성할 수는 없다.

②·③ 준강형 효율성이란 과거의 역사적 정보뿐만 아니라 일반 대중에게 공개된 모든 공적 정보가 완전하고 즉각적으로 시장가격에 반영되는 것이다. 공적 정보에는 신문기사나 공개된 재무제표 등이 포함된다. 따라서 앞서 언급한 기술적 분석뿐만 아니라 재무제표를 활용하여 증권의 내재가치를 파악하고 주가를 예측하는 기본적 분석 역시 별 의미를 갖지 못한다.

④ 강형 효율성이란 과거의 역사적 정보와 공적 정보뿐만 아니라 대중에게 미공개된 사적 정보까지 완전하고 즉각적으로 증권의 시장가격에 반영되는 것이다. 여기서는 모든 정보가 완벽하게 주가에 반영되어 있으므로 내부자정보를 활용한 거래를 하더라도 추가수익률을 얻을 수 없다.

답 ①

K씨는 현재시점($t=0$)에서 30년 만기 및 연 10%의 이자율로 20억원을 차입하려고 한다. 조사 결과 다음과 같은 두 가지 차입방안이 가능하며 만기 및 이자율은 동일하다. 1안과 2안을 비교할 때, K씨가 2차년도 말($t=2$)에 지급하게 될 이자금액의 차이에 가장 가까운 것은? (단, $PVIF$(10%, 30)$=0.0573$, $PVIFA$(10%, 30)$=9.4269$이며, 모든 금액은 반올림하여 원단위로 표시한다)

- 1안
  - 만기일시상환 방식
  - 1차년도부터 매년도 말 연 1회 대출원금에 대한 이자를 상환하며, 대출원금은 만기일에 전액 상환한다.
- 2안
  - 원리금 균등분할상환 방식
  - 1차년도부터 매년도 말 연 1회 동일한 금액을 상환한다.

---

① 0원
② 1,215,882원
③ 1,824,249원
④ 2,159,222원
⑤ 2,487,256원

▮해설▮

1안 : 2,000,000,000원×0.1=200,000,000원

2안 : 연간원리금상환액 : $\dfrac{2,000,000,000원}{9.4269}$=212,158,822원

1차년도말 원금상환액 : 212,158,822원－200,000,000원=12,158,822원
1차년도말 차입금 잔액 : 2,000,000,000원－12,158,822원=1,987,841,178원
2차년도말 이자지급액 : 1,987,841,178원×0.1=198,784,118원
1안과 2안의 차이 : 200,000,000원－198,784,118원=1,215,882원

답 ②

15 공인회계사 2022

☑ 확인 Check! ○ △ ✕

주가배수모형에 관한 설명으로 가장 적절하지 않은 것은?

① 다른 조건이 일정하다면 요구수익률(또는 자기자본비용)이 낮을수록 PER(주가수익비율)은 높게 나타난다.

② 성장이 없는 기업의 PER은 요구수익률(또는 자기자본비용)의 역수이다.

③ 다른 조건이 일정하다면 보수적인 회계처리를 하는 기업의 PER은 낮게 나타난다.

④ PBR(주가장부가비율)은 ROE(자기자본이익률)와 PER의 곱으로 표현할 수 있다.

⑤ PER, PBR 또는 PSR(주가매출액비율)을 사용하여 주식가치를 상대평가 할 수 있다.

┃해설┃

보수적인 회계처리를 할 경우 주당이익이 작아지기 때문이다.

① 요구수익률이 낮을수록 주가가 높아지므로 PER이 높게 나타난다.

② 무성장 기업의 주가는 $\dfrac{EPS}{K_e}$ 이므로, $PER = \dfrac{P_0}{EPS_1} = \dfrac{1}{K_e}$ 이다.

④ $PBR = \dfrac{P_0}{BPS_0} = \dfrac{P_0}{EPS_1} \times \dfrac{EPS_1}{BPS_0} = PER \times ROE$

⑤ 주식가치를 상대평가하기 위해서 PER, PBR 또는 PSR이 사용된다.

답 ③

---

16 공인회계사 2022

☑ 확인 Check! ○ △ ✕

연 1회 매년 말에 지급되는 A기업의 배당금은 앞으로 계속 5%의 성장률을 보일 것으로 예상된다. 현재($t=0$) A기업 주식의 주당 내재가치는 50,000원이고 베타는 1.5이다. 무위험이자율은 3%이며 시장포트폴리오의 기대수익률은 10%이다. 전년도 말($t=0$)에 지급된 주당 배당금(D_0)에 가장 가까운 것은? (단, CAPM이 성립한다고 가정한다)

① 4,048원

② 4,250원

③ 4,658원

④ 6,190원

⑤ 6,500원

┃해설┃

$k_e = R_f + [E(R_M) - R_f]\beta = 0.03 + (0.1 - 0.03) \times 1.5 = 0.135$

$P_0 = \dfrac{D_0 \times 1.05}{0.135 - 0.05} = 50,000$원

$\therefore D_0 = 4,047.62$원

답 ①

17 공인회계사 2022

투자안 X의 현금흐름(CF)과 현금흐름이 발생할 확률은 다음 표와 같다. 무위험이자율이 10%이고 투자자 K씨의 효용함수가 $U(W) = \sqrt{W}$일 때, 투자안 X의 위험조정할인율(risk adjusted discount rate)에 가장 가까운 것은?

0기	1기		2기	
CF	CF	확 률	CF	확 률
(−)600만원	400만원	60%	900만원	70%
	100만원	40%	400만원	30%

① 10%
② 11%
③ 13%
④ 15%
⑤ 17%

┃해설┃

1기의 확실성 등가 = $\{(\sqrt{4,000,000원} \times 0.6) + (\sqrt{1,000,000원} \times 0.4)\}^2$ = 256만원

2기의 확실성 등가 = $\{(\sqrt{9,000,000원} \times 0.7) + (\sqrt{4,000,000원} \times 0.3)\}^2$ = 729만원

1기의 기대현금흐름 = (4,000,000원×0.6) + (1,000,000원×0.4) = 280만원

2기의 기대현금흐름 = (9,000,000원×0.7) + (4,000,000원×0.3) = 750만원

$$\frac{280만원}{1+k} + \frac{750만원}{(1+k)^2} = \frac{256만원}{1.1} + \frac{729만원}{1.1^2}, \quad \therefore \ k = 13\%$$

답 ③

18 공인회계사 2022

자본구조이론에 관한 설명으로 가장 적절하지 않은 것은?

① 지분의 분산 정도가 크거나 소유경영자의 지분율이 낮을수록 자기자본의 대리인 비용은 증가할 수 있다.
② Miller(1977)에 의하면 채권시장이 균형일 때 부채기업과 무부채기업의 가치는 동일하다.
③ 자본조달순위이론은 최적자본구조의 존재 여부에 대하여 설명하지 못한다.
④ 부채비율이 높을 때 위험선호 유인, 과소투자 유인, 재산도피 유인 등이 발생할 수 있다.
⑤ MM에 의하면 법인세가 존재하는 경우 부채비율(B/S)의 증가에 따라 가중평균자본비용은 부채비용×(1− 법인세율)로 수렴한다.

MM에 의하면 법인세가 존재하는 경우 부채비율(B/S)의 증가에 따라 가중평균자본비용은 $\rho(1-t)$로 수렴한다.

① 자기자본의 대리인비용은 외부주주의 지분비율이 높아지고 소유경영자의 지분율이 낮아질수록 증가한다.

② Miller(1977)의 균형부채이론에 의하면 경제 전체의 부채시장이 균형일 때 자본구조와 기업가치가 무관해지므로 부채기업과 무부채기업의 가치는 동일하다.

③ 유보이익이 많은 기업은 내부금융을 최대한 많이 이용하는 것이 최적이고, 유보이익이 없는 기업은 부채를 최대한 많이 이용하는 것이 최적이므로 최적자본구조에 대해서는 설명이 불가능하다.

④ 주주의 위험선호유인, 과소투자유인 등은 부채를 과다하게 사용하고 있을 때 나타난다.

답⑤

---

19 공인회계사 2022

☑ 확인 Check! ○ △ ✕

레버리지분석은 매출액의 변화가 영업이익(EBIT) 및 주당순이익(EPS)에 미치는 영향을 파악하기 위해 사용된다. 부채를 사용하지 않는 A기업의 매출액이 250억원에서 275억원으로 증가할 때 EPS는 100원에서 150원으로 증가한다면, 이 기업의 영업레버리지도(DOL)에 가장 가까운 것은?

① 6.5

② 6.0

③ 5.5

④ 5.0

⑤ 4.5

┃해설┃

무부채 기업은 재무레버리지도가 0이어서 영업레버리지도와 결합레버리지도가 같은 값을 가진다. 따라서 매출액이 250억원에서 275억원으로 10% 증가하였을 때 EPS가 100원에서 150원으로 50% 증가하였으므로 결합레버리지도는 5가 된다.

더 살펴보기 | 레버리지의 계산

레버리지의 크기는 각각의 변화율을 비교한 레버리지도(Degree of Operating Leverage)로 측정을 할 수 있는데, 영업레버리지의 크기는 매출액과 영업이익의 변화율을 비교하여 영업레버리지도를 측정하고, 재무레버리지의 크기는 영업이익과 주당순이익의 변화율을 측정하여 재무레버리지도를 측정한다. 결합레버리지의 크기는 영업레버리지도와 재무레버리지도를 곱하여 결합레버리지도를 계산한다.

① 영업레버리지도(DOL ; Degree of Operating Leverage)$= \dfrac{\text{영업이익의 변화율}}{\text{매출액의 변화율}}$

② 재무레버리지도(DFL ; Degree of Financial Leverage)$= \dfrac{\text{주당순이익의 변화율}}{\text{영업이익의 변화율}}$

③ 결합레버리지(DCL ; Degree of Combined Leverage)$= DOL \times DFL$

답④

무부채기업인 U기업의 연간 기대영업이익은 2억원이며, 부채비율(B/S)이 100%인 L기업의 연간 기대영업이익은 5억원이다. 두 기업의 주식수익률에 대한 자료는 다음과 같다.

구 분	주식수익률의 표준편차	시장수익률과의 상관계수
U기업	20%	0.4
L기업	50%	0.6

시장포트폴리오의 기대수익률과 표준편차는 모두 20%이고, 무위험이자율은 5%이다. 법인세율이 40%인 경우 다음 중 가장 적절하지 않은 것은? (단, CAPM과 법인세가 있는 MM이론이 성립한다고 가정한다)

① L기업의 베타는 1.50이다.
② U기업의 자기자본비용은 11.00%이다.
③ L기업의 가중평균자본비용은 12.25%이다.
④ U기업의 가치는 10.91억원이다.
⑤ L기업의 가치가 U기업의 가치보다 8.76억원 더 크다.

▍해설▍

$k_e = 0.05 + (0.2 - 0.05) \times 1.5 = 27.5\%$

$k_0 = (0.5 \times 0.275) + 0.5 \times 0.05 \times (1 - 0.4) = 15.25\%$

① $\beta_L = \dfrac{\rho_L \times \sigma_L}{\sigma_M} = \dfrac{0.6 \times 0.5}{0.2} = 1.5$

② $\beta_U = \dfrac{\rho_U \times \sigma_U}{\sigma_M} = \dfrac{0.4 \times 0.2}{0.2} = 0.4$

　∴ $\rho = 0.05 + (0.2 - 0.05) \times 0.4 = 11\%$

④ $V_U = \dfrac{EBIT(1-t)}{\rho} = \dfrac{2억원 \times (1 - 0.4)}{0.11} = 10.91억원$

⑤ $V_L = \dfrac{EBIT(1-t)}{k_0} = \dfrac{5억원 \times (1 - 0.4)}{0.1525} = 19.67억원$

　∴ 19.67억원 - 10.91억원 = 8.76억원

답 ③

완전자본시장을 가정할 때, 다음 설명 중 적절한 항목만을 모두 선택한 것은? (단, 자사주는 시가로 매입한다고 가정한다)

> a. 주식배당 및 주식분할 후 자기자본 가치는 하락한다.
> b. 현금배당 및 자사주 매입 후 PER(주가수익비율)은 하락한다.
> c. 주식배당 및 주식분할 후 EPS(주당순이익)는 변하지 않는다.
> d. 자사주 매입 및 주식병합 후 EPS는 상승한다.
> e. 현금배당 및 자사주 매입 후 주주의 부는 상승한다.

① a, b   ② a, c

③ b, c   ④ b, d

⑤ c, e

━━━━━━━━━━━━━━━━━━━━━━━━━━━━━━━━━━━━━

┃ 해설 ┃

a. (✕) 주식배당 및 주식분할 후 자기자본가치는 불변이다.

b. (○) 현금배당 및 자사주 매입 후 PER은 하락한다.

c. (✕) 주식배당 및 주식분할 후 EPS는 감소한다.

d. (○) 자사주 매입 및 주식병합 후 EPS는 상승한다.

e. (✕) 현금배당 및 자사주 매입 후 주주의 부는 불변이다.

답 ④

PART 3

채권의 투자전략에 관한 설명으로 가장 적절하지 않은 것은?

① 목표시기 면역전략에 의하면 채권의 듀레이션이 목표투자기간보다 짧은 경우에는 이자율 변동에 따른 투자자의 가격위험이 재투자위험보다 크다.

② 순자산가치 면역전략에 의하면 자산과 부채의 듀레이션을 조정하여 자산가치 변동액과 부채가치 변동액의 차이가 영(0)이 되면 순자산가치는 이자율 변동과 관련 없이 일정하게 된다.

③ 채권의 채무불이행위험이나 수의상환위험은 면역전략을 통해서 제거되지 않는다.

④ 듀레이션만을 이용하는 면역전략은 채권가격과 이자율 간의 비선형관계를 반영하지 못한다.

⑤ 현재의 수익률곡선이 우상향의 모양을 가지며 투자기간 동안 그 형태가 변화하지 않을 것으로 예측되는 경우, 투자자는 수익률곡선타기전략을 사용하여 자본이득을 얻을 수 있다.

목표시기 면역전략에 의하면 채권의 듀레이션이 목표투자기간보다 짧은 경우에는 이자율 변동에 따른 투자자의 재투자
위험이 가격위험보다 크다.

② 순자산가치 면역전략은 자산과 부채의 듀레이션을 조정하여 이자율의 변동에 따른 자산가치 변동액과 부채가치
변동액을 상쇄시킴으로써 이자율 변동과 관계 없이 순자산가치가 일정하도록 하는 전략이다.

③ 면역전략은 이자율변동위험을 제거하는 전략인데, 면역전략을 사용하더라도 채무불이행위험이나 수의상환위험은
제거되지 않는다.

④ 듀레이션만을 이용한 면역전략은 이자율 변동과 채권가격 변동 사이에 선형관계가 성립한다고 가정하기 때문에
채권가격과 이자율 간의 비선형적 관계를 반영하지 못한다.

⑤ 수익률곡선타기 전략은 수익률곡선이 우상향의 모양을 가지며 투자기간 동안 그 형태가 변화하지 않을 것으로
예측되는 경우 투자기간보다 만기가 긴 채권에 투자하여 자본이득을 얻는 전략이다.

답 ①

23 공인회계사 2022

☑ 확인 Check! ○ △ ✕

현재시점($t=0$)에서 1년 만기 현물이자율($_0r_1$)은 6%, 2년 만기 현물이자율($_0r_2$)은 8%이다. 다음 설명 중
적절한 항목만을 모두 선택한 것은? (단, 차익거래는 없다고 가정하며, % 기준으로 소수점 아래 셋째 자리에
서 반올림하여 계산한다)

> a. 1년 후 1년간의 선도이자율($_1f_2$)은 10.04%이다.
>
> b. 기대가설(expectation hypothesis)에 의하면 1년 후 단기이자율($_1r_2$)은 현재시점 1년 만기 현물이자율보다 상승
> 할 것으로 기대된다.
>
> c. 유동성선호가설(liquidity preference hypothesis)에 의하면 유동성프리미엄($_1L_2$)이 3%일 경우 1년 후 단기이자
> 율($_1r_2$)은 현재시점 1년 만기 현물이자율보다 하락할 것으로 기대된다.

① a

② a, b

③ a, c

④ b, c

⑤ a, b, c

a. (○) $(1+0.08)^2 = (1+0.06)(1+{_1f_2})$, $\therefore {_1f_2} = 10.04\%$

b. (○) 기대가설에 의하면 $_1f_2 = {_1r_2} = 10.04\%$의 관계가 성립하므로 1년 후 단기이자율은 현재의 1년 만기 현물이자율
(6%)보다 상승할 것이다.

c. (✕) 유동성선호가설에 의하면 1년 후 단기이자율은 선도이자율과 유동성 프리미엄의 합으로 계산되어 $_1f_2 - {_1L_2} = {_1r_2}$
의 관계가 성립하므로, 1년 후 단기이자율은 $10.04\% - 3\% = 7.04\%$가 되어 1년 만기 현물이자율(6%)보다 상승할
것이다.

답 ②

A기업은 신주를 발행해서 주식교환방식으로 B기업을 합병할 예정이다. 다음은 두 기업의 합병 전 자료이다.

구 분	A기업	B기업
주당순이익	2,500원	2,000원
주가수익비율(PER)	20	15
총발행주식수	10,000주	10,000주

합병 후 합병기업의 당기순이익은 합병 전 두 기업의 당기순이익의 합과 같으며, 합병 후 PER은 20으로 예상된다. 주가 기준으로 주식교환비율이 결정된다면 B기업 주주가 수용할 수 있는 최소 주식교환비율에 가장 가까운 것은?

① 0.50 ② 0.45

③ 0.40 ④ 0.35

⑤ 0.30

┃해설┃

$$P_{AB}^{\,B} = PER_{AB} \times \frac{(2,500원/주 \times 10,000주) + (2,000원/주 \times 10,000주)}{10,000주 + (10,000주 \times ER)} \times ER \geq 30,000원$$

$$\therefore ER \geq 0.5$$

답 ①

PART 3

배당 유형에 대한 설명으로 옳지 않은 것은?

① 현금배당은 가장 보편적인 유형으로 정규현금배당과 특별현금배당으로 구분할 수 있으며, 특별현금배당은 특정 기간에 한해 지급되는 특징이 있다.

② 청산배당은 채권자지분을 지급하고 남은 영업이익을 주주에게 배분하는 것이다.

③ 주식배당은 해당 회사의 주식으로 지급하는 유형이므로 실질적인 현금 지출이 발생하지 않는다.

④ 주식배당과 주식분할은 회계처리방법이 다르지만 모두 발행주식수를 증가시킨다.

┃해설┃

청산배당은 기업이 그 활동을 종료하고 시장을 떠날 때 유동자산 및 비유동자산에서 부채를 차감하고 남은 순자산 가치를 주주들에게 분배하는 과정이다.

① 현금배당은 매년 일정시기에 지급되는 정규현금배당과 특정 기간에 한해 지급되는 특별현금배당으로 구분할 수 있다.

③ 주식배당은 실질적인 현금 지출이 발생하지 않고 단지 서류상으로만 주식이 지급되는 유형이다.

④ 주식배당과 주식분할은 발행주식수를 증가시킨다는 공통점이 있으나 주식분할은 별도의 회계처리가 필요없는 반면 주식배당은 이익잉여금의 처분이라는 회계처리가 필요하다는 차이가 있다.

답 ②

금융시장에서 만기 및 액면금액이 동일한 채권 A와 채권 B가 존재하고 이 채권들의 액면이자율과 현재 $(t=0)$ 시장가격이 다음 표에 제시되어 있다. 다음 표의 자료를 이용하여 $_0i_4$가 현재$(t=0)$ 시점에서 4년 만기 현물이자율일 때 $(1+{}_0i_4)^4$은 얼마인가? 액면이자는 연 1회 지급된다.

구 분	채권 A	채권 B
만 기	4년	4년
액면금액	10,000원	10,000원
액면이자율	10%	20%
현재 시장가격	8,000원	11,000원

① 1.5　　　　　　　　　　　　　　② 1.75

③ 2.0　　　　　　　　　　　　　　④ 2.25

⑤ 2.5

┃해설┃

A채권을 2개 매입하고, B채권을 1개 매도하면 현재 시점의 차액 현금흐름은 $5,000$원이고, 4년 후의 차액 현금흐름은 $10,000$원이 된다. 따라서 $\dfrac{10,000원}{(1+_0i_4)^4}=5,000$원의 관계가 성립해야 하므로 $(1+_0i_4)^4$는 2가 된다.

답 ③

---

27 공인회계사 2021

☑ 확인Check! ○ △ ✕

A기업은 부채비율(B/S ; 타인자본가치/자기자본가치) 100%를 유지한다. A기업의 부채는 채권발행으로 조달된다. A기업의 영업위험만 반영된 베타는 1.0이고 채권베타는 0.3이다. A기업은 영업활동으로 매년 말 세전현금흐름 500억원을 영구적으로 산출한다. 법인세율 30%, 무위험수익률 5%, 시장포트폴리오의 기대수익률은 10%이다. 채권에 대해 지급하는 이자율은 채권의 기대수익률과 동일하다고 가정한다. CAPM 및 MM수정이론(1963)이 성립한다고 가정한다. 1년 말 세전현금흐름의 확실성등가에 가장 가까운 것은? (단, 소수는 소수점 아래 다섯째 자리에서 반올림하고 금액은 백만원 단위에서 반올림하여 계산하시오)

① 315.6억원   ② 369.5억원
③ 422.8억원   ④ 483.9억원
⑤ 534.5억원

┃해설┃

$\rho=0.05+(0.1-0.05)\times 1=10\%$

$k_0=\rho(1-t\dfrac{B}{V})=0.1\times(1-0.3\times\dfrac{1}{2})=8.5\%$

$\dfrac{500억원}{1+0.085}=\dfrac{CEQ_1}{1+0.05}$

$\therefore CEQ_1=483.9억원$

답 ④

채권 듀레이션에 관한 설명으로 가장 적절하지 않은 것은?

① 무이표채의 경우 만기가 길어지면 듀레이션이 증가한다.

② 목표시기와 듀레이션을 일치시키는 채권 포트폴리오를 보유하면 목표시기까지 이자율의 중간 변동에 대하여 면역이 되므로 채권 포트폴리오를 조정할 필요가 없다.

③ 목표시기면역전략 수행에 있어서 다른 조건이 동일할 때 시간이 경과함에 따라 채권 포트폴리오의 듀레이션을 감소시키는 조정이 필요하다.

④ 다른 조건이 동일할 때 연간 이자지급횟수가 증가하면 채권의 듀레이션은 감소한다.

⑤ 영구채의 듀레이션은 시장이자율과 연간 이자지급횟수에 의하여 결정된다.

┃해설┃

이자율이 변화할 경우 채권의 듀레이션이 바뀌게 된다. 따라서 이자율이 변화한 뒤의 듀레이션과 목표투자기간이 같아지도록 채권 포트폴리오를 조정할 필요가 있다.

① 무이표채의 경우 듀레이션과 만기가 일치하므로 만기가 길어지면 듀레이션도 역시 증가한다.

③ 시간이 경과하면 목표투자기간이 감소하므로, 채권 포트폴리오의 듀레이션을 감소시키는 조정이 필요하게 된다.

④ 연간 이자지급횟수가 증가하면 현재시점에 가까운 시점의 현금흐름이 증가하여 듀레이션이 감소하게 된다.

⑤ 영구채의 듀레이션은 '1+연간 이자지급횟수'를 시장이자율로 나눈 값이다.

답 ②

레버리지에 관한 설명으로 적절한 항목만을 모두 선택한 것은?

> a. 손익분기점 미만의 매출액 수준에서는 영업레버리지도(DOL)가 음(−)의 값으로 나타난다.
> b. 영업레버리지도(DOL)가 크다는 것은 영업이익 변화율에 비해 매출액 변화율이 크다는 것을 의미한다.
> c. 레버리지효과가 없을 경우 영업레버리지도(DOL)와 재무레버리지도(DFL)는 모두 0과 1사이의 값으로 나타난다.
> d. 재무레버리지도(DFL)와 결합레버리지도(DCL)가 각각 4, 8일 때, 매출액이 10% 증가하면, 영업이익은 20% 증가한다.
> e. 재무레버리지는 이자비용 중에서 영업고정비의 비중 증가에 따른 순이익 확대효과를 의미한다.

① a, d   ② b, d

③ c, d   ④ a, c, d

⑤ a, c, e

a. (○) 손익분기점 미만의 매출액 수준에서는 영업이익이 음(−)이므로 공헌이익을 영업이익으로 나눈 영업레버리지도 역시 음(−)의 값으로 나타난다.
b. (×) 영업레버리지도가 크다는 것은 매출액 변화율에 비해 영업이익 변화율이 크다는 것을 의미한다.
c. (×) 레버리지효과가 없을 경우 영업레버리지도와 재무레버리지도는 모두 1이다.
d. (○) 재무레버리지도가 4이고, 결합레버리지도가 8이면 영업레버리지도는 2이다. 따라서 매출액이 10% 증가하면 영업이익은 20% 증가한다.
e. (×) 재무레버리지는 이자비용 중에서 영업고정비의 비중 증가에 따른 순이익 확대효과를 의미한다.

답 ①

30 공인회계사 2021

☑ 확인Check! ○ △ ✕

무위험부채를 보유한 A기업의 현재 법인세율은 30%이고 주식베타는 2.0이다. A기업과 부채비율 이외의 모든 것이 동일한 무부채 기업인 B기업의 베타는 1.0, 기업가치는 50억원, 법인세율은 30%이다. CAPM과 MM수정이론(1963)을 가정할 때, A기업의 이자비용 절세효과(interest tax shield effect)의 현재가치(PV)에 가장 가까운 것은? (단, 금액은 억원 단위로 표시하고, 소수점 아래 셋째 자리에서 반올림한다)

① 2.71억원
② 4.71억원
③ 6.71억원
④ 8.71억원
⑤ 10.71억원

$$\beta_L = \beta_U\left[1 + (1-t) \times \frac{B}{S}\right]$$

$$2 = 1 \times \left[1 + (1-0.3) \times \frac{B}{S}\right]$$

$\dfrac{B}{S} = \dfrac{1}{0.7}$ 이므로 $\dfrac{B}{V_L} = \dfrac{1}{1.7}$ 이 된다. 따라서, $V_L = 1.7B$ 의 관계가 성립한다.

또한, $V_L = V_U + B \cdot t$ 이므로 $V_L = 50$억원$+ 0.3B$ 임을 알 수 있다. 이를 통해 V_L은 60.71억원으로 계산되며, A기업의 이자비용 절세효과의 현재가치는 60.71억원−50억원=10.71억원이 된다.

답 ⑤

배당평가모형에 따른 주식가치 평가에 관한 설명으로 적절한 항목만을 모두 선택한 것은?

a. 전액 배당하는 무성장 영구기업의 주가수익배수(PER)는 요구수익률과 정(+)의 관계를 갖는다.

b. A기업의 배당성장률(g)은 항상 2%이다. A기업의 현재 이론주가(P_0)가 10,000원, 주식투자자의 요구수익률이 10%일 때, 최근 지급된 배당액(D_0)은 750원보다 적다.

c. 유보율이 0인 무성장 영구기업의 경우 현재 이론주가(P_0)는 주당순이익(EPS_1) ÷ 자기자본비용(K_e)으로 추정할 수 있다.

d. 항상(일정)성장모형을 통해 주가 추정시 주주 요구수익률이 성장률보다 작을 경우에 한해 현재 이론주가(P_0)가 추정된다.

e. 배당평가모형은 미래배당을 현재가치화한 추정모형이다.

① a, b   ② b, e

③ c, e   ④ a, c, e

⑤ a, d, e

❘ 해설 ❘

a. (✕) 무성장 영구기업의 경우 PER은 요구수익률의 역수로 나타낼 수 있으므로 PER과 요구수익률은 음(−)의 관계를 갖는다.

b. (✕) $P_0 = \dfrac{D_0(1+g)}{k_e - g} = \dfrac{D_0(1+0.02)}{0.1-0.02} = 10,000원, \quad \therefore \ D_0 = 784.31원$

c. (○) 유보율이 0인 무성장 영구기업의 경우 주당순이익만큼의 배당금을 매년 영구히 지급하므로 현재 이론주가(P_0)는 주당순이익(EPS_1) ÷ 자기자본비용(K_e)으로 추정할 수 있다.

d. (✕) 항상(일정)성장모형을 통해 주가 추정시 주주 요구수익률이 성장률보다 클 경우에 한해 현재 이론주가(P_0)가 추정된다.

e. (○) 배당평가모형은 미래배당액의 현재가치를 통해 주가를 추정하는 모형이다.

답 ③

경제적 부가가치(EVA)에 관한 설명으로 적절한 항목만을 모두 선택한 것은?

> a. EVA는 투하자본의 효율적 운영 수준을 나타낸다.
> b. EVA는 영업 및 영업외 활동에 투자된 자본의 양적, 질적 측면을 동시에 고려한다.
> c. EVA는 자기자본이익률과 가중평균자본비용의 차이에 투하자본을 곱해서 산출한다.
> d. EVA는 투하자본의 기회비용을 반영해 추정한 경제적 이익의 현재가치의 합이다.
> e. EVA는 당기순이익에 반영되지 않는 자기자본비용을 고려하여 산출한다.

① a, b ② b, c
③ a, e ④ b, c, e
⑤ b, d, e

┃해설┃

a. (○) EVA는 투하자본의 수익률에서 기회비용인 가중평균자본비용을 차감한 후 투하자본을 곱해서 계산하므로 투하자본의 효율적 운영 수준을 나타낸다.
b. (✕) EVA는 영업에 투자된 자본의 양적, 질적 측면만을 고려한다.
c. (✕) EVA는 세후영업이익률과 가중평균자본비용의 차이에 투하자본을 곱해서 산출한다.
d. (✕) 투하자본의 기회비용을 반영해 추정한 경제적 이익의 현재가치의 합은 시장부가가치(MVA)이다.
e. (○) 당기순이익은 자기자본비용을 고려하지 않은 성과이고, EVA는 당기순이익에 반영되지 않는 자기자본비용까지 고려한 성과이다.

답 ③

무부채기업인 A기업의 자기자본은 10억원이다. A기업에서는 매년 0.7억원의 영구 무성장 세후영업이익이 발생하며, 법인세율은 30%이다. A기업은 이자율 5%의 영구채 5억원 발행자금 전액으로 자사주 매입소각 방식의 자본구조 변경을 계획 중이다. MM수정이론(1963)을 가정할 때, 자본구조 변경에 따른 가중평균자본비용에 가장 가까운 것은? (단, 자본비용은 % 기준으로 소수점 아래 셋째 자리에서 반올림한다)

① 6% ② 8%
③ 10% ④ 12%
⑤ 14%

┃해설┃

$$V_L = V_U + B \times t = 10억원 + 5억원 \times 0.3 = 11.5억원$$

$$V_L = \frac{0.7}{k_0} = 11.5억원, \quad \therefore \ k_0 = 6.09\%$$

답 ①

주식배당에 관한 설명으로 가장 적절하지 않은 것은?

① 정보비대칭 하의 불완전자본시장을 가정할 경우 주식배당은 기업내부에 현금이 부족하다는 인식을 외부에 주는 부정적 효과가 있을 수 있다.

② 주식배당은 유보이익의 영구자본화를 가능하게 한다.

③ 완전자본시장의 경우 주식배당 실시 여부와 관계없이 주주의 부는 불변한다.

④ 주식배당은 주가를 상승시킴으로써 주식거래에 있어 유동성을 증가시킨다.

⑤ 주식배당의 경우 발행비용을 발생시켜 동일한 금액 수준의 현금배당보다 비용이 많이 들 수 있다.

▌해설▐

주식배당은 주가를 하락시킴으로써 주식거래에 있어 유동성을 증가시킨다.

① 정보비대칭 하에서 주식배당은 기업내부에 현금이 부족하다는 인식을 외부에 주는 부정적 효과와 좋은 투자기회를 가지고 있다는 긍정적 효과를 얻을 수 있다.

② 주식배당은 이익잉여금의 전입을 통해 유보이익의 영구자본화를 가능하게 한다.

③ 완전자본시장의 경우 주식배당을 실시하더라도 주식 수의 증가에 대응하여 주가가 하락하므로 주주의 부는 불변한다.

⑤ 주식배당의 경우 주권의 발행비용을 발생시키므로 비용이 많이 들 수 있다는 단점이 있다.

답 ④

다음 표는 채권 A, B, C의 액면이자율을 나타낸다. 현재($t=0$) 모든 채권의 만기수익률은 10%이며, 1년 후($t=1$)에도 유지된다고 가정한다. 채권들의 액면금액과 잔존만기(2년 이상)가 동일하며, 액면이자는 연 1회 지급된다. 다음 설명 중 가장 적절하지 않은 것은?(단, t시점 경상수익률$=\dfrac{\text{연간 액면이자}}{t\text{시점 채권가격}}$)

채 권	액면이자율
A	9%
B	10%
C	11%

① 채권 A의 현재 가격은 채권 B의 현재 가격보다 작다.

② 채권 A의 현재 경상수익률은 채권 B의 현재 경상수익률보다 높다.

③ 채권 A의 1년 후 경상수익률은 현재 경상수익률에 비해 낮다.

④ 채권 C의 1년 후 경상수익률은 현재 경상수익률에 비해 높다.

⑤ 채권 C의 1년 후 듀레이션은 현재 채권 C의 듀레이션에 비해 작다.

채권 A는 할인채이므로 경상수익률은 10%보다 작다. 하지만 채권 B는 액면채이므로 경상수익률과 액면수익률 모두 10%이다. 따라서 채권 A의 경상수익률은 채권 B에 비해 낮다.

① 채권 A는 할인채, 채권 B는 액면채이므로 채권 A의 현재가격이 채권 B의 현재 가격보다 작다.

③ 할인채는 시간이 경과하면 가격이 상승하므로 1년 후 경상수익률은 현재에 비해 낮다.

④ 할증채는 시간이 경과하면 가격이 하락하므로 1년 후 경상수익률은 현재에 비해 높다.

⑤ 채권의 잔존기간이 줄어들수록 듀레이션도 줄어들게 된다. 따라서 1년 후 듀레이션은 현재의 듀레이션에 비해 작다.

답 ②

36 서울시 7급 2021

☑ 확인 Check! ○ △ ✕

효율적 시장의 특성에 대한 설명으로 가장 옳지 않은 것은?

① 과거 시점의 가격 변화와 현재 시점의 가격 변화는 상관관계가 있다.

② 시장이 정보를 입수하자마자 증권가격은 이들 정보에 신속하게 반응한다.

③ 어느 시점에 이용 가능한 정보를 바탕으로 투자전략이나 거래 규칙을 수립했을 때, 미래 평균투자수익률 이상의 투자 성과를 지속적으로 얻을 수 없다.

④ 특정 정보를 알고 있는 전문 투자자들과 모르고 있는 투자자들의 평균적인 투자 성과에는 유의미한 차이가 없다.

■ 해설 ■

과거 시점의 가격 변화와 현재 시점의 가격 변화가 상관관계에 있다는 것은 효율적 시장가설과는 연관성이 없는 내용이다.

② 과거의 가격패턴은 이미 주식가격에 반영되어 있으므로 이를 활용하여 미래의 가격을 예측하거나 초과수익률을 달성할 수는 없다는 약형 효율성과 연결된다.

③ 과거의 역사적 정보뿐만 아니라 일반 대중에게 공개된 모든 공적 정보가 완전하고 즉각적으로 시장가격에 반영되므로, 재무제표를 활용하여 증권의 내재가치를 파악하고 주가를 예측하는 기본적 분석 역시 별 의미를 갖지 못한다는 준강형 효율성과 연결된다.

④ 과거의 역사적 정보와 공적 정보뿐만 아니라 대중에게 미공개된 사적 정보까지 완전하고 즉각적으로 증권의 시장가격에 반영되어 모든 정보가 완벽하게 주가에 반영되어 있으므로 내부자정보를 활용한 거래를 하더라도 추가수익률을 얻을 수 없다는 강형 효율성과 연결된다.

더 살펴보기   효율적 시장가설

① 자본시장이론에서는 증권가격이 이용 가능한 모든 중요한 정보를 완전하고 신속하게 반영한다고 가정하고 있고, 이를 효율적 시장가설(EMH ; Efficient Market Hypothesis)이라고 한다.

② 효율적 시장가설은 다시 약형 효율성, 준강형 효율성, 강형 효율성으로 구분되는데, 약형 효율적 시장은 모든 과거의 정보가 주가에 반영되어 있는 시장이고, 준강형 효율적 시장은 대중에게 공개되는 모든 정보가 신속하고 정확하게 증권가격에 반영되는 시장으로 현재 주식가격은 과거의 주가변동 정보를 완벽히 반영하고 현재 정보도 반영되어 있으므로 투자에 대한 정보분석이 필요 없는 시장이다. 마지막으로 강형 효율적 시장은 공개된 정보뿐만 아니라 비공개된 내부정보도 현재 증권가격에 반영된 것으로 간주하는 시장이다.

답 ①

PART 3

37 가맹거래사 2021 ☑ 확인 Check! ○ △ ✕

배당정책에 관한 설명으로 옳지 않은 것은?

① 고든(M. Gordon)의 '손 안에 있는 새'는 배당유관설과 관련이 있다.

② 밀러(M. Miller)와 모딜리아니(F. Modigliani)는 배당무관설을 주장했다.

③ 액면분할은 이론상 기업의 가치에 아무런 영향을 주지 않는다.

④ 주식배당은 기업의 이익 중 주식배당금 만큼 자본금으로 편입시키기 때문에 주주의 부를 증가시킨다.

⑤ 현금배당은 배당락이 있으나 자사주매입은 배당락이 없는 배당의 특수형태라고 할 수 있다.

┃해설┃

주식배당은 이익 배당의 일부나 전부를 현금 대신 신주를 발행하여 주주에게 지급하는 것이며, 미처분이익잉여금을 자본금으로 전환하는 것이므로 순자산(자본)의 변동은 없다.

① 고든은 주주들이 현재의 확실한 소득인 배당을 불확실한 소득인 자본이득보다 더욱 선호할 것이라 주장하였다. 이를 '손 안에 있는 새'에 비유한다.

② MM은 완전자본시장 하에서 배당정책과 기업가치가 무관하다고 설명하였다.

③ 액면분할은 주식회사에서 자본금의 증자 없이 기존 주식의 액면가를 하락시켜 총 주식수를 늘리는 것이다. 따라서 분할 전후의 총 가치는 일정하다.

⑤ 배당락은 주식의 배당 기준일이 지나 배당금을 받을 권리가 없어지는 것을 뜻한다. 보통 배당기준일 다음 날의 주가는 기지급된 배당금만큼 하락한다.

답 ④

---

38 공인회계사 2020 ☑ 확인 Check! ○ △ ✕

A씨는 1월 1일($t=0$)에 H은행에서 원리금균등분할상환 조건으로 1,000,000원을 대출받았다. 대출의 이자율과 만기는 각각 연 5%와 3년이고, 원리금은 매년 말 1회 상환된다. 1년 말($t=1$)에 상환되는 원리금에서 이자지급액의 원금상환액에 대한 비율(이자지급액/원금상환액)을 계산한 값에 가장 가까운 것은? (단, 연 1회 복리를 가정하고, $PVIF$(5%, 3)=0.8638, $PVIFA$(5%, 3)=2.7232이다)

① 7.32%   ② 9.30%

③ 10.76%   ④ 13.62%

⑤ 15.76%

┃해설┃

원리금 상환액 : 1,000,000원 ÷ $PVIFA$(5%, 3)=1,000,000원 ÷ 2.7232=367,215원

말일 이자지급액 : 1,000,000원 × 0.05=50,000원

말일 원금상환액 : 367,215원 − 50,000원=317,215원

비율 : $\dfrac{50,000원}{317,215원}$ = 15.76%

답 ⑤

---

39 공인회계사 **2020**

S기업 보통주의 현재 내재가치(P_0)는 20,000원이다. 전기말($t=0$) 주당순이익(EPS_0)과 내부유보율은 각각 5,000원과 60%이다. 배당금은 연 1회 매년 말 지급되고 연 2%씩 영구히 성장할 것으로 예상된다. 무위험수익률은 2%이고 시장위험프리미엄은 6%일 때, 다음 중 가장 적절하지 않은 것은? (단, CAPM이 성립하고, 내부유보율, 무위험수익률, 시장위험프리미엄은 변하지 않는다고 가정한다)

① 당기말($t=1$) 기대배당금은 2,040원이다.

② 자기자본비용은 12.2%이다.

③ 주식의 베타는 1.6이다.

④ 만약 베타가 25% 상승한다면, 자기자본비용은 상승한다.

⑤ 만약 베타가 25% 상승한다면, 내재가치($t=0$)는 16,000원이 된다.

━━━

❚ 해설 ❚

$k_e = r_f + [(E(r_M) - r_f] \times \beta = 0.02 + 0.06 \times \beta = 12.2\%, \quad \therefore \quad \beta = 1.7$

① $d_1 = d_0(1+g) = 5,000원 \times (1-0.6) \times (1+0.02) = 2,040원$

② $k_e = \dfrac{d_1}{P_0} + g = \dfrac{2,040원}{20,000원} + 0.02 = 12.2\%$

④ 시장위험프리미엄이 6%로 양(+)이므로 베타가 상승하면 자기자본비용은 상승한다.

⑤ $P_0 = \dfrac{2,040원}{0.1475 - 0.02} = 16,000원$

답 ③

PART 3

D기업의 자본구조는 부채 20%와 자기자본 80%로 구성되어 있다. 이 기업의 최고경영진은 부채를 추가로 조달하여 자사주매입 후 소각을 통해 부채비율$\left(=\dfrac{\text{부채}}{\text{자기자본}}\right)$을 100%로 조정하고자 한다. 현재 무위험수익률은 3%이고, D기업 보통주의 베타는 2.3이며 법인세율은 40%이다. 부채를 추가로 조달한 후의 베타에 가장 가까운 것은? (단, CAPM 및 MM의 수정이론(1963)이 성립하고, 부채비용은 무위험수익률과 동일하다고 가정한다)

① 3.05
② 3.10
③ 3.15
④ 3.20
⑤ 3.25

┃해설┃

$$\beta_L = \beta_U\left[1+(1-t)\times\frac{B}{S}\right]$$

$$2.3 = \beta_U\left[1+(1-0.4)\times\frac{20}{80}\right], \quad \therefore \; \beta_U = 2$$

부채를 추가로 조달한 후의 베타 $\beta_L = 2\times[1+(1-0.4)\times1] = 3.2$

답 ④

N기업은 전기말($t=0$)에 주당 1,000원의 배당금을 지급하였고, 배당은 연 2%씩 영구히 성장할 것으로 예상된다. 현재 보통주의 시장가격과 내재가치는 동일하게 10,000원이고, 법인세율은 40%이며, 무위험수익률은 3%이다. N기업의 부채는 채권만으로 구성되어 있다고 가정하고, 채권의 이표이자율은 5%, 시장가격은 채권의 액면가와 동일하다. 만약 이 기업의 가중평균자본비용(WACC)이 8.98%라면, 다음 중 부채비율 $\left(=\dfrac{\text{부채}}{\text{자기자본}}\right)$에 가장 가까운 것은? (단, 내부유보율은 일정하다고 가정한다)

① 47.06%

② 53.85%

③ 66.67%

④ 72.41%

⑤ 81.82%

▌해설▌

$k_d = 5\%$

$k_e = \dfrac{d_1}{P_0} + g = \dfrac{1,000원 \times 1.02}{10,000원} + 0.02 = 12.2\%$

$k_0 = 0.122 \times \dfrac{S}{V} + 0.05 \times (1-0.4) \times \left(1 - \dfrac{S}{V}\right) = 8.98\%$, $\therefore \dfrac{S}{V} = 65\%$, $\dfrac{B}{V} = 35\%$, $\dfrac{B}{S} = 53.85\%$

답 ②

자본구조이론에서 고려하는 기업의 대리인문제와 가장 관련이 없는 것은?

① 잠식비용(erosion cost)

② 감시비용(monitoring cost)

③ 과소투자유인(under-investment incentive)

④ 확증비용(bonding cost)

⑤ 위험선호유인(risk incentive)

▌해설▌

잠식비용은 어떠한 경제적 대안의 결과로 음(-)의 결과를 가져오는 효과를 말하는 것으로 대리인 문제와는 무관한 개념이다.

답 ①

배당 이론 및 정책에 관한 설명으로 적절한 항목만을 모두 선택한 것은?

> a. 배당의 고객효과이론에 의하면 소득세율이 높은 고소득자는 저배당주를 선호하며, 소득세율이 낮은 저소득자는 고배당주를 선호한다.
> b. 안정배당이론에 의하면 기업의 순이익이 급증할 때 배당성향이 단기적으로 감소하는 경향이 있다.
> c. MM의 배당이론(1961)에 의하면 배당정책이 주주의 부에 영향을 미치지 않으며 주주들은 배당소득과 자본이득을 무차별하게 생각한다.
> d. 잔여배당이론에 의하면 수익성이 높은 투자기회를 다수 보유하는 기업의 배당성향이 낮은 경향이 있다.
> e. 현금배당 시 주당순이익(EPS) 및 부채비율은 변동하지 않으며 자사주매입 시 주당순이익 및 부채비율은 증가한다.

① a, e ② c, d
③ a, b, c ④ b, d, e
⑤ a, b, c, d

┃해설┃
a. (○) 배당의 고객효과이론에 의하면 소득세율이 높은 고소득자는 절세를 위해 배당보다는 유보를 선호하고 소득세율이 낮은 저소득자는 배당을 선호한다.
b. (○) 안정배당이론은 매년 일정금액의 배당을 지급하는 정책으로 기업의 당기순이익이 증가하면 배당은 일정하므로 배당성향이 감소한다.
c. (○) MM의 배당이론에 따르면 주주들은 자가배당조정을 통하여 배당소득과 자본이득을 자유롭게 대체할 수 있으므로 배당정책은 주주의 부에 영향을 미치지 않는다.
d. (○) 잔여배당정책은 기업에 필요한 투자 등에 대해 먼저 가용자금을 사용하고 남은 금액을 배당하는 정책으로 투자할 곳이 많은 신생기업 등이 사용하는 정책이다. 이러한 기업들은 당기순이익의 대부분을 투자금으로 사용하므로 배당성향이 낮은 경향이 있다.
e. (✕) 현금배당 시 주당순이익은 변동하지 않으나 자기자본의 가치가 하락하여 부채비율은 증가한다. 자사주매입 시에는 주당순이익과 부채비율 모두 증가한다.

답 ⑤

44 공인회계사 2020

☑ 확인 Check! ○ △ ✕

무부채기업인 A기업과 B기업의 시장가치는 각각 200억원, 300억원이고, 주식베타는 각각 1.5, 1.1이다. 두 기업은 합병하며 시너지는 발생하지 않는다. 합병기업은 위험부채를 발행하고 자사주를 매입하여 부채비율 $\left(=\dfrac{\text{부채}}{\text{자기자본}}\right)$ 이 150%가 되도록 자본구조를 변경할 계획이다. 위험부채의 베타는 0.3, 무위험이자율은 5%, 시장포트폴리오의 기대수익률은 10%, 법인세율은 30%이다. 합병기업의 자기자본비용에 가장 가까운 것은? (단, CAPM 및 MM의 수정이론(1963)이 성립한다고 가정한다. 소수점 아래 넷째 자리에서 반올림하여 계산하시오)

① 10.3% ② 12.5%
③ 14.2% ④ 16.3%
⑤ 18.4%

┃해설┃

자본구조 변경 전 합병기업의 베타(β_U^{AB})

$$\beta_U^A \times \frac{V_A}{V_A + V_B} + \beta_U^B \times \frac{V_B}{V_A + V_B} = 0.4 \times 1.5 + 0.6 \times 1.1 = 1.26$$

자본구조 변경 후 합병기업의 베타(β_L^{AB})

$$\beta_U + (\beta_U - \beta_B)(1-t)\frac{B}{S} = 1.26 + (1.26 - 0.3) \times (1-0.3) \times 1.5 = 2.268$$

합병기업의 자기자본비용

$$k_e = r_f + [E(r_M) - r_f]\beta_L^{AB} = 0.05 + (0.1 - 0.05) \times 2.268 = 16.34\%$$

답 ④

PART 3

45 공인회계사 2020

☑ 확인 Check! ○ △ ✕

현재시점($t=0$)에서 1년 현물이자율($_0i_1$)은 6%, 2년 현물이자율($_0i_2$)은 9%, 1년 후 1년 동안의 유동성프리미엄($_1l_2$)은 1.5%이다. 유동성선호이론이 성립할 경우, 1년 후 1년 동안의 기대이자율 $[E(_1i_2)]$에 가장 가까운 것은? 소수점 아래 다섯째 자리에서 반올림하여 계산하시오.

① 10.58% ② 11.50%
③ 12.08% ④ 13.58%
⑤ 14.50%

┃해설┃

$(1+0.09)^2 = (1+0.06)[1 + E(_1i_2) + 0.015]$, ∴ $E(_1i_2) = 10.58\%$

답 ①

46 공인회계사 2020

채권에 관한 설명으로 적절한 항목만을 모두 선택한 것은?

a. 현재시점($t=0$)에서 수익률곡선이 우상향할 경우, t년 현물이자율 $_0i_t$보다 t기의 선도이자율 $_{t-1}f_t$가 더 높다.

b. 현재의 우상향 수익률곡선이 향후 변하지 않을 경우, 수익률곡선타기 채권투자전략으로 추가적인 자본이득을 얻을 수 있다.

c. 액면가, 만기, 만기수익률(YTM)이 동일한 일반사채의 경우, 이표이자율이 작을수록 볼록성이 커진다. 따라서 무이표채의 볼록성은 이표채보다 크다.

d. 다른 조건이 동일할 경우, 일반사채의 듀레이션보다 수의상환조건이 있는 채권의 듀레이션은 크며 일반사채의 듀레이션보다 상환청구권이 있는 채권의 듀레이션은 작다.

e. 고정이자부 채권으로 구성된 자산 포트폴리오의 듀레이션은 2.5이고 시장가치는 1,400억원이다. 고정이자부 부채 포트폴리오의 시장가치가 1,000억원일 경우, 순자산의 가치를 이자율위험에 대하여 완전면역화하는 부채 포트폴리오의 듀레이션은 3.5이다.

① a, b

② c, d

③ a, c, d

④ b, d, e

⑤ a, b, c, e

┃해설┃

a. (○) 선도이자율은 현물이자율들의 한계수익률이므로 수익률 곡선이 우하향할 경우 선도이자율이 현물이자율보다 높다.

b. (○) 수익률곡선타기전략은 수익률 곡선이 우상향할 경우 선소이자율 만큼의 수익을 얻으므로 추가적인 자본이득을 얻을 수 있다.

c. (○) 이표이자율이 작을수록 듀레이션은 커지며 듀레이션이 커질수록 볼록성은 체증적으로 증가한다. 따라서 무이표채의 볼록성은 이표채보다 크다.

d. (✕) 수의상환채권, 상환청구권부채권의 듀레이션은 일반사채의 듀레이션보다 작다.

e. (○) $D_A \times A_0 = D_L \times L_0$

$2.5 \times 1,400억원 = D_L \times 1,000억원, \quad \therefore \ D_L = 3.5$

🖩 ⑤

47 서울시 7급 2020

재무관리에 대한 설명으로 가장 옳지 않은 것은?

① 잉여금이나 주식 발행은 자기자본의 조달 원천이다.
② 주식으로 인한 자본비용 지출을 최소화할 수 있도록 배당을 관리한다.
③ 자본조달 과정에서는 자본비용을 극대화하여 투자안의 경제성을 높인다.
④ 자산의 규모와 유동성을 고려하여 사업별 투자 결정을 한다.

┃ 해설 ┃
자본비용은 자본사용에 대한 대가이다. 이 값이 작아져야 투자안의 현금흐름에 대한 할인율이 낮아지므로 투자경제성이 커진다.

답 ③

48 국가직 7급 2020

운전자본관리에 대한 설명으로 옳지 않은 것은?

① 매입채무회전기간을 연장하면 현금전환주기를 단축시킬 수 있다.
② 영업주기는 재고자산회전기간과 매출채권회전기간을 합한 것이다.
③ 매출채권관리에서 현금할인율이 높을수록 매출채권의 회수속도가 빨라진다.
④ 보수적 단기자본조달은 유동자산을 주로 단기부채로 조달하는 방법이다.

┃ 해설 ┃
보수적 단기자본조달은 유동자산을 주로 장기부채로 조달하는 방법이다.
① 현금전환주기는 기업이 원재료 및 재고를 구입하기 위해서 지급한 현금이 제품 및 상품의 판매를 통해서 다시 기업으로 돌아오는 기간이며, '재고자산회전일＋매출채권회전일－매입채무회전일'로 계산한다.
② 영업주기는 상품의 매입시점부터 판매후 대금회수 시점까지의 기간이며 '재고자산회전일＋매출채권회전일'로 계산한다.
③ 현금할인율이 높다면 이에 따라 매출채권의 회수속도도 빨라진다.

답 ④

(주)기해의 올해 말$(t=1)$ 주당순이익은 1,500원으로 예상된다. 이 기업은 40%의 배당성향을 유지할 예정이며, 자기자본순이익률(ROE)은 20%로 매년 일정하다. 주주들의 요구수익률이 연 15%라면, 현재 시점$(t=0)$에서 이론적 주가에 기초한 주당 성장기회의 순현가(NPVGO)는 얼마인가? (단, 배당은 매년 말 연 1회 지급한다)

① 10,000원   ② 16,000원

③ 20,000원   ④ 24,000원

⑤ 28,000원

┃해설┃

$$NPVGO = \frac{d_1}{k_e - g} - \frac{EPS_1}{k_e} = \frac{1{,}500원 \times (1-0.6)}{0.15-0.12} - \frac{1{,}500원}{0.15} = 10{,}000원$$

답 ①

다음 정보를 이용하여 계산된 (주)명동의 가중평균자본비용과 가장 가까운 것은?

> (주)명동 주식의 베타는 1.2이고 부채비율$\left(= \dfrac{부채}{자기자본}\right)$은 150%이다. (주)명동이 발행한 회사채는 만기 2년, 액면가 1,000,000원인 무이표채이다. 현재 만기가 1년 남은 이 회사채의 시장가격은 892,857원이고, 이 회사의 다른 부채는 없다. 시장포트폴리오의 기대수익률은 연 10%이고 무위험수익률은 연 2%이며 법인세율은 30%이다.

① 9.68%   ② 10.24%

③ 11.84%   ④ 12.56%

⑤ 14.02%

┃해설┃

$$892{,}857원 = \frac{1{,}000{,}000원}{1+k_d}, \quad k_d = \frac{1{,}000{,}000원}{892{,}857원} - 1 = 12\%$$

$$k_e = R_f + [E(R_M) - R_f]\beta_L = 0.02 + (0.1-0.02) \times 1.2 = 11.6\%$$

$$\therefore \ k_0 = k_d(1-t) \times \frac{B}{V} + k_e \times \frac{S}{V} = 0.12 \times 0.6 \times (1-0.3) + 0.116 \times 0.4 = 9.68\%$$

답 ①

다음은 자본구조이론에 대한 설명이다. 가장 적절하지 않은 것은?

① MM(1963)에 의하면 법인세가 존재할 경우 최적자본구조는 부채를 최대한 많이 사용하는 것이다.

② 대리비용이론에 따르면 부채의 대리비용과 자기자본의 대리비용의 합인 총 대리비용이 최소가 되는 점에서 최적자본구조가 존재한다.

③ 상충이론(또는 파산비용이론)에 따르면 부채사용으로 인한 법인세 절감효과와 기대파산비용을 고려할 경우 최적자본구조가 존재한다.

④ Miller(1977)에 의하면 법인세율과 개인소득세율이 같은 점에서 경제 전체의 균형부채량이 존재하며 이에 따라 개별기업의 최적자본구조도 결정된다.

⑤ DeAngelo와 Masulis(1980)에 의하면 투자세액공제 등 비부채성 세금절감효과를 고려할 경우 기업별 유효 법인세율의 차이로 인해 최적자본구조가 존재할 수 있다.

❚ 해설 ❚

밀러는 법인세율과 개인소득세율이 같은 점에서 경제전체의 균형부채량이 존재하지만 이 상황에서 최적자본구조는 존재하지 않는다고 하였다.

① MM(1963)에 의하면 법인세가 존재할 경우 부채가 클수록 기업가치가 증가한다.

② 대리비용이론에 따르면 부채의 대리비용과 자기자본의 대리비용의 합인 총 대리비용이 최소가 되는 점에서 최적자본구조가 존재한다.

③ 상충이론에 따르면 부채비율증가는 기업가치증가와 동시에 기대파산비용이 증가하므로 최적자본구조가 존재한다.

⑤ DeAngelo와 Masulis에 의하면 투자세액공제 등 비부채성 세금절감효과를 고려할 경우 기업별 유효법인세율의 차이로 인해 최적자본구조가 존재할 수 있다.

답 ④

PART 3

X기업은 신주를 발행하여 Y기업의 주식과 교환하는 방식으로 Y기업을 흡수합병하고자 한다. 두 기업의 합병 전 재무자료는 다음 표와 같다. 주식교환비율이 합병 전 주가를 기준으로 정해질 경우, 합병 후 주당순이익(EPS)과 가장 가까운 것은? (단, 합병에 의한 시너지 효과는 없다)

구 분	X기업	Y기업
주 가	20,000원	8,000원
EPS	2,000원	1,000원
발행주식수	3,000,000주	1,200,000주

① 2,000원 ② 2,027원

③ 2,042원 ④ 2,069원

⑤ 2,082원

┃해설┃

$$ER = \frac{P_Y}{P_X} = \frac{8,000원}{20,000원} = 0.4$$

$$\therefore \ EPS = \frac{NI}{n} = \frac{2,000원 \times 3,000,000주 + 1,000원 \times 1,200,000주 + 0}{3,000,000주 + 1,200,000주 \times 0.4} = 2,069원$$

답 ④

만기가 1년 후이고 만기일 이전에는 현금흐름이 발생하지 않는 위험자산 A가 있다. 이 자산은 만기일에 경기가 호황인 경우 140원, 불황인 경우 80원을 투자자에게 지급한다. 위험자산 A의 현재 적정 가격이 100원이라면, 위험자산 A의 적정 할인율에 가장 가까운 것은? (단, 경기가 호황과 불황이 될 확률은 각각 50%이다)

① 연 8% ② 연 10%

③ 연 14% ④ 연 20%

⑤ 연 30%

┃해설┃

$$P_0 = \frac{E(C)}{1+k} = \frac{140원 \times 0.5 + 80원 \times 0.5}{1+k} = 100, \quad \therefore \ k = 10\%$$

답 ②

54 공인회계사 2019

☑ 확인Check! ○ △ ✕

채권 A는 액면이자를 기말에 연 1회 지급한다. 현재 채권 A의 만기수익률(y)은 연 10%이며, 동 채권의 수정 듀레이션$\left(=-\dfrac{dP}{dy}\times\dfrac{1}{P},\ \ \text{단},\ P\text{는 현재 채권가격}\right)$과 볼록성$\left(=\dfrac{d^2P}{dy^2}\times\dfrac{1}{P}\right)$은 각각 4와 50이다. 채권 A의 만기수익률이 0.1% 포인트 상승할 때, 채권가격의 변화율에 가장 가까운 것은? (단, 채권가격의 변화율은 채권가격의 만기수익률에 대한 테일러 전개식(Taylor series expansion)을 이용하여 계산하고 3차 이상의 미분 항들은 무시한다)

① -0.1500% ② -0.3611%

③ -0.3975% ④ -0.4025%

⑤ -0.4375%

─────────────────

❚해설❚

$$\frac{\Delta P}{P}=-D_m\times\Delta r+\frac{1}{2}\times\left(\frac{d^2P}{dy^2}\times\frac{1}{P}\right)\times\Delta r^2$$

$$=-4\times0.001+\frac{1}{2}\times50\times0.001^2=-0.3975\%$$

답 ③

55 서울시 7급 2019

☑ 확인Check! ○ △ ✕

우선주에 대한 설명으로 가장 옳은 것은?

① 기업의 입장에서 볼 때 우선주는 사채에 비해 일반적으로 자본비용이 높다.

② 일반적으로 우선주는 보통주와 달리 만기가 있는 자본이다.

③ 기업은 우선주에 대해 당기에 배당을 지급하지 않으면 파산상태가 된다.

④ 우선주는 일반적으로 의결권이 주어진다.

─────────────────

❚해설❚

일반적으로 주식(자기자본)은 사채(타인자본)보다 자본비용이 높다. 왜냐하면 타인자본을 사용할 경우 기업이 누릴 수 있는 법인세 감세효과를 자기자본을 사용할 경우에는 누릴 수 없기 때문이다.

우선주에는 의결권이 없는❹ 대신 높은 이익배당순위를 보장한다. 원래 우선주에는 만기가 없었으나 1996년 이후부터는 보통 3~5년 정도의 만기로 우선주를 발행한다. ❷ 우선주는 참가적 우선주와 비참가적 우선주로 분류되는데, 참가적 우선주는 배당이 확정된 이후 남은 배당액을 나눠 가질 수 있는 권리가 있지만, 비참가적 우선주에는 보통주보다 우선해서 받는 확정 배당 이외에는 배당을 추가로 요구할 수 없다. ❸

답 ①

56 공인회계사 2019

☑ 확인 Check! ○ △ ✕

이자율기간구조와 관련한 설명으로 가장 적절한 것은?

① 만기와 현물이자율 간의 관계를 그래프로 나타낸 수익률 곡선(yield curve)은 항상 우상향의 형태로 나타난다.

② 불편기대(unbiased expectation)이론에 의하면 투자자는 위험중립형이며 기대 단기이자율(또는 미래 기대 현물이자율)은 선도이자율과 동일하다.

③ 유동성프리미엄(liquidity premium)이론에 의하면 투자자는 위험회피형이며 선도이자율은 기대 단기이자율에서 유동성프리미엄을 차감한 값과 동일하다.

④ 시장분할(market segmentation)이론에 의하면 투자자는 선호하는 특정한 만기의 영역이 존재하나, 만일 다른 만기의 채권들에 충분한 프리미엄이 존재한다면 자신들이 선호하는 영역을 벗어난 만기를 가진 채권에 언제라도 투자할 수 있다.

⑤ 선호영역(preferred habitat)이론에 의하면 투자자는 선호하는 특정한 만기의 영역이 존재하고, 설령 다른 만기의 채권들에 충분한 프리미엄이 존재한다고 할지라도 자신들이 선호하는 영역을 벗어난 만기를 가진 채권에 투자하지 않는다.

┃해설┃

불편기대이론에 의하면 투자자는 위험중립형이며 기대 단기이자율은 선도이자율과 동일하다.

① 수익률 곡선은 수평, 우하향의 형태도 가능하다.

③ 유동성프리미엄 이론에 의하면 투자자는 위험회피형이며 선도이자율은 기대 단기이자율에서 유동성프리미엄을 가산한 값과 동일하다.

④ 선지의 내용은 선호영역이론에 관한 것이다.

⑤ 선지의 내용은 시장분할이론에 관한 것이다.

답 ②

57 서울시 7급 2019

☑ 확인 Check! ○ △ ✕

모딜리아니(F. Modigliani)와 밀러(M. H. Miller)의 무관련이론(MM이론)에 대한 설명으로 가장 옳지 않은 것은?

① 법인세가 없는 완전자본시장을 가정한다.

② 자기자본비용은 부채비율에 비례하므로 가중평균자본비용(WACC)은 부채비율에 대해 일정하게 된다.

③ 기업의 가치는 자본구조와 무관하다.

④ 법인세가 있는 경우를 상정한 수정 MM이론에서는 부채가 증가함에 따라 비례적으로 기업의 가치가 낮아진다고 주장한다.

398 공인회계사 1차 객관식 경영학

┃해설┃

MM에 따르면 법인세를 고려하지 않는 경우에는 완전자본시장 하에서❶ 기업가치가 자본구조와 무관하게 결정된다고 한다.❸ 이는 자기자본에 비해 상대적으로 자본비용이 저렴한 타인자본(부채)을 사용할 경우 WACC가 낮아지는 동시에 주주가 부담하는 재무위험이 증가하고 그 결과 자기자본비용(요구수익률)이 상승하여 WACC가 높아져 결국 WACC가 일정하게 유지되기 때문이다.❷ 그러나 법인세를 고려하는 경우에는 이자비용의 법인세 절감효과가 발생하기에 부채를 사용하는 기업의 가치가 무부채기업의 가치보다 크다고 한다.

더 살펴보기   가중평균자본비용(WACC ; Weighted Average Cost of Capital)

가중평균자본비용은 측정된 각 원천별 자본비용을 각 원천별 자본이 차지하는 비율로 가중 평균하여 기업 전체의 총 자본비용을 계산하는 방법으로, 자기자본 비용에 전체 자본 중에 자기자본의 구성비율을 곱하고 타인자본 비용에 타인자본의 비중을 곱하여 산출하되, 타인자본은 이자의 지불로 인한 법인세 감세 효과가 있기 때문에 해당 부분만큼을 감해 주어야 한다.

답 ④

---

58 국가직 7급 2019

☑ 확인 Check! ○ △ ✕

기업의 자본구조와 자본조달에 대한 설명으로 옳은 것은?

① 5 : 1로 주식을 분할(stock split)할 경우, 장부상 자본잉여금이 보통주 자본금으로 전입될 뿐 자기자본총액에는 변동이 없다. (단, 주식분할과 관련된 모든 비용은 무시한다)

② 기업의 입장에서 볼 때 사채에 비해 우선주는 세후 자본비용이 높다는 단점을 가지고 있다.

③ 수정된 MM 이론에 의하면 불완전시장요인으로 법인세만을 고려하는 경우, 부채를 사용하는 기업의 가치는 부채를 사용하지 않는 기업의 가치보다 법인세의 현재가치만큼 크다.

④ 현금배당으로 유보이익이 작을 경우, 투자 자금을 외부에서 조달하기 위해 보통주를 발행하여도 기업경영의 지배권과 지분율에는 영향이 없다.

┃해설┃

우선주는 자기자본에 해당되고 사채는 타인자본에 해당되는데 자기자본비용은 법인세의 감세효과가 없기에 타인자본비용보다 큰 편이므로 우선주의 자본비용이 사채의 자본비용보다 높다.

① 주식분할을 통해서는 자본구성항목(보통주자본금, 자본잉여금, 이익잉여금)이 기존 상태 그대로 유지된다.

③ 수정된 MM 이론에 의하면 불완전시장요인으로 법인세만을 고려하는 경우, 부채를 사용하는 기업의 가치는 부채를 사용하지 않는 기업의 가치보다 법인세의 감세효과만큼 크다.

④ 보통주를 발행하면 주주의 수가 늘어나며 이에 따라 기존 주주의 지분비율이 변경된다.

답 ②

김씨는 2017년 1월 1일에 원리금 균등분할상환 조건으로 100,000원을 차입하였다. 원리금은 매년말 1회 상환하며 만기는 5년이다. 이자율은 연 4%이고, 당해 발생이자는 당해에 지급된다. 다음 중 가장 적절하지 않은 것은? (단, $PVIFA(4\%,\ 5)=4.4518$이며, 모든 금액은 반올림하여 원단위로 표시한다)

① 매년 원리금상환액은 22,463원이다.

② 2018년 1월 1일 기준 차입금 잔액은 81,537원이다.

③ 2018년 원리금상환액 중 원금상환액은 19,202원이다.

④ 2019년 원리금상환액 중 이자지급액은 1,880원이다.

⑤ 매년 원리금상환액 중 원금상환액이 차지하는 부분은 만기가 다가올수록 커진다.

┃해설┃

2019년 1월 1일 차입금 잔액 : 81,537원×1.04−22,463원=62,235원

2019년 이자지급액 : 62,235원×0.04=2,489원

① $x \times PVIFA(4\%,\ 5)=100,000$원, ∴ $x=22,463$원

② 2018년 1월 1일 차입금 잔액 : 100,000원×1.04−22,463원=81,537원

③ 2018년 이자지급액 : 81,537원×0.04=3,261원

　 2018년 원금상환액 : 22,463원−3,261원=19,202원

⑤ 매년 이자비용이 감소하므로 원리금상환액 중 원금상환액이 차지하는 부분은 만기가 다가올수록 커진다.

답 ④

완전자본시장을 가정했을 때 배당정책의 효과에 관한 설명으로 가장 적절하지 않은 것은? (단, 자사주는 시장가격으로 매입한다고 가정한다)

① 주식배당 시, 발행주식수는 증가하며 주가는 하락한다.

② 자사주 매입 시, 발행주식수는 감소하며 주가는 변하지 않는다.

③ 현금배당 시, 발행주식수의 변화는 없으며 주가는 하락한다.

④ 현금배당 또는 자사주 매입 시, 주가이익비율(PER)은 증가한다.

⑤ 현금배당 또는 자사주 매입 시, 기존주주의 부는 변하지 않는다.

해설

현금배당 시에는 배당락으로 인해, 시장가격으로 자사주 매입 시에는 주당이익의 증가로 인해 주가이익비율이 감소한다.

① 주식배당 시, 발행주식수는 증가하며 완전자본시장에서는 이를 반영하여 주가가 하락한다.

② 자사주 매입 시, 발행주식수는 감소하지만 완전자본시장에서는 경제실체에 변화가 없는 것으로 간주하므로 주가는 변하지 않는다.

③ 현금배당 시, 발행주식수의 변화는 없지만 배당액만큼 주가는 하락한다.

⑤ 현금배당 시는 현금배당액 만큼 주가가 하락하므로, 자사주 매입시는 주가 자체에 변화가 없으므로 기존주주의 부는 변하지 않는다.

답 ④

61 공인회계사 2018

☑ 확인 Check! ○ △ ✕

무부채기업인 (주)도봉과 1,000억원의 부채를 사용하고 있는 (주)관악은 자본구조를 제외한 모든 면에서 동일하다. 법인세율은 25%이고, 투자자의 개인소득세율은 채권투자 시 X%, 주식투자 시 Y%일 때 다음 설명 중 옳은 항목만을 모두 선택한 것은? (단, 법인세 및 개인소득세가 존재하는 것 이외에 자본시장은 완전하다고 가정한다)

> a. X와 Y가 같다면, 기업가치는 (주)관악이 (주)도봉보다 더 크다.
> b. X가 25이고 Y가 0일 때, 기업가치는 (주)도봉이 (주)관악보다 더 크다.
> c. X가 15이고 Y가 0일 때, 두 기업의 기업가치 차이는 250억원 보다 작다.

① a
② a, b
③ a, c
④ b, c
⑤ a, b, c

해설

a. (○) $V_L = V_U + B\left[1 - \dfrac{(1-t)(1-t_s)}{1-t_d}\right]$

$t_d = t_s$라면, $V_L = V_U + B \cdot t$이므로 기업가치는 (주)관악이 (주)도봉보다 더 크다.

b. (✕) 이 경우는 균형부채이론이 성립하는 경우이므로 두 기업의 가치는 동일하다.

c. (○) 이자소득세의 (−)효과로 인해 두 기업의 가치의 차이는 법인세만 고려했을 때의 차이(1,000억원×25%=250억원)보다 작게 된다.

답 ③

(주)남산은 초기투자액이 3,000억원이며, 매년 360억원의 영업이익이 영구히 발생하는 신규 사업을 고려하고 있다. 신규 사업에 대한 목표부채비율(B/S)은 150%이다. 한편 대용기업으로 선정된 (주)충무의 부채비율(B/S)은 100%이고 주식베타는 1.44이다. (주)남산과 (주)충무의 부채비용은 무위험이자율이다. 시장기대수익률은 10%, 무위험이자율은 2%, 법인세율은 40%이다. 신규 사업의 순현가와 가장 가까운 것은? (단, 자본비용은 % 기준으로 소수점 넷째자리에서 반올림한다)

① 89억원　　　　　　　　　　　　　　　② 97억원
③ 108억원　　　　　　　　　　　　　　④ 111억원
⑤ 119억원

┃해설┃

$1.44 = \beta_U[1+(1-0.4)\times 1]$, ∴ $\beta_U = 0.9$

$\rho = R_f + [E(R_M) - R_f]\beta_U = 0.02 + (0.1-0.02)\times 0.9 = 9.2\%$

$k_0 = \rho\left(1 - t\times\dfrac{B}{V}\right) = 9.2\times\left(1 - 0.4\times\dfrac{1.5}{1.5+1}\right) = 6.992\%$

∴ $NPV = \dfrac{EBIT(1-t)}{K_0} - C = \dfrac{360억원\times(1-0.4)}{0.06992} - 3,000억원 = 89.24억원$

🄰 ①

행동재무학(behavioral finance)과 투자자의 비합리성에 관한 설명으로 가장 적절하지 않은 것은?

① 투자자의 비합리성과 차익거래의 제약으로 인하여 금융시장은 비효율적일 수 있다.
② 보수주의(conservatism)의 예로 어떤 기업의 수익성이 악화될 것이라는 뉴스에 대해 투자자가 초기에는 과소반응을 보여 이 정보가 주가에 부분적으로만 반영되는 현상을 들 수 있다.
③ 동일한 투자안이더라도 정보가 제시되는 방법(예 이익을 얻을 가능성만 강조되는 경우, 반대로 손실을 입을 가능성만 강조되는 경우)에 따라 투자의사결정이 달라지는 현상은 액자(framing) 편향으로 설명될 수 있다.
④ 투자자가 이익(gain)의 영역에서는 위험회피적 성향을, 손실(loss)의 영역에서는 위험선호적 성향을 보이는 것은 전망이론(prospect theory)과 관련이 있다.
⑤ 다수의 의견이 틀리지 않을 것이라는 믿음 하에 개별적으로 수집·분석한 정보를 무시한 채 대중이 움직이는 대로 따라가는 현상을 과신(overconfidence)이라고 한다.

선지의 내용은 군중심리에 대한 내용이다. 과신은 자신의 능력을 과대평가하여 잘못된 결과에 빠지는 것을 말한다.

① 전통적인 재무학에서 추구하는 합리성과 완전한 차익거래의 가정과 달리 행동재무학에서는 투자자의 비합리성과 차익거래의 제약으로 인하여 금융시장은 비효율적일 수 있다고 본다.

② 기업의 수익성이 악화될 것이라는 뉴스에 대해 투자자가 초기에는 과소반응을 보여 이 정보가 주가에 부분적으로만 반영되는 현상을 보수주의라 한다.

③ 동일한 투자안이더라도 정보가 제시되는 방법에 따라 투자의사결정이 달라지는 현상을 액자 편향이라 한다.

④ 투자자가 이익의 영역에서는 위험회피적 성향을, 손실의 영역에서는 위험선호적 성향을 보이는 것을 전망이론이라 한다.

답 ⑤

64 공인회계사 20.18 ☑확인 Check! ○ △ ✕

다음 표는 A은행의 현재 시장가치 기준 자산·부채와 듀레이션을 보여주고 있다. 다음 설명 중 가장 적절하지 않은 것은?

자 산	금 액	듀레이션	부채 · 자본	금 액	듀레이션
현 금	100억원	0년	고객예금	600억원	1.0년
고객대출	500억원	1.2년	발행사채	300억원	5.5년
회사채	400억원	6.0년	자기자본	100억원	

① 부채의 듀레이션은 2.5년이다.

② 듀레이션 갭은 0.5년이다.

③ 금리가 상승하면 자기자본가치가 하락한다.

④ 금리가 하락하면 자산가치의 증가분이 부채가치의 증가분보다 크다.

⑤ 순자산가치 면역전략은 듀레이션 갭이 0이 되도록 하는 포트폴리오 관리 기법이다.

$$D_A = \frac{100억원}{1,000억원} \times 0년 + \frac{500억원}{1,000억원} \times 1.2년 + \frac{400억원}{1,000억원} \times 6년 = 3년$$

$$듀레이션갭 = D_A - D_L \times \frac{L}{A} = 3년 - 2.5년 \times \frac{900억원}{1,000억원} = 0.75년$$

① $D_L = \frac{600억원}{900억원} \times 1년 + \frac{300억원}{900억원} \times 5.5년 = 2.5년$

③ 금리가 상승하면 자산가치가 더 크게 감소하여 자기자본가치가 하락한다.

④ 금리가 하락하면 자산가치가 더 크게 증가한다.

⑤ 듀레이션갭이 0이 되면 순자산가치 면역전략과 같은 결과가 나온다.

답 ②

다음의 조건을 갖는 국채 A, B, C가 있다. 이자율은 모두 연 이자율이며, 이표채는 연 1회 이자를 지급한다. 다음 설명 중 가장 적절한 것은?

국 채	만 기	액면금액	액면이자율	만기수익률
A	1년	1,000원	10.0%	10.0%
B	2년	1,000원	20.0%	15.0%
C	3년	1,000원	0%	15.2%

① 2년 만기 현물이자율은 16.8%이다.

② 수익률곡선은 우상향한다.

③ 1년이 지나도 수익률곡선이 현재와 동일하게 유지된다고 예상하는 투자자 갑이 있다. 현재 시점에서 국채 C를 매입하고 1년 후 매도한다면 투자자 갑이 예상하는 투자수익률은 14.6%이다.

④ 1년 후부터 2년 후까지의 선도이자율 ($_1f_2$)은 22.7%이다.

⑤ 2년 후부터 3년 후까지의 선도이자율 ($_2f_3$)은 15.7%이다.

┃해설┃

국채 C 투자원금 $= \dfrac{1,000원}{1.152^3} = 654.0976원$

국채 C 매도액 $= \dfrac{1,000원}{1.155^2} = 749.6111원$

투자수익률 $= \dfrac{749.6111원 - 654.0976원}{654.0976원} = 14.6\%$

① $P_0 = \dfrac{200원}{1.15} + \dfrac{1,200원}{1.15^2} = 1,081.29원 = \dfrac{200원}{1+{_0}S_1} + \dfrac{1,200원}{(1+{_0}S_2)^2} = \dfrac{200원}{1+0.1} + \dfrac{1,200원}{(1+{_0}S_2)}$, ∴ $_0S_2 = 15.5\%$

② 수익률 곡선은 우상향하다가 일정시점에서 우하향하게 된다.

④ $1.155^2 = 1.1 \times (1+{_1}f_2)$, ∴ $_1f_2 = 21.275\%$

⑤ $1.155^3 = 1.155^2 \times (1+{_2}f_3)$, ∴ $_2f_3 = 14.6\%$

답 ③

자본구조에 대한 설명 중 가장 옳지 않은 것은?

① Modigliani−Miller(MM)의 제1명제(세금이 없는 경우)에서는 부채가 있는 기업의 가치는 부채가 없는 기업의 가치와 같다(단, 기업A와 기업의 영업이익은 매년 같다).

② 자본조달 계층이론(pecking order theory)에서는 최적부채수준이 존재하며 이를 목표부채수준으로 삼아 자본을 조달한다.

③ 자본조달 계층이론(pecking order theory)에 따르면 가장 먼저 내부자본을 사용해야 한다.

④ MM의 제1명제(세금이 없는 경우)하에서는 기업의 가치가 자본구조와 무관하다.

❚해설❚

최적부채수준에 관한 이론은 파산비용이론이며, 자본조달 계층이론은 기업의 자본 조달 순서가 내부유보자금−부채−자기자본 순으로 결정된다는 이론이다.

①·④ MM에 따르면 법인세가 없는 경우 부채비율에 상관없이 기업의 가치는 동일하다.

③ 기존 주주와 외부투자자 사이에 서로 다른 수준의 정보를 갖게 되는 정보비대칭의 상황에서 기업은 내부금융−부채−자기자본의 순으로 자본을 조달하는 것이 바람직하다고 한다. 그 이유는 기존 주주의 입장에서 가장 유리한 방식이 내부금융이며, 외부에서 자금을 조달하는 경우에도 기존 주주의 지분율에 변동이 없는 타인자본의 사용이 자기자본의 조달보다 우선적으로 고려되기 때문이다.

> **더 살펴보기** **MM이론(모딜리아니와 밀러의 무관련설)**
>
> 모딜리아니와 밀러의 이론은 초기이론과 수정이론으로 구분되는데, 초기이론에서는 전통적 자본구조이론 중 순영업이익접근법에 기반하여 최적의 자본구조가 없다는 것을 수학적으로 증명하였지만, 수정이론에서는 부채의 법인세의 감세효과로 인하여 부채가 100%일 때가 최적의 자본구조임을 주장하였다.
> ① MM 초기이론 : NOI법의 접근법을 수학적으로 증명, 부채의존도의 차이가 기업가치에 영향을 주지 못한다는 증거 제시
> ② MM 수정이론 : 법인세의 감세효과로 인하여 부채비율이 높을수록 기업가치는 극대화 되므로 부채가 100%일 때가 최적의 자본구조라고 주장, 그러나 현실적으로는 파산비용, 거래비용, 대리인비용 등이 존재하여 100%의 부채가 최적의 자본구조는 아님

탑 ②

PART 3

67 국가직 7급 2018

☑ 확인Check! ○ △ ✕

경제적 부가가치(EVA ; Economic Value Added)에 대한 설명으로 옳지 않은 것은?

① EVA를 증가시키기 위해서는 세후 영업이익을 늘려야 한다.

② EVA는 장기성과를 측정하는데 유용하다.

③ EVA가 0보다 큰 기업은 자본비용 이상을 벌어들인 기업으로 평가된다.

④ 다각화된 기업은 사업단위별로 EVA를 평가하여 핵심사업과 한계사업을 분류할 수 있다.

┃해설┃

EVA는 주로 단기적 성과측정에 사용되며, 장기적 성장가능성을 확인하기에는 적합하지 않다.

① EVA 산식 구조상 이를 증가시키기 위해서는 세후 영업이익을 늘려야 한다.

③ EVA가 0보다 크다는 말은 가중평균자본비용을 감안해도 기업이 수익을 낸다는 것이다.

④ EVA가 높은 사업을 핵심사업, EVA가 0에 가깝거나 음(−)인 경우는 한계사업이라 할 수 있으므로 이를 통해 다각화된 기업의 사업들을 정리할 수 있다.

답 ②

68 공인회계사 2017

☑ 확인Check! ○ △ ✕

자본구조와 기업가치에 관련된 설명으로 가장 적절하지 않은 것은?

① 파산비용이론(상충이론 ; trade-off theory)에 의하면 부채 사용 시 법인세 절감효과에 따른 기업가치 증가와 기대파산비용의 증가에 따른 기업가치 감소 간에 상충관계가 존재한다.

② 자본조달순위이론에 따르면 경영자는 수익성이 높은 투자안이 있을 경우 외부금융(external financing)보다는 내부금융(internal financing)을 선호한다.

③ 부채를 사용하는 기업의 주주들이 위험이 높은 투자안에 투자함으로써 채권자의 부를 감소시키고 자신들의 부를 증가시키려는 유인을 위험선호유인(risk incentive)이라 한다.

④ 과소투자유인(under-investment incentive)이란 부채를 과다하게 사용하여 파산가능성이 있는 기업의 주주들이 투자안의 순현가가 0보다 크다고 하더라도 투자를 회피하려는 유인을 말한다.

⑤ 소유경영자의 지분율이 100%일 때 지분의 대리인비용(agency cost of equity)이 가장 크게 나타나며, 소유경영자 지분율이 낮아지고 외부주주 지분율이 높아질수록 지분의 대리인 비용은 감소한다.

┃해설┃

소유경영자의 지분율이 100%라면 지분의 대리인비용이 나타나지 않으며, 소유경영자 지분율이 낮아지고 외부주주 지분율이 높아질수록 지분의 대리인 비용은 증가한다.

답 ⑤

406 공인회계사 1차 객관식 경영학

무부채기업인 (주)백제의 발행주식수는 10,000주이며 자기자본가치는 5억원이다. 이 기업은 이자율 10%로 영구사채 3억원을 발행하여 전액 자기주식을 매입소각하는 방법으로 자본구조를 변경하고자 한다. (주)백제의 기대영업이익은 매년 1억원으로 영구히 지속되며, 법인세율은 40%이다. 시장은 준강형 효율적이고 MM의 수정이론(1963)이 성립한다고 가정할 때 다음 중 가장 적절하지 않은 것은? (단, 자본비용은 % 기준으로 소수점 셋째 자리에서 반올림한다)

① 자본구조 변경 전 자기자본비용은 12%이다.

② 채권발행에 대한 공시 직후 부채의 법인세효과로 인하여 주가는 24% 상승할 것이다.

③ 채권발행 공시 직후의 주가로 자사주를 매입한다면, 채권발행에 따라 매입할 수 있는 자기주식 수는 근사치로 4,839주이다.

④ 자본구조 변경 후 자기자본비용은 13.13%이다.

⑤ 자본구조 변경 후 가중평균자본비용은 8.33%이다.

▌해설▐

$$k_0 = \rho\left(1 - t \times \frac{B}{V}\right) = 12 \times \left(1 - 0.4 \times \frac{3억원}{6.2억원}\right) = 9.68\%$$

① $V_U = \dfrac{EBIT(1-t)}{\rho} = \dfrac{1억원 \times (1-0.4)}{\rho} = 5억원, \quad \therefore \ \rho = 12\%$

② 채권발행 전 주가 $= \dfrac{5억원}{10,000주} = 50,000원/주$

   공시 직후 주가 $= \dfrac{5억원 + 3억원 \times 0.4}{10,000주} = 62,000원/주, \quad \therefore$ 주가상승률 $= \dfrac{62,000원/주 - 50,000원/주}{50,000원/주} = 24\%$

③ $\dfrac{3억원}{62,000원/주} = 4,838.71주$

④ $k_e = \rho + (\rho - k_d)(1-t) \times \dfrac{B}{S} = \dfrac{NI}{S} = \dfrac{(1-0.3) \times (1-0.4)}{3.2} = 13.125\%$

답 ⑤

70 공인회계사 2017

확인 Check! ○ △ ×

현재 채권시장에서 (주)한국의 1년 만기 액면가 1,000원의 순수할인채권은 909.09원에, 2년 만기 액면가 1,000원의 순수할인채권은 783.15원에 거래되고 있다. (주)한국이 액면가 1,000원, 만기 2년, 액면이자율 10%(이자는 연 1회 후급조건)인 회사채를 발행하려 한다면, 이 회사채의 발행가격과 가장 가까운 금액은?

① 952.32원
② 966.21원
③ 967.83원
④ 983.23원
⑤ 1,000원

│ 해설 │

$P_0 = 0.1 \times 909.09원 + 1.1 \times 783.15원 = 952.374원$

답 ①

71 공인회계사 2017

확인 Check! ○ △ ×

기업 배당정책에 관련된 설명 중 가장 적절하지 않은 것은?

① 일반적으로 기업들은 주당배당금을 일정하게 유지하려는 경향이 있다.
② 배당을 많이 지급함으로써, 외부주주와 경영자간 발생할 수 있는 대리인 비용을 줄일 수 있다.
③ 배당의 고객효과(clientele effect)에 따르면 높은 한계세율을 적용받는 투자자들은 저배당기업을 선호하며, 낮은 한계세율을 적용받는 투자자들은 고배당기업을 선호한다.
④ 수익성 있는 투자기회를 많이 가지고 있는 기업일수록 고배당정책을 선호한다.
⑤ 정보의 비대칭성이 존재하는 경우 경영자는 시장에 기업정보를 전달하는 수단으로 배당을 사용할 수 있다.

│ 해설 │

수익성 있는 투자기회를 많이 가지고 있는 기업이라면 배당을 줄여서 생긴 재원으로 더 많은 투자를 하려는 유인이 작용하므로 저배당정책을 선호한다.
① 일반적으로 기업들은 주당배당금을 일정하게 유지하려는 경향이 있는데 이를 안정배당정책이라 한다.
② 배당을 많이 지급하면 기업의 여유자금이 감소하여 경영자의 일탈을 방지할 수 있으므로 외부주주와 경영자간 발생할 수 있는 대리인 비용을 줄일 수 있다.
③ 높은 한계세율을 적용받는 투자자들은 저배당기업을 선호하며, 낮은 한계세율을 적용받는 투자자들은 고배당기업을 선호하는 현상을 배당의 고객효과라 한다.
⑤ 정보의 비대칭성이 존재하는 경우 경영자는 시장에 기업정보를 전달하는 수단으로 배당과 자사주 매입과 같은 정책을 사용할 수 있다.

답 ④

408 공인회계사 1차 객관식 경영학

A기업의 내부유보율(retention ratio)은 40%이고, 내부유보된 자금의 재투자수익률(ROE)은 20%이다. 내부유보율과 재투자수익률은 영원히 지속될 것으로 기대된다. A기업에 대한 주주들의 요구수익률은 14% 이고 현재 주가가 10,000원이라면, A기업의 배당수익률$\left(\dfrac{D_1}{P_0}\right)$은? (단, 일정성장배당평가모형(constant growth dividend discount model)이 성립하고, 현재 주가는 이론적 가격과 같다)

① 2%   ② 4%

③ 6%   ④ 8%

⑤ 10%

┃해설┃

$$k_e = \frac{d_1}{P_0} + g = \frac{d_1}{P_0} + 8\% = 14\%, \quad \therefore \ \frac{d_1}{P_0} = 6\%$$

답 ③

A기업의 재무레버리지도(DFL)는 2이고 결합레버리지도(DCL)는 6이다. 현재 A기업의 영업이익(EBIT)이 20억원이라면, 이 기업의 고정영업비용은?

① 20억원   ② 25억원

③ 30억원   ④ 35억원

⑤ 40억원

┃해설┃

$DCL = DOL \times DFL = DOL \times 2 = 6, \quad \therefore \ DOL = 3$

$DOL = \dfrac{공헌이익}{영업이익} = \dfrac{공헌이익}{20억}, \quad \therefore \ 공헌이익 = 60억원$

고정영업비용 = 공헌이익 − 영업이익 = 60억원 − 20억원 = 40억원

답 ⑤

PART 3

☑ 확인Check! ○ △ ✕

다음 그룹 A~C는 각각 두 가지 채권의 액면이자율(coupon rate), 만기수익률(yield to maturity), 만기를 제시하고 있다. 각각의 그룹에서 제시된 두 가지 채권 가운데 듀레이션이 작은 채권만을 선택한 것은? (단, 각 그룹에서 제시된 채권은 일반채권(옵션적 성격이 없는 채권)이고, 주어진 정보 이외에 다른 조건은 모두 동일하다고 가정한다)

그룹 A	가. 액면이자율 10%, 만기수익률 10%인 10년 만기 이표채권
	나. 액면이자율 10%, 만기수익률 10%인 20년 만기 이표채권
그룹 B	다. 액면이자율 10%, 만기수익률 8%인 10년 만기 이표채권
	라. 액면이자율 8%, 만기수익률 8%인 10년 만기 이표채권
그룹 C	마. 액면이자율 10%, 만기수익률 10%인 10년 만기 이표채권
	바. 액면이자율 10%, 만기수익률 8%인 10년 만기 이표채권

	그룹 A	그룹 B	그룹 C
①	가	다	마
②	가	다	바
③	가	라	마
④	나	다	바
⑤	나	라	바

┃해설┃

그룹 A : 다른 조건이 동일할 때 만기가 길어질수록 듀레이션이 길어진다. 따라서 '가'의 듀레이션이 작다.
그룹 B : 다른 조건이 동일할 때 액면이자율이 높아질수록 듀레이션이 짧아진다. 따라서 '다'의 듀레이션이 작다.
그룹 C : 다른 조건이 동일할 때 만기수익률이 높아질수록 듀레이션이 짧아진다. 따라서 '마'의 듀레이션이 작다.

답 ①

☑ 확인Check! ○ △ ✕

다음 중 기업의 배당전략에 대한 설명으로 가장 옳지 않은 것은?

① 수동적 잔고정책(passive residual policy)에 따르면, 수행할 만한 투자기회의 존재와 상관없이 배당금이 일정하다.

② 배당률은 이익의 증가를 따라가는 경향을 보이지만, 기업들은 대체로 안정적인 배당정책을 선호한다.

③ 장래의 전망이 밝은 기업의 경영자들은 자신들의 장래 전망에 대한 정보를 투자자들에게 알리는 수단으로서 배당정책을 사용하며, 투자자들은 배당정책의 변화를 기업내용 변화의 신호로 인식함으로써 주가에 변화를 가져온다.

④ 분기마다 배당을 지급하는 경우에 매 사분기마다 지급하는 배당금은 작게 하고 회계연도 말이 되어서 추가배당을 하는 정책은 연도별 이익규모와 현금수요가 각각 변동이 심한 기업들에게 적합하다.

수동적 잔고정책은 가능한 투자기회 등을 고려한 뒤 배당을 수행하는 방식이다. 즉 투자필요대상이 있다면 거기에 먼저 자원을 할당한 뒤 배당을 실시한다.

② 통상 이익이 증가하면 배당률도 증가하는 경향을 보이지만, 기업들은 대체로 안정적인 배당정책을 선호한다.

③ 전망이 밝은 기업의 경영자들은 자신들의 전망에 대한 정보를 알리는 수단으로서 배당정책을 사용하며, 투자자들은 배당정책의 변화를 기업내용 변화의 신호로 인식하여 시장을 통해 이를 주가에 반영한다.

④ 분기마다 배당을 지급하는 경우에 정기적으로 지급하는 배당금은 작게 하고 회계연도 말이 되어서 이익과 현금의 상황을 반영하여 추가배당을 하는 정책은 연도별 이익규모와 현금수요가 변동이 심한 기업들에게 적합하다.

답 ①

76 공인회계사 2016

☑ 확인 Check! ○ △ ✕

채권의 듀레이션에 관한 설명으로 가장 적절하지 않은 것은? (단, 이표채의 잔존만기는 1년을 초과한다고 가정한다)

① 영구채의 듀레이션은 $\dfrac{1+만기수익률}{만기수익률}$ 이다.

② 다른 조건이 동일할 때, 액면이자율이 낮은 이표채의 듀레이션이 더 길다.

③ 모든 채권은 발행 이후 시간이 경과하면 그 채권의 듀레이션은 짧아진다.

④ 다른 조건이 동일할 때, 만기수익률이 상승하면 이표채의 듀레이션은 짧아진다.

⑤ 이표채의 듀레이션은 만기보다 짧다.

해설

할인채의 경우 시간이 경과함에 따라 듀레이션이 길어지는 경우도 존재한다.

① 영구채의 듀레이션은 $\dfrac{1+만기수익률}{만기수익률}$ 을 통해 계산할 수 있다.

② · ④ 다른 조건이 동일할 때, 이표채의 액면이자율과 만기수익률은 듀레이션과 반비례한다.

⑤ 잔존만기가 1년을 초과하는 이표채의 경우 듀레이션은 만기보다 짧다.

답 ③

영업레버리지도(DOL), 재무레버리지도(DFL), 결합레버리지도(DCL)에 관한 설명으로 가장 적절하지 않은 것은?

① 영업이익(EBIT)이 영(0)보다 작은 경우, 음(−)의 DOL은 매출액 증가에 따라 영업이익이 감소함을 의미 한다.
② 고정영업비가 일정해도 DOL은 매출액의 크기에 따라 변화한다.
③ DCL은 DOL과 DFL의 곱으로 나타낼 수 있다.
④ 이자비용이 일정해도 DFL은 영업이익의 크기에 따라 변화한다.
⑤ 영업이익이 이자비용(이자비용 > 0)보다 큰 경우, 영업이익이 증가함에 따라 DFL은 감소하며 1에 수렴한다.

❚해설❚

영업이익(EBIT)이 영(0)보다 작은 경우, 음(−)의 DOL은 매출액 증가에 따라 영업손실이 감소함을 의미한다.
② DOL은 일정한 매출액 수준에서 계산되는 값이므로 고정영업비가 일정하더라도 DOL은 매출액의 크기에 따라 변화 한다.
③ 영업레버리지로 인하여 매출액의 변화가 확대되어 영업이익으로 나타나고, 그 영업이익의 변화가 다시 확대되어 주당이익에 나타나기 때문에 DCL은 DOL과 DFL의 곱으로 나타낼 수 있다.
④ · ⑤ DFL은 일정한 영업이익 수준에서 계산되는 값이므로 고정재무비가 일정하더라도 영업이익 수준에 따라 그 값이 달라진다. 재무손익분기점 영업이익 수준에서 DFL이 무한대가 되고, 그 이상으로 영업이익이 증가함에 따라 DFL은 1에 접근하게 된다. 영업이익이 증가함에 따라 고정재무비의 영향이 상대적으로 감소하기 때문이다.

답 ①

법인세를 고려한 MM의 수정이론(1963)이 성립한다고 가정하자. C 기업은 1년 후부터 영원히 매년 10억원의 영업이익을 예상하고 있다. C 기업은 현재 부채가 없으나 차입하여 자사주를 매입 · 소각하는 방식으로 자본재구성을 하려고 한다. C 기업의 자기자본비용은 10%이며, 법인세율은 30%일 때 가장 적절하지 않은 것은?

① C 기업의 무부채 기업가치(V_U)는 70억원이다.
② C 기업이 무부채 기업가치(V_U)의 50%만큼을 차입한다면 기업가치(V_L)는 80.5억원이 된다.
③ C 기업이 무부채 기업가치(V_U)의 100%만큼을 차입한다면 기업가치(V_L)는 91억원이 된다.
④ 부채비율$\left(\dfrac{\text{부채}}{\text{자기자본}} \right)$이 100%인 자본구조를 갖는 기업가치($V_L$)는 85억원이다.
⑤ 부채 대 자산비율$\left(\dfrac{\text{부채}}{\text{자기자본}+\text{부채}} \right)$이 100%인 자본구조를 갖는 기업가치($V_L$)는 100억원이다.

$$k_0 = \rho\left(1 - t \times \frac{B}{V}\right) = 0.1 \times \left(1 - 0.3 \times \frac{1}{2}\right) = 0.085$$

$$V_L = \frac{EBIT(1-t)}{k_0} = \frac{10억원 \times (1-0.3)}{0.085} = 82.35억원$$

① $V_U = \dfrac{EBIT(1-t)}{\rho} = \dfrac{10억원 \times (1-0.3)}{0.1} = 70억원$

② $V_L = V_U + B \cdot t = 70억원 + 70억원 \times 0.5 \times 0.3 = 80.5억원$

③ $V_L = V_U + B \cdot t = 70억원 + 70억원 \times 0.3 = 91억원$

⑤ $k_0 = \rho\left(1 - t \times \dfrac{B}{V}\right) = 0.1 \times (1 - 0.3 \times 1) = 0.07$

$$V_L = \frac{EBIT(1-t)}{k_0} = \frac{10억원 \times (1-0.3)}{0.07} = 100억원$$

답 ④

79 공인회계사 2016

☑ 확인 Check! ○ △ ✕

고정성장배당평가모형(constant growth dividend discount model)에 관한 설명으로 가장 적절하지 않은 것은?

① 계속기업(going concern)을 가정하고 있다.
② 고정성장배당평가모형이 성립하면, 주가는 배당성장률과 동일한 비율로 성장한다.
③ 고정성장배당평가모형이 성립하면, 주식의 투자수익률은 배당수익률과 배당성장률의 합과 같다.
④ 다른 조건은 일정하고 재투자수익률(ROE)이 요구수익률보다 낮을 때, 내부유보율을 증가시키면 주가는 상승한다.
⑤ 다른 조건이 일정할 때, 요구수익률이 하락하면 주가는 상승한다.

다른 조건은 일정하고 재투자수익률(ROE)이 요구수익률보다 낮을 때, 내부유보율을 증가시키면 주가는 하락한다.

더 살펴보기　고정성장배당평가모형
• 계속기업의 가정 • 주가 성장률＝배당 성장률 • 주식의 투자수익률＝배당수익률＋배당성장률 • 요구수익률 하락시 주가 상승

답 ④

적대적 M&A 위협에 대한 방어 전략에 포함될 수 있는 적절한 항목은 모두 몇 개인가?

---

a. 독약 조항(poison pill)
b. 이사진의 임기분산
c. 황금 낙하산(golden parachute)
d. 초다수결조항
e. 백기사(white knight)

---

① 1개
② 2개
③ 3개
④ 4개
⑤ 5개

∥해설∥

- 독약 조항 : 적대적 M&A 시도가 있을 때 이사회 의결만으로 신주를 발행해 M&A를 시도하는 세력 이외의 모든 주주들에게 시가의 절반 이하 가격에 인수권을 부여함으로써 M&A를 저지하는 방어 장치이다.
- 황금 낙하산 : 인수대상 기업의 이사가 임기 전에 물러나게 될 경우 일반적인 퇴직금 외에 거액의 특별 퇴직금이나 보너스, 스톡옵션 등을 주도록 하는 제도이다.
- 초다수결 조항 : 적대적 M&A에 대한 기업의 경영권 방어수단 가운데 하나로서 상법상의 특별결의 요건보다 더 가중된 결의 요건을 정관으로 규정하는 것이다.
- 백기사 : 적대적 M&A의 목표대상이 된 기업이 모든 방어수단을 동원해도 공격을 막을 수 없을 경우 우호적인 기업인수자에게 경영권을 넘기게 되는데, 이 우호적인 기업인수자를 백기사라고 한다.

답 ⑤

81 공인회계사 2016

올해 1월 1일 현재 채권시장에서 (갑), (을), (병) 세 가지 종류의 무이표 국고채가 거래되고 있다. (갑) 채권은 액면가 10,000원, 만기 1년이고 만기수익률이 2%이다. (을) 채권은 액면가 10,000원, 만기 2년이고 만기수익률이 4%이며, (병) 채권은 액면가 10,000원, 만기 3년이고 만기수익률이 5%이다. (갑), (을), (병) 채권으로 복제포트폴리오를 구성하여 액면가 1,000,000원, 액면이자율 2%, 만기 3년이며 이자를 1년에 한번씩 연말에 지급하는 국고채의 가격을 구할 때 차익거래가 발생하지 않기 위한 채권가격과 가장 가까운 것은? (단, 현재 시장에서는 거래비용이 없다고 가정한다)

① 920,000원 ② 940,000원
③ 960,000원 ④ 980,000원
⑤ 1,000,000원

▮ 해설 ▮

$$P_0 = \frac{20,000원}{1.02} + \frac{20,000원}{1.04^2} + \frac{1,020,000원}{1.05^3} = 919,213원$$

답 ①

---

82 국가직 7급 2016

마이어스(C. Myers)의 자본조달순서이론(pecking order theory)에 따를 경우, 기업이 가장 선호하는 투자 자금 조달방식은?

① 회사채 ② 내부유보자금(유보이익)
③ 우선주 ④ 보통주

▮ 해설 ▮

마이어스에 따르면 기업의 자본조달 선호순서는 내부금융(유보이익의 재투자) → 부채 → 자기자본의 순서이다.

더 살펴보기	마이어스의 자본조달순서이론

(1) 자본조달순서이론의 개념
 ① 자본조달이론(pecking order theory)은 여타의 자본구조이론과는 다른 접근법을 사용하고 있는데, 다른 이론들이 부채의 사용에 따른 감세효과와 기대파산비용의 상충, 또는 대리비용의 상충관계에 의해 최적의 자본구조가 결정되는데 반해 자본조달순서이론에서는 기업의 자본조달방법은 정보비대칭의 특성에 따라서 결정될 뿐 특정한 부채비율을 목표로 하지는 않는다고 판단하고 있다.
 ② 마이어스는 정보비대칭이 존재하는 경우 기업의 자본조달은 내부유보자금, 부채발행, 신주발행의 순서로 이루어짐을 주장하며 내부유보자금과 외부 신주발행, 즉 자기자본의 사용이 자본조달 순위의 처음과 마지막이기 때문에 기업의 최적부채비율의 판단이 어렵고, 따라서 최적의 자본구조는 존재하지 않는다고 주장하였다.
(2) 자본조달 순서 : 내부자금 사용 → 시장성 유가증권 매각 → 부채 차입 → 혼성증권(전환사채) 발행 → 주식 발행

답 ②

A기업은 기대영업이익이 매년 2,000만원으로 영구히 일정할 것으로 예상되며 영구채를 발행하여 조달한 부채 2,000만원을 가지고 있다. B기업은 영구채 발행을 통해 조달한 부채 6,000만원을 가지고 있다는 점을 제외하고는 모든 점(기대영업이익과 영업위험)에서 A기업과 동일하다. 모든 기업과 개인은 10%인 무위험이자율로 차입과 대출이 가능하다. A기업과 B기업의 자기자본비용은 각각 20%와 25%이며 자본시장은 거래비용이나 세금이 없는 완전시장으로 가정한다. 다음 중 가장 적절한 것은?

① B기업이 A기업에 비해 과소평가되어 있다.

② A기업의 자기자본가치는 1.0억원이다.

③ B기업의 자기자본가치는 1.2억원이다.

④ 차익거래 기회가 존재하지 않기 위해서는 A기업과 B기업의 자기자본비용이 같아야 한다.

⑤ B기업의 주식을 1% 소유한 투자자는 자가부채(homemade leverage)를 통하여 현재가치 기준으로 6만원의 차익거래 이익을 얻을 수 있다.

┃해설┃

지분율 $\times (V_B - V_A) = 0.01 \times (11,600만원 - 11,000만원) = 6만원$

①·②·③ $S_A = \dfrac{NI}{K_e} = \dfrac{2,000만원 - 0.1 \times 2,000만원}{0.2} = 9,000만원$

$\quad\quad V_A = S + B = 9,000만원 + 2,000만원 = 11,000만원$

$\quad\quad S_B = \dfrac{NI}{K_e} = \dfrac{2,000만원 - 0.1 \times 6,000만원}{0.25} = 5,600만원$

$\quad\quad V_B = S + B = 5,600만원 + 6,000만원 = 11,600만원$

$\quad\quad \therefore$ A기업이 과소평가되어 있다.

④ 차익거래 기회가 존재하지 않기 위해서는 A기업과 B기업의 자기자본비용이 같아야 한다.

답 ⑤

A기업은 자동차부품 사업에 진출하는 신규투자안을 검토하고 있다. 신규투자안과 동일한 사업을 하고 있는 B기업은 주식 베타가 1.5이며 타인자본을 사용하지 않는다. A기업은 신규 투자안에 대해서 목표부채비율 (B/S)을 100%로 설정하였다. 필요한 차입금은 10%인 무위험이자율로 조달할 수 있으며 법인세율은 40%, 시장포트폴리오의 기대수익률은 15%이다. A기업이 신규투자안의 순현가를 구하기 위해 사용해야 할 할인율은 얼마인가?

① 10%　　　　　　　　　　　　　② 12%

③ 14%　　　　　　　　　　　　　④ 18%

⑤ 22%

┃해설┃

$$\rho = R_f + [E(R_m) - R_f]\beta_U = 0.1 + (0.15 - 0.1) \times 1.5 = 0.175$$

$$k_0 = \rho\left(1 - t\frac{B}{V}\right) = 0.175 \times \left(1 - 0.4 \times \frac{1}{2}\right) = 14\%$$

답 ③

자본조달순위이론(pecking order theory)에 관한 설명으로 가장 적절하지 않은 것은?

① 경영자는 외부투자자에 비해 더 많은 기업정보를 알고 있다고 가정한다.

② 자본조달시 고평가된 기업이라고 하더라도 신주발행보다 부채발행을 선호한다.

③ 최적자본구조에 대해서는 설명하지 못한다.

④ 수익성이 높은 기업은 파산비용 등 재무적 곤경비용의 부담이 작기 때문에 수익성이 낮은 기업보다 높은 부채비율을 가질 것으로 예측한다.

⑤ 기업들이 여유자금(financial slack)을 보유하려는 동기를 설명한다.

┃해설┃

수익성이 높은 기업은 파산비용 등 재무적 곤경비용의 부담이 작기 때문에 수익성이 낮은 기업보다 낮은 부채비율을 가질 것으로 예측된다.

① 자본조달순위이론은 경영자가 외부투자자보다 더 많은 기업정보를 가지고 있는 정보불균형 상태를 전제한 이론이다.

② 외부금융이 필요하다면 신주발행보다 부채발행이 더 유리하다.

③ 유보이익이 많은 기업은 내부금융을 최대한 많이 이용하는 것이 최적이고, 유보이익이 없는 기업은 부채를 최대한 많이 이용하는 것이 최적이다. 따라서 일관된 최적자본구조를 가지고 있지 못한다.

⑤ 기업의 입장에서는 유보이익으로 자금을 조달하는 것이 가장 유리하기 때문에 기업들의 여유자금 보유동기를 설명한다.

답 ④

PART 3

86 공인회계사 2015

☑ 확인 Check! ○ △ ✕

(주)XYZ는 금년도($t=0$)에 1,000원의 주당순이익 가운데 60%를 배당으로 지급하였고, 내부유보된 자금의 재투자수익률(ROE)은 10%이다. 내부유보율과 재투자수익률은 영원히 지속될 것으로 기대된다. (주)XYZ에 대한 주주들의 요구수익률은 9%이다. 다음 중 가장 적절하지 않은 것은? (단, 일정성장배당평가모형 (constant dividend growth model)이 성립하고, 주가는 이론적 가격과 동일하며, 또한 이론적 가격과 동일하게 변동한다고 가정한다)

① 다른 조건이 일정할 때, 재투자수익률이 상승하면 (주)XYZ의 현재($t=0$) 주가는 하락할 것이다.
② 다른 조건이 일정할 때, (주)XYZ가 내부유보율을 증가시키면 배당성장률은 상승한다.
③ 1년 후($t=1$) (주)XYZ의 주당 배당은 624원이다.
④ (주)XYZ의 현재($t=0$) 주가는 12,480원이다.
⑤ (주)XYZ의 주가수익비율(주가순이익비율, PER)은 매년 동일하다.

┃해설┃

다른 조건이 일정할 때, 재투자수익률이 상승하면 이익과 배당의 성장률이 높아져 주가는 상승할 것이다.
② 다른 조건이 일정할 때, (주)XYZ가 내부유보율을 증가시키면 배당성장률은 상승한다.
③ $d_1 = d_0(1+g) = 1,000원 \times 0.6(1+0.04) = 624원$
④ $P_0 = \dfrac{d_1}{k-g} = \dfrac{600원 \times 1.04}{0.09-0.04} = 12,480원$
⑤ 주가와 EPS의 증가율이 이익성장률과 동일하기 때문에 주가수익비율은 매년 동일하다.

답 ①

---

87 공인회계사 2015

☑ 확인 Check! ○ △ ✕

다음의 주식가치평가 방법 중 가중평균자본비용(WACC)을 사용하는 방법만을 모두 고르면?

a. 주주잉여현금흐름모형(FCFE)
b. 기업잉여현금흐름모형(FCFF)
c. 경제적 부가가치 모형(EVA)

① a
② b
③ c
④ a, b
⑤ b, c

┃해설┃

주주잉여현금흐름모형(FCFE)은 가중평균자본비용이 아니라 자기자본비용을 사용한다.

답 ⑤

만기가 5년인 채권 A의 액면이자율(coupon rate), 경상수익률(current yield)과 만기수익률(yield to maturity)이 각각 10%, 9.09%, 그리고 7.56%이다. 다음 중 가장 적절하지 않은 것은? (단, 이 채권은 채무불이행위험이 없고, 옵션적 특성이 없는 채권(일반채권)으로 가정하며, 경상수익률 = $\dfrac{\text{연간 액면이자}}{\text{채권가격}}$ 이다)

① 채권 A의 액면가는 10,000원이다. 이 채권이 반년마다 액면이자를 지급한다면, 6개월마다 지급하는 액면이자는 500원이다.

② 채권 A의 액면이자율과 경상수익률이 동일하다면, 이 채권의 가격은 액면가와 동일하다.

③ 다른 조건이 변하지 않는다면, 시간이 경과하여도 채권 A의 가격은 변하지 않을 것이다.

④ 다른 조건이 변하지 않는다면, 채권 A의 만기수익률이 상승하면 듀레이션은 작아진다.

⑤ 투자자가 만기수익률을 실현하기 위해서는 채권 A를 만기까지 보유하여야 하고, 지급받은 모든 액면이자를 만기수익률로 재투자하여야 한다.

▮ 해설 ▮

채권 A는 할증채이므로 시간이 경과하면 채권 A의 가격은 하락하여 만기에는 액면가로 수렴할 것이다.

① 6개월마다 지급하는 액면이자는 $10{,}000원 \times 0.1 \times \dfrac{6}{12} = 500원$이다.

② '액면이자율 = 연간 액면이자/액면가'이고, '경상수익률 = 연간 액면이자/채권가격'이므로 액면이자율과 경상수익률이 동일하다면, 채권가격은 액면가와 동일하다.

④ 만기수익률이 높아질수록 듀레이션은 짧아진다.

⑤ 만기수익률은 채권을 만기일까지 보유하고, 약속된 이자와 원금을 약속된 시점에 지급받으며, 지급받는 모든 액면이자를 만기일까지 만기수익률로 재투자한다고 가정할 경우에 얻을 것으로 예상되는 연평균 수익률이다.

답 ③

89 국가직 7급 2014

☑ 확인Check! ○ △ ✕

우리나라 주식시장에서 주주들이 고배당기업을 선호하는 이유로 옳지 않은 것은?

① 세금효과   ② 불확실성 제거

③ 신호효과   ④ 현재수입 선호

┃해설┃

우리나라 세법상 배당소득세율이 자본이득세율보다 높기 때문에 배당을 하지 않는 것이 주주의 부 증진에 오히려 도움이 되는 경우도 있다.

② 배당성향의 증가는 주주들의 미래 불확실성을 제거해 준다.

③ 배당을 많이 하는 기업에 대해서는 시장에 긍정적 신호가가는 경우가 많다.

④ 미래의 이익보다 현재 받을 현금, 즉 배당을 선호할 수 있다.

답 ①

90 국가직 7급 2011

☑ 확인Check! ○ △ ✕

다음과 같이 (주)한국기업의 배당정책이 바뀐 후, 이 기업의 가치는?

> (주)한국기업은 부채를 사용하지 않는 기업으로 매 1년 100억원의 현금흐름을 창출하고 있으며, 매년 발생하는 현금흐름은 재투자없이 모두 배당하는 정책을 가지고 있었다. 그런데, 새로 임명된 최고경영자(CEO)는 향후 매년 발생하는 100억원의 현금흐름 중 $\frac{1}{2}$ 은 재투자하고, 나머지 $\frac{1}{2}$ 은 배당하는 것으로 정책을 바꾸었다(단, 이 기업의 자본비용과 재투자수익률은 10%이며, 이 기업은 Modigliani and Miller가 가정하는 세계에 존재한다).

① 500억원   ② 1,000억원

③ 1,100억원   ④ 1,200억원

┃해설┃

모디글리아니와 밀러에 따르면 배당정책에 상관없이 기업의 가치가 일정하다. 따라서 매년 배당되는 금액 100억원을 할인율 10%로 나누면 1,000억원이 된다.

답 ②

91 공인노무사 2011

확인Check! ○ △ ✕

기업의 배당정책에 영향을 미치는 요인으로 가장 거리가 먼 것은?

① 기업의 유동성
② 시장의 경쟁상태
③ 새로운 투자기회
④ 부채상환의 의무
⑤ 기업의 지배권

┃해설┃

유동성, 투자기회, 부채상환의무, 지배구조 등은 모두 기업의 배당정책에 영향을 미친다.

답 ②

92 국가직 7급 2010

확인Check! ○ △ ✕

최근 대규모 사업의 추진을 위해 프로젝트 파이낸싱(project financing) 방법이 많이 활용되고 있다. 다음 중 프로젝트 파이낸싱에 대한 설명으로 옳은 것은?

① 대출을 위해 물적 담보를 제공해야 한다.
② 대출신청자의 신용이 대출 결정의 주된 기준이 된다.
③ 프로젝트 사업자가 무한책임을 지고 대출금을 상환한다.
④ 프로젝트의 수익이 있어야 대출금을 상환할 수 있다.

┃해설┃

프로젝트 파이낸싱에서는 프로젝트 완성 후 조달되는 수익으로부터 대출금을 상환하므로 수익의 발생이 대출상환의 조건이 된다.
① 프로젝트 파이낸싱은 자금공여자가 특정 프로젝트의 수익에 의한 현금흐름을 1차적 대출금 회수원으로 하고 그 프로젝트의 자산을 담보로 하는 금융으로 정의된다. 따라서 자금조달이 이루어지는 시점에서는 물적 담보가 없을 수도 있다.
②・③ 자금공여자 입장에서는 아직 만들어지지 않은 프로젝트를 대상으로 실시하는 위험이 상당히 큰 자금조달방식이 므로 신용이 중요할 것으로 예상할 수 있자만, 실제로는 프로젝트 사업자의 신용보다는 완성될 프로젝트 자체의 수익성이 더 중요하다.

답 ④

제3장 ┃ 자본구조 **421**

93 국가직 7급 2010

☑ 확인 Check! ○ △ ✕

자본구조이론에 대한 설명으로 적절하지 않은 것은?

① 정보비대칭이 존재하는 경우 기존 주주의 입장에서 보면 내부유보이익으로 필요자금을 조달하는 것이 최선이다.

② 정보가 불균형인 상태에서 기존 주주에게 유리한 자본조달 순위는 내부금융 → 신주발행 → 부채발행 순이다.

③ 대리인 비용, 파산 비용 등의 재무적 곤경비용을 고려할 경우 적정수준의 부채 사용 시 기업가치가 최대가 된다.

④ 법인세가 존재하는 경우 부채를 많이 사용할수록 법인세 절감효과가 발생하여 기업의 가치는 증가하게 된다.

┃해설┃

정보가 불균형인 상태에서 기존 주주에게 유리한 자본조달순위는 내부금융-부채-신주발행 순이다.

① 정보비대칭은 정보량의 불균형을 의미하는데 정보비대칭이 존재한다면 주주들은 위험을 회피하기 위해 내부자금조달을 선호하게 된다.

③ 파산비용이론에 따르면 법인세와 파산비용을 동시에 고려할 경우 타인자본을 사용하는 기업의 가치가 그렇지 않은 기업의 가치보다 크다.

④ 법인세를 고려하는 경우에는 이자비용의 법인세 절감효과가 발생하므로 부채를 사용하는 기업의 가치가 무부채기업의 가치보다 크다.

더 살펴보기   젠센 & 메클링의 대리이론

(1) 대리인 비용 : 대리관계(agency relationship)란 1인 이상의 사람이 다른 사람에게 자신을 대신하여 의사결정을 할 수 있도록 의사결정권한을 위임하는 계약관계이다. 이러한 대리관계로 인하여 기업을 둘러싸고 있는 이해 관계자들은 자신들의 이익을 극대화하기 위해 노력하는 과정에서 이해의 다툼이 발생(＝대리인 문제, agency problem)하고 발생한 다툼은 비용을 발생시키게 되는데, 이 비용이 대리인 비용(agency cost)이다.

(2) 대리인 비용의 분류 : 대리인 비용은 감시비용, 확증비용, 잔여손실로 구분할 수 있다.

  ① 감시비용(monitoring cost) : 대리인의 행위가 주주의 이익으로부터 이탈하는 것을 감시하는 비용으로, 감시 활동, 통제 시스템의 수립, 예산의 제약조건 설정, 적절한 보상정책의 수립 등에 소요되는 비용이다.

  ② 확증비용(bonding cost) : 대리인이 주주에게 해가 되는 행위를 하고 있지 않음을 확인시키는 과정에서 발생하는 비용으로, 회계감사 및 공시, 부정행위에 대한 처벌규정 제정, 의사결정에의 제약조건 추가 등에 소요되는 비용이다.

  ③ 잔여손실(residual loss) : 대리인과 주주가 바라보는 최적의 의사결정이 달라서 나타나는 부의 감소를 의미하는데, 경영자와 주주에 의해 확증활동과 감시활동이 최적으로 이루어진다 하더라도 주주와 대리인의 의사결정은 차이가 날 수 있으며, 이러한 의사결정의 차이로 인한 주주의 부의 감소가 잔여손실이다.

(3) 총대리비용 : 젠센과 메클링은 대리비용을 자기자본에 대한 대리비용과 타인자본에 대한 대리비용으로 나누어서 분석하였는데, 자기자본의 대리비용은 주주와 경영자 사이에 발생하는 대리비용이고, 부채의 대리비용은 채권자와 주주 간의 이해상충으로 인하여 발생하는 대리비용으로 자기자본의 대리비용과 타인자본의 대리비용의 합인 총대리비용을 최소화하는 자본의 구조를 최적의 자본구조로 판단하였다.

> 총대리비용＝자기자본의 대리비용＋타인자본(부채)의 대리비용

답 ②

자본구조이론의 쟁점은 타인자본을 사용할 때 기업가치가 어떻게 변할까 하는 것이다. 자본구조이론에 대한 설명으로 옳지 않은 것은?

① 완전자본시장의 가정하에서 모디글리아니(Modigliani)와 밀러(Miller)는 기업가치와 자본구조는 서로 관련이 없다고 주장하였다.

② 완전자본시장의 가정하에서 불완전시장요인으로 법인세만을 고려하는 경우, 모디글리아니(Modigliani)와 밀러(Miller)는 타인자본을 사용하는 기업의 가치는 타인자본을 사용하지 않는 기업의 가치보다 작다고 주장하였다.

③ 완전자본시장의 가정하에서 불완전시장요인으로 파산비용과 법인세를 함께 고려하는 경우, 적절한 타인자본을 사용할 때 기업가치가 최대가 된다.

④ 마이어스(Myers)에 의하면 경영자와 일반투자자 사이에 서로 다른 수준의 정보를 갖게 되는 정보비대칭의 상황에서 기업은 내부유보자금-부채자기자본 순으로 자본을 조달한다.

━━━

▌해설▌

법인세를 고려하는 경우에는 이자비용의 법인세 절감효과가 발생하므로 부채를 사용하는 기업의 가치가 무부채기업의 가치보다 크다.

① 완전자본시장의 가정하에서 법인세가 없다면 자본구조와 무관하게 기업가치가 결정된다. 자기자본에 비해 상대적으로 자본비용이 저렴한 타인자본을 사용할 경우 가중평균자본비용이 낮아져 기업가치가 상승할 수도 있지만, 주주가 부담하는 재무위험이 증가하고 그 결과 자기자본비용이 상승하여 가중평균자본비용이 높아져 기업가치가 하락할 가능성도 있기 때문이다.

③ 파산비용이론에 따르면 법인세와 파산비용을 동시에 고려할 경우 타인자본을 사용하는 기업의 가치가 그렇지 않은 기업의 가치보다 크다.

④ 자본조달순위이론에 따르면 경영자와 일반투자자 사이에 서로 다른 수준의 정보를 갖게 되는 정보비대칭의 상황에서 기업은 내부유보자금-부채자기자본 순으로 자본을 조달한다.

답 ②

01 공인회계사 2024

01 공인회계사 **2024**   ☑ 확인Check! ○ △ ✕

옵션에 관한 설명으로 가장 적절하지 않은 것은?

① 이항모형에 의한 옵션가격 산출 시 주가상승확률이나 위험프리미엄은 고려되지 않는다.
② 보호풋(protective put) 전략은 기초자산을 보유한 투자자가 향후 자산가격이 하락할 경우를 대비하여 풋옵션을 매입하는 전략이다.
③ 유럽형 콜옵션의 델타(delta)는 내가격에서보다 외가격에서 더 크다.
④ 무위험이자율이 높아지면 풋옵션의 가격은 하락하고 콜옵션의 가격은 상승한다.
⑤ 다른 조건이 같다고 할 때, 배당을 지급하는 주식을 기초자산으로 하는 유럽형 콜옵션의 가격은 무배당 주식을 기초자산으로 하는 유럽형 콜옵션 가격보다 낮거나 같다.

┃해설┃

콜옵션의 델타는 외가격에서 내가격으로 갈수록 커지며 1로 수렴한다.
① 이항모형에서는 옵션가격 산출 시 주가상승확률이나 위험프리미엄을 고려하지 않는다.
② 기초자산을 보유한 투자자가 향후 자산가격이 하락할 경우를 대비하여 풋옵션을 매입하는 전략을 보호풋 전략이라고 한다.
④ 무위험이자율이 높아지면 행사가격의 현재가치가 작아지기 때문에 풋옵션의 가격은 하락하고 콜옵션의 가격은 상승한다.
⑤ 만기전 기초자산에 대한 배당지급은 콜옵션가격을 하락시키고, 풋옵션가격을 상승시키기 때문이다.

답 ③

(주)W기업의 주식을 기초자산으로 하는 유럽형 콜옵션과 유럽형 풋옵션이 존재한다. 현재 이 콜옵션과 풋옵션은 각각 1년의 만기와 1,000원의 행사가격을 가지고 있다. (주)W기업의 주식은 현재 시장에서 1,000원에 거래되고 있으며 (주)W기업은 동 주식에 대하여 배당금을 지급하지 않는다. 1년 후 동 주식의 주가가 1,100원이 될 확률은 80%이고, 900원이 될 확률은 20%라고 한다. 현재 무위험이자율은 연 5%이다. 1기간 이항모형을 이용할 때, 동 콜옵션의 이론가격과 동 풋옵션의 이론가격에 가장 가까운 것은? (단, 풋-콜 등가식(put-call parity)이 성립한다)

	콜옵션	풋옵션
①	71.43원	47.62원
②	47.62원	23.81원
③	71.43원	23.81원
④	47.62원	47.62원
⑤	71.43원	19.62원

┃해설┃

현재주가	1년 후 주가	콜 만기가치	풋 만기가치
1,000	1,100	100	0
	900	0	100

위험중립확률 $= 1,100P + 900(1-P) = 1,000 \times 1.05, \quad \therefore \ P = 0.75$

$$C = \frac{100원 \times 0.75}{1+0.05} = 71.43원$$

$$P = \frac{100원 \times (1-0.75)}{1+0.05} = 23.81원$$

답 ③

현재 시장에 액면금액이 100,000원으로 동일한 채권들의 만기와 시장가격, 그리고 표면이자율은 다음과 같다.

채 권	만 기	시장가격	표면이자율
A	1년	90,909원	0%
B	2년	79,719원	0%
C	2년	100,000원	12%

다음의 설명 중 가장 적절하지 않은 것은? (단, 거래비용은 없으며, 기대가설이 성립한다고 가정한다. 소수점 첫째자리에서 반올림한다)

① 1년 만기 현물이자율은 10%이다.
② 1년 후 시점의 1년 만기 선도이자율은 14%이다.
③ 채권 B를 기초자산으로 하는 1년 만기 선물의 균형가격은 87,719원이다.
④ 채권 C를 100개 매입한다고 가정하면 채권 A와 채권 B로 구성한 포트폴리오를 이용하여 19,436원의 차익거래이익을 얻을 수 있다.
⑤ 채권 C의 균형가격은 97,089원이다.

▮해설▮

$$P_C = \frac{12,000원}{1.1} + \frac{112,000원}{1.12^2} = 100,195원$$

① $\frac{100,000원}{1+{}_0S_1} = 90,909원, \quad \therefore {}_0S_1 = 10\%$

② $\frac{100,000원}{(1+{}_0S_2)^2} = 79,719원, \quad \therefore {}_0S_2 = 12\%$

$(1+12\%)^2 = (1+10\%) \times (1+{}_1f_2), \quad \therefore {}_1f_2 = 14.04\%$

③ $F_0^1 = \frac{100,000원}{1+{}_1f_2} = \frac{100,000원}{1+0.14} = 87,719원$

④ $(100,194.36원 - 100,000원) \times 100 = 19,436원$

답 ⑤

선택권부증권의 가치평가에 관한 설명으로 가장 적절한 것은?

① 신주인수권부사채의 경우 만기일에 신주 1주를 인수할 수 있는 신주인수권의 가치는 신주인수권 행사전 주가를 기초자산으로 하고 행사가격이 신주 1주당 인수가격인 일반 콜옵션의 만기가치와 같다.

② 수의상환사채의 가치는 일반사채의 가치에서 수의상환권 가치인 콜옵션의 가치를 뺀 것과 같다.

③ 전환사채의 만기일에 전환가치가 일반사채의 가치보다 크다면 전환권을 행사할 필요가 없으므로 전환사채의 가치는 일반사채의 가치와 같다.

④ 전환사채의 현재가치는 일반사채의 가치보다 작을 수 있다.

⑤ 상환청구권부사채의 가치는 일반사채의 가치에 상환청구권 가치인 풋옵션의 가치를 뺀 것과 같다.

∥해설∥

① 신주인수권의 기초자산은 신주인수권 행사 후의 주가이다.

③ 전환사채의 만기일에 전환가치가 일반사채의 가치보다 크다면 전환권을 행사하게 되며, 이 경우 전환사채의 가치는 일반사채의 가치보다 크게 된다.

④ 전환사채의 현재가치는 일반사채의 가치에 전환권의 가치를 더한 것인데, 전환권의 가치는 항상 0보다 크거나 같다. 따라서 전환사채의 현재가치는 일반사채의 가치보다 크거나 같다.

⑤ 상환청구권부사채의 가치는 일반사채의 가치에 상환청구권 가치인 풋옵션의 가치를 더한 것과 같다.

답 ②

분산투자 효과가 가장 크게 나타나는 두 자산 간 상관계수는?

① 1
② 0.5
③ 0
④ −0.5
⑤ −1

∥해설∥

분산투자, 즉 포트폴리오를 구성하여 자금을 여러 투자대상에 분산할 경우 동일한 수익률을 누리는 동시에 위험의 크기를 줄일 수 있다. 그 이유는 포트폴리오를 구성하는 개별 자산들의 가격변동이 서로를 상쇄하기 때문이다. 특히 상관관계가 1에 가까울수록, 그리고 구성자산의 수가 늘어날수록 이러한 분산효과가 더욱 커진다.

답 ⑤

주식 A는 현재 주가가 30,000원이고 주식 A를 기초자산으로 하는 만기 2년인 선물 계약이 37,000원에 거래되고 있다. 주식 A는 배당금을 지급하지 않으며, 현물 및 선물의 거래에 따른 거래비용 또는 보유비용이 없다. 무위험이자율 10%로 대출과 차입을 할 수 있을 때 (a) 차익거래 전략과 (b) 차익거래 이익에 가장 가까운 것은?

	(a) 차익거래 전략	(b) 차익거래 이익
①	주식매입＋선물매도＋차입	700원
②	주식매입＋선물매도＋대출	4,000원
③	주식매입＋선물매도＋차입	4,000원
④	주식매입＋선물매도＋대출	700원
⑤	주식공매＋선물매입＋대출	4,000원

❚ 해설 ❚

선물의 균형가격은 $30,000원 \times 1.1^2 = 36,300원$이므로 선물의 시장가격이 과대평가된 상태이다. 따라서 30,000원을 차입해서 현물주식을 매입한 후, 선물을 매도하는 차익거래를 할 경우 37,000원－36,300원＝700원의 이익을 얻게 된다.

답 ①

배당을 하지 않는 A기업의 현재 주식가격은 10,000원이다. A기업의 주식을 기초자산으로 하는 만기 1년, 행사가격 10,000원인 유럽형 옵션이 현재 시장에서 거래되고 있다. 1년 후 A기업의 주식가격이 12,000원이 될 확률은 40%, 8,000원이 될 확률은 60%이다. 현재 무위험이자율이 10%이며, 이 옵션의 가격결정은 1기간 이항모형을 이용한 무위험 헤지포트폴리오를 구성하여 구한다. 다음 중 가장 적절하지 않은 것은? (단, 소수점 아래 둘째자리에서 반올림하여 계산한다)

① 풋옵션의 균형가격은 654.6원이다.
② 콜옵션의 균형가격은 1,363.6원이다.
③ 주식 1개 매입 시 콜옵션 2개 매도로 헤지한다.
④ 풋옵션의 델타는 (−)0.5이다.
⑤ 콜옵션의 델타는 0.5이다.

현재주가	1년 후 주가	콜 만기가치	풋 만기가치
10,000	12,000	2,000	0
	8,000	0	2,000

위험중립확률 : $12,000P + 8,000 \times (1-P) = 10,000 \times 1.1$, $\therefore P = 0.75$

$$P = \frac{2,000원 \times 0.25}{1.1} = 454.55원$$

② $C = \dfrac{2,000원 \times 0.75}{1.1} = 1,363.63원$

③ 헤지비율 $= \dfrac{4,000}{2,000} = 2$

④ $\delta_P = \dfrac{0 - 2,000}{12,000 - 8,000} = -0.5$

⑤ $\delta_C = \dfrac{2,000 - 0}{12,000 - 8,000} = 0.5$

답 ①

08 공인회계사 2021 ☑확인Check! ○ △ ✕

주식 A는 배당을 하지 않으며, 현재 시장에서 4,000원에 거래되고 있다. 1년 후 이 주식은 72.22%의 확률로 5,000원이 되고, 27.78%의 확률로 3,000원이 된다. 주식 A가 기초자산이고 행사가격이 3,500원이며 만기가 1년인 유럽형 풋옵션은 현재 200원에 거래되고 있다. 주식의 공매도가 허용되고 무위험이자율로 차입과 대출이 가능하고 거래비용과 차익거래기회가 없다면, 1년 후 항상 10,000원을 지급하는 무위험자산의 현재 가격에 가장 가까운 것은?

① 9,000원
② 9,200원
③ 9,400원
④ 9,600원
⑤ 9,800원

┃해설┃

1년 후 주가가 5,000원이 될 경우에 1원의 성과가 발생하는 순수증권의 가치를 a, 3,000원인 순수증권의 가치를 b라 하자.

그렇다면 주식 A로부터 $(5,000원 \times a) + (3,000원 \times b) = 4,000원$의 관계를 끌어낼 수 있으며, 풋옵션으로부터 $0 + (500원 \times b) = 200원$의 식을 유도해 낼 수 있다. 이를 연립하면 a는 0.56, b는 0.4로 계산된다.

따라서, 1년 후 항상 10,000원을 지급하는 무위험자산의 현재 가격은 $10,000원 \times (0.56 + 0.4) = 9,600원$이다.

답 ④

선물에 관한 설명으로 가장 적절하지 않은 것은?

① 선물가격과 현물가격의 차이를 베이시스(basis)라고 하는데 만기일이 가까워지면 베이시스는 점점 작아지고 만기일에는 선물가격과 현물가격이 같게 된다.

② 현물-선물 등가식(spot-future parity)이 성립하는 경우 효율적인 시장에서는 차익거래의 기회가 존재하지 않는다.

③ 선물가격은 보유비용(cost of carry)만큼 현물가격과 차이가 발생하는데 이때의 보유비용에는 현물구입자금에 대한 기회비용인 이자비용뿐만 아니라 현물의 보관비용도 포함된다.

④ 선물의 가격이 미래의 기대현물가격보다 높게 형성되었다가 만기일에 접근하면서 기대현물가격에 일치해간다는 가설은 정상적 백워데이션(normal backwardation) 가설이다.

⑤ 명목이자율이 국내보다 높은 외화의 경우 균형상태에서 원/외화 선물환율이 현물환율보다 낮다.

해설

선지의 내용은 콘탱고 가설에 대한 것이다. 정상적 백워데이션 가설은 선물가격이 미래의 기대현물가격보다 낮게 형성되었다가 만기일에 접근하면서 기대현물가격에 일치해간다는 가설이다.

① 선물가격의 인도일 수렴현상에 대한 설명이다. 선물가격과 현물가격의 차이를 베이시스라고 하는데 만기일이 가까워지면 베이시스는 점점 작아지고 만기일에는 선물가격과 현물가격이 같게 된다.

② 현물-선물 등가식이 성립하는 경우 효율적인 시장에서는 차익거래의 기회가 존재하지 않는다.

③ 선물가격은 보유비용만큼 현물가격과 차이가 발생하는데 이때의 보유비용에는 현물구입자금에 대한 기회비용인 이자비용뿐만 아니라 현물의 보관비용도 포함된다.

⑤ 선물환율은 현물환율에 $\dfrac{1+\text{국내 명목이자율}}{1+\text{외국 명목이자율}}$ 을 곱한 값으로 계산되므로 명목이자율이 국내보다 높은 외화의 경우 선물환율이 현물환율보다 낮다.

답 ④

10 공인회계사 2021

☑ 확인Check! ○ △ ✕

배당을 지급하지 않는 주식 A의 현재 가격은 10달러이다. 현재 환율은 1달러 당 1,100원이고, 달러화에 대한 무위험이자율은 1%이며, 원화에 대한 무위험이자율은 3%이다. 주식 A를 1년 후에 원화로 구입하는 선도계약이 가능할 때, 선도가격에 가장 가까운 것은? (단, 무위험이자율로 차입과 대출이 가능하고, 공매도가 허용되며, 거래비용과 차익거래기회가 없다)

① 10,786원

② 11,000원

③ 11,110원

④ 11,330원

⑤ 11,443원

┃해설┃

주식 A의 현재 가격이 10달러×1,100원/달러＝11,000원이므로 선도가격은 11,000원×(1＋0.03)＝11,330원이다.

 ④

11 공인회계사 2020

☑ 확인Check! ○ △ ✕

다음 상황에 관한 설명으로 가장 적절하지 않은 것은?

> 투자자 갑은 현재 주가가 45,000원인 주식 A 1주를 보유하고 있다. 투자자 갑은 "만기일인 한 달 후에 주식 A의 가격이 50,000원 이상이면 1주를 50,000원에 투자자 갑으로부터 매입할 수 있고 50,000원 미만이면 매입하지 않아도 되는 옵션"을 투자자 을에게 7,000원에 매도하였다.

① 투자자 갑은 투자자 을에게 콜옵션을 매도하였다.

② 이 옵션은 현재 외가격상태에 있다.

③ 이 옵션의 내재가치(intrinsic value)는 5,000원이다.

④ 이 옵션의 시간가치(time value)는 7,000원이다.

⑤ 이 옵션의 행사가격은 50,000원이다.

┃해설┃

외가격 상태에서의 옵션의 내재가치는 0이다.

① · ⑤ 행사가격 50,000원에 주식을 살 수 있는 권리가 부여되었으므로 매도한 옵션은 콜옵션이다.

② 행사가격보다 현재주가가 낮기 때문에 외가격 상태이다.

④ 시간가치는 옵션가격에서 내재가치를 차감한 값이므로 7,000원이다.

 ③

PART 3

옵션에 대한 설명으로 옳지 않은 것은?

① 옵션의 델타는 기초자산의 가격변화분에 대한 옵션가격의 변화분을 나타내는 지표이다.

② 무위험이자율이 높을수록 콜옵션의 가격은 높다.

③ 풋옵션 매도자는 옵션 만기에 기초자산을 팔 의무가 존재한다.

④ 콜옵션의 매도자는 행사가격이 기초자산의 가격보다 낮을 때 그 의무를 이행한다.

❙해설❙

풋옵션은 주식을 매도할 권리이므로 이를 매입한 사람은 만기에 기초자산을 팔 권리가 있고, 반대로 풋옵션을 매도한 사람은 만기가 되면 행사가격에 기초자산을 매입해야 한다.

① 옵션의 델타는 기초자산의 가격변화분에 대한 옵션가격의 변화분을 나타내는 지표이다.

② 콜옵션은 미래에 행사가격을 지불하고 주식을 매입할 권리이므로 미래의 권리행사에 대비해서 은행에 자금을 예치해 둘 수 있다. 이때 무위험이자율이 높다면 은행금리가 높아지므로 콜옵션 매입자가 유리해진다.

④ 콜옵션의 매입자는 특정 가격에 기초자산을 매입할 권리를 가지며, 행사가격보다 기초자산의 가격이 높은 경우 행사하는 것이 일반적이다. 따라서 콜옵션의 매도자는 행사가격보다 기초자산 가격이 높을 경우, 즉 행사가격이 기초자산 가격보다 낮을 경우에 옵션행사에 응해야 할 의무가 있다.

더 살펴보기 | 선물과 옵션

선물계약은 지정한 가격으로 반드시 매입, 매도를 해야 하지만 옵션은 계약을 포기할 수 있는 권리가 있으며, 옵션의 행사 가능 시점에 따라 미국형과 유럽형으로 구분한다.

① 미국형 : 만기일 이전에 언제든 권리 행사 가능

② 유럽형 : 권리 행사일을 만기일로 하루로 한정

구 분	선 물	옵 션
대 상	실물, 금융자산	실물, 금융자산의 매매권리
권리와 의무	매수인과 매도인 모두 권리와 의무 존재	• 매수인 : 권리만 존재 • 매도인 : 의무만 존재
일일정산	○	✕
수익구조	대 칭	비대칭
증거금	매수인, 매도인 모두 납입	• 매도자만 납입 • 매수인은 프리미엄을 납입

 ③

1기간 이항모형을 이용하여 기업 A의 주식을 기초자산으로 하는 유럽형 콜옵션의 이론적 가격을 평가하고자한다. 현재 이 콜옵션의 만기는 1년이고, 행사가격은 10,000원이다. 기업 A의 주식은 배당을 하지 않으며, 현재 시장에서 10,000원에 거래되고 있다. 1년 후 기업 A의 주가가 12,000원이 될 확률은 60%이고, 8,000원이 될 확률은 40%이다. 현재 무위험이자율이 연 10%라고 할 때, 이 콜옵션의 이론적 가격에 가장 가까운 것은?

① 1,360원　　　　　　　　　　　　　　② 1,460원
③ 1,560원　　　　　　　　　　　　　　④ 1,660원
⑤ 1,760원

┃해설┃

현재 주가	1년 후 주가	콜 만기가치
10,000	12,000	2,000
	8,000	0

$$p = \frac{(1+r_f)-d}{u-d} = \frac{1.1-0.8}{1.2-0.8} = 0.75$$

$$C = \frac{p \times C_u + (1-p) \times C_d}{r} = \frac{0.75 \times 2,000원 + (1-0.75) \times 0}{1.1} = 1,363.63원$$

답 ①

주식 C를 기초자산으로 하는 콜옵션 20계약을 매도하고 풋옵션 10계약을 매수하고자 한다. 해당 콜옵션의 델타(delta)는 0.5이고 풋옵션의 델타는 −0.3이다. 델타중립(delta-neutral) 포지션 구축을 위한 주식 C의 거래로 가장 적절한 것은? (단, 옵션 1계약 당 거래단위(승수)는 100주이다)

① 아무 거래도 하지 않음　　　　　　　　② 700주 매수
③ 700주 매도　　　　　　　　　　　　④ 1,300주 매수
⑤ 1,300주 매도

┃해설┃

$$PF = NS - 20C + 10P$$

$$\frac{\Delta PF}{\Delta S} = N - 20 \times 0.5 + 10 \times (-0.3) = 0, \ N = 13$$

13주×100=1,300주를 매수한다.

답 ④

선물거래에 관한 설명으로 옳지 않은 것은?

① 조직화된 공식시장에서 거래가 이루어진다.

② 다수의 불특정 참가자가 자유롭게 시장에 참여한다.

③ 거래대상, 거래단위 등의 거래조건이 표준화되어 있다.

④ 계약의 이행을 보증하려는 제도적 장치로 일일정산, 증거금 등이 있다.

⑤ 반대매매를 통한 중도청산이 어려워 만기일에 실물의 인수·인도가 이루어진다.

━━━

┃해설┃

선물거래는 반대매매(선물을 매입한 사람이 매도하거나 선물을 매도한 사람이 매입하는 등)가 항상 가능하므로 만기일 전에도 중도청산이 가능하다.

더 살펴보기 선물거래의 일반적 특징
• 조직화된 공식시장에서의 거래 • 다수의 불특정 참가자의 자유로운 시장참여 • 거래조건의 표준화 • 일일정산, 증거금 등의 제도적 장치 마련

답 ⑤

기업 D는 명목원금(notional principal) 1억원, 1년 만기 변동금리를 지급하고 8% 고정금리를 수취하는 5년 만기의 이자율 스왑계약을 3년 6개월 전에 체결하였다. 현재 동 스왑의 잔존만기는 1년 6개월이다. 현재가치 계산을 위해 활용되는 6개월과 1년 6개월 만기 현물이자율은 각각 연 10%와 연 11%이다. 직전 현금흐름 교환 시점의 1년 만기 변동금리는 연 10.5%였다. 기업 D의 관점에서 이 이자율 스왑 계약의 현재가치와 가장 가까운 것은? (단, 현금흐름은 기말에 연 1회 교환되고 이자율기간구조의 불편기대이론이 성립한다고 가정하며, $\frac{1}{1.10^{0.5}}=0.9535$, $\frac{1}{1.11^{1.5}}=0.8551$이다)

① -5,382,950원

② -4,906,200원

③ 0원

④ 4,906,200원

⑤ 5,382,950원

PART 3

┃해설┃

$$_{0.5}f_{1.5}=\frac{0.9535}{0.8551}-1=0.11507426$$

구 분	0.5년 후	1.5년 후
이자수취(고정금리)	8,000,000원	8,000,000원
이자지급(변동금리)	(10,500,000)원	(11,507,426)원
순CF	−2,500,000원	−3,507,426원

스왑의 현재가치=−2,500,000원×0.9535−3,507,426원×0.8551=−5,382,950원

답 ①

---

17 공인회계사 2019

☑ 확인 Check! ○ △ ✕

배당을 지급하지 않는 주식 E를 기초자산으로 하는 유럽형 옵션을 가정한다. 주식 E의 1주 당 시장가격은 현재 10,000원이다. 잔존만기 1년, 행사가격 11,000원인 유럽형 콜옵션과 풋옵션의 1계약 당 프리미엄은 현재 각각 1,500원과 500원으로 차익거래 기회가 존재한다. 차익거래 포지션의 만기일의 현금흐름을 0으로 할 때, 현재의 차익거래 이익에 가장 가까운 것은? (단, 무위험수익률은 연 10%이며 무위험수익률로 차입과 예금이 가능하다. 옵션 1계약 당 거래단위(승수)는 1주이며, 차익거래 포지션은 주식 E의 1주를 기준으로 구성한다)

① 800원
② 900원
③ 1,000원
④ 1,100원
⑤ 1,200원

┃해설┃

$S+P-C=10,000원+500원-1,500원=9,000원(과소평가)$

$PV(E)=\dfrac{11,000원}{1.1}=10,000원(과대평가)$

$S+P-C$가 $PV(E)$보다 1,000원 작으므로 이들을 이용한 차익거래를 통해 1,000원의 이익을 얻을 수 있다.

답 ③

18 공인회계사 2019

☑ 확인Check! ○ △ ✕

현재의 시장가치가 1,000만원인 포트폴리오(P)는 주식 A와 B로 구성되어 있다. 현재 주식 A의 시장가치는 400만원이고 주식 B의 시장가치는 600만원이다. 주식 A와 주식 B의 수익률 표준편차는 각각 5%와 10%이고 상관계수는 −0.5이다. 주식수익률은 정규분포를 따른다고 가정한다. 99% 신뢰수준 하에서 포트폴리오(P)의 최대 가치하락을 측정하는 VaR(Value at Risk)는 아래 식에 의해 계산된다. 포트폴리오(P)의 VaR값과 가장 가까운 것은? (단, σ_P는 포트폴리오(P) 수익률의 표준편차이다)

$$VaR = 2.33 \times \sigma_P \times \text{포트폴리오(P)의 시장가치}$$

① 466,110원

② 659,840원

③ 807,350원

④ 1,232,920원

⑤ 2,017,840원

┃해설┃

$\sigma_P = \sqrt{(0.4^2 \times 5^2) + (0.6^2 \times 10^2) + (2 \times 0.4 \times 0.6) \times (-0.5 \times 5 \times 10)} = 5.2915\%$

$VaR = 2.33 \times 0.052915 \times 10,000,000$원 $= 1,232,920$원

답 ④

19 공인회계사 2018

☑ 확인Check! ○ △ ✕

블랙-숄즈(1973) 또는 머튼(1973)의 모형을 이용하여 무배당주식옵션의 가치를 평가하려 한다. 다음 설명 중 적절한 것은? (단, $N(d_1)$은 유럽형 콜옵션의 델타이고, $d_2 = d_1 -$ 변동성 $\times \sqrt{\text{만기}}$ 이다)

① 옵션가를 계산하기 위해 주식의 현재 가격 및 베타, 행사가격, 이자율 등의 정보가 모두 필요하다.

② $N(d_1) - 1$은 유럽형 풋옵션의 델타이다.

③ $N(d_2)$는 만기에 유럽형 풋옵션이 행사될 위험중립확률이다.

④ $N(d_1)$은 유럽형 콜옵션 한개의 매수 포지션을 동적헤지하기 위해 보유해야 할 주식의 갯수이다.

⑤ 이 모형은 옵션만기시점의 주가가 정규분포를 따른다고 가정한다.

┃해설┃

① 옵션가를 계산하기 위해 주식의 현재 가격, 행사가격, 이자율, 옵션의 만기 등이 필요하나 베타는 필요하지 않다.

③ $N(d_2)$는 만기에 유럽형 콜옵션이 행사될 위험중립확률이다.

④ $N(d_1)$은 유럽형 콜옵션 한개의 매도 포지션을 동적헤지하기 위해 보유해야 할 주식의 갯수이다.

⑤ 이 모형은 모든 순간의 주가가 로그 정규분포를 따른다고 가정한다.

답 ②

다음의 표는 잔존만기와 기초자산이 동일한 유럽형 옵션의 시장가를 정리한 것이다. 잔존만기와 무위험이자율이 양수라고 가정할 때, 다음 중 차익거래가 나타날 수 있는 포지션은? (단, 괄호 안은 행사가격을 나타낸다)

행사가격	콜가격	풋가격
100	9.0	3.0
105	5.2	6.0
110	2.0	11.5

① 콜(100) 1개 매수, 콜(105) 1개 매도
② 풋(105) 1개 매수, 풋(110) 1개 매도
③ 콜(100) 1개 매수, 콜(105) 2개 매도, 콜(110) 1개 매수
④ 풋(100) 1개 매수, 풋(105) 2개 매도, 풋(110) 1개 매수
⑤ 콜(100) 1개 매수, 풋(100) 1개 매수

┃ 해설 ┃

옵션의 행사가격 차액은 5이고, 옵션가격 차액은 5.5이므로 후자가 더 크다. 따라서 110풋을 매도하고 105풋을 매입하는 차익거래가 가능하다.

① 무위험이자율이 제시되지 않은 상태이므로 행사가격 차액의 현재가치와 옵션가격 차액의 대소를 비교할 수 없다. 따라서 차익거래 가능성을 판단할 수 없다.

③·④ 나비형 스프레드의 현재가치를 구해보면 ③이 $9-2\times5.2+2=0.6$, ④가 $3-2\times6+11.5=2.5$여서 둘 다 0보다 크다. 따라서 두 경우 모두 차익거래가 불가능하다.

⑤ 행사가격이 동일한 차익거래를 위해서는 기초자산의 현재가격 등과 같은 추가 정보가 필요하므로 여기서는 판단할 수 없다.

답 ②

외환시장에서 1년 후 유로화의 현물환율이 1유로당 1,900원으로 상승하거나 1,500원으로 하락하는 두 가지 경우만 존재한다고 가정하자. 잔존만기가 1년인 유로선물환율은 현재 1유로당 1,800원에 거래되고 있다. 다음 중 적절하지 않은 것은? (단, 유로옵션은 유럽형이고 잔존 만기가 1년이며, 시장은 완전하고 차익거래의 기회가 없다고 가정한다)

① 국내시장의 무위험이자율이 EU시장의 무위험이자율보다 크다.
② 유로화의 현물환율이 1년 후 1,900원으로 상승할 위험중립확률은 0.75이다.
③ 행사가격이 1,800원인 유로콜의 가격은 동일 행사가격의 유로풋 가격과 같다.
④ 행사가격이 1,600원인 유로콜의 가격은 동일 행사가격의 유로풋 가격보다 크다.
⑤ 국내시장의 무위험이자율이 10%일 때, 행사가격이 1,570원인 유로콜의 1기간 이항모형가격은 225원이다.

┃해설┃

현재의 현물환율이 주어져 있지 않으므로 둘의 대소관계를 비교할 수 없다.

② $1,800원 = 1,900원 \times P + 1,500원 \times (1-P)$, ∴ $P = 0.75$

③ $C = \dfrac{0.75 \times (1,900원 - 1,800원) + (1-0.75) \times 0원}{1+R_f} = \dfrac{75원}{1+R_f}$

$P = \dfrac{0.75 \times 0원 + (1-0.75) \times (1,800원 - 1,500원)}{1+R_f} = \dfrac{75원}{1+R_f}$

④ $C = \dfrac{0.75 \times (1,900원 - 1,600원) + (1-0.75) \times 0원}{1+R_f} = \dfrac{225원}{1+R_f}$

$P = \dfrac{0.75 \times 0원 + (1-0.75) \times (1,600원 - 1,500원)}{1+R_f} = \dfrac{25원}{1+R_f}$

⑤ $C = \dfrac{0.75 \times (1,900원 - 1,570원) + (1-0.75) \times 0원}{1+0.1} = 225원$

 답 ①

22 국가직 7급 2018 ☑ 확인 Check! ○ △ ✕

환율결정이론에 대한 설명으로 옳지 않은 것은?

① 한 국가의 물가상승률이 높을수록 그 국가의 환율은 장기적으로 평가절상된다.
② 구매력평가설이 성립하는 상황에서 환율의 변동은 국내물가 상승률과 외국물가상승률의 차이로 결정된다.
③ Big Mac지수는 같은 비용을 지불하여 전 세계 어디에서나 동일한 품질의 햄버거를 구매할 수 있다는 가정하에 균형환율을 계산한 것이다.
④ 구매력평가설은 일물일가의 법칙이 성립하고, 관세를 포함한 무역장벽이 없으며, 수송비용이 크지 않은 경쟁적인 시장을 가정한다.

┃해설┃

특정 국가의 물가상승률, 즉 인플레이션율이 높다면 같은 물건을 사기 위해 더 많은 돈이 필요해진다는 의미이다. 이는 그 나라 화폐의 가치가 감소함을 의미한다.
② 구매력 평가설은 두 나라 통화 간의 현물환율은 두 나라의 기대인플레이션율의 차이에 비례하여 변동한다는 것이다.
③ 빅맥지수는 같은 물건의 국가별 가격을 비교하여 환율을 가늠하는 척도이다.
④ 구매력 평가설의 기본가정은 상품의 구입비용이 거래국가와 무관하게 일정하다는 것이다.

답 ①

23 공인회계사 2017 ☑ 확인 Check! ○ △ ✕

현재 미국의 $1에 대해서 현물환율은 1,000원이고 1년 만기 선물환율은 1,020원이다. 무위험이자율은 한국에서 연 5%이고 미국에서는 연 2%이다. 무위험이자율로 차입과 대출이 가능하고 거래비용이 없을 때, 차익거래의 방법으로 가장 적절한 것은?

① 선물 매수, 달러 차입, 원화로 환전, 원화 대출
② 선물 매수, 원화 차입, 달러로 환전, 달러 대출
③ 선물 매도, 달러 차입, 원화로 환전, 원화 대출
④ 선물 매도, 원화 차입, 달러로 환전, 달러 대출
⑤ 선물 매도, 원화 차입, 달러로 환전, 원화 대출

┃해설┃

$$1,020원 = F < S \times \frac{1+R_k}{1+R_a} = 1,000원 \times \frac{1.05}{1.02} = 1,029.41원$$

과소평가된 선물을 매수하고, 미국에서 차입한 달러를 원화로 환전하여, 무위험이자율이 높은 한국에서 원화로 대출하면 차익거래를 얻을 수 있다.

답 ①

1기간 이항모형이 성립하고 무위험이자율이 연 10%라고 가정하자. (주)가나의 주가는 현재 9,500원이며 1년 후에는 60%의 확률로 11,000원이 되거나 40%의 확률로 9,000원이 된다. (주)가나의 주식에 대한 **풋옵션** (만기 1년, 행사가격 10,000원)의 현재 이론적 가격에 가장 가까운 것은?

① 350원

② 325원

③ 300원

④ 275원

⑤ 250원

┃해설┃

현재주가	1년 후 주가	풋 만기가치
9,500	11,000	0
	9,000	10,000－9,000＝1,000

위험중립확률＝$11,000P+9,000(1-P)=9,500\times1.1$, ∴ $P=0.725$

$P=\dfrac{1,000원\times0.275}{1.1}=250원$

답 ⑤

1년 후에 현물가격이 변동하면 발생할 수 있는 손해를 제거하기 위해 선물(Futures)계약을 이용하여 헤지 (Hedge)를 할 경우 포지션이 다른 것은?

① 주식을 공매하고 1년 후에 공매한 주식을 상환할 경우

② 해외골동품 대금을 1년 후에 유로화로 지급할 경우

③ 유학을 가기 위해 1년 후에 미국 달러화로 환전할 경우

④ 보유 중인 채권을 1년 후에 매각할 경우

┃해설┃

선물을 활용한 헤지시에 매도/매입은 다음과 같은 예상하에 이루어진다.

• 현물 소유자가 가격하락을 예상시 → 선물을 매도

• 현물 구입예정자가 가격상승을 예상시 → 선물을 매입

①·②·③은 가격이 하락할 것을 예상하는 경우이지만, ④는 가격을 상승할 것을 예상하는 경우이다. 여기서 공매도란 개인 혹은 기관이 주식, 채권 등을 보유하지 않은 상태에서 매도하는 행위를 말한다. 매도한 주식·채권은 결제일 이전에 구해 매입자에게 갚아야 한다. 이는 주가하락이 예상되는 시점에 시세차익을 얻기 위한 방법이다.

답 ④

아래의 표와 같은 고정금리 차입조건 하에서 한국의 (주)대한은 1,000만엔, (주)민국은 10만달러를 차입하려고 한다. (주)대한은 비교우위를 갖고 있는 달러화시장에서 10만달러, (주)민국은 엔화시장에서 1,000만엔을 차입한 후, (주)대한은 1,000만엔에 대한 연 5.5%의 이자를 (주)민국에게 직접 지급하고 (주)민국은 10만달러에 대한 연 3%의 이자를 (주)대한에게 직접 지급하는 통화스왑계약을 체결하려고 한다. 이 통화스왑에서 정기적인 이자지급 외에도 (주)대한은 계약시점에서 1,000만엔을 받고 10만달러를 주고, 만기시점에서는 10만달러를 돌려받고 1,000만엔을 돌려주어야 한다. 현재 환율이 100엔/달러일 때, 통화스왑으로 인해 발생하는 결과로 가장 적절한 것은?

구 분	달러화 차입금리	엔화 차입금리
(주)대한	3%	6%
(주)민국	5%	7%

① (주)대한은 달러화 환위험에 노출된다.
② (주)민국은 달러화와 엔화 환위험에 노출된다.
③ (주)대한은 달러화차입비용을 0.5%p 줄일 수 있게 된다.
④ (주)민국은 달러화차입비용을 0.5%p 줄일 수 있게 된다.
⑤ (주)민국은 엔화차입비용을 0.5%p 줄일 수 있게 된다.

⎮해설⎮

달러화 차입금에 대하여 3%의 이자를 지급해야 하고, 엔화 차입금에 대하여 1.5%의 이자를 지급해야 하므로 달러화와 엔화 환위험에 노출된다.
① 자신의 차입금에 대한 달러화 이자율과 지급받는 달러화 이자율이 동일하기 때문에 달러화 환위험에 노출되지 않는다.
③ 스왑계약을 하게 되면 엔화 이자율이 5.5%가 되는데, 스왑계약을 하지 않은 상태에서의 엔화 이자율이 6%이므로, 엔화차입비용을 0.5%p 줄일 수 있게 된다.
④ 스왑계약을 하게 되면 달러화 이자율이 3%가 되는데, 스왑계약을 하지 않은 상태에서의 달러화 이자율이 5%이므로, 달러화차입비용을 2%p 줄일 수 있게 된다.
⑤ 스왑계약을 하게 되면 엔화 이자율이 7%가 되는데, 스왑계약을 하지 않은 상태에서의 엔화 이자율이 5.5%이므로, 오히려 엔화 차입비용이 1.5%p 늘어나게 된다.

답 ②

PART 3

(주)가나의 현재 주가는 100,000원이다. (주)가나의 주가는 1년 후 120,000원이 될 확률이 70%이고 80,000원이 될 확률이 30%인 이항모형을 따른다. (주)가나의 주식을 기초자산으로 하는 만기 1년, 행사가격 90,000원의 유럽형 콜옵션과 풋옵션이 현재 시장에서 거래되고 있다. 무위험이자율이 연 10%일 때 풋옵션의 델타와 콜옵션의 델타로 가장 적절한 것은?

	풋옵션델타	콜옵션델타
①	-0.25	0.25
②	-0.50	0.50
③	-0.25	0.75
④	-0.50	0.75
⑤	-0.75	0.75

┃해설┃

현재주가	1년 후 주가	콜 만기가치	풋 만기가치
100,000	120,000	$120,000-90,000=30,000$	0
	80,000	0	$90,000-80,000=10,000$

$$풋옵션\ 델타=\frac{0-10,000}{120,000-80,000}=-0.25$$

$$콜옵션\ 델타=\frac{30,000-0}{120,000-80,000}=0.75$$

답 ③

미국과 한국의 실질이자율이 동일하고 원화의 명목이자율이 미국 달러화의 명목이자율보다 5% 높게 예상되면, 미국 달러화에 대해 원화의 가치가 5% 떨어져 기대현물환율이 결정된다고 보는 것은 어떤 이론에 따른 것인가?

① 구매력평가이론 ② 피셔효과
③ 국제피셔효과 ④ 이자율평가이론

┃해설┃

두 나라 사이 명목이자율의 차이가 현물환율의 변동을 가져온다는 이론은 국제피셔효과이다.

답 ③

29 서울시 7급 2016

☑ 확인 Check! ○ △ ✕

파생상품(derivatives)**에 대한 설명으로 가장 옳지 않은 것은?**

① 풋옵션은 팔 수 있는 권리로 만기일에 기초자산의 시장가격이 행사가격보다 낮으면 행사하여 이익을 본다.

② 옵션매입자에게는 거래를 할 수 있는 권리가 부여되고, 옵션매도자는 옵션매입자가 권리를 행사하며 거래 요구시 거래에 응하여야 할 의무를 가진다.

③ 만기일 이전에 언제든지 그 권리를 행사할 수 있는 옵션을 미국식 옵션(American option)이라 한다.

④ 선물의 계약가치는 선물가격이기 때문에 선물매입계약 체결시 매입자는 매도자에게 선물가격을 지불하여야 한다.

┃해설┃

선물의 계약가치는 선물가격 자체가 아니라 선물가격과 현물가격의 차이이다.

① 자산을 팔 권리인 풋옵션은 기초자산의 시장가격이 하락할 경우 이보다 높은 행사가격에 팔 수 있으므로 이익을 볼 수 있다.

② 옵션은 사고 팔 권리이므로 이를 매입하는 사람에게는 권리가, 매도자에게는 거래에 응할 의무가 있다.

③ 만기일 이전에도 권리행사가 가능하면 미국식, 만기일에만 행사가 가능하면 유럽식 옵션이다.

답 ④

---

30 서울시 7급 2016

☑ 확인 Check! ○ △ ✕

금융시장의 위험관리(risk management)**기법에 대한 설명으로 가장 옳은 것은?**

① 분산투자를 통해 체계적 위험을 없앨 수 있지만, 비체계적 위험은 없앨 수 없다.

② 두 자산의 상관관계가 높을수록 분산투자효과가 크다.

③ 헤지(hedge)가 모든 위험을 없애고자 하는 전략이라면, 보험(insurance)은 하방위험을 없애고자 하는 전략이다.

④ 헤지대상과 헤지수단 간의 상관관계가 낮을수록 헤지(hedge)효과가 크다.

┃해설┃

헤지는 모든 위험을 줄이는게 목표이지만, 보험은 부정적인 위험만 줄이는 것이 목표이다.

더 살펴보기   헤지

> 헤지는 자산가격의 변동으로부터 발생하는 위험을 줄이거나 없애는 투자전략이다. 위험에 노출되어 관리대상이 되는 자산을 헤지대상, 그 위험을 줄이기 위해 이용되는 자산을 헤지수단이라 한다. 대개 분산투자와 헤지는 위험을 줄인다는 공통점을 가지지만, 다음의 측면에서 차이도 가진다.
> ① 분산투자에서는 비체계적 위험만을 줄이려 하지만, 헤지에서는 체계적 위험도 관리하려 한다.
> ② 분산투자에서는 상관관계가 낮은 자산들의 매입·매도에 있어 동일포지션을 취하는 방식으로 위험을 상쇄하지만, 헤지에서는 상관관계가 높은(즉 상관계수가 1에 가까운) 자산들에 반대포지션을 취하는 방식으로 위험을 상쇄한다.

답 ③

PART 3

31 가맹거래사 2016

☑ 확인 Check! ○ △ ✕

미리 정해놓은 일정한 시점에 양, 등급, 가격, 만기일 등에 대하여 계약을 맺고, 이 계약의 만기일 이전에 반대매매를 행하거나 또는 만기일에 현물을 인수 및 인도함으로써 그 계약을 종결하는 거래 형태는?

① 교환사채(exchangeable bond)거래

② 선물(futures)거래

③ 스왑(swap)거래

④ 워런트(warrant)거래

⑤ 주식(stock)거래

┃해설┃

선물거래는 현물거래와 달리 매매계약의 체결시점과 결제시점 간 차이가 있는 거래인 선도거래를 보완한 것으로서, 계약불이행의 위험을 줄일 수 있는 제반장치를 마련한 선도거래의 특수한 형태이다. 한편, 스왑은 계약 기간동안 계약당사자가 특정한 통화를 다른 통화로 교환하여 사용한 후, 만기일에 원래의 통화로 재교환하는 거래를 뜻한다.

답 ②

32 공인회계사 2015

☑ 확인 Check! ○ △ ✕

현재 (주)다라 주식의 가격은 200,000원이다. (주)다라 주식을 기초자산으로 하고 행사가격이 200,000원인 풋옵션의 현재가격은 20,000원이다. 풋옵션의 델타가 −0.6일 때 (주)다라 주식의 가격이 190,000원이 되면 풋옵션의 가격은 얼마가 되겠는가?

① 6,000원　　　　　　　　　　② 12,000원

③ 14,000원　　　　　　　　　　④ 26,000원

⑤ 60,000원

┃해설┃

$\Delta P = \Delta S \times \delta_P = -10,000원 \times -0.6 = 6,000원$

$\therefore\ P = 20,000원 + 6,000원 = 26,000원$

답 ④

444 공인회계사 1차 객관식 경영학

33 공인회계사 2015

☑ 확인 Check! ○ △ ✕

현재 옵션시장에서는 (주)마바 주식을 기초자산으로 하고 만기가 동일하게 1년씩 남은 콜옵션과 풋옵션이 각각 거래되고 있다. 행사가격이 200,000원인 콜옵션의 가격은 20,000원이고 행사가격이 180,000원인 풋옵션의 가격은 10,000원이며 무위험이자율은 연 10%이다. 무위험이자율로 차입하여, 위의 콜옵션과 풋옵션을 각각 1개씩 매입한 투자자가 만기에 손실을 볼 수 있는 (주)마바 주식가격(P)의 범위로 가장 적절한 것은?

① P < 147,000원
② P < 169,000원
③ P > 233,000원
④ 11,000원 < P < 33,000원
⑤ 147,000원 < P < 233,000원

┃해설┃

옵션 만기일의 주식가격에 따른 손익을 계산하면 다음과 같다.

$P < 180,000$원 : $-33,000$원$+180,000$원$-P=147,000$원$-P$

$180,000$원$\leq P < 200,000$원 : $-33,000$원

$P \geq 200,000$원 : $-33,000$원$+P-200,000$원$=P-233,000$원

$147,000$원$-P < 0$인 경우와 $P-233,000$원< 0인 경우에 만기에 손실을 볼 수 있으며,

이를 정리하면 $147,000$원$< P < 233,000$원인 경우에 손실을 볼 수 있다.

답 ⑤

34 공인노무사 2014

☑ 확인 Check! ○ △ ✕

선물거래에 관한 설명으로 옳은 것은?

① 계약당사자 간 직접거래가 이루어진다.
② 계약조건이 표준화되어 있지 않다.
③ 결제소에 의해 일일정산이 이루어진다.
④ 장외시장에서 거래가 이루어진다.
⑤ 계약불이행 위험이 커서 계약당사자의 신용이 중요하다.

┃해설┃

선물거래는 장내시장에서 거래가 이루어진다.
①·④ 선물거래는 거래소를 통한 장내 간접거래가 이루어진다.
② 선물거래는 계약조건이 표준화되어 있다.
⑤ 선물거래는 계약불이행 위험이 컸던 선도거래의 단점을 보완한 것이 선물거래이다.

답 ③

35 가맹거래사 2013

선도거래에 관한 설명으로 옳은 것을 모두 고른 것은?

> ㄱ. 계약조건이 표준화되어 있다.
> ㄴ. 장외시장에서 거래가 이루어진다.
> ㄷ. 만기일에 결제가 이루어진다.
> ㄹ. 청산소에 의해 일일정산이 이루어진다.
> ㅁ. 거래상대방의 신용리스크가 직접적으로 노출된다.

① ㄱ, ㄴ, ㄷ   ② ㄱ, ㄷ, ㄹ

③ ㄴ, ㄷ, ㄹ   ④ ㄴ, ㄷ, ㅁ

⑤ ㄷ, ㄹ, ㅁ

┃해설┃

ㄱ. (✕) 선도거래는 계약조건이 표준화되어 있지 않다.

ㄴ. (○) 선도거래는 장외에서 거래가 이루어진다.

ㄷ. (○) 선도거래는 만기일에 결제가 이루어진다.

ㄹ. (✕) 선도거래는 별도의 청산소가 존재하지 않는다.

ㅁ. (○) 선도거래는 거래상대방의 계약불이행에 따르는 위험이 있기에 신용리스크가 크다.

| 더 살펴보기 | 선도거래(Forward contract) |

선도거래는 지정된 장내가 아닌 장외에서 미래의 재화와 화폐를 현시점에서 거래하는 것으로 표준화된 장내에서 거래되는 것이 아니라 장외에서 거래되기 때문에 양 당사자 간의 합의에 따라서 다양한 조건의 계약이 가능하다.

구 분	선 물	선도거래
조 건	표준화	당사자 간 합의-다양
장 소	공인된 장내	장 외
중도청산	가 능	상대자 동의 시만 가능
정 산	매일 수행(일일정산)	계약 종료일
계약불이행	거래소 보증, 위험 ✕	불이행 위험 존재
실물인도	대부분 중도청산, 만기 인수도는 극소량	대부분 만기 인수도

답 ④

36 가맹거래사 2012

☑ 확인Check! ○ △ ✕

선물거래의 특성에 해당되는 것은?

① 장외거래
② 당사자 간 직접거래
③ 계약조건 합의 가능
④ 낮은 유동성
⑤ 결제소에 의한 일일정산

┃해설┃

선물거래는 장내거래이며 거래소에서 간접적으로 이루어진다.❶❷ 또한 거래조건이 표준화되어 있으며❸ 일일정산❺이 결제소에서 원활하게 이루어지도록 하기 위하여 현금 또는 현금등가물을 예치하고, 거래를 통해 현금화할 수 있으므로 유동성이 크다.❹

답 ⑤

PART 3

37 국가직 7급 2011

☑ 확인Check! ○ △ ✕

옵션부 채권에 내재된 옵션의 종류와 채권보유자 입장에서의 포지션을 바르게 연결한 것은?

① 수의상환사채 : 콜옵션-매입포지션
② 전환사채 : 콜옵션-매입포지션
③ 신주인수권부사채 : 풋옵션-매도포지션
④ 신주인수권부사채 : 풋옵션-매입포지션

┃해설┃

전환사채는 콜옵션의 매입포지션이다.
① 수의상환사채는 채권발행자 입장에서의 콜옵션이므로 매도포지션이다.
③·④ 신주인수권부사채는 매입자입장에서의 콜옵션이다.

답 ②

38 국가직 7급 2011

☑ 확인 Check! ○ △ ✕

포트폴리오보험(portfolio insurance)전략에 대한 설명으로 옳지 않은 것은?

① 포트폴리오의 가치가 일정수준 이하로 하락하는 것을 방지하려는 투자전략이다.

② 보유하고 있는 포트폴리오에 기초한 풋옵션을 포트폴리오와 함께 매입하여 만들 수 있다.

③ 주식포트폴리오의 경우 콜옵션을 매도하고 동시에 무위험채권을 매입하여 만들 수 있다.

④ 풋옵션 매입포지션을 이용할 경우 방어적 풋(protective put) 전략이라고도 한다.

┃해설┃

포트폴리오 보험은 기초 포트폴리오를 구성하고 가치가 미리 정한 수준 이하로 떨어지게 될 때 이 손실을 보상해주는 보험계약으로서, 만약 포트폴리오의 가치가 상승하여 이익이 발생하면 보험에 따른 비용을 제외한 모든 이익을 투자자가 가질 수 있다. 또한 주식포트폴리오로 포트폴리오 보험을 구성하고자 하는 경우에는 풋옵션을 매입하여야 하며, 포트폴리오 보험의 성과형태는 기초포트폴리오와 그에 대한 기초포트폴리오의 가치를 특정 수준으로 유지하는데 적합한 행사가격을 갖는 풋옵션을 구입한 것과 같다.

답 ③

39 국가직 7급 2011

☑ 확인 Check! ○ △ ✕

향후 발생할 수 있는 불확실한 자산가격변동 위험대비투자전략에 대한 설명으로 옳은 것은?

① 분산 투자된 자산의 위험회피는 양(+)의 상관관계가 높은 자산들에 동일한 방향으로 포지션을 취할 때 효과적이다.

② 분산 투자된 자산의 위험회피는 자산들 간의 상관계수가 +0.5에 가까울수록 효과적이다.

③ 자산의 헤지(hedge)는 헤지대상과 헤지수단 간의 상관계수가 +1.0에 가까울수록 효과적이다.

④ 자산의 헤지(hedge)는 양(+)의 상관관계가 낮은 자산들에 반대방향으로 포지션을 취할 때 효과적이다.

┃해설┃

분산투자와 헤지는 모두 위험관리의 수단이다. 하지만 분산투자의 경우 상관계수가 −1에 가까운 자산들에 동일한 포지션을 취함으로써 위험을 상쇄시키는 반면, 헤지는 상관관계가 높은 자산들에 반대포지션을 취함으로써 위험을 상쇄시킨다.

답 ③

40 국가직 7급 2008

확인Check! ○ △ ✕

표준적인 금융옵션과 실물투자 기회가 내재된 실물옵션(real option)에 대한 설명 중 옳지 않은 것은?

① 금융옵션을 행사하면 옵션의 경제적 효과가 즉각적으로 발생하지만, 실물옵션의 경우는 경제적 효과가 상당기간에 걸쳐 발생하는 경우가 많다.

② 실물옵션은 기초자산에 대한 분산이 알려져 있고 만기일까지 일정하다고 가정한다.

③ 실물옵션의 행사가격은 일정하지 않거나 불확실한 경우가 많다.

④ 실물옵션은 행사가 이루어지더라도 옵션으로서 가치가 소멸되지 않는 경우가 많다.

┃해설┃

실물옵션은 투자안의 평가시 순현재가치법에 의한 가치뿐만 아니라 투자전략의 수정(예 사업의 연기, 투자의 포기) 등의 전략적 가치를 옵션의 개념에 비추어 판단, 반영하는 것을 뜻한다. 금융옵션에 비해 구조가 복잡하고(가격이 일정하지 않거나 불확실함) 분산을 추정하기가 어려우며❷❸, 그 경제적 효과가 상당기간에 걸쳐 발생하는 경우가 많다.❶ 실물옵션은 행사가 이루어지더라도 그 가치가 소멸되지 않는 경우가 많다.❹

답 ②

---

41 국가직 7급 2008

확인Check! ○ △ ✕

특정시점을 기준으로 각각의 결제통화별로 대금의 지불액과 수취액을 대비시켜 실제 결제액을 줄이는 방법으로 환위험을 관리하는 것은?

① 네팅(netting)

② 리딩과 래깅(leading & lagging)

③ 매칭(matching)

④ 자산부채관리(asset liability management)

┃해설┃

특정시점을 기준으로 각각의 결제통화별로 대금의 지불액과 수취액을 대비시켜 실제 결제액을 줄이는 방법으로 환위험을 관리하는 것은 네팅이다.

② 리딩과 래깅은 환율변동에 대한 예상에 따라 외화로 표시된 채권의 수취/지급시기를 앞당기거나 늦추는 방법이다. 만약 자국통화의 가치가 상승할 것으로 예상되는 경우에는 외화채권의 수취는 앞당기고 외화채무의 지급은 늦추는 것이 유리하며, 자국통화의 가치가 하락할 것으로 예상되는 경우에는 외화채무의 지급을 앞당기고 외화채권의 수취는 늦추는 것이 좋다.

③ 매칭이란 미래에 수취할 금액과 지불할 금액을 통화별·만기별로 일치시킴으로써 자금흐름의 불일치에서 발생할 수 있는 위험을 제거하는 기법이다.

답 ①

제4장 | 파생상품 등 **449**

나는 젊었을 때, 10번 시도하면 9번 실패했다.

그래서 10번씩 시도했다.

- 조지 버나드 쇼 -

2025 시대에듀 공인회계사 1차 객관식 경영학

초 판 발 행	2025년 01월 10일(인쇄 2024년 11월 26일)
발 행 인	박영일
책 임 편 집	이해욱
편 저	시대공인회계연구회
편 집 진 행	김현철 · 서정인
표 지 디 자 인	김도연
편 집 디 자 인	표미영 · 김휘주
발 행 처	(주)시대고시기획
출 판 등 록	제10-1521호
주 소	서울시 마포구 큰우물로 75 [도화동 538 성지 B/D] 9F
전 화	1600-3600
팩 스	02-701-8823
홈 페 이 지	www.sdedu.co.kr
I S B N	979-11-383-8194-9 (13320)
정 가	23,000원

나는 이렇게 합격했다

당신의 합격 스토리를 들려주세요
추첨을 통해 선물을 드립니다

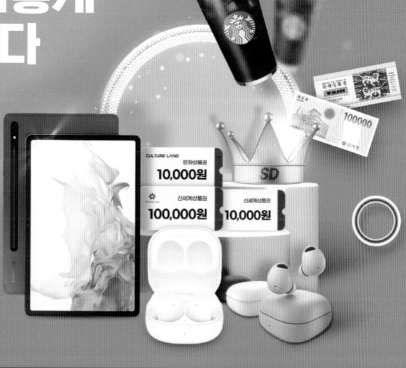

베스트 리뷰
갤럭시탭 / 버즈 2

상/하반기 추천 리뷰
상품권 / 스벅커피

인터뷰 참여
백화점 상품권

이벤트 참여방법

합격수기

시대에듀와 함께한
도서 or 강의 **선택** ▸ 나만의 합격 노하우
정성껏 **작성** ▸ 상반기/하반기
추첨을 통해 **선물 증정**

인터뷰

시대에듀와 함께한
강의 **선택** ▸ 합격증명서 or
자격증 사본 **첨부**,
간단한 **소개 작성** ▸ 인터뷰 완료 후
백화점 상품권 증정

이벤트 참여방법
다음 합격의 주인공은 바로 여러분입니다!

QR코드 스캔하고 ▷ ▷ ▶
이벤트 참여하여 푸짐한 경품받자!

합격의 공식
시대에듀

세무사 1차 시험

기출문제해설 도서로 단기간 합격을 안내합니다.

1차 시험 이렇게 준비하라!

회독과 반복	선택과 집중(8-8-4-4 전략)	오답 + 암기노트

- 생소한 개념. 어려운 용어 반복적 학습
- 계산문제는 반드시 손으로 풀어보기

- 선택과목과 재정학에서 80점 이상 득점
- 세법학개론과 회계학개론에서 40점 이상 득점

- 시험 전날 꼭 봐야 할 암기사항 정리
- 자주 틀리는 오답사항 정리

시대에듀 세무사 1차 시험 기출문제해설 도서가 합격을 안내합니다.

연도별 문제풀이
최근 10년간 연도별
기출문제로 실전연습

상세한 해설
혼자서도 학습이 가능한
정확하고 상세한 해설

동영상 강의 예정
전문강사의 기출문제해설
유료 동영상 강의

1차 시험 합격을 안내하는 시대에듀 기출문제해설 도서

2025 시대에듀 세무사 1차
상법 10개년 기출문제해설

10개년 기출문제	+	상세한 해설	+	판례&조문

- 2025년 제62회 세무사 시험 대비
- 최근 10개년(2015~2024) 기출문제 수록
- 최신 개정법령 및 관련 판례 완벽 반영

세무사 1차 시험
시험의 처음과 끝

시대에듀 세무사 1차 시험 기출문제해설 도서

세무사 1차 회계학개론
기출문제해설(4×6배판)

세무사 1차 세법학개론
기출문제해설(4×6배판)

세무사 1차 재정학
기출문제해설(4×6배판)

세무사 1차 행정소송법
기출문제해설(4×6배판)

세무사 1차 상법(회사법)
기출문제해설(4×6배판)

※ 본 도서의 이미지는 변경될 수 있습니다.

모든 자격증·공무원·취업의 합격정보

합격 ▶ 구독

시대에듀